Wilhelm Paszkowski

Berlin in Wissenschaft und Kunst

Verlag
der
Wissenschaften

Wilhelm Paszkowski

Berlin in Wissenschaft und Kunst

ISBN/EAN: 9783957007162

Auflage: 1

Erscheinungsjahr: 2016

Erscheinungsort: Norderstedt, Deutschland

Hergestellt in Europa, USA, Kanada, Australien, Japan
Verlag der Wissenschaften in Hansebooks GmbH, Norderstedt

Cover: Foto ©Carsten Grunwald / pixelio.de

BERLIN IN WISSENSCHAFT UND KUNST

EIN AKADEMISCHES AUSKUNFTSBUCH NEBST ANGABEN ÜBER AKADEMISCHE BERUFE

VON

PROF. DR. WILHELM PASZKOWSKI

LEITER DER AMTLICHEN AKADEMISCHEN AUSKUNFTSSTELLE AN DER UNIVERSITÄT BERLIN

BERLIN
WEIDMANNSCHE BUCHHANDLUNG
1910

DER KÖNIGLICHEN
FRIEDRICH-WILHELMS-UNIVERSITÄT
ZU IHRER JAHRHUNDERTFEIER
DANKBAR ZUGEEIGNET

VORWORT

Das vorliegende Buch will zuverlässige Auskunft über die Fülle von Anstalten und Darbietungen geben, welche in Groß-Berlin der Pflege von Wissenschaft und Kunst dienen. Den äußeren Anlaß zu der Veröffentlichung bot die Jahrhundertfeier der Berliner Universität, obwohl der Plan dazu schon bald nach der Begründung der Akademischen Auskunftsstelle an der Universität (1904) gefaßt wurde, da die sich häufig wiederholenden Anfragen über akademische Einrichtungen und Berufe die Herausgabe eines solchen Buches wünschenswert machten. Die Verzögerung ist dem Buche nur vorteilhaft geworden, da ihm so die jahrelangen Erfahrungen der Akademischen Auskunftsstelle in ihrem regen Verkehr mit allen akademischen Kreisen zugute kommen konnten.

Die Angaben dieses Buches stützen sich durchweg auf amtliche Quellen. Namen und wechselnde Adressen, die leicht mit anderen Hilfsmitteln zu finden sind, sind grundsätzlich weggelassen worden, um das Buch vor dem Schicksale schnellen Veraltens zu bewahren. Der Anhang über akademische Berufe wird insbesondere der studierenden Jugend willkommen sein, das ausführliche Schlagwortverzeichnis die Brauchbarkeit des Buches erhöhen und zugleich einen Einblick in den Reichtum wissenschaftlichen und künstlerischen Schaffens in Berlin gewähren.

Ein derartiges Buch kann natürlich nur unter der tätigen Mitarbeit vieler zustande kommen. Derer, die hilfreiche

Hand geboten, sind zu viele, als daß ich sie alle hier namentlich aufführen könnte. Allen aber gebührt ein warmes Wort herzlichen Dankes, insbesondere den Direktoren der wissenschaftlichen Institute, die bereitwilligst und in kürzester Frist die erbetenen Angaben zur Verfügung stellten, ebenso Herrn Geheimrat Prof. Dr. *Max Lenz*, der die Güte hatte, mir in die Aushängebogen seiner monumentalen Geschichte der Universität Berlin Einsicht zu gewähren. Gedacht sei auch noch der Förderung, die ich durch das verdienstvolle „Handbuch der Anstalten und Einrichtungen zur Pflege von Wissenschaft und Kunst in Berlin von W. Spielmann" erfahren habe, das seit 1897 leider nicht neu aufgelegt worden ist.

Ich hoffe, daß das vorliegende Buch sich nützlich erweisen wird. Die Mängel, von denen diese erste Ausgabe noch nicht ganz frei sein wird, werde ich mir angelegen sein lassen, in späteren Auflagen zu beseitigen, und ich bitte dazu um Mitwirkung.

Den Gästen der Universität aber, denen Rektor und Senat dies Büchlein als Festgabe darzubieten für würdig befunden haben, möge es eine dauernde Erinnerung an die geistig und künstlerisch regsame Reichshauptstadt und insbesondere an ihre ruhmreiche Friedrich-Wilhelms-Universität bleiben.

Berlin, am 1. Oktober 1910

Wilhelm Paszkowski

INHALTSVERZEICHNIS

Königliche Friedrich-Wilhelms-Universität

R. Köpke, Die Gründung der Königl. Friedrich-Wilhelms-Universität zu Berlin. 1860. — P. Daude, Die Kgl. Friedrich-Wilhelms-Universität Berlin. Systematische Zusammenstellung der für dieselbe bestehenden gesetzlichen Bestimmungen. 1887. — M. Lenz, Geschichte der Universität Berlin. Halle 1910.

Unter den preußischen Universitäten hatte die 1694 begründete Universität Halle einen besonders raschen Aufschwung genommen. Chr. Thomasius, A. H. Francke, Chr. Wolf überwanden die bis dahin herrschende scholastische Lehrweise, an deren Stelle die „freie Forschung" trat. Der Hallesche Geist übte seinen Einfluß bald weit in das Reich; noch bis zu den Anfängen der Berliner Hochschule läßt sich seine Nachwirkung verfolgen. „In diesen Vätern der Halleschen Schule", sagt daher Köpke, „hat auch die unsere die ersten Begründer ihres Lebens zu erkennen." Zwar blieb die Vereinigung der beiden Richtungen in der Wissenschaft, der idealistisch-spekulativen und der real-empirischen, die jene erste Hallesche Periode auszeichnet, nicht bestehen. Göttingen übernahm die Pflege der positiven und historischen Wissenschaften, indem es ihnen zugleich eine bis dahin in Deutschland unbekannte geschmackvolle Form gab, so daß sein Ruhm selbst den Leipzigs zu überflügeln schien. Die idealistisch-spekulative Richtung aber fand ihre vornehmste Pflege in Königsberg, und Jena wurde der Ort ihrer begeisterten Verkündigung. Erst eine zweite Blüte Halles, 100 Jahre nach jener ersten, führte wieder zu einer Vereinigung beider Richtungen der Wissenschaft, als F. A. Wolf, der Erwecker des klassischen Altertums, Reil, der geniale Arzt, Loder, der Anatom, Schleiermacher, der philosophische Theologe, hier nebeneinander wirkten. Halle schien „die Krone der deutschen Universitäten" werden zu wollen. Da riß das politische Unglück des Staates auch diese wissenschaftliche Pflanzstätte mit in den Untergang. Napoleon hob nach der Schlacht bei Jena die Universität Halle auf. Die Stadt selbst aber kam durch den Frieden von Tilsit an das neugegründete Königreich Westfalen. Der Verlust ist für die Gründung der Universität Berlin entscheidend geworden, ohne daß er doch der einzige Anlaß gewesen wäre. Schon lange hatte sich die Reformbedürftigkeit vieler kleiner Universitäten herausgestellt. Preußen besaß unter Friedrich Wilhelm II. 6 Universitäten[1]), für die der König in den 11 Jahren seiner Regierung zusammen nur 12 270 Taler aufbringen konnte. Als unter Friedrich Wilhelm III. durch den Reichsdeputationshauptschluß von 1802 noch Erfurt, Paderborn und Münster hinzukamen, stieg ihre Zahl auf 9 — bei 10½ Millionen Einwohnern. Der Wert dieser einzelnen Anstalten mußte naturgemäß sehr verschieden sein[2]). Pedanterie der Professoren, Schwerfälligkeit der Lehrmethode, Zügellosigkeit der Studenten standen nebeneinander. Die Studenten zu zügeln, wurden die verschiedensten Vorschläge gemacht: Einführung einer Art Pensionsverhältnis bei den Professoren, einer Uniform, Heranziehung militärischer Hilfe, ja selbst die Anwendung von Körperstrafen wurden empfohlen. — Andererseits machte die Entwicklung der Wissenschaften, vor allem der Naturwissenschaften, überall die Einrichtung von Instituten und Laboratorien nötig. Statt hier Unzureichendes abzuändern, lag es da nicht nahe, unter Aufhebung einzelner kleinerer Universitäten zu einer vollständigen Neugründung zu schreiten?

Welcher Ort aber konnte für eine solche dann geeigneter erscheinen als die Hauptstadt des Reiches? Besaßen ja doch auch Paris, Wien, Kopenhagen als Hauptstädte bereits glänzende Universitäten! Der Gedanke an die „Errichtung

---

[1]) *Frankfurt a. O. (1505), Königsberg (1544), Duisburg (1655), Halle (1694), Breslau (durch die schlesischen Kriege gewonnen), das jedoch nur zwei — katholische — Fakultäten besaß, Erlangen (durch den Anfall der Fürstentümer Ansbach und Bayreuth an Preußen gelangt).*

[2]) *So zählte Erfurt 1805 bei 41 Lehrern nur 21 Studenten, Duisburg bei 12 Lehrern 21 Studenten.*

einer Berlinischen höheren Lehranstalt" taucht daher am Ende des 18. Jahrhunderts wiederholt auf. Bestimmt ausgesprochen hat ihn zuerst der Geh. Kabinettsrat Beyme, als Günstling des Königs vielfach angegriffen wegen seiner politischen Tätigkeit, dennoch ein Mann von unbestreitbaren Verdiensten um die Förderung des geistigen Lebens in Preußen[1]). Beyme hatte den Plan wiederholt mit dem Professor Engel[2]) besprochen, der auch einen vollständigen Entwurf für die Neugründung lieferte. Zugunsten einer solchen führte er aus, daß dadurch „Berlin zu dem Mittelpunkte deutscher Gelehrsamkeit erhoben werden könnte", zur „Hauptstadt des nördlichen, vielleicht des ganzen Deutschlands". Denn „die Menschen neigen sich wie die Pflanzen unwillkürlich dahin, woher ihnen das Licht zuströmt, und den Sinnen folgt in kurzem das Herz unaufhaltsam." Gefördert wurde der Gedanke dadurch, daß in Berlin bereits eine Reihe von Anstalten wissenschaftlichen Charakters bestand: das Berg-Eleven-Institut (1770), die Tierarzneischule (1790), das Collegium medico-chirurgicum (1794), die Anstalten der Charité, die Bibliothek, der Botanische Garten, die Sternwarte, das Münzkabinett und die Gemäldesammlung auf dem Schlosse. 1796 war die Akademie der Künste, 1799 die Bau-Akademie, 1805 das statistische Bureau, 1806 das landwirtschaftliche Institut gegründet worden. Neben diesen Hochschulen bestand die nur der Forschung dienende Akademie der Wissenschaften.

Eine besondere Erscheinung des Berliner Lebens zu Ausgang des 18. Jahrhunderts waren die gelehrten Vorträge aus den verschiedensten Wissensgebieten, juristische, geschichtliche, philosophische, naturwissenschaftliche, die

---

[1]) *Seine Charakterzeichnung bei Lenz, Geschichte der Universität Berlin, S. 24-34, nach dem „das Bild Beymes bisher ganz im Schatten oder in falscher Beleuchtung gestanden hat."*

[2]) *„Dem Philosophen für die Welt", Professor am Joachimsthalschen Gymnasium, Mitglied der Akademie, Lehrer des Königs, als dieser noch Kronprinz war, Direktor des Nationaltheaters.*

ein zahlreiches Publikum fanden. Regelmäßig zu Ostern und Michaelis erschienen darüber die Lektionskataloge in den Zeitungen. Seit 1802 sammelte A. W. Schlegel durch seine literarischen, dann Joh. Gottlieb Fichte[1]) durch seine philosophischen Vorträge einen gewählten Zuhörerkreis um sich. Der Historiker Joh. Müller, A. v. Humboldt waren endgültig für Berlin gewonnen, auch mit Schiller wurden Verhandlungen angeknüpft, ihn hierher zu ziehen. Aber während man diese Pläne erwog, zeigte das über den Staat hereinbrechende Unglück, daß das Wissen nur einen Teil der Macht menschlichen Geistes bildet, und daß ohne Charakterstärke und die Fähigkeit zu tatkräftigem Handeln ein Volk seine Stellung in der Gesellschaft der Völker nicht zu behaupten vermag.

Der Zusammenbruch des Staates hinterließ fast überall dumpfe Verzweiflung; nur die Stärksten erhoben sich langsam. Joh. Müller, der nach Berlin berufen war, um die Geschichte Friedrichs des Großen zu schreiben, wurde zum Bewunderer der Größe Napoleons und kehrte Preußen verzagt den Rücken. Dagegen hielt Schleiermacher in dem französisch gewordenen Halle aus, und Fichte, der über Königsberg und Memel bis Kopenhagen gegangen war, harrte nur des Augenblicks, wo er dem Staate nützlich sein könnte. Gedacht sei hier auch des tapferen Wortes des Prof. Stützer: De re publica nunquam est desperandum. Der Hallenser Jurist Schmalz aber ließ sich und dem

---

[1]) *Die Ankündigung der Vorlesung Fichtes in der Zeitung v. 1. Jan. 1808 lautete: „Der Unterschriebene erbietet sich zu einem fortgesetzten mündlichen Vortrage der Wissenschaftslehre, d. h. der vollständigen Lösung des Rätsels der Welt und des Bewußtseins mit mathematischer Evidenz. Er wählt diesen Weg der Mitteilung um so lieber, da er das Resultat seiner vieljährigen neuen Untersuchungen nicht durch den Druck bekannt zu machen gedenkt, indem diese Philosophie sich nicht historisch erlernen läßt, sondern ihr Verständnis die Kunst zu philosophieren voraussetzt, welche am sichersten durch mündlichen Vortrag und Unterredung erlernt und geübt wird." (Köpke, a. a. O., S. 29.)*

Mediziner Froriep von dem bisherigen Kollegium der Universität den Auftrag zu einer Reise nach Memel erteilen, um dem König die Bitte vorzutragen, die Universität Halle nach Berlin zu verlegen. Im August 1807 fand die Audienz in Memel statt. Bekannt ist die Antwort des Königs: „Das ist recht, das ist brav! Der Staat muß durch geistige Kräfte ersetzen, was er an physischen verloren hat."[1] Die Deputierten erfuhren jedoch, daß es sich nicht um eine Verlegung, sondern um eine Neugründung handeln könne, an die daher nur ein Teil der Hallenser Professoren übernommen werden könne. Der einmal in der Luft liegende Gedanke wurde bald in die Tat umgesetzt. Schon 14 Tage nach Abschluß des Friedens hörte man in Berlin von dem Plane. Durch eine Kabinettsorder vom 4. September 1807 wurde Beyme beauftragt, die ersten Schritte zur Ausführung zu tun. Dieser erließ alsbald die erforderlichen Einladungs- und Berufungsschreiben und forderte Gutachten ein, so vor allem von Schmalz, Wolf und Fichte.[2] Schon bei den früheren Plänen hatte man an eine von dem Zunftwesen der bisherigen Universitäten völlig abweichende Anstalt gedacht. Die Universitäten in den Provinzen sollten nur noch den „Brotstudien" dienen, die neue Anstalt dagegen eine höhere Abschlußbildung geben und eine Mittelstufe zwischen Akademie und Universität bilden. Auch jetzt noch lauteten die eingehenden Vorschläge ziemlich radikal.

In diese Entwicklung brachte die Politik einen Still-

---

[1]) *Die Fassung des Wortes ist nicht unbestritten. Dennoch wird es als Ausdruck der „Empfindung, welche in diesen Wochen schwerster Prüfungen alle besten Männer Preußens durchdrang", zu gelten haben. (Lenz, a. a. O., S. 78.)*

[2]) *Fichte reichte am 29. Sept. und 4. Okt. 1807 seinen „Deduzierten Plan einer zu Berlin zu errichtenden Lehranstalt" ein, „das seltsame Werk einer unbeugsamen spekulativen Vernunft, aber doch durchströmt von dem neuen Geiste der Wissenschaft." (Eduard Spranger, Fichte, Schleiermacher, Steffens über das Wesen der Universität, Leipzig 1910, mit einer vortrefflichen Einleitung und vollständigem Abdruck von Fichtes „Deduziertem Plan.")*

stand. Solange Berlin von den Franzosen besetzt war, war die Eröffnung der Universität ausgeschlossen. Das Kabinettssystem wich dem ministeriellen System, Beyme dem zum Minister ernannten Freiherrn v. Stein. Stein aber gehörte nicht zu den Befürwortern einer Universität in Berlin. Er fürchtete die Gefahren der Großstadt für die Studierenden. Auch A. v. Humboldt schien es ein Problem zu sein, „ob der Ort der Universität Seichtigkeit oder die Universität dem Orte Stärke und Fülle geben werde." Direkte Gegnerschaft erwuchs von Frankfurt a. O., und selbst von der Akademie der Wissenschaften. Die Ausschließlichkeit ihrer Stellung formulierte eines ihrer Mitglieder in dem Satz: „Die Universität ist bestimmt, das Objektive subjektiv zu machen, die Akademie ist aber bestimmt, das Objektive hervorzubringen." Da erschien zur rechten Zeit die Schrift Schleiermachers „Gelegentliche Gedanken über Universitäten in deutschem Sinne." Drei Verbände, führte er aus, gibt es zur Überlieferung der Wissenschaft, Schule, Universität, Akademie. In der ersten werde durch geistige Gymnastik vorgebildet, in der letzten die Wissenschaft dargestellt, in der zweiten durch die Einsicht in den Zusammenhang aller Teile des Wissens der wissenschaftliche Geist erweckt; um die Idee des Erkennens, das Lernen des Lernens handele es sich.

Die Unsicherheit der Entscheidung wurde verstärkt durch politische Gründe. So lange der Klang französischer Trommeln durch die Straßen Berlins rasselte, konnte der König nicht in seine Hauptstadt zurückkehren. Die Schwierigkeit der Abzahlung der Kriegskosten aber zögerte die feindliche Besatzung hinaus. Zugleich war von der Westfälischen Regierung die Universität Halle wiederhergestellt worden. Die Gefahr, daß ein Teil der in Berlin bereits anwesenden Professoren anderen Berufungen folgen würde, wurde immer größer. Allerdings hatten einzelne von ihnen bereits für sich Vorlesungen eröffnet, so Schleiermacher, Schmalz, Wolf, Fichte. Fichte hielt im Winter 1807-08, noch unter den Gewehren der französischen Besatzung, jene denkwürdigen „Reden an die deutsche Nation", von denen selbst Gentz schrieb: „So groß, tief und stolz hat fast noch niemand von der deutschen Nation gesprochen." Endlich am 3. Dezember 1808 räumten die Franzosen Berlin. Ende November hatten der Haß Napoleons und die Gegnerschaft innerer Feinde den Rücktritt Steins erzwungen. In das neugebildete Ministerium Dohna-Altenstein aber, in dem Beyme als Großkanzler die Justiz übernahm, berief eine Kabinetsorder vom 20. Febr. 1809 den bisherigen preußischen Gesandten in Rom, W. v. Humboldt[1]), zur Leitung der Sektionen des Kultus und des öffentlichen Unterrichts. Damit trat an die Spitze dieses wichtigen Ressorts ein Mann, der die öffentlichen Verhältnisse und die Wissenschaften zugleich beherrschte, „ein Staatsmann von perikleischer Hoheit des Sinnes", wie Böckh ihn genannt hat. Humboldt hatte in früheren Jahren einmal geschrieben: „Meiner Idee nach ist Energie die erste und einzige Tugend des Menschen." Und mit Entschlossenheit, freilich auch mit kluger Vorsicht ging er an die Lösung seiner Aufgabe. Schrittweise überwand er die entgegenstehenden Schwierigkeiten. Er erwirkte für die in Berlin bereits weilenden Professoren feste Gehälter bzw. Wartegeld, als Gebäude für die neue Universität faßte er im Verfolg einer Idee Beymes das Palais des verstorbenen Prinzen Heinrich ins Auge; um die neue Anstalt möglichst sicherzustellen und sie von der Bewilligung aus den Königl. Kassen unabhängig zu machen, suchte er ihre Dotierung durch die Übereignung von Domänen zu erreichen. Den Namen „Universität" wollte Humboldt aufrecht erhalten, er schien ihm am meisten die Sache zu bezeichnen. Nur zeitgemäße Reformen wollte er, sodann eine Verbindung

---

[1]) *Vgl. über ihn die ausgezeichneten Werke von Eduard Spranger: Wilhelm von Humboldt und die Reform des Bildungswesens, Berlin, Reuther & Reichard 1910, und: Wilhelm von Humboldt und die Humanitätsidee, ebenda 1909. — Humboldt hatte mit schwerem Herzen „den großen Schritt über den Ponte Molle getan". Er brachte mit dem Abschied von Rom dem Vaterland ein persönliches Opfer. Dennoch schrieb auch dieser antike Geist später seiner Gattin: „Es gibt doch nie ein Vaterland, dem man lieber angehören möchte als Deutschland." (Lenz, a. a. O., 216.)*

der neuen Anstalt mit der Akademie der Wissenschaften und der Künste, mit der Bibliothek, den Instituten und den Kunstsammlungen „in ein organisches Ganze", so daß jeder Teil, bei angemessener Selbständigkeit, „doch gemeinschaftlich mit den andern zum allgemeinen Endzweck mitwirke". Die Dotation für alle Anstalten zusammen sollte 150000 Taler betragen. In dem Bericht „An des Königs Majestät" vom 24. Juli 1809 faßte Humboldt alle seine Vorschläge noch einmal zusammen. Darauf erging die Kgl. Kabinettsorder vom 16. August 1809, die sämtliche Anträge Humboldts genehmigte. Diese Kabinetttsorder ist die Stiftungsurkunde der Universität.

Zur Ausführung trat eine Konferenz zusammen, Humboldt selbst wirkte zugleich an der Berufung der einzelnen Gelehrten mit. Reil, Savigny, Klaproth, Rudolphi wurden gewonnen. Am 23. Mai 1810 konnte er dem Könige den Generalbericht überreichen, durch Kabinetsorder v. 30. Mai 1810 wurde die Eröffnung der Universität genehmigt. Für den weiteren Ausbau, die Festsetzung der Statuten, Einrichtung der Fakultäten usw. wurde eine „Kommission zur Einrichtung der Universität" eingesetzt. Innerhalb Jahresfrist hatte Humboldt alles Wesentliche erreicht. Nur mit dem Plan der Dotierung aus Domänen hatte er in der Konferenz eine Niederlage erlitten. Humboldt erbat wegen der Abänderung des Steinschen Verfassungsplanes seinen Abschied, der ihm am 14. Juni 1810 bewilligt wurde. Sein Abgang rief allgemeine Bestürzung hervor, aber das Werk selbst war gesichert. Humboldt blieb in der Einrichtungskommission für die Universität und hat auf die weiteren entscheidenden Berufungen maßgebenden Einfluß gehabt. Das Sommersemester 1810 ging noch mit einigen Vorbereitungen hin. Am 18. September veröffentlichte die Sektion des öffentlichen Unterrichts im Ministerium des Innern das erste Vorlesungsverzeichnis, das aus Anlaß der Jahrhundertfeier der Universität 1910 in Facsimiledruck neu herausgegeben ist und dessen Vorwort mit folgenden bedeutsamen Worten schließt: „Mögen alle günstigen Umstände zusammenwirken, ein für deutsche Wissenschaft und Bildung so viel versprechendes Institut, dessen Stiftung die Regierung unseres Monarchen für immer glänzend bezeichnen wird, leicht und frei zu dem Grade der Reife zu erheben, zu welchem gediehen es als ein großes Nationalinstitut mit allgemeiner Teilnahme zu seiner Bestimmung feierlich ein geweiht werden kann!" Am 22. September wurde dem Könige der Schlußbericht überreicht. Mit 58 Dozenten (24 Ordinarien, 9 Extraordinarien, 14 Privatdozenten, 6 Mitgliedern der Akademie, 5 Lektoren) trat die neue Anstalt an die Öffentlichkeit. Von bekannten Persönlichkeiten waren gewonnen: Schleiermacher, Schmalz, Savigny, Hufeland, Graefe, Fichte, Böckh, Erman, Wolf, Thaer. Von Akademikern lasen Niebuhr und Buttmann. Zum Rektor war Schmalz ernannt worden, Dekane waren Schleiermacher, Biener, Hufeland und Fichte. Am 6. Oktober fand die erste Immatrikulation statt. Am 10. Oktober 4 Uhr nachmittags versammelten sich zum erstenmal die ordentlichen Professoren — von den Berufenen 16 — in der Universität. Sie wurden vom Rektor durch Handschlag verpflichtet. Darauf wurde der Senat der Universität für konstituiert erklärt. Die Vorlesungen begannen in der Zeit vom 15. Oktober bis 15. November. Immatrikuliert wurden im ersten Semester 256 Studenten. Als Inschrift wählte Humboldt für die neue Anstalt die Worte: „Universitati litterariae Fridericus Guilelmus III rex". Diese legte Clemens Brentano in einer Festkantate so aus:

„Der Ganzheit, Allheit, Einheit
Der Allgemeinheit
Gelehrter Weisheit,
Des Wissens Freiheit
Gehört dies königliche Haus!
So leg' ich auch die goldenen Worte aus:
Universitati Litterariae."

Und gegen Schluß der Dichtung werden in dem „Gesang der Lehrer" die Aufgaben der Universität folgendermaßen zusammengefaßt:

„Erschließe dich, du jugendklares Aug'!
Wir wecken dich und zeigen treulich dir,
Was wir von ew'ger Wahrheit selbst erkannt,

Und zeigen dir, wie uns das Licht verwandt.
So ist der Lehre freier Brauch —
Wir wollen euch zu lernen lehren."

Die neue Anstalt hatte nunmehr ihr Recht auf eigenes Leben zu beweisen. Unangenehme Zwischenfälle blieben im Anfang nicht aus. Die ungebundene Lebensweise, die ein Teil der Studenten auch auf die große Stadt übertrug, führte wiederholt zu Zusammenstößen mit Mitgliedern der Hofgesellschaft, die der König sehr übel vermerkte. Auch Unstimmigkeiten zwischen Rektor und Ministerialbehörden blieben nicht aus. Erster erwählter Rektor war Fichte. Interessant ist das Alter der Dozenten. Savigny, der sich bereits einen großen Namen gemacht hatte, war doch erst 31 Jahre alt, neben ihm stand Biener mit 24 Jahren, Marheineke und de Wette waren im Anfang der Dreißiger, Schleiermacher und Rudolphi eben 40; Reil mit 52 zählte zu der älteren Generation, Klaproth mit 66 stellte das höchste Lebensalter dar. Aber die große Mehrzahl befand sich erst zwischen 30 und 40. Die Privatdozenten und Extraordinarien waren im Durchschnitt älter als die Ordinarien.

Der Etat der Universität war auf 54 146 Taler festgesetzt (derjenige aller wissenschaftlichen Anstalten Berlins zusammen auf zunächst 112 280 Taler). Für bedürftige Studenten wurden die ersten Stipendien eingerichtet, so weit es „kapable Subjekte" seien. In dem Vorlesungsverzeichnis erscheint noch kein Kolleg über deutsche Literaturgeschichte, wohl aber wird gelesen eine „institutio artis peregrinandi". In den Studentenverzeichnissen der nächsten Jahre finden wir bald die Namen Arth. Schopenhauer, F. K. Hecker, Adalb. v. Chamisso, E. v. Bodelschwingh. — Die Erhebung des deutschen Volkes gegen Napoleon sah Savigny als Rektor. Zahlreich strömten die Studenten zu den Fahnen; die Auditorien leerten sich. Professor Rudolphi entließ seine Hörer mit den Worten, er hoffe im nächsten Semester nur noch vor Krüppeln zu lesen. Als das Vaterland endlich befreit war, wurden die Gebliebenen durch eine Totenfeier geehrt, ihre Namen auf einer Gedächtnistafel eingetragen, welche in der Alten Aula aufgestellt ist.

Die Statuten der Universität wurden 1816 vom König genehmigt und am 26. April 1817 dem Senat übergeben. Die vier Fakultäten erhielten ihre Statuten 1838, die mit unwesentlichen Änderungen noch heute gelten. — Die wissenschaftliche Entwicklung und Bedeutung der Universität wird hauptsächlich durch die Namen charakterisiert, die sie in der Folgezeit aufwies. In der Kabinettsorder vom 16. August 1809 hatte der König den Grundsatz der „Erhaltung und Gewinnung der ersten Männer jedes Fachs" ausgesprochen. Den oben genannten Persönlichkeiten der ersten Periode reihen sich die folgenden bedeutenden an: in der Reihe der Theologen NEANDER, TWESTEN, HENGSTENBERG; unter den Juristen der Romanist GÖSCHEN, der in Verbindung mit G. Bekker den Gajus herausgab, BETHMANN-HOLLWEG, E. GANS, der geistvolle Schüler Hegels, HEFFTER, der Völkerrechtslehrer, der Romanist PUCHTA, der konservativ gerichtete STAHL, der Germanist BESELER, der ausgezeichnete Kenner des Verwaltungsrechts Rud. v. GNEIST, in der späteren Zeit die Romanisten ECK, PERNICE, DERNBURG, der Kirchenrechtslehrer HINSCHIUS, der hervorragende Lehrer des Handelsrechts L. GOLDSCHMIDT. Unter den Klinikern für innere Medizin seien genannt SCHÖNLEIN, FRERICHS und TRAUBE, als Chirurgen LANGENBECK, v. BARDELEBEN, als Gynäkologen MARTIN, H. SCHROEDER; in der Augenheilkunde A. v. GRÄFE, SCHWEIGGER. Die naturwissenschaftlich-medizinischen Fächer sind durch glänzende Namen vertreten: Joh. MÜLLER, den berühmten Physiologen DU BOIS-REYMOND, VIRCHOW, HELMHOLTZ. In der Philosophie stellt HEGEL den Höhepunkt dar. Unter seinen Nachfolgern sind TRENDELENBURG, LOTZE und PAULSEN zu nennen. In der klassischen Philologie und Altertumskunde ragen hervor Karl LACHMANN, Moritz HAUPT, Ernst CURTIUS, Theodor MOMMSEN; in der germanistischen Wissenschaft J. GRIMM, MÜLLENHOFF, W. SCHERER, K. WEINHOLD. Als Anglist ist ZUPITZA, als Romanist TOBLER zu nennen. Von Orientalisten haben F. BOPP als Sanskritist, DILL-

MANN, LEPSIUS und BRUGSCH in den semitischen und ägyptologischen Studien einen Namen. Unter den Historikern darf die Universität auf F. v. RAUMER, RANKE, DROYSEN, WATTENBACH, v. TREITSCHKE weisen; unter den Geographen auf K. RITTER, KIEPERT und v. RICHTHOFEN. Am mathematischen Himmel leuchten LEJEUNE-DIRICHLET, WEIERSTRASS, KRONECKER, KUMMER, STEINER und JACOBI, unter den Astronomen ENCKE, unter den Physikern DOVE, KIRCHHOFF, unter den Chemikern MITSCHERLICH, RAMMELSBERG, A. W. v. HOFMANN. Die Namen der heutigen Größen der Berliner Universität entziehen sich als die noch Lebender der Erwähnung an dieser Stelle. Einige ortsgeographische und statistische Angaben aber mögen noch den Aufschwung der Universität veranschaulichen. Von den Instituten ist ein großer Teil, besonders unter der tatkräftigen Förderung des um die preußischen Universitäten hochverdienten Ministerialdirektors Dr. Friedrich ALTHOFF neu erbaut, so die großartigen Anlagen in Dahlem; andere haben Umbauten erfahren, so die Charité, die in dem Gebäude Dorotheenstr. 5 untergebrachten Institute, neuerdings die Alte Bibliothek, deren Räume neue Auditorien und eine neue Aula hergeben, während das neue imposante Bibliotheksgebäude bald nach dem Jubelfest der Universität fertiggestellt sein wird. — Der jährliche Etat der Universität beträgt heute 4 185 669 M, die Zahl der Studierenden 7902, mit den sonstigen Berechtigten 12 219; die Zahl der Dozenten über 500. Das Anwachsen der Zahl der Studierenden ist aus der Tabelle auf S. 18 ersichtlich.

Das *Universitätsgebäude* stammt aus der Mitte des 18. Jahrhunderts. Es ist 1748-1753 als Palais für den Prinzen Heinrich von Preußen, den Bruder Friedrichs II. — vermutlich unter Benutzung eines Entwurfs von Knobelsdorff — von J. Boumann erbaut worden. Nach dem Tode des Prinzen Heinrich im Jahre 1802 war es Sitz verschiedener Behörden: des Militärkabinetts, der Stempelkammer und der Anstalt für Pockenimpfung *). Bis 1810

*) *Es bestand der Plan, es in ein Postamt, ja sogar in*

blieb auch der Hofstaat des Prinzen Heinrich im Palais. Als die Universität begründet wurde, überwies ihr der Staat das Gebäude, welches nun im Innern vielen baulichen Veränderungen unterzogen wurde *). Daher sind in ihrer ursprünglichen Ausstattung aus der Prinzenzeit erhalten nur die große Aula und das daran anstoßende Senatszimmer.

Das Gebäude hat hufeisenförmigen Grundriß: einen Mittelbau von 150 m Frontlänge nebst 2 Flügeln, die einen Vorhof in der Größe von 48 : 76½ m einschließen. Der Aufbau ist dreigeschossig; das Untergeschoß gequadert und geböscht; das Hauptgeschoß zeigt rundbogige Fenster, die mit gut modellierten Köpfen, Blumen und Fruchtgewinden verziert sind. Entsprechend den klassizistischen Neigungen Knobelsdorffs liegt die Hauptgliederung des Baues in der Horizontale; die Vertikale ist nur im Mittelrisalit und den Stirnseiten der Flügel betont. Das Mittelrisalit nach dem Vorhof zu trägt 8 freistehende Säulen mit einem Balkon; die Gartenseite des Mittelrisalits sowie die Risalite an den Flügeln sind nur mit Pilastern geschmückt. Die Attika über den Risaliten der Vorderfront am Opernplatz ist mit Sandsteinstatuen (Göttergestalten) von tüchtiger Ausführung geschmückt, die in ihrer Mehrzahl vom Bildhauer Benkert herrühren. Den Abschluß des Vorhofes nach der Straße zu bildet ein einfaches Rokoko-

---

eine Bierbrauerei umzuwandeln, vor welchem Schicksal es noch durch Beyme bewahrt wurde.

*) *Die endgültige Besitzergreifung durch die Universität kostete noch einen gewissen Kampf. In der oben angeführten etwas bunten Umgebung sollten die „Weisheitszellen“, wie Humboldt sie nannte, errichtet werden. Während man mit der Mehrzahl der Bewohner zu einer Einigung in bezug auf die Räumung gelangte, berief sich der frühere Verwalter der prinzlichen Güter auf eine direkte Verfügung des Prinzen. Selbst eine Exekution fruchtete nichts. Der Widerspenstige wandte sich an den Großkanzler, der darüber an den König berichtete. Erst als dieser in Achtung eines einmal gegebenen fürstlichen Versprechens eine Mietsentschädigung gewährte, gab der hartnäckige Widersacher nach.*

gitter mit zwei von Kindergruppen bekrönten, massiven Torpfeilern. Vor dem Gitter stehen seit 1883 die Denkmäler von Wilhelm und Alexander von Humboldt; im Vorgarten die von Helmholtz, Treitschke und Mommsen. Der Festsaal enthält noch die ursprüngliche Dekoration. Die Langseiten sind mit Doppelpilastern, die Schmalseiten mit ¾-Säulen gegliedert. Über dem Konsolgesims Rundmedaillons mit Reliefs, zwischen den Oberfenstern und Wandfeldern der Langseiten Genien mit Lorbeergewinden — alles im klassizistischen Stil. Wände, Wandsäulen und Pilaster sind in grauem Stuckolustro gehalten, während die dekorativen Teile vergoldet sind. Das Deckengemälde im Rokokogeschmack wurde 1764 von Gregorio Guglielmi nach Angaben Friedrichs II. gemalt und stellt die Apotheose des Prinzen Heinrich dar. Das Oval des Gemäldes wird von leichtem Netzwerk umrahmt, wozu noch in den Ecken reizvolle Rokoko-Kartuschen aus vergoldetem Stuck treten.

Ringsum an den Wänden sind jetzt die Marmorbüsten berühmter Lehrer der Hochschule aufgestellt, nämlich von: Beseler — Böckh — Bopp — Du Bois-Reymond — Bruns — Curtius — Dillmann — Dirichlet — Dorner — Dove — Encke — Fichte — Gerhard — v. Gneist — Goldschmidt — v. Graefe — J. Grimm — W. Grimm — Haupt — Hegel — v. Hofmann — Homeyer — Horn — Hufeland — Kirchhoff — Klaproth — Lachmann — v. Langenbeck — Lepsius — Link — Magnus — Marheineke — Mitscherlich — Joh. Müller — Müllenhoff — Neander — Niebuhr Puchta — v. Rancke — Reil — Ritter — Rudolphi — Rust Rose — v. Savigny — Scherer — Schleiermacher — Schoenlein — Solger — Trendelenburg — Weierstraß — Weiß — Wolf.

Verwaltung der Universität. Die Kuratorialgeschäfte werden, soweit sie nicht von dem vorgeordneten Ministerium bearbeitet werden, von dem Rektor und dem Universitätsrichter wahrgenommen. Die Verwaltung der gemeinsamen Angelegenheiten der Universität, die Aufsicht über die Studierenden, der Verkehr mit der vorgesetzten Behörde liegt dem Rektor und Senat ob. Der Senat ist ein Ausschuß der ordentlichen Professoren; ihm gehört auch der Universitätsrichter an.

Verzeichnis der Rektoren
von 1810 bis 1910

Lfde. Nr.	Universitätsjahr vom 15. Okt.	Name	Zum wievielten Male	Fak.
1	1810-1811	* Schmalz		Jur.
2	1811-1812	Fichte		Phil.
3	1812-1813	v. Savigny		Jur.
4	1813-1814	Rudolphi	I	Med.
5	1814-1815	Solger		Phil.
6	1815-1816	Schleiermacher		Theol.
7	1816-1817	Link		Med.
8	1817-1818	Marheineke	I	Theol.
9	1818-1819	Weiß	I	Phil.
10	1819-1820	Göschen		Jur.
11	1820-1821	Lichtenstein	I	Phil.
12	1821-1822	Wilken		,,
13	1822-1823	v. Raumer	I	,,
14	1823-1824	Hoffmann		,,
15	1824-1825	Rudolphi	II	Med.
16	1825-1826	Böckh	I	Phil.
17	1826-1827	Lichtenstein	II	,,
18	1827-1828	Hollweg		Jur.
19	1828-1829	Klenze		,,
20	1829-1830	Hegel		Phil.
21	1830-1831	Böckh	II	,,
22	1831-1832	Marheineke	II	Theol.
23	1832-1833	Weiß	II	Phil.
24	1833-1834	Strauß		Theol.
25	1834-1835	Steffens		Phil.
26	1835-1836	Busch	I	Med.
27	1836-1837	Heffter		Jur.
28	1837-1838	Böckh	III	Phil.
29	1838-1839	Joh. Müller	I	Med.
30	1839-1840	Twesten	I	Theol.
31	1840-1841	Lichtenstein	III	Phil.
32	1841-1842	Dieterici	I	,,
33	1842-1843	v. Raumer	II	,,

Lfde. Nr.	Universitätsjahr vom 15. Okt.	Name	Zum wievielten Male	Fak.
34	1843-1844	Lachmann		Phil.
35	1844-1845	Hecker		Med.
36	1845-1846	Trendelenburg	I	Phil.
37	1846-1847	Böckh	IV	„
38	1847-1848	Joh. Müller	II	Med.
39	1848-1849	Nitzsch		Theol.
40	1849-1850	Busch	II	Med.
41	1850-1851	Twesten	II	Theol.
42	1851-1852	Dieterici	II	Phil.
43	1852-1853	Stahl		Jur.
44	1853-1854	Encke		Phil.
45	1854-1855	Mitscherlich		„
46	1855-1856	Ehrenberg		Med.
47	1856-1857	Trendelenburg	II	Phil.
48	1857-1858	Rudorff		Jur.
49	1858-1859	Dove	I	Phil.
50	1859-1860	Böckh	V	„
51	1860-1861	Twesten	III	Theol.
52	1861-1862	Magnus		Phil.
53	1862-1863	Beseler	I	Jur.
54	1863-1864	Trendelenburg	III	Phil.
55	1864-1865	Dorner		Theol.
56	1865-1866	Braun		Phil.
57	1866-1867	v. Langenbeck		Med.
58	1867-1868	Beseler	II	Jur.
59	1868-1869	Kummer		Phil.
60	1869-1870	du Bois-Reymond	I	Med.
61	1870-1871	Bruns		Jur.
62	1871-1872	Dove	II	Phil.
63	1872-1873	Gneist		Jur.
64	1873-1874	Weierstraß		Phil.
65	1874-1875	Mommsen		„
66	1875-1876	Dillmann		Theol.
67	1876-1877	Bardeleben		Med.
68	1877-1878	Helmholtz		Phil.

Lfde. Nr.	Universitätsjahr vom 15. Okt.	Name	Zum wievielten Male	Fak.
69	1878-1879	Zeller		Phil.
70	1879-1880	Beseler	III	Jur.
71	1880-1881	Hofmann		Phil.
72	1881-1882	Curtius		„
73	1882-1883	du Bois-Reymond	II	Med.
74	1883-1884	Kirchhoff		Phil.
75	1884-1885	Dernburg		Jur.
76	1885-1886	Kleinert		Theol.
77	1886-1887	Vahlen		Phil.
78	1887-1888	Schwendener		„
79	1888-1889	Gerhardt		Med.
80	1889-1890	Hinschius		Jur.
81	1890-1891	Tobler		Phil.
82	1891-1892	Foerster		„
83	1892-1893	Virchow		Med.
84	1893-1894	Weinhold		Phil.
85	1894-1895	Pfleiderer		Theol.
86	1895-1896	Wagner		Phil.
87	1896-1897	Brunner		Jur.
88	1897-1898	Schmoller		Phil.
89	1898-1899	Waldeyer		Med.
90	1899-1900	Fuchs		Phil.
91	1900-1901	Harnack		Theol.
92	1901-1902	Kekule v. Stradonitz		Phil.
93	1902-1903	Gierke		Jur.
94	1903-1904	v. Richthofen		Phil.
95	1904-1905	Hertwig		Med.
96	1905-1906	Diels		Phil.
97	1906-1907	Kaftan		Theol.
98	1907-1908	Stumpf		Phil.
99	1908-1909	Kahl		Jur.
100	1909-1910	Erich Schmidt		Phil.

Unter den 100 Rektoren waren 14 aus der Theologischen, 18 aus der Juristischen, 17 aus der Medizinischen und 51 aus der Philosophischen Fakultät.

—

		Deutsche	Ausländer	zusammen	Deutsche	Ausländer	zusammen	Deutsche	Ausländer	zusammen	Deutsche	Ausländer	zusammen	Im ganzen	Davon Deutsche	Davon Aus-länder			
Winter 1810/11		23	6	29	40	13	53	49	68	117	40	17	57	256	152	104	—	—	—
1820/21		142	41	183	201	65	266	190	150	340	141	64	205	994	674	320	—	—	—
1830/31		487	154	641	530	171	701	188	141	329	157	109	266	1937	1362	575	—	—	551
1840/41		280	82	362	382	135	517	269	139	408	257	133	390	1677	1188	489	—	—	384
1850/51		130	51	190	519	136	655	161	72	233	261	92	353	1431	1080	351	—	—	676
1860/61		303	56	359	305	131	436	240	71	311	377	137	514	1620	1225	395	—	—	873
1870/71		242	45	287	503	117	620	347	90	437	619	192	811	2155	1711	444	—	—	889
1880/81		266	18	284	1306	41	1347	532	53	585	1747	144	1891	4107	3851	256	—	—	407
1890/91		669	79	748	1489	77	1566	1177	191	1368	1358	291	1649	6331	4693	638	—	—	232
1895/96		406	68	474	1686	76	1762	1024	202	1226	1367	376	1743	5205	4483	722	596	65	661
1900/01		325	27	352	2134	145	2279	997	225	1222	2019	449	2468	6321	5475	846	875	425	1300
1908/09	Männer	274	49	323	2246	170	2416	962	262	1224	3433	473	3906	7860	6915	954	1115	—	—
	Frauen	—	2	2	2	1	3	49	39	88	245	67	312	405	296	109	—	327	—
	Zusammen	274	51	325	2248	171	2419	1011	301	1312	3678	540	4218	8274	7211	1063	—	—	1442
Sommer 1909	Männer	214	32	246	1624	130	1754	784	251	1035	3024	401	3425	6460	5646	814	840	—	—
	Frauen	—	1	1	1	—	1	45	41	86	253	53	306	394	299	95	—	140	—

Regelmäßige Veröffentlichungen der Universität

1. Das Vorlesungsverzeichnis erscheint für das Sommersemester anfangs Februar, für das Wintersemester anfangs Juli jeden Jahres und ist beim Oberpedell und auch in den Buchhandlungen für 50 Pf. erhältlich, — bei Zusendung durch den Oberpedell gegen Nachnahme 85 Pfg. 2. Das amtliche Verzeichnis des Personals und der Studierenden erscheint für das Sommersemester im Juni, für das Wintersemester im Dezember und ist in dem Sekretariat für 1 M erhältlich. Es enthält auch ein Verzeichnis der Universitätsinstitute und die Statistik. — 3. Die Chronik der Universität für das laufende Rechnungsjahr erscheint im Juli. Sie enthält u. a. auch die Jahresberichte der Universitätsinstitute. — 4. Die neuen Preisaufgaben werden nebst dem Urteil über die eingegangenen Preisarbeiten am 3. August jeden Jahres verkündigt und erscheinen bald danach im Druck. — 5. Die Festreden zu Kaisers Geburtstag, zum Stiftungstage der Universität am 3. August, zum Rektoratswechsel am 15. Oktober jeden Jahres erscheinen kurz nachdem sie gehalten sind und werden in größerer Anzahl unentgeltlich den Studierenden verabfolgt.

Allgemeinen akademischen Interessen dienen die „Berliner Akademischen Nachrichten", hrsg. v. Prof. Dr. W. Paszkowski. Sie erscheinen monatlich am 10., 20., 30. und werden unentgeltlich in allen Berliner Hochschulen und einer Anzahl sonstiger wissenschaftlicher Institute ausgegeben. Sie enthalten die amtlichen Bekanntmachungen, Artikel über die verschiedenen Studien, Verzeichnis der Neuerwerbungen der Universitätsbibliothek u. a. m.

Immatrikulation. — Belegen. — Antestieren. Die Immatrikulation, zu der persönliche Anwesenheit erforderlich ist, erfolgt innerhalb der ersten drei Wochen eines jeden Semesters, d. h. für das Sommersemester bis zum 5. Mai und für das Wintersemester bis zum 5. November. Tage und Stunden werden besonders festgesetzt.

Spätere Meldungen (bis zum 30. November bzw. 31. Mai) werden nur, wenn die Verzögerung durch besonders nachzuweisende Gründe gerechtfertigt wird, ausnahmsweise mit Genehmigung des Kuratoriums zugelassen. Gesuche um nachträgliche Immatrikulation sind auf dem Bureau des Kuratoriums persönlich einzureichen.

Der zu Immatrikulierende begibt sich zunächst zum Universitätspförtner, wo er zwei Karten erhält, die eine mit Angabe von Tag und Stunde der Immatrikulation, die andere zur Ausfüllung der Personalien. Zur festgesetzten Stunde findet er sich mit den Karten und seinen Zeugnissen in der alten Aula ein und erwartet nach der Prüfung seiner Zeugnisse durch den Universitätsrichter seine Aufnahme in die Zahl der akademischen Bürger. Die erforderlichen Zeugnisse sind weiter unten angegeben.

Der Neuimmatrikulierte empfängt nach Zahlung der Immatrikulationsgebühr (s. S. 23) eine Aufnahmeurkunde (Matrikel), außerdem ein Anmeldebuch für Vorlesungen, eine Erkennungskarte und die Vorschriften für die Studierenden, welche u. a. auch die Bestimmungen über die Stundung der Honorare, die Krankenkasse, die Benutzungsordnung der Königlichen und der Universitätsbibliothek enthalten; durch Handschlag wird er vom Rektor auf die Befolgung der Vorschriften verpflichtet. Darauf geschieht die Eintragung in das Album der erwählten Fakultät (Inskription), worüber ebenfalls eine Urkunde ausgestellt wird. Der Übertritt von einer Fakultät zu einer andern ist nur am Anfang und Schluß eines Semesters zulässig. — Wer das für sein Berufsstudium erforderliche Schulzeugnis nicht besitzt und deshalb nur auf beschränkte Zeit immatrikuliert werden kann, hat sich zunächst mit einem besonderen Gesuche an die Immatrikulationskommission zu wenden. Das Formular dazu ist beim Oberpedell erhältlich. Es ist auszufüllen und zusammen mit den darin genannten Zeugnissen im Sekretariat persönlich einzureichen. — Das Belegen, d. h. das Bezahlen der Vorlesungen geschieht auf der Quästur. Jeder Student ist berechtigt, 14 Tage probeweise Vorlesungen zu hören. Erst dann braucht er sich zu entscheiden. Die gewählten Vorlesungen trägt er mit dem Namen der Dozenten in das Anmeldebuch ein, löst sich vor der Quästur eine Zulassungskarte und begibt sich zu der darauf verzeichneten Zeit dorthin, um das Honorar nebst Auditoriengeld und den anderen Nebengebühren zu bezahlen. — Demnächst sind die Vorlesungen anzutestieren, d. h. der Student legt nach der Vorlesung dem Dozenten das Anmeldebuch mit der Bitte vor, Namen und Nummer des zugewiesenen Platzes einzutragen.

Inländer (Angehörige des Deutschen Reichs) haben zur Immatrikulation beizubringen:

1. dasjenige Reifezeugnis einer deutschen neunstufigen höheren Lehranstalt, welches für die Zulassung zu den ihrem Studienfach entsprechenden Berufsprüfungen in ihrem Heimatsstaate vorgeschrieben ist.

Frauen, welche sich zur Prüfung für das höhere Lehramt vorbereiten, werden zur Immatrikulation zugelassen, wenn sie nachweisen, daß sie nach erfolgreichem Besuche einer anerkannten höheren Mädchenschule und eines anerkannten höheren Lehrerinnenseminars die volle Lehrbefähigung für mittlere und höhere Mädchenschulen erlangt haben, und ein Zeugnis darüber beibringen, daß sie nach Erlangung der Lehrbefähigung für mittlere und höhere Mädchenschulen wenigstens zwei Jahre an höheren Mädchenschulen voll beschäftigt waren. Bei Lehrerinnen, welche die Unterrichtstätigkeit bereits vor Inkrafttreten der Bestimmungen über die Oberlehrerinnenprüfung vom 3. April 1909 begonnen haben, genügt es, daß sie mindestens fünf Jahre nach Erlangung der lehramtlichen Befähigung im Lehrberuf gestanden haben, und daß sie davon mindestens zwei Jahre an Schulen in Preußen oder in einem der Bundesstaaten, mit denen Preußen ein Abkommen wegen Anerkennung der Prüfungszeugnisse getroffen hat, voll beschäftigt gewesen sind. (Vgl. Erlasse des Unterrichtsministers vom 18. Aug. 1908., 3. u. 11. Apr. 1909, abgedr. im Zentralblatt f. d. gesamte Unterrichtsverwaltung in Preußen 1908, S. 691 ff., 1909, S. 401, 411 ff.)

Ausländische Reifezeugnisse genügen zur Immatrikulation von Inländern nur dann, wenn daraufhin die Zulassung zu den ihrem Studienfach entsprechenden Berufsprüfungen in ihrem Heimatstaate gesichert erscheint.

Genügt nach den bestehenden Bestimmungen für ein Berufsstudium der Nachweis der Reife für die Prima einer neunstufigen höheren Lehranstalt (pharmazeutisches Studium), so reicht dies auch für die Immatrikulation aus.

2. Die Abgangszeugnisse sämtlicher etwa schon von ihnen besuchten anderen Universitäten und Hochschulen.

3. Den Nachweis über ihre bisherige sittliche Führung (Führungszeugnisse), wenn seit dem Abgang von der Schule oder der zuletzt besuchten Universität oder Hochschule längere Zeit verstrichen ist.

Mit besonderer Erlaubnis der Immatrikulations-Kommission können Inländer, welche ein Reifezeugnis nicht besitzen, aber wenigstens dasjenige Maß der Schulbildung erreicht haben, welches für die Erlangung der Berechtigung zum Einjährig-Freiwilligendienst vorgeschrieben ist, auf vier Semester immatrikuliert werden. — Dasselbe gilt von Frauen, welche die Lehrerinnenprüfung für höhere Mädchenschulen bestanden haben, doch bedürfen sie der Genehmigung des Herrn Unterrichtsministers, die durch Vermittlung der Immatrikulations-Kommission nachzusuchen ist. Diesbezügliche Gesuche sind auf Formularen, die der Oberpedell ausgibt, mit den Zeugnissen im Sekretariat persönlich einzureichen.

Ausländer haben zur Immatrikulation beizubringen: 1. amtliche Ausweise über den Besitz einer für die Aufnahme bei der Universität ausreichenden Schulbildung. Als genügender Ausweis gilt der Regel nach nur das Reifezeugnis eines klassischen Gymnasiums, Lyzeums oder dergleichen, bei Amerikanern und Engländern der erworbene Grad eines B. A. oder M. A. Die Zeugnisse sind im Original und auf Verlangen in amtlich beglaubigter Übersetzung vorzulegen; 2. die Abgangszeugnisse der etwa schon von ihnen besuchten anderen Universitäten und Hochschulen sowie die Zeugnisse über etwa erlangte akademische Grade; 3. Legitimationspapiere (Pässe und auf Verlangen von der Polizeibehörde des letzten Aufenthaltsortes im Auslande ausgestellte Führungszeugnisse); 4. auf Verlangen den Nachweis des Besitzes der erforderlichen Subsistenzmittel.

Ausländerinnen bedürfen in allen Fällen zur Immatrikulation der Genehmigung des Herrn Unterrichtsministers, die durch Vermittlung der Immatrikulations-Kommission nachzusuchen ist.

Die Immatrikulationsgebühren betragen 18 M.

Wer schon auf einer Universität des Deutschen Reiches oder auf den Universitäten Wien, Prag (deutsche Universität), Graz, Innsbruck, Basel, Bern, Genf, Lausanne und Zürich studiert hat, bezahlt nur die Hälfte dieser Gebühr. Diese Ermäßigung fällt jedoch weg, wenn seit dem Abgange des Studierenden von einer anderen Universität bis zum Eintritt in die Berliner Universität bereits vier Semester verflossen sind.

Durch die Immatrikulation erlangen die Studierenden der Theologie, der Rechtswissenschaft und der Philosophischen Wissenschaften das akademische Bürgerrecht auf 8 Semester, die der Medizin auf 10 Semester. Nach Ablauf dieser Zeit ist eine Erneuerung der Matrikel erforderlich.

Als Studierende werden nicht aufgenommen: Reichs-, Staats-, Gemeinde- oder Kirchenbeamte, aktive Militärpersonen, Angehörige einer anderen preußischen öffentlichen Bildungsanstalt und Personen, welche dem Gewerbestande angehören. Sie können vom Rektor als Gastzuhörer zugelassen werden, wenn sie den an die Vorbildung der Studierenden gestellten Anforderungen entsprechen. Sie haben unter Vorlegung ihrer Zeugnisse (event. auch über ihre bisherige sittliche Führung) die Erteilung eines Erlaubnisscheines im Sekretariat nachzusuchen.

Exmatrikulation. Die Anmeldung zur Ausfertigung des Abgangszeugnisses (Exmatrikulation) kann bereits vom 15. Juli oder 15. Februar ab persönlich in der Registratur gegen Empfang eines Abmeldescheines bewirkt werden. Mit dem Abmeldeschein begibt sich der Studierende zunächst in die Quästur, um die Gebühren von 12,50 M. (bei Stundung des Vorlesungshonorars 14 M.) zu bezahlen, dann zu den Dozenten, bei denen er an Übungen irgendwelcher Art teilgenommen hat, um sie von neuem um Eintragung ihres Namens ins Anmeldebuch zu bitten (Abtestieren — für Vorlesungen nicht mehr erforderlich). Danach sind Abmeldeschein und Anmeldebuch im Amtszimmer des Richters abzugeben. Die Aushändigung des Abgangszeugnisses und der bei der Immatrikulation abgegebenen Zeugnisse erfolgt frühestens vom 7. August oder 7. März ab ebenda gegen Rückgabe der Erkennungskarte und Vorlegung von Bescheinigungen der Königlichen sowie der Universitäts-Bibliothek, daß der Abgehende die entnommenen Bücher abgeliefert oder keine Bücher entliehen hat. Die frühere Aushändigung der Abgangs-Zeugnisse oder die Abreise vor dem 1. August oder 1. März ist nur mit besonderer Erlaubnis des Rektors statthaft, die ohne genügende Begründung nicht erteilt werden kann. — Studierenden, die sich in der Sommerperiode der ärztlichen Prüfung unterziehen wollen, darf das Zeugnis bereits vom 15. Februar ab ausgehändigt werden. Die Ausfertigung kann in diesem Falle bereits acht Tage vor dem 15. Februar nachgesucht werden. Die spätere, schriftliche Bestellung der Abgangszeugnisse ist zwar zulässig, jedoch, besonders im Falle der Honorarstundung, möglichst zu vermeiden. Dem betreffenden Gesuche sind beizufügen: das Anmeldungsbuch, die Erkennungskarte, die Gebühren, welche in diesem Falle 13,50 M., bei Honorarstundung 15 M. betragen, und etwaige Bibliothekskarten. Die Gebühren sind durch Postanweisung einzusenden. Die Bestellung ist mindestens 14 Tage vor dem Gebrauch des Abgangszeugnisses zu machen.

Von den Vorlesungen, Preisaufgaben, Promotionen

H. Paul, Gedanken über das Universitätsstudium, Berliner Akad. Nachrichten 1910, Nr. 8. W. Münch, Das Kollegheft, ebenda. Schmidkunz, Wie beginnt der Student seine Studien? in Berliner Akad. Wochenschrift 1906, Nr. 2; Studium, Examen und Praxis, ebenda 1906, Nr. 4; Über das Lesen wissenschaftlicher Literatur, ebenda 1906, Nr. 6; Studentische Bildungsarbeit, ebenda 1906, Nr. 10.

1. Das Vorlesungsverzeichnis enthält alle angekündigten Vorlesungen und Übungen in allen Fakultäten mit Angabe des Namens der Dozenten, ihrer Wohnung und Sprechstunde sowie den Nachweis über alle zur Universität gehörigen Institute und Sammlungen. Der Beginn der einzelnen Vorlesungen und der Ort, wo sie abgehalten werden, wird beim

Semesteranfang von den Dozenten durch Anschlag am schwarzen Brett bekannt gegeben. Beides kann auch müheloser aus dem in der Akademischen Auskunftsstelle aufliegenden Zettelkatalog ermittelt werden.

Jeder Student wählt sich aus dem Vorlesungsverzeichnis diejenigen Vorlesungen und Übungen aus, welche seinen Bedürfnissen und Neigungen entsprechen, wobei er sich wohl auch durch die Prüfungsordnungen in der Auswahl mit bestimmen läßt. Ist er über die Auswahl im Zweifel, so nimmt er am besten den Rat desjenigen Dozenten in Anspruch, der der Hauptvertreter des gewählten Studienfaches ist. Auch werden ihm in der Akademischen Auskunftsstelle zweckdienliche Ratschläge erteilt, und er kann dort auch die Studienpläne und die Literatur über die einzelnen Berufe einsehen. Vgl. auch den Anhang zu diesem Buche.

2. Die Vorlesungen, bei denen sich die Studenten rein rezeptiv verhalten, zerfallen in öffentliche und private. Die ersteren tragen einen allgemeineren belehrenden Charakter, ohne in die Einzelheiten der Forschung einzuführen, und werden in der Regel von Angehörigen aller Fakultäten besucht. Ihr Besuch ist kostenfrei. Die Privatvorlesungen bilden den Hauptbestandteil des akademischen Unterrichts. In ihnen werden die einzelnen Wissenschaften systematisch behandelt, und es wird in ihre Methode und Forschungsart eingeführt. Jeder immatrikulierte Student ist verpflichtet, wenigstens eine Privatvorlesung zu belegen, wenn ihm bei einer etwaigen Prüfung das Semester gerechnet werden soll, oder wenn er nicht im Album der Universität gelöscht werden will. Privatissima sind Übungen, an denen der Student sich selbst durch Vortrag, Interpretation usw. beteiligt. Die Teilnahme ist in der Regel kostenfrei, aber von der besonderen Genehmigung des Dozenten abhängig.

3. Die Übungen in den Seminaren und Instituten, in denen zwischen Lehrer und Schüler ein Gedankenaustausch in Form von Frage und Antwort, von Vortrag und Diskussion stattfindet, sind für vorgeschrittenere Studierende bestimmt, welche ihre Kenntnisse in einem besonderen Zweige einer Wissenschaft vertiefen wollen. Oft beabsichtigen die semi-

naristischen Übungen nicht nur die Ausbildung der Teilnehmer, sondern die Wissenschaft selbst zu fördern. Die Teilnahme ist gebührenfrei und gewöhnlich an das Bestehen einer schriftlichen oder mündlichen Prüfung geknüpft. Näheres siehe unter den einzelnen wissenschaftlichen Instituten.

4. An Honorar für die rein theoretischen Privatvorlesungen werden berechnet 5 M. für die Wochenstunde und das Semester, also z. B. für eine wöchentlich vierstündige Vorlesung 20 M. für das Semester; eine einstündige Vorlesung kostet 10 M. Bei Vorlesungen und Übungen, welche mit schriftlichen Arbeiten, Experimenten, Operationen oder Demonstrationen verbunden sind, erhöht sich das Honorar bis zu 120 M. für das Semester. Nähere Auskunft darüber erteilt die Quästur.

5. Außer dem Vorlesungshonorar sind beim Belegen der Vorlesungen auf der Quästur für das Semester 10 M. zu zahlen, und zwar:

5 M. Auditoriengeld, 0,50 M. Beitrag zu dem allgemeinen studentischen Interessen dienenden Studentenfonds, 2 M. Beitrag zur Akademischen Krankenkasse, wofür freie ärztliche Behandlung und Pflege in Erkrankungsfällen gewährt wird, 2,50 M. Bibliotheksgebühr.

Studierende der Medizin, der Zahnheilkunde, der Pharmazie und der Naturwissenschaften haben außerdem für das Semester an Institutsgebühren 5 M. sowie eventuell den Praktikanten-Beitrag zu entrichten, über dessen Höhe die Quästur Auskunft gibt.

6. Über Stundung des Honorars vergleiche die Honorarstundungsordnung, abgedruckt in den „Vorschriften für die Studierenden“.

7. Die Wahl der Vorlesungen steht den Studierenden frei. Den Studierenden der Theologie, der Rechte und der Medizin wird jedoch die Einhaltung der von den betreffenden Fakultäten aufgestellten Studienpläne empfohlen. Diese sind von den Dekanen der einzelnen Fakultäten erhältlich. Für die Studierenden der Pharmazie ist ein Studienplan von dem Pharmazeutischen Institut aufgestellt worden.

8. Die Studierenden der Universität haben das Recht zum Hören von Vorlesungen an anderen Berliner Hoch-

schulen. Umgekehrt sind zum Hören der Universitätsvorlesungen berechtigt: 1. die Studierenden der Kaiser-Wilhelms-Akademie für das militärärztliche Bildungswesen; 2. die Studierenden der Technischen Hochschule; 3. die Studierenden der Bergakademie; 4. die Studierenden der Landwirtschaftlichen Hochschule, welche im Besitze der Berechtigung zum einjährigen Militärdienste sind; 5. die Studierenden der Tierärztlichen Hochschule; 6. die remunerierten und diejenigen Studierenden der Akademie der Künste, welche durch Vorlegung ihrer Matrikel nebst Klassenschein sich als Studierende der akademischen Klassen für musikalische Komposition, der historischen und landschaftlichen Malklasse und des Aktsaales sowie der höheren Baukunst ausweisen; 7. die Zöglinge der Gärtnerlehranstalt, welche sich zur höchsten Stufe ausbilden.

Preisaufgaben. Am Stiftungstage der Universität am 3. August jedes Jahres werden von den 4 Fakultäten Preisaufgaben gestellt und zwar 1. für den Königlichen Preis, 2. für den städtischen Preis, 3. für die Grimmstiftung. Näheres ergibt sich aus der gedruckten Ankündigung der Preisaufgaben, welche vom Sekretariat erhältlich ist.

Promotionen. Die Erwerbung des Doktortitels ist für den Eintritt in den Staatsdienst weder erforderlich noch genügend. Obligatorisch ist er nur für diejenigen, welche einmal die Dozentenlaufbahn oder die bibliothekarische Laufbahn einschlagen wollen. Besonderen Wert hat er sodann für diejenigen, welche nach Vollendung ihrer Studien nicht in den Staatsdienst treten, sondern sich gewerblicher Tätigkeit oder anderen Berufsarten zuwenden. In diesen Fällen ist der Doktortitel das öffentliche Zeugnis über die genossene akademische Bildung. Rechte sind mit dem Doktortitel nicht verbunden. Es ist ein bloßer Titel, der infolge seines geschichtlichen Alters und wegen der allgemeinen Schätzung der Titel sich noch immer großen Ansehens erfreut und darum trotz der erheblichen Kosten, mit denen seine Erwerbung verbunden ist, noch vielfach begehrt wird. Es ist aber nicht eindringlich genug davor zu warnen, die Studien ganz und gar auf die Erwerbung dieses Titels einzurichten. Die Hauptsache bleibt die Liebe zur Wissenschaft und nicht die Sucht nach dem Titel. Vielmehr sollte jeder Student zuerst an die Ablegung seiner Staatsprüfung denken, die ihm den für den Eintritt in das öffentliche Leben notwendigen Rückhalt gibt, und erst dann an den Doktortitel. Nur wenn die Ablegung eines Staatsexamens und der Eintritt in eine staatliche Laufbahn von vornherein nicht beabsichtigt wird, mag sich das Streben auf den Abschluß der Studien durch die Promotion richten. Zur Promotion ist unbedingt erforderlich der Besitz des Reifezeugnisses, ein mindestens sechssemestriges (bei Medizinern zehnsemestriges) Studium auf deutschen Universitäten, die Abfassung einer Dissertation und eine mündliche Prüfung. Näheres ergeben die Promotionsordnungen, die von den Dekanaten der Fakultäten zu bekommen sind. Über die zulässigen Kombinationen der Prüfungsfächer bei Erwerbung des philosophischen Doktorgrades erteilt auch der Dekan der philosophischen Fakultät Auskunft.

Ein *im Auslande erworbener Doktortitel* darf im Inlande nicht ohne weiteres geführt werden. Für Preußen gilt die Verordnung vom 7. April 1897, wonach preußische Staatsangehörige, welche einen akademischen Grad außerhalb des Deutschen Reiches erwerben, zur Führung des damit verbundenen Titels der Genehmigung des Ministers der geistlichen, Unterrichts- und Medizinalangelegenheiten bedürfen. Nichtpreußische Reichsangehörige und Ausländer unterliegen derselben Bestimmung, sofern sie sich nicht vorübergehend oder im amtlichen Auftrage in Preußen aufhalten, ohne literarische oder sonstige Erwerbszwecke zu verfolgen. Die übrigen deutschen Bundesstaaten haben die preußische Verordnung im wesentlichen übernommen.

Von den Dozenten

1. Die Namen und Adressen aller Dozenten nebst Angabe ihrer Sprechstunden sind aus dem Vorlesungsverzeichnis und dem Personalverzeichnis zu ermitteln, die Geburtstage und das Fach, das sie vertreten, aus dem „Deutschen Universitätskalender“, Leipzig, dem „Allgemeinen deutschen Universitäts- und Hochschulkalender“, Rostock, Biogra-

phisches und Bibliographisches aus dem in der Akademischen Auskunftsstelle aufliegenden Dozentenkatalog und den allgemeinen Nachschlagewerken wie: Wer ist's?, Kürschners Literaturkalender, Minerva u. s. f., Porträts in den Berliner Kunsthandlungen und bei einzelnen Photographen wie Dührkoop, Sandau u. a. Die Universität besitzt eine ziemlich vollständige Sammlung der Bildnisse früherer und jetziger Professoren der Universität.

2. Arten der Dozenten a) Die ordentlichen Professoren bilden den eigentlichen ständigen Lehrkörper der Universität. Sie werden auf Antrag des Ministeriums, das dabei in der Regel die Vorschläge der Fakultät berücksichtigt, von dem König ernannt. Jeder ordentliche Professor erhält einen Lehrauftrag für ein bestimmtes Gebiet. b) Die ordentlichen Honorarprofessoren haben den Rang der ordentlichen Professoren. Sie beziehen in ihrer besonderen Eigenschaft kein Gehalt und sind zum Halten von Vorlesungen berechtigt, aber nicht verpflichtet. c) Außerordentliche Professoren sind etatsmäßig oder nicht etatsmäßig. Die etatsmäßigen a. o. Professoren dienen teils zur Ergänzung des Unterrichts in Hauptfächern, teils zur Vertretung solcher Fächer, für die an der Universität kein Ordinariat besteht. Die nicht etatsmäßigen Professoren beziehen kein Gehalt, manche haben indessen einen Lehrauftrag und erhalten dann eine Remuneration. d) Die Privatdozenten sind Lehrer, die unter der Autorität der Universität zu selbständiger Tätigkeit an derselben zugelassen sind. Sie beziehen kein Gehalt, die bei ihnen gehörten Vorlesungen werden aber ebenso angerechnet, als wenn sie bei einem ordentlichen Professor gehört worden wären. Die Habilitation der Privatdozenten ist durch besondere Bestimmungen geregelt, welche in den Statuten der einzelnen Fakultäten abgedruckt sind. Vgl. auch Daude, Die Rechtsverhältnisse der Privatdozenten. Berlin, J. Becker, 1896. e) Die Lektoren sind ursprünglich Lehrer der neueren Sprachen, die einen praktischen Unterricht zu erteilen haben. In der neueren Zeit hat sich ihre Aufgabe vielfach mehr wissenschaftlich gestaltet, indem sie zur Ergänzung des Unterrichts der betreffenden ordentlichen Professoren verwendet werden.

3. Die ordentlichen, Honorar-, und außerordentlichen Professoren allein führen im Vorlesungsverzeichnis den Titel Prof., sie kündigen ihre öffentlichen Vorlesungen als öffentliche an: „ö“. Die Privatdozenten und Lektoren führen, auch wenn sie den Professortitel erhalten haben, diesen Titel im systematischen Teil des Vorlesungsverzeichnisses nicht. Sie kündigen außer den bezahlten Privatvorlesungen (p) nicht öffentliche, sondern unentgeltliche Vorlesungen an (g = gratis).

Professorenaustausch

W. Paszkowski, Der deutsch-amerikanische Gelehrtenaustausch in: Woche 1907, Nr. 45. — E. Kühnemann, Nebenwirkungen des Professorenaustausches, in: Intern. Wochenschrift für Wissenschaft, Kunst und Technik, Jg. 1, Nr. 5. — Butler, Über den Professorenaustausch, ebenda, Jg. 1, Nr. 36. — A. Walz, Der Wert des Professorenaustausches für das deutsch-amerikanische Geistesleben, ebenda, Jg. 3, Nr. 34. E. Daenell, Betrachtungen anläßlich des Professorenaustausches, ebenda, Jg. 4, Nr. 5. — G. Peabody, Weitere Bemerkungen zum Professorenaustausch, ebenda, Jg. 4, Nr. 13. — R. Leonhard, Der Austauschgedanke auf juristischem Gebiete, ebenda, 4. Juli 1908.

Seit 1905 ist zwischen Amerika und Deutschland ein Gelehrtenaustausch eingerichtet worden. Er besteht 1. zwischen den deutschen Universitäten und der Harvard-Universität in Cambridge, Mass., 2. zwischen den deutschen und den amerikanischen Universitäten — außer der Harward-Universität. Die im Verfolg des Austausches unter 2 nach Amerika entsandten deutschen Professoren (Kaiser-Wilhelms-Professoren) werden an die Columbia Universität in New York abgeordnet. Die nach Berlin entsandten Professoren der amerikanischen Universitäten (Roosevelt-Professoren) — mit Ausnahme der Harvard-Professoren — werden von den Trustees der Columbia-Universität ausgewählt. Für diese letzteren besteht in Berlin die Roosevelt-Bibliothek. Diese Bibliothek enthält Werke über amerikanisches Bildungswesen, amerikanische Literatur und Staatswissenschaften. Die Verwaltung der Bibliothek liegt in den Händen des jeweiligen Roosevelt-professors, in seiner Abwesenheit des Leiters der Akademischen Auskunftsstelle. Zur Förderung der geistigen Beziehungen zwischen Amerika und Deutschland dient ferner das „Amerika-Institut“ in Berlin. (Universitätsstr. 8). Dies Institut soll namentlich 1. als Vermittlungsstelle für die Einfuhr amtlicher wissenschaftlicher Druckschriften aus Amerika und für die Ausfuhr dorthin aus Deutschland dienen, 2. eine Zentralstelle für die Information der deutschen Hochschulen über amerikanisches Universitätswesen bilden, 3. amerikanischen Studierenden und Gelehrten Förderung für ihre Studien in Deutschland gewähren, 4. deutschen Studierenden und Gelehrten die Durchführung ihrer Studien in und über Amerika erleichtern.

WOHLFAHRTSEINRICHTUNGEN

I. Verzeichnis der Stipendien und Beihilfen, die aus den von der Universität Berlin verwalteten Stiftungen zu vergeben sind*)

A. STIPENDIEN FÜR STUDIERENDE UND GELEHRTE

Die Bewerbungstermine und Bedingungen werden rechtzeitig am schwarzen Brett bekannt gegeben. Die Bewerbung muß unter Beifügung der geforderten Zeugnisse stets um ein bestimmtes Stipendium erfolgen, allgemeine Bewerbungen werden nicht angenommen. Die Stipendien sind mit wenigen Ausnahmen nur für das Studium auf der hiesigen Universität bestimmt.

Die Freitischfonds. Aus 10 Stiftungen zusammen 115 Freitische zu jährlich 135 M. (75 M. im Winter und 60 M. im Sommer) für die Studierenden aller Fakultäten.

Arnstein-Stiftung. 4 Stipendien zu 300 M. für Studierende der Rechtswissenschaft, Medizin und Geschichte.

Benary-Stiftung. 1 Stipendium zu 300 M. für Studierende der indischen Philologie.

Bendemann-Stiftung. 1 Stipendium zu 228 M. für Studierende aller Fakultäten.

Beuth-Stiftung. 3 Stipendien zu 1200 M. auf 5 Jahre für Studierende aller Fakultäten. Familien-Angehörige und sodann Eingeborene der Stadt Cleve sind bevorzugt.

Bier-Stiftung. 1 Stipendium zu 98 M. ohne Beschränkung.

Böckh-Stiftung. 1 Stipendium zu 450 M. für klassische Philologen.

Gräfin-Bose-Stiftung. 12 Stipendien zu 600 M. für Studierende der Medizin. Außerdem etwa 21 000 M. jährlich für wissenschaftliche Arbeiten und Reisen an Ärzte, Dozenten und Kandidaten der Medizin.

---

*) *Diese Zusammenstellung verdanke ich dem Universitäts-Sekretär, Herrn Rechnungsrat Wetzel.*

Bursch-Stiftung. 1 Stipendium zu 300 M. abwechselnd für einen Juristen und einen Mediziner.

Casper-Stiftung. Etwa 75 Stipendien zu 600 M. für deutsche bürgerliche evangelische Studierende aller Fakultäten.

Droysen-Stiftung. Alle 2 Jahre ein Stipendium zu 300 M. für einen Studierenden der Geschichte.

Düsterhoff-Stiftung. 1 Stipendium zu 334 M. für einen christlichen Studierenden der Medizin.

Eisenstein-Stiftung. 1 Stipendium zu 344,50 M. für einen Studierenden der Mathematik.

Fidicin-Stiftung. 2 Stipendien zu 301 M. für Studierende der Medizin. Bevorzugt Mitglieder der akademischen Liedertafel.

v. Gansauge-Stiftung. 1 Stipendium zu 524 M. für einen Studierenden der Geschichte oder Archäologie.

Gerhard-Stiftung. 1 Stipendium zu 900 M. für einen Studierenden der klassischen Philologie und der Archäologie. Verwandte und Namensvettern bevorzugt.

Goldbeck-Stiftung. 16 Stipendien zu 670 M. für evangelische Studierende aller Fakultäten.

Stiftung für in Berlin studierende Griechen. 1 Stipendium zu 500 M.

Grimm-Stiftung. Alle 2 Jahre ein Preis von 511 M. für eine wissenschaftliche Arbeit über Kunst und Literatur.

v. Guretzky-Stiftung. Für Theologen 326,20 M. zum Ankauf von Büchern.

Hammer-Stiftung. 1 Stipendium zu 875 M. für einen Studierenden der Medizin.

Hecker-Stiftung. 1 Reisestipendium für einen Kandidaten der Medizin, alle 4 Jahre etwa 2000 M.

Helfft-Stiftung. 2026,50 M. für Studierende der Medizin.

Hengstenberg-Stiftung. 1 Stipendium zu 165,50 M. für einen Studierenden der Theologie.

Horn-Stiftung. 709,75 M. für Studierende aller Fakultäten.

Jacobi-Stiftung. Alle 2 Jahre ein Preis zu 7—800 M. für Studierende aller Fakultäten.

Immedial-Stipendium. 3 Stipendien zu 300 M. für Studierende der Theologie.

Jüngken-Stiftung. 21 Stipendien zu 900 M. für Studierende aller Fakultäten, besonders für Söhne von Universitäts-Professoren und höheren Staatsbeamten.

Kirchhoff-Franke-Stiftung. 2 Stipendien zu 400 M. für einen Studierenden der Theologie und einen der klassischen Philologie.

*Königliche Preisaufgaben**).

Köpke-Stiftung. 1 Stipendium zu 1200 M. für einen Studierenden der Geschichte.

Kuczynski-Stiftung. 1 Stipendium zu 419 M. für Studierende aller Fakultäten.

Stipendium Laurentianum. 2 Stipendien zu 240 M. für Studierende der klassischen Philologie.

Levy-Stiftung. 2 Stipendien zu 91 M. für einen jüdischen Studierenden der Medizin und einen Studierenden der jüdischen Theologie.

Lippert-Stiftung. Alle 3 Jahre 1800 M. für Studierende der Medizin und für Ärzte für eine Preisarbeit.

Magnus-Stiftung. 2 Stipendien zu 1200 M. für Studierende der Mathematik und Naturwissenschaften.

v. Mandt-Ackermann-Stiftung. 1 Stipendium zu 864 M. für einen Studierenden der Medizin und 3 Stipendien zu 576 M. für Studierende der Rechtswissenschaft, Philosophie und Technik.

Marckwald-Stiftung. 6 Stipendien zu 300 M. für Studierende der Rechte, Medizin und Philosophie, 3 für Christen, 3 für Juden.

Mendelssohn-Stiftung. 8 Stipendien zu 760 M. für Studierende der Philosophischen Fakultät.

Moser-Stiftung. 1 Stipendium zu 150,50 M. für Studierende aller Fakultäten.

Müller-Stiftung. 3 Stipendien zu 600 M. für christliche Studierende aller Fakultäten.

---

*) *Werden am 3. August jedes Jahres verkündigt, ebenso die Preisaufgaben für den städtischen Preis und die Grimmstiftung.*

Muir-Stiftung. 1 Stipendium zu 300 M. für Studierende der indischen Philologie.

Munk-Stiftung. 1 Stipendium zu 420 M. für Studierende der Medizin.

Neander-Stiftung. 588 M. für Studierende der Theologie.

Dr.-Elsa-Neumann-Stiftung. 1000 M. für die beste Arbeit auf physikalisch-mathematischem Gebiete, die der Philosophischen Fakultät in dem letzten Jahre überreicht ist.

Paderstein-Stiftung. 1 Stipendium zu 945 M., abwechselnd für einen Angehörigen der Medizinischen und der Philosophischen Fakultät.

Piper-Stiftung. Alle 2 Jahre 1 Reisestipendium zu 3000 M. zur Pflege des Studiums der christlichen Archäologie.

Reichenheim-Böckh-Stiftung. 2 Stipendien zu 120,75 M. für Studierende aller Fakultäten.

Rohrbach-Stiftung. 1 Stipendium zu 285 M. für Studierende der Botanik.

Schöpke-Stiftung. 1 Stipendium zu 380,50 M. für Söhne verstorbener oder außer Dienst befindlicher Rechtsanwälte.

Dr.-Paul-Schultze-Stiftung. 4 Preise zu 900 M., für jede Fakultät einen.

Schwarz-Stiftung. 2 Stipendien zu 400 M. für Studierende der Theologie aus Berlin.

Schweigger-Stiftung. 1 Stipendium zu 444,75 M. für Studierende, die sich dem Missionsdienst widmen wollen.

Simon-Stiftung. 1 Stipendium zu 1200 M. für einen jüdischen Studierenden der Medizin.

Sorgatz-Stiftung. 1 Stipendium zu 623,75 M. für Theologen, die sich mit der wissenschaftlichen Bibelforschung beschäftigen.

Stolle-Stiftung. 600 M. jährlich für Studierende der Medizin und Naturwissenschaften.

Tamnau-Stiftung. 1400 M. für Mineralogen zu Studienreisen nach Bedarf.

Twesten-Stiftung. 1 Stipendium zu 1200 M. für Theologen.

Karl-Twesten-Stiftung. 1 Stipendium zu 300 M. für deutsche Studierende aus Siebenbürgen und den russischen Ostseeprovinzen.

B. FÜR HINTERBLIEBENE VON PROFESSOREN UND DOZENTEN

1. Casper-Stiftung. 23 400 M. zu Renten für Töchter verstorbener Professoren und Dozenten, die über 40 Jahre alt und unverheiratet sind, bis 900 M. jährlich, sowie für Witwen von Professoren und Dozenten nicht über 600 M. jährlich.

2. Kronecker-Stiftung. 105 M. für Hinterbliebene von Professoren.

3. Weinhold-Stiftung. 3630,50 M. für Witwen von Professoren.

4. Hilfskasse mit Garcke-Stiftung. 6900 M. zu Unterstützungen für Hinterbliebene von Professoren und Dozenten sowie von Beamten.

Die im Jahre 1889 begründete Hilfskasse wird durch Beiträge und sonstige Zuwendungen erhalten.

Die *Friedrich-Althoff-Stiftung* gewährt an Hinterbliebene von Angehörigen der dem Preußischen Kultusministerium unterstehenden wissenschaftlichen Institute und höheren Lehranstalten Unterstützungen bis zu dem Gesamtbetrage von 1500 M. Bewerbungen an das Kuratorium der Friedrich-Althoff-Stiftung, Kultusministerium, Unter den Linden 4.

---

2. Studentische Krankenkasse

Satzungen von 1900, abgedruckt in den Vorschriften für die Studierenden der Königl. Friedrich - Wilhelms-Universität zu Berlin. Zweck der Krankenkasse ist, den akut erkrankten Studierenden der Universität unentgeltlich ärztliche Behandlung, freie Arznei und nötigenfalls freie Aufnahme und Verpflegung in einer hiesigen öffentlichen Krankenanstalt und in besonders dringenden Fällen bare Geldunterstützung zu gewähren. Krank ankommende oder chronisch kranke Studierende können nur nach besonderer Entscheidung der Verwaltungskommission der Pflege der Krankenkasse teilhaftig werden. Jeder bei der Universität immatrikulierte Studierende ist zu einem Semester-Beitrag von 2 Mark verpflichtet, der bei Erlegung des Vorlesungshonorars durch die Quästur erhoben wird. Eine Anzahl Professoren und Privatdozenten der medizinischen Fakultät haben sich zur unentgeltlichen ärztlichen Behandlung der Studierenden bereit erklärt. Ihre Namen, Sprechstunden und Wohnungen werden zu Anfang jedes Semesters am schwarzen Brett bekannt gegeben. Ein Verzeichnis ist auch in der Akademischen Auskunftsstelle einzusehen.

Akademische Lesehalle

Kastanienwäldchen.

Gegründet 1869, Satzungen von 1871; 1885 wurde der akademischen Lesehalle das hinter dem Universitätsgebäude befindliche Garten-Auditorium zur Benutzung überwiesen. Leitung durch ein Direktorium von 7 Mitgliedern, dessen Wahl jährlich im Wintersemester durch Listenwahl stattfindet, indem auf 100 Mitglieder ein Direktoriumsmitglied kommt. — Die akademische Lesehalle macht den Studierenden die bedeutenderen Tageszeitungen, politischen, belletristischen und wissenschaftlichen Zeitschriften des In- und Auslandes zugänglich und gewährt eine Einsicht in die gesamte epochemachende Buchliteratur. — Mitglieder der A.-L.-H. können alle Studierenden, sowie sämtliche Dozenten der Universität werden, jedoch sind Abonnements auch für andere akademisch gebildete Personen zulässig. — Die A.-L.-H. ist geöffnet: Im Sommer von 8 Uhr morgens bis 7½ Uhr abends, im Winter von 9 Uhr morgens bis 8 Uhr abends, an Sonn- und Feiertagen von 9 Uhr vormittags bis 1 Uhr nachmittags. — Die A.-L.-H. besitzt eine Bibliothek, die auf etwa 6000 Bände angewachsen ist, und welche die bedeutenderen belletristischen Erscheinungen der letzten Jahrzehnte umfaßt. — Die A.-L.-H. gibt zu Anfang eines jeden Semesters das offizielle Vergünstigungsverzeichnis heraus; fast bei allen Theatern, Konzerten, Ausstellungen, sportlichen Veranstaltungen usw. werden den studierenden Damen und Herren jetzt Vergünstigungen gewährt. Ermäßigte Billets sind in dem Bureau der A.-L.-H. zu haben.

Studentenkonvikte *)

Zweck: Finanziell minder kräftige Studenten durch Gewährung möglichst billiger oder gar unentgeltlicher Wohnungen, guten, wohlfeilen Essens und dergl. wirtschaftlich zu unterstützen und die Konviktualen zu einem harmonischen, wissenschaftlichen Gemeinschaftsleben zusammenzuschließen. Es gibt in Berlin zurzeit vier solcher Konvikte: das Melanchthonhaus, das Johanneum, das Domkandidatenstift, Agnes Zeitlers Kandidatenheim.

Das Melanchthonhaus (Sebastianstr. 25) nimmt Studierende der Theologie und Philosophie (im weitesten Sinne des Wortes) auf; Gesuche sind unter Beifügung einer Abschrift des Reifezeugnisses an den Vorstand zu richten. Das Konvikt bietet behagliche Wohnung, wofür je nach der Größe des Zimmers oder der Benutzung durch eine oder zwei Personen 54—90 M. für das Semester zu zahlen sind. Das erste Frühstück kostet 1,30 M. für die Woche, das Mittagessen täglich 70 Pf. Für Bedienung sind monatlich 2 M. an die Hausverwaltung zu entrichten. Die studentische Freiheit ist in keiner Weise durch die Hausordnung beschränkt.

Zur Aufnahme in das Johanneum (Artilleriestr. 15) sind außer dem Reifezeugnis ein Dekanatsprüfungszeugnis und Nachweise der Reife im Hebräischen und der Inskription bei der theologischen Fakultät beizubringen. Die Wohnungspreise betragen je nach der Lage der Zimmer 3 bis 6 M. für den Monat. Die Beteiligung an den Hauptmahlzeiten und an den zwei- oder dreimal in der Woche stattfindenden wissenschaftlichen Zusammenkünften ist obligatorisch.

In das Domkandidatenstift (Oranienburger Str. 76a) werden solche Kandidaten der Theologie aufgenommen, die mindestens die erste theologische Prüfung mit dem Prädikat „gut“ bestanden haben. Meldungen zur Aufnahme sind unter Beifügung eines Lebenslaufes und beglaubigter Zeugnisabschriften an den Ephorus zu richten. Der Ausbildungskursus dauert ein Jahr und erstreckt sich auf exe-

---

*) *Die Begründung eines Studentenheims in Berlin wird von der aus Anlaß des Universitätsjubiläums gebildeten „Vereinigung der Freunde der Berliner Universität“ geplant.*

getische und dogmatische Übungen, auf Predigt, Seelsorge und Vereinstätigkeit. Die Stipendiaten erhalten neben freier Station 375 M. im Jahr. Kandidaten, die nicht genügende Prädikate in der Prüfung erhalten haben, können als Pensionäre eintreten; sie erhalten dieselbe Ausbildung, müssen aber für Wohnung und Verpflegung monatlich 80 M. bezahlen. Mit dem Stift ist ein Studentenkonvikt von 8 Plätzen verbunden. Es nimmt Studenten vom fünften Semester an auf und gewährt ihnen freie Wohnung und Mittagessen gegen eine Vergütung von 30 M. im Semester. Sie sind zur Teilnahme an den Übungen, die täglich eine Stunde in Anspruch nehmen, verpflichtet, sonst aber frei. Meldungen sind gegen Ende des Semesters an den Dekan der Theologischen Fakultät zu richten.

Das Agnes Zeitlersche Kandidatenheim (Höchste Str. 41) und das damit verwandte Ludwig Zeitlersche Studienhaus (Büschingstr. 1-2) gewähren bedürftigen Studenten der Universität, der Technischen Hochschule und der Akademischen Hochschule für die bildenden Künste vom dritten Semester ihrer Studien an freie Wohnung längstens auf drei Jahre. Für die Bedienung sind monatlich 6 M. zu zahlen; das erste Frühstück muß gegen billiges Entgelt im Hause selbst eingenommen werden. Besondere Beschränkungen sind mit dem Wohnen im Stift nicht verbunden. Am Ende des Semesters wird durch Anschlag am Schwarzen Brett der Hochschulen bekanntgemacht, ob und wie viele Plätze für das nächste Semester frei sind.

Das Studentenheim zu Charlottenburg (Schillerstr. 5), gegründet von einer studentischen Konsumgenossenschaft m. b. H., bietet ihren Mitgliedern behaglichen Aufenthalt, Zeitungen, Handbibliothek, Spiel und Sport, Musikzimmer und billige Verpflegung. Aufnahmen erfolgen jederzeit, Anmeldungen sind an den Vorstand zu richten. Mitglieder können alle an einer Hochschule immatrikulierten oder immatrikuliert gewesenen Personen werden durch Zahlung eines Eintrittsgeldes von 3 M. und Erwerb eines Anteilscheines in Höhe von 20 M., die auch in monatlichen

Teilzahlungen zu 1 M. gezahlt werden können. — Jede weitere Auskunft wird durch den Vorstand in der täglichen Geschäftszeit von 1-2 Uhr erteilt.

Vereine und Versammlungen der Studierenden

Über das Vereinswesen der Studierenden enthalten die Vorschriften für die Studierenden der Landesuniversitäten vom 1. Oktober 1879 die näheren Bestimmungen. Von der Begründung eines studentischen Vereins ist danach binnen drei Tagen dem Rektor der Universität unter Einreichung der Statuten und eines Verzeichnisses der Vorstände und der Mitglieder Anzeige zu machen. Bestehende Vereine haben in den ersten vier Wochen jedes Semesters dem Rektor eine Liste ihrer Mitglieder einzureichen. Von Änderungen der Statuten, von dem Wechsel der Vorstände und von der Auflösung des Vereins ist binnen drei Tagen Anzeige zu erstatten; auch ist der Verein verpflichtet, dem Rektor Zeit und Ort seiner regelmäßigen Versammlungen anzugeben. An der Berliner Universität bestehende Vereine von Studierenden dürfen nur Studierende der Berliner Universität als Mitglieder aufnehmen; Vereinen zu wissenschaftlichen oder Kunstzwecken kann jedoch durch den Rektor die Erlaubnis zur Aufnahme anderer Mitglieder erteilt werden. Vereine, deren Bestehen die akademische Disziplin gefährdet, können von der akademischen Disziplinarbehörde vorübergehend oder dauernd verboten werden.

An studentischen Vereinen bestehen bei der Universität Berlin Korps, Burschenschaften (im D. C. und im A. D. B.) und freie Burschenschaften, Landsmannschaften (im L. C.) und freie Landsmannschaften, farbentragende und schwarze Verbindungen, verschiedene Turnvereine und Turnerschaften, Rudervereine und Musikvereine und endlich auch verschiedene wissenschaftlichen, künstlerischen und anderen Zwecken dienende Vereinigungen.

Außerdem hat sich bei der Berliner Universität auch eine „Freie Studentenschaft“ gebildet, ein Organisationsverband von nichtinkorporierten Studierenden der Berliner Universität, welcher sich zur Aufgabe gemacht hat, die allgemeinen studentischen Interessen der nichtinkorporierten Studierenden dieser Universität wahrzunehmen, d. h. derjenigen Studierenden, die keiner an einer deutschen Hochschule bestehenden studentischen Vereinigung mit korporativem Charakter durch Mitgliedschaft oder ein sonstiges offizielles Verhältnis angehören. Auch die „Berliner Freie Studentschaft“ unterliegt den oben angeführten Bestimmungen der Vorschriften für die Studierenden vom 1. Oktober 1879 mit der Maßgabe, daß an Stelle des Mitgliederverzeichnisses dem Rektor nur ein Verzeichnis der Mitglieder des Präsidiums und der Entlastungskommission, der Vorstandsmitglieder der einzelnen Gruppen (Abteilungen) und der Inhaber der sämtlichen übrigen Ämter mitzuteilen ist.

Allgemeine Studentenversammlungen, Festlichkeiten und öffentliche Aufzüge sowie öffentliche Ankündigungen und dergleichen bedürfen der vorherigen Genehmigung des Rektors.

Erwähnt sei an dieser Stelle noch die Hochschulabteilung der Genossenschaft freiwilliger Krankenpfleger im Kriege vom Roten Kreuz, durch welche Studierende, die voraussichtlich militärfrei werden, vollständig für die Pflege im Felde verwundeter und erkrankter Krieger ausgebildet werden. Ein Vorbereitungskursus (theoretischer Unterricht, Anlegen von Notverbänden, erste Hilfe bei Unglücksfällen, Übungen an der Trage) beginnt am Anfang jedes Semesters in der Bergakademie. An den Vorbereitungskursus schließt sich ein praktischer Pflegekursus.

Universitätsinstitute

I. THEOLOGISCHE FAKULTÄT

Theologisches Seminar

Dorotheenstr. 95-96, Neutest. Abt. Dorotheenstr. 60.

Gegründet 1812. Das Seminar bestand zunächst aus zwei Abteilungen, der philologischen und der historischen mit den entsprechenden Unterabteilungen für das Alte und für das Neue Testament bzw. für Kirchen- und für Dogmengeschichte. Diese Abteilungen haben sich allmählich zu selbständigen und voneinander völlig unabhängigen Seminaren ausgebildet, die nominell durch die Bezeichnung des Dekans der Theologischen Fakultät als Direktor des ganzen Seminars zusammenhängen.

a) Alttestamentliche Abteilung

Aufgabe ist die Einführung der Studierenden in die Grundsätze der Exegese durch mündliche Interpretationen. Schriftliche Arbeiten der Seminaristen werden außerhalb der Seminarübungen besprochen. Die Zahl der Mitglieder richtet sich nach der Zahl der Verhandlungstage im Semester, so daß jedes Mitglied zu einem Referat verpflichtet ist. Als Proseminar für die, welche im Hebräischen nicht genügend vorgebildet sind, können die zur Nachhilfe für Anfänger an der Universität eingerichteten grammatischen Übungen gelten. Die Abteilung besitzt eine eigene Bibliothek.

b) Neutestamentliche Abteilung

Sie zerfällt in das Proseminar und das Seminar. Das Proseminar führt die jüngeren Studierenden in die Kenntnis und den Gebrauch des wissenschaftlichen Apparates der griechischen Bibel, insbesondere des Neuen Testaments ein, behandelt in gemeinsamer konversatorischer Exegese leichtere neutestamentliche Texte und läßt häusliche schriftliche Arbeiten für einfachere Probleme anfertigen; außerdem organisiert sie die häusliche kursorische Lektüre des Neuen Testaments, die in wöchentlichen Diskussionsstunden auch zur gemeinsamen Aussprache gelangt. Im Seminar wird in der Regel ein großes Semesterthema in Referaten und Korreferaten der meist in höheren Semestern stehenden Mitglieder behandelt; an den Vortrag schließt sich jedesmal eine eingehende Debatte. Reifere Studierende erhalten auch Gelegenheit zu selbständiger produktiver Forschungsarbeit. In der nicht durch die gemeinsamen Übungen in Anspruch genommenen Zeit ist das Seminarlokal als Arbeitsraum den Mitgliedern offen. Eine reichhaltige Spezialbibliothek, sowie sonstige Lehrmittel stehen hier zur Verfügung. Denjenigen Studierenden, die wegen Platzmangels nicht aufgenommen werden können, ist Gelegenheit zu schriftlichen häuslichen Arbeiten gegeben, die vom Direktor oder Assistenten rezensiert werden.

c) Kirchenhistorische Abteilung

Bedingung für die Aufnahme als ordentliches Mitglied ist die Verpflichtung zu gründlicher Vorbereitung auf jede Sitzung und zur Bearbeitung eines vom Direktor gestellten Themas in jedem Semester. Es werden im Winter 17, im Sommer 15 ordentliche Mitglieder zugelassen.

In der Regel wird in jedem Semester eine größere kirchenhistorische Quelle gelesen, eventuell eine Anzahl kleinerer zusammengehöriger. Die Themata für die schriftlichen Arbeiten schließen sich an diese Lektüre an.

Die Abteilung besitzt eine Handbibliothek.

Praktisch-theologisches Seminar

Dorotheenstr. 95-96.

Zweck: Im Anschluß an die wissenschaftlichen Vorlesungen über Homiletik und Katechetik die ersten praktischen Versuche der Studierenden einer wissenschaftlichen Kritik zu unterziehen, an ihrer Hand die Gesichtspunkte der Theorie zu erörtern und so das Studium der praktischen Theologie zu vertiefen.

Nach mancherlei Einzelversuchen ist das Seminar in seiner jetzigen Gestalt auf Grund der von Prof. Pfleiderer ausgearbeiteten Vorschläge im Jahre 1876 begründet worden. Es zerfällt in 2 getrennte Abteilungen: 1. die homiletische, 2. die katechetische.

Die homiletische Abteilung hält wöchentlich einen Seminargottesdienst ab, zurzeit in der Kapelle des Kgl. Domkandidatenstifts, Oranienburgerstr. 76a. In ihm hält ein Seminarmitglied eine von ihm ausgearbeitete Predigt.

Die katechetische Abteilung hält ihre wöchentliche Übung in der obersten Klasse einer hiesigen Gemeindeschule. Ein Seminarmitglied hält die von ihm ausgearbeitete Katechese mit den Kindern.

In der in beiden Abteilungen sich jedesmal an die Predigt bzw. die Katechese anschließenden wissenschaftlichen Sitzung wird nach eingehender Kritik der dargebotenen Arbeitsleistung in eine Erörterung der theoretischen Grundlagen eingetreten und in einer Ausführung des betr. Seminarleiters die Behandlung des Textes nach homiletischen bzw. katechetischen Gesichtspunkten auf Grund des exegetischen Verständnisses desselben eingehend dargelegt, ebenso der mit dem Text im Zusammenhang stehende Gedankenkreis besprochen. Seit 1903 werden auch liturgisch-musikalische Übungen auf dem Gebiet der evangelischen Choralkunde und Kirchenmusik den Studierenden der Theologie dargeboten.

Die Bibliothek des Seminars umfaßt Spezialwerke aus dem Gesamtgebiet der praktischen Theologie. Eine besondere Bibliothek für Innere Mission ist mit ihr organisch verbunden.

Christlich-archäologische und epigraphische Sammlung (Christliches Museum)

Dorotheenstr. 5, Vordergebäude.

Das älteste und lange Zeit einzige Institut seiner Art an deutschen und außerdeutschen Universitäten wurde auf

Antrag des Prof. D. Ferdinand Piper durch Erlaß des Ministers von Ladenberg vom 23. Mai 1849 begründet. Es unterstand 1849-1889 der Direktion Pipers. Als Hilfsmittel für den Universitätsunterricht ins Leben gerufen, erhielt das Institut von seinem ersten Leiter auch die Aufgabe eines Volksmuseums zugewiesen, eine Aufgabe, die jedoch neuerdings nicht weiter verfolgt wurde. Die Anstalt umfaßt in ihrer gegenwärtigen Anlage eine Schausammlung, die neben verhältnismäßig wenig Originalen Gipsabgüsse, Papierabdrücke und sonstige Nach- und Abbildungen von typischen Denkmälern aus der Zeit des christlichen Altertums und Mittelalters in sich schließt, und eine Lehrmittelsammlung, die eine ziemlich reiche Literatur über die frühchristliche und mittelalterliche Kunst und Epigraphik besitzt.

In ihren jetzigen interimistischen Räumen ist die Sammlung nur mit Erlaubnis ihres derzeitigen Direktors zugänglich.

2. JURISTISCHE FAKULTÄT

Juristisches Seminar

Im neuen Aulagebäude.

Gegründet 1875. Es besteht aus mehreren Abteilungen. Von Anfang an bildete die erste Abteilung die Abteilung für römisches Recht. Sie stand unter der Leitung von Bruns (gest. 1880) und Dernburg; nach Bruns Tode traten an seine Stelle Eck und Pernice (beide gest. 1901). Für das Seminar gilt ein provisorisches Reglement vom 22. April 1875. Danach hat es den Zweck, Studierenden der Rechte durch exegetische, historische und dogmatische Übungen eine Anleitung zu eigenen wissenschaftlichen Arbeiten zu geben und sie dadurch zu selbständigen wissenschaftlichen Forschungen vorzubereiten. Die Seminarübungen sind unentgeltlich; Zuhörer werden in beschränkter Zahl zugelassen.

Das Juristische Seminar besaß von Anfang an eine Bibliothek, die aber einen nur bescheidenen Bücherbestand, zum Teil aus den Vermächtnissen von Homeyer und Goldschmidt, vorwiegend aus dem Gebiete des germanischen

Rechts enthielt. Langjähriger Bibliothekar war Prof. Zeumer. Der Bibliothekfonds betrug nur 750 M.

Eine völlige Wandlung in den Bibliothek-Verhältnissen brachte das Jahr 1908. Durch erhebliche Erhöhung der jährlichen etatsmäßigen Dotation (davon 1200 M. für einen Diener) und durch Einführung einer von den Studierenden zu entrichtenden Semestergebühr (Jahresertrag etwa 10 000 M.) wurde es ermöglicht, sowohl eine Handbibliothek des juristischen Seminars zu begründen als auch die Seminarbibliothek im engeren Sinne rascher zu vermehren. Die reich ausgestattete Handbibliothek, beinahe 5000 Werke (die am meisten gebrauchten Handbücher in 3 bis 5 Exemplaren), stellt den Teilnehmern der seminaristischen und der mit schriftlichen Arbeiten verbundenen praktischen Übungen die wichtigsten Werke aller juristischen Disziplinen (abgesehen von den kriminalistischen) täglich, auch in den Ferien, zehn Stunden lang zur Verfügung. Die Seminarbibliothek einschließlich der Handbibliothek ist Präsenzbibliothek.

Seminar für Deutsches Recht

Im neuen Aulagebäude.

Das im Jahre 1875 errichtete Juristische Seminar zerfiel ursprünglich in drei Abteilungen, eine germanistische, eine romanistische und eine kanonistische. Die erste dieser Abteilungen wurde durch Ministerialerlaß vom 14. Juli 1887 nominell zu einem Seminar für Deutsches Recht erhoben, welches die Bestimmung haben sollte, junge Kräfte von besonderer Begabung wissenschaftlich weiter zu bilden und für die Forschung und Lehre auf germanistischem Gebiete tüchtig zu machen. Die hauptsächlich aus dem Nachlaß Karl Gustav Homeyers stammende Bibliothek blieb Bibliothek des Juristischen Seminars, der Lehrbetrieb derselbe wie zuvor. Den Übungen des Wintersemesters wird zumeist irgendeines der germanischen Volksrechte zugrunde gelegt. Die Übungen des Sommersemesters haben regelmäßig den Sachsenspiegel zum Gegenstand.

Kriminalistisches Seminar

Charlottenburg, Kantstr. 30.

Zweck: Die Besucher in den verschiedenen Zweigen der gesamten Strafrechtswissenschaft wissenschaftlich auszubilden durch: 1. eine Fachpräsenzbibliothek, 2. Anregung und Anleitung zu wissenschaftlichen Arbeiten, 3. Vorträge mit anschließenden Debatten.

Die Vorträge finden sowohl in Plenarsitzungen unter Vorsitz des Direktors alle 14 Tage als auch in Sektionssitzungen unter Leitung älterer Seminarmitglieder statt. In jedem Semester werden Straf- und Fürsorgeerziehungsanstalten besichtigt. Die Bibliothek umfaßt etwa 20000 Bücher und steht gegen eine geringe Benutzungsgebühr allen Studierenden zur Verfügung; sie wird auch rege von Dozenten und Männern der Praxis besucht.

3. MEDIZINISCHE FAKULTÄT

I. Klinische Institute, die für sich bestehen

Klinisches Institut für Chirurgie

Ziegelstr. 5-9.

Eröffnet 1810 mit 12 Betten und einem Etat von 3000 Talern. Da die Schwierigkeit der Beschaffung geeigneter Räume in Privathäusern seine Existenz zu gefährden drohte, wurde 1818 das jetzige Grundstück angekauft. Von diesem Zeitpunkt an nahm das Institut schnelle Entwicklung. Es stand der Reihe nach unter Leitung v. Gräfes des Älteren (seit 1810), Dieffenbachs (seit 1840), v. Langenbecks (seit 1848). Dieser übergab die neue Klinik, die auf dem durch Ankauf vergrößerten bisherigen Grundstück errichtet war, 1882 seinem Nachfolger von Bergmann; nach dessen Tode (1907) wurde A. Bier zum Leiter der Klinik berufen.

Die Klinik ist zum großen Teil nach dem Korridorsystem, zum Teil nach dem Pavillonsystem erbaut, das jedoch im Laufe der Zeit durch An- und Umbauten vielfach durchbrochen ist. Die Klinik enthält 198 Krankenbetten und verpflegte im Etatsjahr 1909 über 2800 Kranke, während in der Poliklinik über 21 000 Patienten Hilfe suchten; die von v. Bergmann eingerichtete Hauptrettungswache gewährt außerdem bei plötzlichen Unglücksfällen erste Hilfe in und außer dem Hause. — Klinik und Poliklinik sind mit je einem Röntgenlaboratorium ausgestattet. Der Poliklinik sind ferner angegliedert: die Orthopädische Abteilung unter Leitung eines orthopädischen Assistenten, die Turnabteilung, in der dauernd 150-200 Kinder mit Rückgratsverbiegung von zwei Turnlehrerinnen und unter ärztlicher Kontrolle behandelt werden, eine Urologische Abteilung, eine Abteilung für Behandlung mit heißer Luft und für Hyperämiebehandlung sowie eine Mechanische Werkstatt, in der von drei Mechanikern Prothesen, Stützkorsetts, Einlagen usw. hergestellt werden. — In der Wissenschaftlichen Abteilung werden die Sektionen sowie die notwendigen Untersuchungen und Tierversuche ausgeführt.

Für besondere Ausgaben der chirurgischen Klinik einschl. der Assistentengehälter setzt der Etat 72 590 M aus.

Universitätsklinik für Augenkrankheiten

Ziegelstr. 5-9

Die Geschichte der Universitäts-Augenklinik sondert sich in zwei Perioden, deren Grenze die endgültige Abtrennung der Augenheilkunde von der Chirurgie im Jahre 1868 bildet. Bis dahin lag der Unterricht in der Augenheilkunde in den Händen des Lehrers der Chirurgie, und da in Berlin an zwei Stellen, in der Ziegelstraße und in der Charité, über Chirurgie gelesen wurde, so fand auch an beiden Stellen der Unterricht in der Augenheilkunde statt. Zu Gräfes (des Vaters) Lebzeiten lag das Hauptgewicht in der Ziegelstraße, nach seinem Tode in der Charité, wo zeitweilig unter Jüngkens Leitung eine gesonderte Augenklinik bestanden hatte. Bei der Abtrennung des ophthalmologischen Unterrichts im Jahre 1868 wurde in der Charité unter Albrecht von Gräfes Leitung eine besondere Augenklinik begründet, deren Leitung nach Gräfes Tod Schweigger übernahm. Im Jahre 1881 wurde die Universitäts-Augenklinik aus der Charité in das neugebaute Klinikum, Ziegelstraße 5-9 verlegt. Ihr Leiter war bis 1900 Schweigger, von da an von Michel.

Die Bettenzahl der Klinik beträgt 66. Es bestehen ein serologisch-bakteriologisches und ein anatomisches Laboratorium, ferner Versuchssäle für optische und Farbenuntersuchungen. Im März und Oktober finden Ferienkurse statt.

Poliklinische Sprechstunden werden täglich mit Ausnahme von Sonn- und Feiertagen von 9—11 Uhr abgehalten.

Klinik und Poliklinik für Ohrenkranke

s. S. 63.

Klinisches Institut für Frauenkrankheiten und Geburtshilfe

Artilleriestr. 18.

1817 wurde eine Entbindungsanstalt im Hause Oranienburger Str. 29 und zugleich eine ambulatorische Klinik für Frauenkrankheiten eingerichtet. 1830 siedelte die Anstalt nach Dorotheenstr. 2 über, später kam die Klinik für Frauenkrankheiten nach der Charité, beide unterstanden aber einem Direktor. 1882 wurden Klinik und Poliklinik in dem jetzigen Gebäude vereinigt, das später wiederholt erweitert wurde.

Die Anstalt enthält jetzt u. a. Hörsäle, Zimmer für Phantomübungen, einen Sektionssaal, Räume für bakteriologische und mikroskopische Untersuchungen, Sammlungen von Becken, geburtshilflichen Instrumenten, von Lehrmaterial und eine Bibliothek. Direktor der Anstalten war von 1887 bis 1910 Prof. von Olshausen. Unterrichtet werden Studierende der Universität und der militärärztlichen Institute in Geburtshilfe und Gynäkologie. 12 Studierende haben gleichzeitig immer ¼ Jahr lang als Hauspraktikanten die geburtshilflich-poliklinischen Fälle selbstständig und unter eigener Verantwortlichkeit zu beobachten.

Poliklinisches Institut für innere Medizin

Monbijoustr., Ecke Ziegelstr.

Das Institut ist aus dem ursprünglich von Chr. W. Hufeland 1810 ins Leben gerufenen Poliklinikum der Universität hervorgegangen. Das Institut dient dem medizinischen Unterricht, insbesondere der Ausbildung der Ärzte auf dem Gebiete der gesamten inneren Medizin. Es enthält eine poliklinische und eine stationäre Abteilung. In der ersteren wird wochentäglich von 12—1 Uhr mittags eine Sprechstunde für nicht bettlägerige Kranke abgehalten, und die geeignet erscheinenden Fälle werden in der darauf folgenden Stunde in der Vorlesung demonstriert und besprochen. Sie hat ausgiebige Warteräume mit allem Zubehör für Männer, Frauen und Kinder und entsprechende Untersuchungsräume für die Assistenzärzte.

Die klinische Station enthält 30 Betten in 2 getrennten Abteilungen für männliche und weibliche Kranke, welche bettlägerig sind oder einer außerhalb des Krankenhauses nicht durchführbaren längeren Behandlung bedürfen.

In der Poliklinik befinden sich noch die für Krankenuntersuchung und -behandlung nötigen Laboratorien zu chemischen, bakteriologischen und mikroskopischen Untersuchungen, ein Atemuntersuchungszimmer und ein Röntgenkabinett.

Dem Direktor (bis 1910: Prof. Senator) sind für die Besorgung der Kranken und zur Hilfeleistung bei den klinischen Vorlesungen und Demonstrationen 5 Zivilassistenten und 1 Stabsarzt beigegeben.

Ambulatorium für Sprachstörungen

Ziegelstr. 18-19.

Das Institut dient der Erforschung, Behandlung und Vermittlung der Kenntnis der Störungen der Sprache. Es wurde 1907 begründet. Der Unterricht wird Studierenden und Ärzten zu spezialistischer Ausbildung erteilt in den Vorlesungen über Pathologie und Therapie der Stimm- und Sprachstörungen. Dort werden die Patienten vorgestellt und Anamnese und Befund aufgenommen und besprochen. Im Laufe des Semesters wird die Therapie gezeigt, die vorwiegend Übungstherapie ist: Gymnastik der Atmung, Stimme und Artikulation mit Unterstützung durch geeignete Instrumente, von denen die Anstalt eine große Sammlung besitzt, so u. a. Kymographion, Schreibkapseln, Pneumographen, Laryngographen, Spiegel usw.

Ausführliche Berichte über die bisherige Tätigkeit des Ambulatoriums sind in der von Prof. Gutzmann seit 1891 herausgegebenen Monatsschrift für Sprachheilkunde erschienen.

Hydrotherapeutische Anstalt

Ziegelstr. 18-19.

Die Anstalt wurde 1901 begründet und anfänglich in der Charité untergebracht. 1905 hat sie ihr jetziges Heim bezogen. Sie will die Wasserbehandlung wissenschaftlich betreiben, lehren und erforschen. Sie dient der Aufstellung genauer Indikationen für die Hydrotherapie, der Erschließung neuer praktischer Gebiete und der Beseitigung der Auswüchse, der Erforschung und Präzisierung von Wirkungen der einzelnen Prozeduren auf den normalen und kranken Organismus, mit der besonderen Bestimmung, die Hydrotherapie wie überhaupt die physikalische Therapie unter Berücksichtigung der Massage, Heilgymnastik und Elektrotherapie zum Gemeingut des praktischen Arztes und der Medizin Studierenden zu machen.

Die Anstalt enthält u. a. eine Poliklinik, eine stationäre Abteilung, Laboratorien, Apparatesammlungen, darunter einen d'Arsonvalschen Hochfrequenzapparat und ein Instrumentarium für Röntgenbestrahlung und -durchleuchtung, endlich eine kleine spezialwissenschaftliche Bibliothek. Sie bildet die Studierenden der Universität und der Kaiser-Wilhelms-Akademie, Ärzte und in beschränktem Maße auch niederes Personal aus.

Vorlesungen bzw. Kurse werden abgehalten über allgemeine Therapie, Hydrotherapie, andere physikalisch-diätetische Heilmethoden, spezielle Pathologie und Therapie der inneren Krankheiten, Balneotherapie, Elektrotherapie und Massage.

Neben der genannten Tätigkeit wird die Anstalt im Auftrag des Reichs-Kolonialamtes für Untersuchungen über Drogen und Nutzpflanzen, die Erforschung der Pfeil- und Schlangengifte, die Herstellung von entsprechenden Schutzstoffen und im allgemein-wirtschaftlichen Interesse für Untersuchungen über neue Pflanzenfette und -öle nutzbar gemacht.

Klinik und Poliklinik für Hals- und Nasenkranke

Luisenstr. 13a

B. Fränkel, Rede bei der Eröffnung der Königlichen Universitäts-Poliklinik für Hals- und Nasenkrankheiten. Deutsche Med. Wochenschrift 1887, Nr. 23. — Der Unterricht in der Universitäts-Poliklinik für Hals- und Nasenkranke zu Berlin. Von B. Fränkel. Klinisches Jahrbuch II. — Rede bei der Eröffnungsvorlesung der Hals- und Nasenklinik am 2. Mai 1901. Von B. Fränkel. Archiv für Laryngologie, 12. Bd., 2. Heft. — Die Universitätsklinik und -poliklinik für Hals- und Nasenkranke im Charité-Krankenhause zu Berlin. Von B. Fränkel. Archiv f. Laryngologie, 12. Bd.

Die Poliklinik wurde 1887 gegründet und zunächst in gemieteten Räumen des Hauses Luisenstr. 59 untergebracht. 1893 wurde in der Charité eine Station als Klinik für Hals- und Nasenkranke eingerichtet. Mit dem Neubau der Charité wurden diese beiden Institute in einem Hause vereinigt und 1901 eröffnet. Es blieb aber die Poliklinik als selbständiges Institut der Universität erhalten, während die Klinik mit dem Charité-Krankenhause verbunden wurde.

Die Poliklinik ist zu ebener Erde mit einem Eingange von der Luisenstr. 13a in besonders dazu erbauten Räumlichkeiten untergebracht. Neben einem Wartezimmer enthält sie einen großen Abfertigungssaal, Zimmer zur Voruntersuchung und zwei Operationsräume.

Zu ebener Erde liegt außerdem das Auditorium und ein Vorbereitungszimmer, im Kellergeschoß ist die pathologisch-anatomische Sammlung und ein Röntgenzimmer untergebracht. Ein Museum, welches Instrumente usw. enthält, befindet sich im Nebenhause.

Männer- und Frauen-Abteilung: jede derselben enthält ein größeres Zimmer für 10 und ein kleineres Zimmer für 2 Betten, außerdem einen großen Tagesraum, Zimmer für die Schwester, Badezimmer usw., Operationssaal und pathologisch-anatomisches Laboratorium, welches gleichzeitig der Bakteriologie dient.

Unterricht: 1. Rhino-laryngoskopischer Kursus für Anfänger, in welchem die Untersuchungsmethoden und die Lokal-Therapie vorgetragen und geübt werden. Wöchentlich zweimal eine Stunde. 2. Klinik der Nasen-, Schlund- und Kehlkopf-Krankheiten, in welcher an vorgestellten Kranken, die die Zuhörer selbst zu untersuchen Gelegenheit bekommen, klinischer Unterricht über die Erkrankung der genannten Organe so erteilt wird, daß derselbe für die Erfordernisse eines praktischen Arztes ausreicht. Wöchentlich zweimal eine Stunde. 3. Praktische Übungen für Fortgeschrittene in der Poliklinik. Sie haben den Zweck, Spezialisten auszubilden. Die Praktikanten erhalten Gelegenheit, Kranke selbst zu untersuchen und die Behandlung und die Operationen selbst unter Aufsicht der Assistenten auszuführen. Es sind 10 Plätze für Praktikanten vorhanden. Täglich 1½ Stunden.

Universitäts-Poliklinik für orthopädische Chirurgie

Luisenstr. 3.

Eröffnet 1890 in dem Hause Markthallenstr. d von ihrem ersten Direktor Professor Dr. Julius Wolff. An Wolffs Stelle trat nach seinem Tode am 18. Februar 1902 Professor Dr. Albert Hoffa, welcher die Poliklinik bis zum 31. Dezember 1907 leitete. Während der Zeit seiner Amtsführung wurde die Anstalt nach Luisenstr. 3 verlegt.

Im ersten Stock sind die Räume für die Aufnahme und erste Untersuchung der Patienten, die Einrichtung für Medico-Mechanik und Heißluftbehandlung, die Räume für Massage und Gymnastik, speziell ein Übungssaal für Kinder mit Rückgratsverkrümmungen; daran anschließend Zimmer für Massage und ein Raum, in dem Bandagistenarbeiten ausgeführt werden, sowie das Bureau für die aufsichtführende Schwester. Im 2. Stock befindet sich neben dem Zimmer und Vorzimmer des Direktors der Vorlesungssaal, geschmückt mit den beiden Ölbildern der verstorbenen Leiter der Poliklinik. Es folgen der Verband- und Operationssaal mit den entsprechenden Nebenräumen. In dem nördlichen Teil des Stockes befindet sich die Röntgenabteilung.

Zu ebener Erde ist die von der Witwe des Professors Hoffa gestiftete Bibliothek ihres verstorbenen Gatten untergebracht. In den Kellerräumen befindet sich die Werkstatt für die Anfertigung von Schienen und Apparaten. Die Poliklinik verfügt über ein Epidiaskop und über Einrichtungen, kinematographische Aufnahmen zu Vorlesungszwecken aufzunehmen und vorzuführen.

Universitäts-Poliklinik für Lungenleidende

Luisenstr. 8.

Begründet 1899 als ein neues wissenschaftliches und praktisches Kampfmittel gegen die Tuberkulose.

Die Poliklinik sollte eine zentrale Untersuchungsstelle bilden für unbemittelte, ärztlich nicht beratene Lungenkranke sowie für die breiten Arbeiterklassen, die den Krankenkassen angehören, und die ein Hauptkontingent zu den Lungenkranken stellen.

Die frühzeitige Erkennung der in ihren Anfangsstadien heilbaren Lungentuberkulose nach allen wissenschaftlichen Methoden und die sorgfältige Auslese solcher Frühfälle für die Lungenheilstätten war eine der wichtigsten Aufgaben der Poliklinik. Hierdurch wurde die Poliklinik eine wesentliche Stütze für das in Deutschland blühende Heilstättenwesen und für die Bestrebungen der staatlichen Krankenversicherungsanstalten.

Die Poliklinik war aber nicht bloß eine Untersuchungsstelle für die Kranken und eine Vermittlungsstelle für ihre Überweisung in Heilstätten, sondern wurde auch ein bedeutsames prophylaktisches Kampfmittel gegen die Tuberkulose durch hygienische Belehrung der Kranken über ihr persönliches Verhalten sowie über das Verhalten gegenüber ihrer Umgebung.

Neben dieser wichtigen erziehlichen Behandlung der Lungenkranken ging die medizinische Behandlung der Kranken nach bekannten Methoden sowie die Prüfung neuer gegen die Tuberkulose empfohlener Heilmittel einher.

Schließlich fiel der Poliklinik noch die Aufgabe zu, als Unterrichtsanstalt für Studenten und junge Ärzte zu dienen, die sich später privatim oder als Leiter von Heilanstalten spezialistisch mit der Tuberkulose beschäftigen wollten.

Die jährliche Frequenz beträgt jetzt etwa 11 000 Kranke. Im Laufe von etwas über 10 Jahren sind in der Poliklinik beinahe 96 000 Patienten ein oder mehrere Male untersucht, zum Teil behandelt, zum Teil in Heilstätten, Heimstätten, Krankenhäusern untergebracht, zum Teil den zuweisenden Ärzten mit Diagnose, Sputum- und Röntgenbefund, Ergebnis der Tuberkulinimpfung und der Angabe zurückgeschickt worden, ob sie sich noch zur Aufnahme in Heilstätten, Heimstätten, Krankenhäuser, Erholungsstätten eignen.

Mit der Poliklinik ist eine neu angelegte, im Laufe der Jahre vielfach vermehrte und zu Vorlesungen benutzte Sammlung pathologischer Lungenpräparate sowie eine ebenfalls neu angelegte Sammlung zahlreicher Röntgenaufnahmen verbunden, welche alle Lungenkrankheiten umfaßt.

Mechanotherapeutische Anstalt

Wilhelmstr. 92-93 (Architektenhaus).

Errichtet 1900. In der Anstalt werden in jedem Semester ein praktisch-theoretischer Kursus der Mechanotherapie (Heilgymnastik und Massage) für ältere Studierende der Medizin, ferner Monatskurse in der Heilgymnastik und Massage für Ärzte abgehalten. Ferner finden öfter Kurse für Militär-Ärzte sowie Fortbildungskurse über Mechanotherapie und verwandte Disziplinen, wie Unfallheilkunde, Orthopädie u. a., statt. Auch wird technisches Personal in Heilgymnastik, Massage und orthopädischem Turnen ausgebildet.

Die Anstalt benutzt die Einrichtungen und das Krankenmaterial des Berliner mediko-mechanischen Instituts. Die am häufigsten vorkommenden Krankheitsgruppen sind: Folgen von Verletzungen und Betriebsunfällen, fehlerhafte Körperhaltungen und Rückgratsverkrümmungen, angeborene und erworbene Deformitäten, Herzleiden und Zirkulationsstörungen verschiedener Art, Neurasthenie, Beschäftigungsneurosen, Lähmungen, Muskel- und Gelenkleiden, Obstipation, mangelhafte Ausbildung des Brustkorbes und seiner Organe, Bleichsucht, Fettsucht, Gicht, Diabetes, Rekonvaleszenz, Bewegungsmangel. Die Unterrichtskurse geben auch einen Überblick über das wichtige Gebiet der Unfallheilkunde und Gelegenheit zur Übung im Untersuchen und in der Begutachtung von Unfallfolgen. Die Untersuchung wird durch Röntgen-Photogramme unterstützt und kontrolliert; bei der Untersuchung des Rumpfes wird der Zandersche Rumpfmeßapparat angewendet.

Von Hilfsmitteln für die Behandlung stehen zur Verfügung: 1. der vollständige Zander-Apparat, bestehend aus 80 einzelnen Originalapparaten für verschiedene aktive und passive Bewegungen, für mechanische Einwirkungen wie Erschütterung, Klopfung, Knotung, Streichung und Walkung sowie für orthopädische Korrekturen; 2. Pendel-Apparate; 3. Einrichtung für manuelle Gymnastik; 4. Massage in ihren verschiedenen Anwendungsformen; 5. eine vollständig eingerichtete orthopädische Werkstatt zur Anfertigung von kleinen Schienen, Gipsformen, Modellverbänden, Schienenhülsen-Apparaten und Korsetts, Sohlen-Einlagen, Prothesen, künstlichen Gliedern u. a.; 6. Röntgen-Einrichtung; 7. elektrische Heißluftapparate.

Mit der Anstalt ist eine Poliklinik verbunden.

Zahnärztliches Institut

Dorotheenstr. 40, Füllabteilung Ziegelstr. 18-19.

Gegründet 1884. Entsprechend den drei Hauptzweigen der Zahnheilkunde ist es in drei Abteilungen eingeteilt: die chirurgische, die konservierende und die technische. An der Spitze jeder Abteilung steht ein der medizinischen Fakultät angehörender außerordentlicher Professor.

Im Herbst 1906 wurde die Abteilung für konservierende Zahnheilkunde in das neue poliklinische Gebäude Ziegelstraße 18-19 verlegt und mit einer Röntgenabteilung ver-

— —

bunden. Die beiden anderen Abteilungen verblieben in dem alten Gebäude, wo die chirurgische Abteilung im Erdgeschoß, die technische Abteilung in den beiden oberen Stockwerken untergebracht ist.

Die chirurgische Abteilung, in deren Räumen täglich eine poliklinische Sprechstunde für Zahn- und Mundkranke abgehalten wird, besitzt drei Operationsstühle. Mit ihr ist die gemeinsame Bibliothek und Sammlung verbunden. Die beiden anderen Abteilungen besitzen aber außerdem kleinere Handbibliotheken und die für ihre speziellen Zwecke erforderlichen Lehrmittelsammlungen. Außerdem ist der chirurgischen Abteilung ein histologisches Laboratorium und eine Abteilung für wissenschaftliche Photographie angegliedert.

Die konservierende Abteilung hat 46 Operationsstühle, ein Zimmer für Phantomarbeiten, ein histologisch-chemisches Laboratorium und das schon genannte Röntgenzimmer. Die technische Abteilung hat 13 Operationsstühle und 100 Arbeitsplätze, von denen die Hälfte zur Ausführung von Übungsarbeiten am Phantom benutzt wird. Ein Zimmer ist speziell für chirurgisch-technische Prothese bestimmt. Außerdem werden in der Abteilung auch orthodontische Kurse abgehalten.

Die jährliche Patientenzahl des Instituts beträgt ungefähr 12 000, die Zahl der Studierenden durchschnittlich 250. Die zahnärztliche Prüfung wird jährlich von ungefähr 50 Studierenden abgelegt.

Der sächliche Etat des Instituts ist auf 60 000 M. festgesetzt. Davon sind 12 174 M. aus Staatsmitteln bereit gestellt, während der Rest aus den Einnahmen des Instituts gedeckt wird. Die Behandlung der Patienten erfolgt nur bei gänzlich Unbemittelten kostenlos; für die entgeltliche Behandlung ist vom Ministerium ein Tarif genehmigt. Ein Neubau ist für das gesamte Institut Invalidenstraße 87-89 begonnen.

II. Klinische Institute, die mit dem Charité-Krankenhause in Verbindung stehen

I. Medizinische Klinik

Die I. Medizinische Klinik ist aus der früher sogenannten „lateinischen“ Klinik hervorgegangen, an der Joh. Lukas, Schönlein, Frerichs und Leyden lehrten, und befindet sich zur Zeit noch in den alten Räumen. Sie umfaßt im Hauptgebäude 5 Stationen mit 64 Männer- und 82 Frauenbetten, dazu eine Baracke für 13 leicht lungenkranke Frauen und die für Frauen bestimmte Hälfte der Infektionsbaracken. Seit 1907 besitzt sie für wissenschaftliche Zwecke ein vortrefflich ausgerüstetes Laboratorium sowie einen Respirationsapparat nach Jaquet-Staehelin. Angegliedert ist eine Poliklinik mit einer jährlichen Frequenz von ungefähr 5000 Kranken. Das früher dazu gehörige Krebsinstitut ist seit 1907 eigener Leitung unterstellt.

Das ärztliche Personal besteht aus dem Direktor, drei Stabsärzten, 4 etatsmäßigen, 2 außeretatsmäßigen Assistenten und dem Vorsteher des chemischen Laboratoriums. Ein Neubau ist bewilligt, die Pläne für ein Poliklinikgebäude, welches ausgedehnte Einrichtungen für physikalische Therapie enthalten und der I. und II. Klinik gemeinsam dienen wird, sind vollendet.

II. Medizinische Klinik

Begründet 1849 von Ludwig Traube mit drei Krankenzimmern für Brustkranke. 1857 wurde Traubes Abteilung für Brustkranke zur Propädeutischen Klinik erhoben.

Ihre Leitung erhielt nach Traubes Tode Ernst Leyden, dem 1885 Karl Gerhardt folgte. Mit seinem Eintritt in die Charité verschwindet die „Propädeutische Klinik“, und an ihre Stelle tritt die II. Medizinische Klinik, gleichberechtigt neben der I. Medizinischen Klinik, die Leyden nach v. Frerichs Tode übernommen hatte.

Als Gerhardt 1902 die Augen schloß, wurde Fr. Kraus an die Spitze der II. Klinik berufen.

Unter ihm beginnt im Rahmen des von Friedrich Althoff

inaugurierten Neu- und Umbaus der Charité am 13. 5. 07 der Neubau der II. Medizinischen Klinik, der mit der feierlichen Einweihung des Hauses am 13. 5. 10, am Tage des 200jährigen Bestehens der Charité, seinen Abschluß fand.

Die II. Medizinische Klinik befindet sich auf dem Grundstück der Charité zwischen den Neubauten der Chirurgischen und der Psychiatrischen Klinik, des Pathologischen Instituts und dem Rest der alten Charité.

Die Hauptfront des von Gartenanlagen umgebenen Gebäudes sieht nach W; es besteht aus einem Mittelbau und zwei Seitenflügeln. Entsprechend seiner Doppelbestimmung finden sich in ihm sowohl Räume für Krankenbehandlung wie für Forschungs- und Lehrzwecke.

Die Krankenräume sind untergebracht in den Seitenflügeln und bestehen aus je drei Männer- und 3 Frauenstationen; daneben besteht im Mittelbau eine Station für Kranke 1. und 2. Klasse zu 14 Betten in Einzelzimmern.

Jede der 6 Krankenstationen hat einen mit breiter Loggia für Liegekuren ausgestatteten großen Krankensaal zu 18-20 Betten und einige kleine Zimmer zu 1-4 Betten für unruhige oder schwerkranke Patienten.

Zu jeder Station gehört ein Lagerraum, ein Handarbeits- bzw. Rauchzimmer, eine Teeküche, ein Baderaum, ein Untersuchungszimmer, ein Laboratorium. Auf jeder Männer- und Frauenabteilung bietet ein größerer Baderaum die Möglichkeit, besondere Badeformen (Duschen, Teilbäder, elektrische Bäder usw.) anzuwenden. Für beide Abteilungen ist ferner ein Sputum- und Fäkaliendesinfektor vorhanden.

Gemeinsam für die gesamte Klinik ist ein Inhalatorium, ein laryngologisches Zimmer und eine diätetische Küche für Magen-, Darm- und Stoffwechselkranke.

Die Zahl der vorhandenen Betten beträgt 146.

An besonderen Einrichtungen für klinische Untersuchungs-, Forschungs- und Behandlungszwecke seien genannt: ein Röntgenlaboratorium, ein Raum für Herz-Untersuchungen durch das Elektrokardiogramm, ein chemisches, physiologisches, physikalisches, bakteriologisches und serologisches Laboratorium, ein Zimmer für Respirations- und kalorimetrische Untersuchungen und Gasanalysen, ein Raum für Tierversuche, ein Mikroskopiersaal.

Dem Unterricht dient der mit eigenem Röntgenapparat, Projektionsapparat, elektrischer Verdunklung ausgestattete Hörsaal für 300 Studierende.

Das ärztliche und Pflegepersonal der Klinik besteht aus dem Direktor, 9 Assistenten (4 Stabsärzten, 5 Zivilassistenten), 9 Unterärzten, 18 Schwestern, 14 Wärtern, 12 Wärterinnen. Angegliedert ist der Klinik eine vorläufig in Baracken untergebrachte Abteilung für Infektionskranke und eine Abteilung für tuberkulöse Männer, ebenfalls in einer eigenen Baracke, und ein poliklinisches Institut.

Institut für Krebsforschung

Charité.

Es verdankt seine Entstehung der Initiative Exzellenz von Leydens und der werktätigen Förderung des Ministerialdirektors Dr. Althoff. Bis September 1907 war es der I. Medizinischen Universitätsklinik angegliedert: am 1. Oktober 1907 legte von Leyden die Direktion der Klinik nieder und übernahm die ausschließliche Leitung des nunmehr selbständig gemachten „Krebsinstitutes“.

Es befindet sich in dem Garten der Kgl. Charité, zwischen der Tuberkulose- und der Infektionsabteilung, und besteht aus zwei im Barackenstil gebauten Krankenabteilungen und einem dazwischen errichteten kleinen Laboratoriumsgebäude. Außerdem ist (seit Oktober 1907) in dem zur Kgl. Charité gehörigen Hause Luisenstraße 9 noch ein zweites, aus 3 Zimmern und einem Raum für Versuchstiere bestehendes Nebenlaboratorium eingerichtet worden. Das Hauptlaboratorium enthält Räume für chemische, mikroskopische, bakteriologische und experimentelle Zwecke, außerdem noch einen Operationsraum für Tierversuche.

Die beiden Krankenbaracken — die südliche für Männer, die nördliche für Frauen — enthalten je einen Saal für 8—10 Kranke und je ein Extrazimmer für 2 Kranke, außerdem noch Nebenräume für das Personal und eine kleine Küche. Es werden nur inoperable Krebskranke aufgenommen.

Drei Assistenten, welche die klinische, die mikroskopisch-anatomisch-bakteriologische und die chemische Richtung vertreten, arbeiten ständig in dem Institut.

Das Institut wurde mit einem Kostenaufwand von ca. 100 000 M. erbaut und eingerichtet. Der jährliche Staatszuschuß beträgt 14 000 M. Das Zentralkomitee für Krebsforschung bewilligte außerdem 1000 M. für den Freibettenfonds und wiederholt größere Summen zur Förderung wissenschaftlicher Arbeiten, die meist in der Zeitschrift für Krebsforschung erschienen sind.

Chirurgische Klinik und Poliklinik

Klinik: Charité, Poliklinik: Luisenstr. 13.

Bald nach Errichtung der Charité wurde mit Abhaltung klinischen Unterrichts begonnen, allerdings vorzugsweise für Militär-Chirurgen; erst 1817 wurde ein ordentlicher Unterricht für die Studierenden eingeführt. 1904 bezog die Klinik die jetzigen Räume im Neubau. 1905 kam ein Erweiterungsbau für chirurgische an übertragbaren Krankheiten leidende Kranke hinzu, 1908 eine große Baracke für Massage und Orthopädie. Seit 1909 besteht noch eine Nebenabteilung der Chirurgischen Klinik.

Frauenklinik

Charité.

Die Frauenklinik der Kgl. Charité umfaßt eine geburtshilfliche und gynäkologische Abteilung; die erstere ist zurzeit das größte Gebärhaus Berlins, in dem jährlich ca. 3000 Geburten stattfinden.

Die Frauenklinik ist im Umbau begriffen. Neu hergestellt ist bis jetzt die gynäkologische Abteilung mit Hörsaal, Operationssaal, Laboratorien, Poliklinik usw. Die geburtshilfliche Station (zugleich Hebammenschule) befindet sich noch in dem alten Gebäude, das in den nächsten Jahren einem großen Neubau Platz machen soll.

Klinik und Poliklinik für Haut- und Geschlechtskrankheiten

Klinik: Charité, Poliklinik: Luisenstr. 19.
Abteilung für Lichtbehandlung: Luisenstr. 2.

Im Wintersemester 1825-26 wurde in der Charité die Klinik für syphilitische Krankheiten durch Prof. Kluge eröffnet. Seit dem Herbst 1858 besteht die Klinik für Hautkrankheiten. Die Poliklinik wurde 1897 begründet. Sie hat große moderne Laboratoriumsräume für histologische, bakteriologische und chemische Untersuchungen, sowie ein besonderes serologisches Laboratorium und einen großen Tierstall, an den eine besondere Abteilung für Affen angebaut ist. 1901 wurde die Abteilung für Lichtbehandlung eingerichtet. Sie besitzt große Finsenapparate, Röntgenapparate, Quecksilberlampen, Hochfrequenzapparate usw. Seit 1906 sind die Anstalten in ihren jetzigen Räumen.

Außer der Klinik wird über ausgewählte Kapitel aus dem Gebiet der Geschlechtskrankheiten und über Diagnostik und Therapie mit praktischen Übungen gelesen, außerdem über Syphilis der Mundhöhle für Zahnärzte. In den Ferien werden Kurse für Militärärzte und praktische Ärzte über die verschiedenen Gebiete des Faches veranstaltet.

Die Institute besitzen eine Bibliothek, Laboratorien und Sammlungen. Die Moulagen-Sammlung umfaßt ungefähr 600 Stück.

Klinik und Poliklinik für Kinderkrankheiten

Charité.

Gegründet 1830. Das jetzige Heim enthält außer den Kranken- und Wirtschaftsräumen und Wohnungen des Personals ein Auditorium, ein chemisches, bakteriologisches, mikroskopisches Laboratorium, Wägezimmer, Röntgenlaboratorium, photographisches Atelier und eine Bibliothek.

In den klinischen Stunden werden jedesmal nur 1 bis 2 Kranke eingehend untersucht und besprochen, in den poliklinischen je 10 bis 12 kursorisch im Interesse einer möglichst umfangreichen Kasuistik.

Die Praktikanten erhalten 4 bis 5 Kranke zur eigenen Beobachtung zugewiesen.

Als Ergänzung zur Klinik dient die wöchentlich in zwei Stunden abgehaltene öffentliche Vorlesung über die Krankheiten des Kindesalters, in der eine systematische Darstellung der Pathologie und Therapie der Kinderkrankheiten gegeben wird.

Psychiatrische und Nervenklinik

Charité.

Sie dient der Krankenbehandlung, dem klinischen Unterricht und der wissenschaftlichen Forschung. Bereits seit 1798 wurden Irre in der Charité untergebracht, die schon seit 1727 als Heil- und Lehranstalt, besonders für Militärärzte, eingerichtet war.

Jetzt besteht die Anstalt aus der Nervenklinik und der psychiatrischen Klinik in je einem Gebäude und aus den sogenannten „Villen" für gefährliche und erregte Kranke. Sie umfaßt eine Klinik, eine Poliklinik, Hörsäle, Laboratorien für psychologische Experimente, bakteriologische, chemische, hirnphysiologische und anatomische Untersuchungen, einen Saal für Heilgymnastik, Baderäume (elektrische, Sand-, Dampf-, Kohlensäure-, Lichtbäder) und eine Sammlung pathologisch-anatomischer Präparate.

Klinik und Poliklinik für Hals- und Nasenkrankheiten

s. S. 52.

Klinik und Poliklinik für Ohrenkrankheiten

Charité und Ziegelstr. 5—9.

1874 wurde die private Poliklinik für Ohrenkrankheiten des Prof. Lucae in eine staatliche Ohrenpoliklinik umgewandelt, die in Verbindung mit einer stationären Ohrenklinik im Neubau des Königlichen Klinikums untergebracht wurde. Die Klinik enthält u. a. Laboratorien und Sammlungszimmer. Prof. Lucae war bis 1906 Direktor, dann übernahm Prof. Passow, der seit 1902 schon Direktor der Ohrenklinik der Charité war, auch die Universitätsklinik. — Die Charité-Ohrenklinik ist 1893 eingerichtet worden und wurde 1901 in einem gemeinsamen Gebäude mit der Hals- und Nasenklinik untergebracht, gleichzeitig auch eine

Poliklinik eingerichtet. 1904 wurde die Ohrenpoliklinik in ihre jetzigen getrennten Räume übergeführt. — Die Klinik enthält einen Hörsaal, Sammlungen, eine Bibliothek, Räume für photographische Zwecke, eine phonetische Abteilung für Ertaubte und Schwerhörige und für Stimmkrankheiten und damit in Zusammenhang stehende Ohrenleiden, seit 1906 ein physiologisches Laboratorium für akustische Zwecke und seit 1908 ein Röntgenlaboratorium. Ein Neubau für die gesamte Ohrenklinik ist geplant.

Klinik und Poliklinik für Augenheilkunde

Charité.

Die Augenheilkunde war anfangs in der Charité mit der Chirurgie vereinigt. Der Unterricht fand bis 1817 nur für Militär-Chirurgen statt, doch durften die Studierenden der Universität den Operationen beiwohnen. Von 1817 ab wurde ordentlicher klinischer Unterricht erteilt. 1828 wurde eine Augenklinik als selbständige Unterrichtsanstalt für die Studierenden der Universität und der militärärztlichen Bildungsanstalten eingerichtet. Universitätsklinik und Charitéabteilung wurden später mehrfach wieder vereint und getrennt, bis 1881 Universitätsklinik und -poliklinik nach Ziegelstr. 5-9 verlegt wurden, während die Klinik in der Charité beibehalten, die Poliklinik aufgehoben wurde. Sie wurde erst 1897 wieder eingerichtet. Die Anstalt dient der Behandlung, dem Unterricht und wissenschaftlichen Untersuchungen und besitzt Auditorium, Laboratorien und andere bezügliche Einrichtungen.

Anatomisches Institut

Luisenstr. 56.

W. Waldeyer, Zur Geschichte des anatomischen Unterrichts in Berlin. Rede, Berlin, Hirschwald 1899.

Gegründet 1713, im jetzigen Gebäude seit 1868, dem 1907 ein neues Stockwerk aufgesetzt wurde.

Es enthält fünf große Präpariersäle, darunter einen besonderen für Frauen, die Anstalt für Kunst-Anatomie,

Hörsäle, eine photographische Werkstatt, die Mazerier-Anstalt, einen Leichenkeller, Tierställe, ein Museum, einen Repetitionssaal und eine Bibliothek.

Das Museum setzt sich zusammen aus einer größeren Sammlung für die wissenschaftlichen und Lehrzwecke der Anstalt in 3 Räumen, einer Schausammlung und einem Repetitions-Museum, welches mit dem Repetitionssaale verbunden ist. Es hat von 1883 bis 1909 über 2200 Zugänge verzeichnet, besonders an Rassenschädeln, Rassenskeletten und Rassengehirnen.

Neben den Vorlesungen über beschreibende und topographische Anatomie, Neurologie, Angiologie, Anatomie der Hernien, Osteologie, Syndesmologie, Anatomie des Zentralnervensystems und der Sinnesorgane finden praktisch-mikroskopische Kurse und Präparier-Kurse statt.

Die praktisch-mikroskopischen Kurse umfassen auch eine besondere Anleitung in der Technik, um die Studierenden zur Selbstanfertigung aller einfachen Präparate zu befähigen. Jeder Kursteilnehmer erhält einen eigenen kleinen Tisch mit Mikroskop für eigene freie Arbeit.

Im ersten Präparier-Kursus werden Muskel-, Knochen-, Gelenk- und Eingeweide-Präparate angefertigt, im zweiten Gefäß-, Nerven- und Sinnesorgan-Präparate. Schwierigere Gegenstände wie Kopfnerven und -gefäße, Gehirn, Rückenmark, Sinnesorgane, auch einzelne injizierte Extremitäten werden an besonderen kleinen Tischen mit festen Plätzen bearbeitet. Der Unterricht auf dem Präpariersaal wird nach folgender Methode gehandhabt: Jeder Teilnehmer erhält ein Büchelchen, in welches das ihm zuzuteilende Präparat eingetragen wird. Am Tage der Verteilung wird jeder Präparanden-Kategorie von einem Mitglied des Lehrpersonales das betreffende Präparat erklärt, die erste Schnittführung gezeigt, Erläuterung besonderer Technizismen gegeben usw. Nur den hierbei zugegen Gewesenen werden Büchelchen und Präparat verabfolgt. Für jedes Präparat ist nach bestimmten Stadien der Bearbeitung Vorzeigung des Präparats an einen der aufsichtführenden Herren — und zwar für jedes einzelne Präparat an denselben — vorgeschrieben, der je nach Befund Änderungen anordnet oder einen Vermerk in das Büchelchen macht, der die weitere Bearbeitung gestattet.

Anatomisch-Biologisches Institut

Luisenstr. 56.

1888 als „Zweites anatomisches Institut" begründet, siedelte es nach provisorischer Unterbringung in der Universität und einem Privathaus 1892 in den noch jetzt bewohnten Neubau über und führt seit 1897 seinen jetzigen Namen.

Es hat 3 Abteilungen: 1. die histologisch-biologische, 2. die embryologisch-biologische und 3. die vergleichend -anatomische. Die erste ist dem Unterricht auf den Gebieten der Anatomie und Physiologie der Zelle und der Gewebe, der deskriptiven und der experimentellen Histologie gewidmet. Neben den Vorlesungen über allgemeine Anatomie werden histologische Laboratoriumskurse abgehalten, und zwar für Anfänger praktische Übungen in der mikroskopischen Anatomie und für Geübtere ein histologisch-technischer Kursus zur Erlernung der histologischen Untersuchungsmethoden. Der zweiten Abteilung liegt der Unterricht in der vergleichenden Entwicklungsgeschichte und Entwicklungsphysiologie ob, und es finden Vorlesungen und embryologische Kurse statt. Die dritte Abteilung bietet Spezialvorlesungen über einzelne Organsysteme und entsprechende Übungen.

Am Schluß der Vorlesungen finden Demonstrationen mikroskopischer Präparate der gerade behandelten Gegenstände statt, und zwar stets desselben Objektes in mehreren Exemplaren.

Jedem Kursteilnehmer wird ein bestimmtes numeriertes Mikroskop zu verantwortlicher Benutzung und Instandhaltung überwiesen.

Das Institut enthält u. a. Hör- und Mikroskopiersäle, Laboratorien, eine photographische Kammer, einen Raum für Anfertigung von Rekonstruktionen nach dem Plattenmodellierverfahren, eine Mazerationskammer, Tierställe und Aquarien usw. In einem großen Saal sind neu geschaffene Sammlungen sowohl vergleichend anatomischer als mikroskopischer Präparate untergebracht, ausschließlich für wissenschaftliche Zwecke und für den Unterricht. Es besitzt ferner eine Bibliothek, ein optisches und ein physikalisches Instrumentarium, Sammlungen von Wandtafeln, Negativen und Diapositiven und die Sammlung von vergleichenden anatomischen Präparaten, Wachsmodellen, makroskopischen und mikroskopischen Präparaten für wissenschaftliche und Unterrichtszwecke.

Physiologisches Institut

Hessische Str. 3-4.

Das wissenschaftlicher Forschung und dem akademischen Unterricht dienende Institut wurde 1877 als selbständiges Institut in der Dorotheenstr. 35 eröffnet. Vordem war es als Physiologischer Apparat und Physiologisches Laboratorium und Teil des Anatomischen Museums in den Räumen der Universität untergebracht. 1909 wurde das Institut nach der Hessischen Straße verlegt.

Die Arbeitsräume des Instituts gliedern sich, den vier Hauptzweigen der physiologischen Forschung entsprechend, in vier Abteilungen: 1. Die mikroskopisch-biologische. Zu dieser Abteilung gehört ein Aquarium, dessen Einrichtung gestattet, lebende Tiere und Pflanzen unter verschiedenen Bedingungen (Süß- und Seewasser, variable Temperatur, Beleuchtung) zu kultivieren. 2. Die speziell-physiologische. Arbeitsgebiet: experimentelle Physiologie. 3. Die chemische Abteilung. Praktische Kurse der Chemie für Mediziner und ein Kurs über physiologische Chemie. 4. Die physikalische oder sinnes-physiologische Abteilung.

Die Bibliothek des Instituts ist geöffnet an den Wochentagen von 9—½8 Uhr.

Neurobiologisches Laboratorium

Magdeburger Str. 16.

1902 aus dem damaligen Privatlaboratorium des gegenwärtigen Leiters hervorgegangen.

Die Aufgabe des Laboratoriums besteht in einer systematischen Bearbeitung hirnanatomischer, hirnphysiologischer und medizinisch-psychologischer Probleme.

In der anatomischen Abteilung wird — unter eingehender Berücksichtigung der vergleichenden Anatomie — vornehmlich an einer architektonischen Felderung der menschlichen Großhirnoberfläche und der Feststellung der Faserverbindungen dieser einzelnen Felder gearbeitet. Das Institut verfügt heute über etwa 500 000 Hirnschnitte. In der physiologischen Abteilung wurden bisher vornehmlich Reiz- und Exstirpationsversuche an der Großhirnrinde vorgenommen. Die psychologischen Arbeiten der letzten Jahre betrafen die Genesis und die Therapie der Neurosen.

Selbständigen Arbeitern wird Gelegenheit gegeben, jegliche Frage der Hirnanatomie, der Hirnphysiologie und der medizinischen Psychologie zu bearbeiten. Außerdem werden Einführungskurse in die Hirnanatomie abgehalten. Endlich werden pathologische Gehirne zur mikroskopischen Untersuchung angenommen und wissenschaftliche Arbeiten von Personen, die dem Institut nicht angehören, durch die Hilfsmittel des Instituts nach Kräften gefördert.

Pathologisches Institut

im Garten des Charité-Krankenhauses.

Orth, Das Pathol. Institut an der Universität Berlin in: Berliner Akademische Wochenschrift Jg. 1, 1906-07, S. 129.

Das Institut wurde 1856 unter Prof. Virchow in Verbindung mit der Charité in deren Leichenhaus begründet. Es dient den praktischen Arbeiten in der theoretischen Medizin und dem Studium und Unterricht in Anatomie, Histologie, Bakteriologie und Serologie, experimenteller Pathologie und medizinischer Chemie. Es stellt sich die Aufgabe, selbständige Forscher und Untersucher heranzubilden.

1899 wurde ein Pathologisches Museum errichtet mit großem Hörsaal für systematische Vorlesungen, Demonstrationsraum, Arbeitsräumen und einer besonderen Schausammlung für das Publikum. 1905 wurde das neue Institutsgebäude eröffnet, 1906 das Obduktionshaus und ein Stallgebäude. Das Institut besteht jetzt aus folgenden 6 Abteilungen: 1. Museum, 2. Anatomische, 3. Histologische, 4. Bakteriologische, 5. Experimentell-biologische und 6. Chemische Abteilung.

Für alle Abteilungen besteht eine gemeinsame Bibliothek mit Lesezimmer. Ferienkurse in den Oster- und Herbstferien.

Pharmakologisches Institut

Dorotheenstr. 34a.

1883 unter dem ersten Direktor Liebreich erbaut. Es enthält im Kellergeschoß die Wohnung des Portiers, die Heizanlagen, die Schlosserwerkstatt, eine große elektrische Zentrifuge und einen Teil der Ställe. Die weiteren Ställe sind im Erdgeschoß des im Jahre 1908 errichteten Physikalisch-chemischen Instituts untergebracht. Im Parterre befinden sich das Laboratorium und das Zimmer des Direktors, die reichhaltige, im Jahre 1909 neu geordnete Bibliothek, die Mechaniker-Werkstätte, das Vivisektorium sowie ein Vivisektions-Zimmer des ersten Assistenten. Im ersten Stock liegen Räume für chemische Arbeiten, das große chemische Laboratorium, 2 chemische Laboratorien für die Assistenten, 1 Verbrennungsraum, 1 Wägezimmer, 1 Raum mit Extraktions- und Destillations-Apparaten, 1 Zimmer für physikalisch-chemische Untersuchungen sowie das Dunkelzimmer für photographische Zwecke. Den Hauptraum im ersten Stock nimmt die reichhaltige pharmakologische Sammlung ein; hier befindet sich auch eine Kollektion chinesischer Arzneimittel. Im zweiten Stock liegt der große Hörsaal und ein großer Kurssaal. In den übrigen Räumen ist die Abteilung für Immunitätsforschung und experimentelle Therapie untergebracht, die im Jahre 1909 auf Anregung des derzeitigen Direktors neu eingerichtet worden ist. Sie besteht aus einem Laboratorium für serologische und experimentell-therapeutische Untersuchungen, aus einem bakteriologischen Laboratorium und dem Laboratorium des Abteilungsleiters.

Der Unterricht am Institut wird in zwei Richtungen erteilt: 1. In der chemischen Abteilung finden namentlich

Pharmazeuten Unterricht in der Analyse und den toxikologischen Untersuchungsmethoden. Doch sind hier auch zahlreiche organisch-chemische Arbeiten entstanden. 2. In der pharmakologischen Abteilung entstanden zahlreiche Untersuchungen über die Wirkungen älterer und neuerer Arzneimittel.

Seit 1908 ist das Institut erweitert durch Schaffung einer dritten Abteilung für experimentelle Therapie und Immunitätsforschung.

Hygienisches Institut

Dorotheenstr. 35.

Gegründet 1885, bezog das Institut zuerst die Räume der alten Gewerbe-Akademie in der Klosterstraße, wo 1886 auch ein Hygienisches Museum eröffnet wurde. Direktor war Prof. Robert Koch bis 1891, von da bis 1909 Prof. Rubner, seitdem Prof. Flügge. 1904 bezog das Institut einen Neubau in der Charité, 1909 wurde es in das frühere Physiologische Institut verlegt.

Das Institut dient der experimentellen Aufklärung und Förderung hygienischer Fragen, auch der mit der Physiologie zusammenhängenden, dem Ausbau der Lehre von den Mikroorganismen, dem Unterricht und der Anfertigung von Untersuchungen und Gutachten für Behörden.

Das Institut enthält u. a. Hörsäle, chemische Laboratorien mit Wägezimmer, bakteriologische und klinisch-bakteriologische Laboratorien, Chemikaliensammlungen, ein physikalisches Laboratorium, Räume für Respirationsapparate, Menschen- und Tierkalorimeter, Verbrennungszimmer, Zimmer für Gasanalyse, Spektralanalyse, für Arbeiten mit Cholera und Pest und mit übelriechenden Stoffen, Brutzimmer, hygienische Schausammlungen, Protozoenzimmer, Sammlung von Apparaten, Modellen und Karten für Vorlesungen, ein photographisches Atelier, eine mechanische Werkstatt und eine Bibliothek.

Die chemischen Arbeiten betreffen Wohnungshygiene, Elementar-Analyse, Gasanalyse, Schwefelwasserstoff, Polarisations- und Spektralbeobachtungen, Messungen der Wärmeproduktion, Experimente über Respiration, Versuche über Stoff- und Kraftwechsel und zur Bestimmung der Wasserdampfabgabe, Messung der respiratorischen Funktion der Haut, Wärmemessungen bei Tieren und Mikroorganismen. Die physikalischen Arbeiten umfassen Photometrie, Bestimmung der strahlenden Wärme, der physikalischen Eigenschaften der Kleidung, Messung der Verbrennungswärme, spezifische Wärmebestimmung. Dazu kommen bakteriologische Arbeiten und solche auf dem Gebiet der Serologie und Protozoenkunde.

Vorlesungen werden gehalten über Hygiene, Impfung, Gewerbehygiene, Nahrungs- und Genußmittel und deren Verfälschung, Gärungen, Wasseruntersuchung, Wasserversorgung, öffentliche Gesundheitspflege, Bakteriologie und Immunitätslehre, Schulhygiene, Wohnungshygiene; im Anschluß finden hygienische Demonstrationen Exkursionen und Kolloquien statt.

An praktischen Kursen finden statt: Hygienische Kurse einschließlich bakteriologischer Übungen und sonstiger hygienischer Untersuchungsmethoden für Ärzte und Studierende, bakteriologische Kurse für Studierende der Universität und der Kaiser-Wilhelms-Akademie, Impfkurse, Fortbildungskurse für Militärärzte, Marineärzte, Medizinalbeamte, Regierungs- und Kommunalbeamte und Lehrer, außerdem besteht das Praktikum im Laboratorium für Vorgerücktere.

Institut für Untersuchungen mit Röntgenstrahlen

Luisenstr. 3.

Das Institut wurde 1896 unter Prof. Grunmach als Anstalt für Untersuchungen mit X-Strahlen gegründet, führt seinen jetzigen Namen seit 1900 und ist seit 1901 in seinem jetzigen Heim untergebracht.

Es dient der diagnostischen Untersuchung mit X-Strahlen von chirurgischen und inneren Leiden und dem Studium ihrer therapeutischen Verwendung. Neue Apparate werden zum Teil im Institut hergestellt, vorhandene verbessert.

Das Institut enthält ein Auditorium, physikalische

Laboratorien, photographische Ateliers mit Dunkelkammern und Reproduktionsräumen für Betrieb bei elektrischem Licht und ein Archiv, in dem die Originalnegative der Aufnahmen (Aktinogramme) aufbewahrt werden.

Vorlesungen werden abgehalten über Aktinographie in Verbindung mit den übrigen physikalischen Untersuchungsmethoden und über Pneumato-, Spiro-, Thoraco- und Thermometrie.

Die praktischen Übungen umfassen experimentelle, physikalisch-diagnostische und therapeutische Arbeiten mit X-Strahlen.

Das Institut fördert auch die Röntgenforschung. Zu diesem Zweck werden besonders die diagnostisch schwierigen Krankheitsfälle der Charitéabteilungen und der Universitätslehranstalten dem Institut zur Untersuchung mit Röntgenstrahlen überwiesen. Zur Ausbildung der Ärzte finden unentgeltliche Vorlesungen, verbunden mit Erläuterung instruktiver Röntgenbilder, über Bedeutung der X-Strahlen für die innere Medizin und für die Unfallheilkunde statt.

Praktische Unterrichtsanstalt für Staatsarzneikunde

Hannoversche Str. 6.

P. Fraenckel, Die praktische Unterrichtsanstalt für Staatsarzneikunde in: Berliner Akademische Wochenschrift, 1907, Nr. 11.

Die Anstalt ist 1833 unter Prof. Wagner gegründet worden. Sie dient dem Unterricht in der gerichtlichen Medizin; ihren umfassenderen Namen führt sie noch aus der Zeit ihrer Gründung, da Hygiene und gerichtliche Medizin noch verbunden und unter dem Begriff der Staatsarzneikunde zusammengefaßt waren. Anfangs ohne eigene Räume, bewohnt sie den Neubau seit 1886.

Neben Lehrzwecken verfolgt die Anstalt die Aufgabe, an dem Ausbau der gerichtlichen Medizin als Wissenschaft mitzuarbeiten.

Die Anstalt enthält Hör- und Sektionssäle, Leichenräume, Laboratorien für bakteriologische Untersuchungen, chemische Laboratorien, Zimmer für photographische

Zwecke und für Phosphorreaktion, eine Bibliothek, die zur Zeit 2400 Bände und Einzelschriften umfaßt, und eine Sammlung von rund 1500 Präparaten, 300 Abbildungen und Photographien, 70 Instrumenten und 8 Moulagen.

Die Vorlesungen über gerichtliche Medizin finden für Mediziner und Juristen getrennt statt.

Seit 1902 werden alljährlich zweimal für je 25 Medizinalbeamte Fortbildungskurse von dreiwöchiger Dauer abgehalten, bei welchen $^1/_3$ der gesamten Zeit dem Unterricht in der gerichtlichen Medizin gewidmet ist.

Die praktischen Kurse werden von den Studierenden der Universität und der Kaiser-Wilhelms-Akademie besucht. Sie zerfallen in Übungen, in welchen die Präparate aus gerichtlichen Sektionen demonstriert und polizeiliche Sektionen ausgeführt werden, in Untersuchungen auf Blut, Sperma, Haare usw. und in Untersuchungen an Lebenden.

Staatliche Sammlung ärztlicher Lehrmittel

Luisenplatz 2/4,

siehe Kaiserin-Friedrich-Haus, S. 176 f.

PHILOSOPHISCHE FAKULTÄT

Philosophisches Seminar

Behrenstr. 70.

Gegründet 1909. Von den sechs dem Seminar zur Verfügung stehenden Räumen ist der größte speziell für die Zwecke seminaristischer Übungen eingerichtet. Zwei kleinere stehen, ebenso wie in den seminarfreien Stunden der größere, den Studierenden für Arbeitszwecke zur Verfügung.

Eine in den drei erwähnten Räumen aufgestellte Präsenzbibliothek, die schon jetzt die Gesamtausgaben der philosophischen Klassiker sowie eine größere Anzahl von literarischen Hilfsmitteln für die verschiedenen philosophischen Disziplinen, die Geschichte der Philosophie, die Pädagogik und ihre Geschichte und die Grenzgebiete zu den Einzelwissenschaften enthält, ist — ausschließlich zur Benutzung an Ort und Stelle — für die Arbeitszwecke der Studierenden bestimmt.

Außerdem liegen in einem der Arbeitsräume die buchhändlerischen Novitäten auf den genannten Gebieten zur Ansicht auch für die Studierenden auf.

Das Seminar ist von 9—9 Uhr geöffnet.

Behufs Teilnahme an den seminaristischen Übungen ist persönliche Meldung der Studierenden erforderlich. Ort und Zeit dieser Meldungen bestimmen die Vorlesungsanschläge der Direktoren am Schwarzen Brett der Universität.

Über die Teilnahme entscheidet jeder der Direktoren für seine Übungen. Die als Mitglieder Aufgenommenen erhalten Teilnehmerkarten gegen eine Seminargebühr von drei Mark und ein Schlüsselpfand von einer Mark (für diejenigen, die einen verschließbaren Schubkasten wünschen, von zwei Mark). Die Teilnehmerkarten und Schlüssel verteilt der Assistent.

Psychologisches Institut

Dorotheenstr. 95-96.

Zweck: Unterstützung der psychologischen Vorlesungen und Studien durch Übungen und Demonstrationen, durch eigene experimentelle Betätigung der Studierenden; und vor allem Ausführung wissenschaftlicher Untersuchungen nach den Grundsätzen der neueren Forschungsrichtung.

Das Institut hat neben einem Saal zur Abhaltung von Seminarien, Übungen, Demonstrationen, Vorträgen usw. ein Direktionszimmer, 5 Räume (darunter 2 Dunkelzimmer) für wissenschaftliche Untersuchungen, einen Bibliotheksraum und eine Werkstätte.

Das Instrumentarium des Instituts bietet in erster Linie für akustische Untersuchungen alle nötigen Hilfsmittel, u. a. enthält es eine Flaschen-Orgel, sehr genau geeichte Tonmesser und einen großen Satz von Stimmgabeln und Zungen. Ferner ist es neuerdings vollständig eingerichtet für Raumsinnuntersuchungen. Aber auch für die anderen Gebiete (Farbensinn, Zeitsinn, Gedächtnis, Aufmerksamkeit, Ermüdung usw.) sind alle wichtigeren Einrichtungen sowohl für Untersuchung wie für die Demonstration vorhanden. Im Ganzen zählt das Instrumentarium etwa 500 Inventarnummern.

In einem besonderen Zimmer befindet sich das seit 1904 eingerichtete „Phonogramm-Archiv“, das den Zweck verfolgt, durch Sammlung phonographischer Aufnahmen aus der ganzen Welt, besonders unter den Naturvölkern, die Studien über die Entwicklung des menschlichen Gehörs und über die psychologischen Wurzeln der Musik zu fördern. Die Sammlung umfaßt bereits über 2000 Aufnahmen.

In der Bibliothek des Instituts ist die wissenschaftliche psychologische Literatur wohl vollständig vertreten. Auch die wichtigeren Werke der angewandten Psychologie (Pädagogik, insbesonders experimentelle, Ästhetik, Aussageforschung) und der angrenzenden medizinischen Fächer (Physiologie, Psychopathologie) und eine Auswahl von allgemein-philosophischen Werken sind vorhanden. Insgesamt zählt die Bibliothek 23 Zeitschriften und etwa 900 einzelne Werke und Abhandlungen.

Mathematisches Seminar

Im Universitätsgebäude.

Auf Veranlassung der Proff. Kummer und Weierstraß 1861 gegründet, bezweckt es, den schon im Besitze einer gewissen Summe von Kenntnissen befindlichen Studierenden Anleitung zur selbsttätigen Anwendung derselben zu geben.

Als ordentliche Mitglieder werden 12 immatrikulierte Studierende, welche sich vorzugsweise der Mathematik widmen und mindestens 1 Jahr auf einer Universität studiert haben, auf Grund eines von den Direktoren angestellten Kolloquiums und einer schriftlichen Probearbeit aufgenommen. Als außerordentliche Mitglieder können auch andere Studierende zugelassen werden.

Die mündlichen Übungen bestehen in freier Besprechung bestimmter Probleme und Fragen und in freien Vorträgen der Seminaristen über eigene Arbeiten oder gelesene Abhandlungen, die schriftlichen in kleineren Ausarbeitungen von Sätzen und Aufgaben, welche, in fortlaufender Folge einem speziellen Gebiet entnommen, seine genauere Erkenntnis vermitteln, und in größeren Arbeiten.

Seminar zur Ausbildung von Studierenden im wissenschaftlichen Rechnen

Lindenstr. 91.

Reglement für das Seminar zur Ausbildung von Studierenden im wissenschaftlichen Rechnen an der Kgl. Universität zu Berlin.

Zweck: Vorgeschrittene Studierende der mathematischen Wissenschaften zur Ausführung wissenschaftlicher Berechnungen anzuleiten und sie durch Bekanntmachung mit allen für exakte rechnerische Arbeiten vorhandenen theoretischen und praktischen Hilfsmitteln weiter auszubilden. Die aufzunehmenden Studierenden müssen mindestens im fünften Semester ihrer Studien stehen.

Die Aufnahme erfolgt auf Grund eines Kolloquiums und einer Probearbeit. Die Zahl der ordentlichen Mitglieder darf nicht mehr als zwölf betragen; darüber hinaus können Studierende in beschränkter Zahl als außerordentliche Mitglieder zugelassen werden. Zur Verfügung stehen die Bibliothek, das Lesezimmer und die tabellarischen und literarischen Hilfsmittel des Astronomischen Recheninstituts.

Technologisches Institut

Bunsenstr. 1.

W. Vieweg, Das Technologische Institut in: Berliner Akad. Nachrichten, Jg. 2, 1907/08 Nr. 1.

Gegründet 1872. Zweck: Vorbereitung von Chemikern, die in die Technik gehen wollen. Sie lernen in den Vorlesungen Rohstoffe, Apparate und Methoden der Technik kennen und werden durch Exkursionen in Fabriken mit dem Betriebe im Großen vertraut gemacht und auf die Unterschiede zwischen dieser Arbeit und derjenigen des Laboratoriums hingewiesen. Im Laboratorium des Instituts können sie ebensowohl den allgemeinen Gang der Analyse und der

Herstellung von Präparaten als auch einen besonderen Kursus der technischen Analyse durchmachen.

Nach Ablegung des Verbandsexamens werden ihnen Themata, die für Doktor-Dissertationen geeignet sind, gegeben. Außerdem werden an dem Institut besondere Vorlesungen für Juristen abgehalten, in denen die Methoden und Apparate der chemischen Industrie vorgeführt werden.

Das Technologische Institut besitzt eine umfangreiche Bibliothek und eine Sammlung von Zeichnungen und Tabellen, Modellen und Apparaten, Rohmaterialien, Zwischen- und Endprodukten der chemischen Industrie. Auch historische Präparate zieren die Sammlung. So besitzt sie z. B. das erste synthetische Ultramarin aus dem Jahre 1829, Glassachen aus dem alten Griechenland, Alkali und Tonwaren aus Ägypten.

Außer diesem Apparat stehen dem Institut zur Verfügung: Bombenraum, Schwefelwasserstoffzimmer, Verbrennungszimmer, elektrische Anschlüsse usw. Für technische Arbeiten sind gasanalytische Apparate, Zentrifugen, elektrolytische Gefäße usw. vorhanden.

Physikalisches Institut

Reichstagsufer 7-8.

Bis 1878 gab es nur ein physikalisches Universitätslaboratorium, das in der Universität selbst untergebracht war. Das jetzige Gebäude des Physikalischen Instituts ist 1878 bezogen. Die Räumlichkeiten dienen hauptsächlich drei Zwecken: Der Abhaltung der Vorlesungen, den Übungspraktika und dem selbständigen Arbeiten der fortgeschrittenen Studenten sowie der Dozenten.

Für die Vorlesungen stehen zwei Hörsäle im 1. Stock zur Verfügung. Der große Hörsaal besitzt eine Höhe von 12 m (für Pendelversuche) und bietet ungefähr 370 Zuhörern Platz. Der kleine Hörsaal faßt 70 Personen. An den großen Hörsaal schließen sich im 1. Stock die Sammlungsräume an, welche die für die Vorlesung und die praktischen Arbeiten nötigen Apparate beherbergen. Den Grundstock der Apparatensammlung des physikalischen Instituts bildet eine

Sammlung, welche Gustav Magnus im Jahre 1833 aus privaten Mitteln für seine Vorlesungen einrichtete, und welche später von dem Staate übernommen wurde. Eine ganze Reihe dieser meist sehr schön und solide ausgeführten Apparate leistet noch jetzt in der Vorlesung über Experimentalphysik gute Dienste.

Die Räumlichkeiten für die Übungspraktika befinden sich zum größten Teile in dem 2. Stockwerke. Hier werden die Studenten jüngerer Semester in der Praxis physikalischer Messungen unterwiesen.

Die, selbständigen Arbeiten älterer Studenten, der Assistenten und Professoren werden in einzelnen Zimmern ausgeführt, welche zum größten Teile im Erdgeschosse liegen. Das Institut besitzt eine reichhaltige Fach-Bibliothek.

Institut für theoretische Physik

Im Universitätsgebäude.

Gegründet 1889. Es wird verwaltet von dem Direktor mit Unterstützung eines Assistenten, dessen wissenschaftliche Tätigkeit im wesentlichen darin besteht, die von den Studierenden in den mathematisch-physikalischen Übungen angefertigten schriftlichen Arbeiten einer vorbereitenden Durchsicht und Korrektur zu unterziehen. Diese Übungen werden wöchentlich einmal abgehalten; sie schließen sich eng an die Vorlesungen des Direktors an, welche in einem regelmäßigen Turnus von 6 Semestern das ganze Gebiet der theoretischen Physik umfassen, in folgender Reihenfolge: 1. Allgemeine Mechanik, 2. Mechanik deformierbarer Körper, 3. Elektrizität und Magnetismus, 4. Optik, 5. Wärme, 6. System der gesamten Physik.

Zur ungefähren Schätzung der in dem Institut geleisteten Arbeit kann als Anhalt die Bemerkung dienen, daß die Vorlesungen im Durchschnitt von 100 bis 150 Studierenden belegt werden, und daß manchmal in einer Woche 40 und mehr, darunter auch umfangreichere, schriftliche Arbeiten durchzusehen sind.

Zum Inventarium des Instituts gehört in erster Linie eine Bibliothek physikalischer und chemischer Werke theoretischen Inhalts, welche der Benutzung von seiten derjenigen Dozenten und Studierenden offen steht, welche auf dem Gebiet der theoretischen Physik arbeiten.

Ferner hat ein günstiges Zusammentreffen verschiedener Umstände bewirkt, daß dem Institut das erste und bis zum vorigen Jahre einzige Exemplar des großen von dem Volksschullehrer Carl Eitz in Eisleben konstruierten „Harmoniums in natürlich reiner Stimmung“, enthaltend 104 verschiedene Tonstufen in jeder Oktave, überwiesen worden ist, welches im Auftrag des vorgeordneten Ministeriums von der Firma Schiedmayer in Stuttgart erbaut wurde. Eine nähere Beschreibung dieses eigenartigen, zurzeit im Physikalischen Institut der Universität untergebrachten Instruments, welches fortdauernd den Gegenstand des Interesses und des Studiums von Musikgelehrten und Musikern bildet, und dessen Bedeutung von dem Direktor auf vorangegangene Anfrage demonstriert wird, ist veröffentlicht in den Verhandlungen der Physikalischen Gesellschaft zu Berlin, 12. Jahrg., Sitzung vom 20. Januar 1893.

Physikalisch-Chemisches Institut

Bunsenstr. 1.

Das Physikalisch-Chemische Institut ist aus dem von Rammelsberg und Landolt geleiteten II. Chemischen Institut hervorgegangen und erhielt seine jetzige Bestimmung, als 1905 Prof. Nernst zum Direktor desselben berufen wurde. 1909 durch einen Anbau erweitert, füllt es jetzt den 2. und 3. Stock des Eckgebäudes vom Reichstagsufer und Bunsenstraße bis zum Pharmakologischen Institut hin aus. Im 2. Stock liegen die vornehmlich für die älteren Praktikanten bestimmten Zimmer nebst denen für das Anfängerpraktikum für physikalische Chemie, während im oberen Stockwerk der Hauptraum vom Vorlesungssaal (für ungefähr 130 Personen) und den Sammlungsräumen sowie von dem Anfängerpraktikum für anorganische Chemie eingenommen wird. Den doppelten Anforderungen entsprechend, für physikalische und chemische Arbeiten dienen zu müssen, sind besonders die neuen Räume als Säle eingerichtet und mit losen Tischen und besonders reichlichen Abnahmestellen für Gas und Wasser versehen. Der städtische elektrische Strom wird auf Schaltbretter geleitet, von wo aus die Verteilung in die einzelnen Zimmer durch Schnurleitungen erfolgt. Eine eigene Akkumulatorenbatterie und ein Umformer bieten die Möglichkeit, niedergespannten Gleichstrom und Wechselstrom auf die Plätze zu leiten.

Der Lehrbetrieb des Instituts erstreckt sich auf ein ganztägiges Praktikum in physikalischer Chemie für Fortgeschrittene, ein vierstündiges für Anfänger und ein halb- oder ganztägiges in analytischer Chemie.

Die wissenschaftlichen Arbeiten des Institutes lassen sich in drei Hauptgruppen zerlegen: 1. Arbeiten über die Messung chemischer Gleichgewichte bei hohen Temperaturen, 2. Abhandlungen über die Theorie der galvanischen Polarisation, die zu experimentell verifizierten Gesetzen über das Wesen der elektrischen Nervenreizung führten, 3. Untersuchungen über die Kinetik von Gasreaktionen an passenden Katalysatoren, photochemische, elektrochemische und organisch-chemische Arbeiten.

Chemisches Institut

Hessische Str. 1.

Das Chemische Institut, das sich ursprünglich in der Georgenstraße befand, wurde in den Jahren 1897-1900 auf dem Gelände des alten Charité-Friedhofes in der Hessischen Str. 1-3 neu erbaut und im April 1900 eröffnet. Das Institut, das in erster Linie dem chemischen Unterricht dient, ist in zwei Abteilungen, die anorganische und die organische, eingeteilt. In ersterer befinden sich 144, in letzterer 96 Arbeitsplätze, die in beiden in 2 Stockwerken befindlichen Abteilungen auf je 2 große Arbeitssäle verteilt sind. Zu jeder Abteilung gehören 2 Privatlaboratorien, die für den Direktor und die jeweiligen Abteilungsvorsteher bestimmt sind.

Abgesehen von den dem allgemeinen Unterricht dienenden Arbeitssälen und den dazugehörigen Einrichtungen besitzt das Institut noch eine größere Zahl von Räumen für spezielle Untersuchungen, z. B. für Thermochemie, physiologische und physikalische Chemie, Elektrochemie, Pyrochemie, Dauerheizversuche, Photochemie, Gasanalyse, Mikroskopie, Sterilisation, Spektroskopie, Elektrolyse, Untersuchungen mit Radium usw. Diese Einrichtungen ermöglichen es, daß alle Arten wissenschaftlicher Untersuchungen ausgeführt werden können.

Das Institut verfügt über 2 Bibliotheken, von denen die eine als Leihbibliothek dient.

Die für die Untersuchungen und Arbeiten der Praktikanten nötigen Apparate und Chemikalien können diese direkt vom Institut beziehen. Zu diesem Zweck befindet sich in der anorganischen wie organischen Abteilung je eine Ausgabe, in der die Praktikanten Apparate usw. gegen Quittung in Empfang nehmen können.

Die praktischen Übungen umfassen in der anorganischen Abteilung alle Methoden der analytischen Chemie und einige Verfahren der anorganischen Präparatenkunde während 3-4 Semestern. Danach wird der praktische Teil der vom Verbande der Laboratoriumsvorstände deutscher Hochschulen eingeführten Prüfung, der sogenannten Verbandsprüfung*), abgelegt. Hierauf wird in der organischen Abteilung die Darstellung von Präparaten weiter geübt und die Bekanntschaft mit den allgemeinen Methoden der synthetischen Chemie vermittelt. Nach Ablegung der theoretischen Verbandsprüfung erfolgt die Anfertigung einer selbständigen Arbeit, die meist als Doktordissertation benutzt wird. Außer den praktischen Übungen werden in dem Institut eine größere Zahl von Vorlesungen aus dem Gebiete der Chemie gehalten, wofür 3 Hörsäle zur Verfügung stehen.

Der Lehrkörper des Instituts besteht aus dem Direktor, 3 Abteilungsvorstehern, 8 Assistenten sowie 3 Hilfsassistenten.

Pharmazeutisches Institut

Dahlem bei Steglitz.

Im Winter 1895-96 wurde ein interimistisches pharmazeutisches Laboratorium unter Prof. Thoms' Leitung im

*) *Näheres im „Braunschweiger Statut" des Verbandes (vom Sekretär, Prof. Böttger, Leipzig, für 10 Pf. erhältlich).*

chemischen Laboratorium der Landwirtschaftlichen Hochschule eröffnet, daneben ein zweites im Keller des Instituts für Staatsarzneikunde. Im Sommer 1900 siedelten diese Laboratorien in das 1. Chemische Institut der Universität über, bis im Winter 1902-03 das neue Institut in Dahlem in enger Verbindung mit dem Botanischen Garten eröffnet werden konnte.

Das Institut dient der Ausbildung der Pharmazeuten, ebenso den wissenschaftlichen Interessen des Apothekerstandes. Es bietet fortgeschrittenen Chemikern und Pharmazeuten Gelegenheit zur Anfertigung eigner wissenschaftlicher Arbeiten, insbesondere für Promotionszwecke. Das Institut umfaßt: 1. eine Abteilung zur Untersuchung von Nahrungs- und Genußmitteln, mit Berechtigung, Nahrungsmittelchemiker für die Staatsprüfung vorzubereiten; 2. eine Abteilung zur Untersuchung und Beurteilung von Kolonialprodukten in chemischer und wirtschaftlicher Hinsicht in naher Fühlung mit der Botanischen Zentralstelle für die Kolonien am Kgl. Botan. Garten und Museum; 3. eine Abteilung zur Untersuchung von neuen Arzneimitteln, Spezialitäten und Geheimmitteln; 4. eine Abteilung für elektrochemische Arbeiten.

Laboratorien sind vorhanden für qualitative und quantitative chemische Analyse, Maßanalyse, Anfertigung chemisch-pharmazeutischer Präparate, Untersuchung von Arzneimitteln, für toxikologische Analyse, Ausmittelung von Giften für organische Arbeiten, Ausführung physikalischer Arbeiten und Polarisation, Spektralanalyse, Refraktion, Widerstandsmessung usw., Äther-Destillation, Elementar-Analyse, Chlorierung und für photographische Zwecke. Ein „Fabrikraum" enthält größere maschinelle Einrichtungen, Extraktions- und Destillationsapparate mit Vakuumvorrichtung, Filterpressen, Abdampfvorrichtungen, Zentrifugen, Drogenschneide- und pulverisierungsmaschinen usw.

Die Bibliothek enthält die für chemische Forschung und Unterricht wichtigen Zeitschriften und Werke und die chemisch-pharmazeutische Literatur.

Das Institut besitzt ferner eine Mineralien-Sammlung, Sammlungen anorganisch- und organisch-chemischer Präparate, Sammlungen von Arzneimitteln in Originalpackungen und Drogen des Pflanzen- und Tierreiches mit Abweichungen und Verfälschungen.

In dem Institutsgarten werden Arzneipflanzen für wissenschaftliche Zwecke kultiviert.

Die Art der Ausbildung fortgeschrittener Pharmazeuten und Chemiker bleibt persönlicher Vereinbarung vorbehalten. Für das viersemestrige Studium der Pharmazeuten hat Prof. Thoms einen Arbeitsplan, eine „Studienordnung" herausgegeben, die von dem Inspektor der Anstalt abgegeben wird.

Veröffentlichung: „Arbeiten aus dem Pharmazeutischen Institut der Universität Berlin", Berlin-Wien, Urban & Schwarzenberg.

Botanisches Museum

Dahlem, Königin-Luise-Str. 6-8.

Zwischen dem Nordeingang des Königlichen Botanischen Gartens und dem Pharmazeutischen Institut der Universität Berlin liegt das Königliche Botanische Museum. Das Hauptgebäude, der Arbeitsflügel, mit der Front nach Norden gerichtet, enthält in drei Stockwerken die Räume für den Unterricht, für die Verwaltung sowie die Beamtenzimmer; in einem auf der Ostseite sich anschließenden Seitenflügel liegt die Bücherei und das Herbarium, in einem Seitenflügel auf der Westseite das Schaumuseum.

Die Räume für den Unterricht bestehen hauptsächlich aus einem großen, 232 amphitheatralisch aufsteigende Sitzplätze enthaltenden Hörsaal, einem kleinen Hörsaal, einem Laboratorium, in dem gleichzeitig 100 Studierende mikroskopisch arbeiten können, einem Arbeitssaal für Doktoranden sowie einigen Kulturzimmern. Die Bibliothek zählt etwa 40 000 Bände und Hefte. Das Herbarium umfaßt ungefähr 18 000 Mappen und wird an Umfang kaum von einer anderen Pflanzensammlung übertroffen.

Während diese Räume des Museums natürlich nur dem Fachmanne zugänglich sind, ist das Schaumuseum an bestimmten Tagen für das große Publikum geöffnet. Gleich in der Halle rechts neben dem Eingang zum Königlichen Botanischen Museum hat eine biologische Abteilung Aufstellung gefunden. Durch Abbildungen und instruktive Objekte werden der innere mikroskopische Aufbau der Gewächse, ferner die Lebensverhältnisse der Saprophyten, Parasiten, der insektenfangenden Tiere usw. vorgeführt.

Im Vestibül des Museums findet man ferner auf zahlreichen großen Tafeln eine Darstellung der Stämme des Pflanzenreichs, so daß der Beschauer eine Vorstellung von den einfachsten bis zu den höchststehenden Gewächsen einschließlich der ausgestorbenen erhält.

Schreitet man vom Vestibül in den Parterresaal des Schaumuseums, so gelangt man nach der paläobotanischen Abteilung, in der besonders zwei schöne Schaustücke, fossile Palmen aus den Südalpen, auffallen.

Die pflanzengeographische Abteilung nimmt den gesamten Parterresaal ein. Hier werden die die verschiedenen Florenreiche der Erde charakterisierenden Pflanzen und Pflanzenprodukte vorgeführt. Es sei hier besonders auf die in dem Abteil des nordafrikanisch-indischen Wüstengebietes untergebrachte Ausstellung der in altägyptischen Gräbern gefundenen, meist noch sehr wohl erhaltenen und zum Teil über 3000 Jahre alten Pflanzenteile hingewiesen.

Der Saal im ersten Stockwerk des Schaumuseums nimmt die Abteilung der Nutz- und Kolonialpflanzen auf. Die Nutzpflanzen werden in bestimmten Kategorien aufgeführt, z. B. unsere wichtigsten Waldbäume, die einheimischen und tropischen Getreidearten in ihren zahllosen Varietäten und Formen, sodann die stärkeliefernden Knollen und Wurzelstöcke, die eßbaren Früchte, besonders der Tropengewächse, die Genußmittel, Arzneimittel, Gewürze, Gerbstoffe, Farbstoffe, Fette, Nutzhölzer, Kopale, Harze, Kautschuk, Guttapercha, Fasern und Flechtstoffe usw. In der Kolonialabteilung findet man, nach den einzelnen deutschen Kolonien geordnet, die Charaktergewächse der betreffenden Gebiete sowie die Urprodukte und die von Eingeborenen oder in Plantagen gezogenen Produkte vereinigt, so daß der Beschauende ein deutliches Bild von den Nutzpflanzungen unserer Kolonien erhält.

Im Schausaal des zweiten Stockwerkes ist endlich die Systematische Abteilung zur Aufstellung gelangt. Den Zusammenhang und die Reihenfolge der Pflanzenformen von der niedrigsten bis zu den höchststehenden zur Darstellung zu bringen, ist der Zweck dieser Museumsabteilung.

Besuchszeiten: Oktober bis März Mittwoch 10-4 Uhr, April bis September Mittwoch 11-5 Uhr.

Botanisches Institut und Universitätsgarten

Dorotheenstr. 5 und Kastanienwäldchen.

Das Botanische Institut wurde im Jahre 1878 gegründet, als nach dem Tode Alexander Brauns an Stelle des bisherigen einen zwei Ordinariate für Botanik errichtet wurden. Direktor des Instituts ist der jeweilige Ordinarius für allgemeine Botanik (Anatomie und Physiologie der Pflanzen).

Es enthält Arbeitsräume für etwa 50 Praktikanten; 30 Arbeitsplätze sind für Anfänger, 20 für Fortgeschrittenere bestimmt. Das Institut verfügt über ein reichhaltiges optisches und physiologisches Instrumentarium und über eine rund 9000 Nummern (etwa 3000 Buchbinderbände und 6000 Hefte, Separate u. a.) starke Bibliothek mit 19 botanischen Zeitschriften des In- und Auslandes.

Ein kleiner Hörsaal dient botanischen Spezialvorlesungen. Die Hauptvorlesungen über Botanik werden im Universitätsgebäude abgehalten.

Ein Neubau in Dahlem ist in Aussicht genommen. Ein Adnex des Botanischen Institutes ist der 1821 angelegte Universitätsgarten. Ursprünglich hatte er nur die Aufgabe, den Dozenten der Botanik, die im Universitätsgebäude ihre Vorlesungen abhielten, Pflanzenmaterial zur Demonstration zu liefern. Es war dies wegen der schlechten Verbindung mit dem Botanischen Garten (damals in Schöneberg) notwendig. Heute liefert der Universitätsgarten im wesentlichen das Pflanzenmaterial für die Praktikanten des Botanischen Institutes und dient vor allem auch als Versuchsgarten für physiologische Untersuchungen, Vererbungsversuche u. a.

Der zur Anzucht von Pflanzen für die Demonstration und die Praktika bestimmte Teil des Gartens ist den Studierenden allgemein zugänglich. Er enthält Vertreter aller wichtigeren einheimischen Pflanzenfamilien und dient so den Studierenden auch zur Auffrischung der Kenntnis unserer einheimischen Flora.

Pflanzenphysiologisches Institut

Invalidenstr. 42.

Das im Jahre 1873 begründete Universitätsinstitut ist seit 1880 mit dem Botanischen Institut der Kgl. Landwirtschaftlichen Hochschule vereinigt und dient seitdem Lehr- und Forschungszwecken beider Hochschulen. Es befindet sich im 2. und 3. Stockwerk des Gebäudes der Landwirtschaftlichen Hochschule. Es besteht aus einem großen Saal, welcher zehn Arbeitsplätze für solche vorgeschrittene Praktikanten enthält, welche sich anatomisch-mikroskopischen Untersuchungen widmen, einem vierfenstrigen Ecksaal, in welchem im Sommer die pflanzenphysiologischen Übungen, im Winter ein entwicklungsgeschichtlicher Kurs abgehalten wird. Er enthält außerdem fünf Arbeitsplätze für solche vorgeschrittene Praktikanten, welche sich mit physiologischen Untersuchungen beschäftigen. Hauptsächlich physiologischen Arbeiten dient außerdem ein chemisches Laboratorium, das mit Sterilisierapparat und Thermostaten ausgerüstet ist, ein großes lichtdicht verschließbares Dunkelzimmer, das mit mattgeschwärzten Wänden und ebensolchem Mobiliar versehen ist. Es enthält unter anderem eine elektrische Bogenlampe, eine Uviollampe und eine Quarzlampe für Untersuchungen mit ultraviolettem Licht, einen großen Dunkelschrank mit zwei Abteilungen. In der Werkstätte des Institutsdieners befindet sich u. a. ein großer Rotationsapparat, der durch einen im Kellergeschoß befindlichen Gasmotor getrieben wird. Im 2. Stock befindet sich außerdem die Institutsbibliothek. Im dritten Stock dient ein über 43 m langer Saal zu mikroskopischen Übungen für 67 Praktikanten. Hier befindet sich auch das Gewächshaus mit einer kalten und einer warmen Abteilung sowie einer großen offenen Terrasse für Vegetationsversuche. Zu dem Institut gehört ein kleiner Versuchsgarten mit Frühbeetkästen und einem Platz zur Aufstellung der

Kalthauspflanzen im Sommer. Unmittelbar an das Institut schließt ein großer Hörsaal der Landwirtschaftlichen Hochschule an, der zumeist für die Vorlesungen des Instituts dient.

Zum Institut gehört eine Lehrsammlung, die aus einer morphologischen, einer physiologischen und einer kryptogamischen Abteilung besteht. Sie enthält sowohl getrocknete Objekte, welche in Herbariumform oder auf Stativen bzw. in Kartons untergebracht sind, als auch Modelle, Wandtafeln, Handtafeln und Spiritus-Präparate. Auf die Fortbildung dieser Lehrsammlungen ist von Begründung des Institutes an besonderes Gewicht gelegt worden. In der kryptogamischen Abteilung sind die parasitischen Pilze, welche Pflanzenkrankheiten erzeugen, reich vertreten. Über den Plan bei Einrichtung der Lehrsammlungen, welcher übrigens im Laufe der Jahre manche Änderungen erfahren hat, gibt eine Mitteilung in den Verhandlungen des Botanischen Vereines der Provinz Brandenburg 1880, S. 20 ff. nähere Auskunft.

Für physiologische Untersuchungen ist eine reiche Apparatur vorhanden. Die Untersuchungen finden eine weitere sehr wesentliche Hilfe in der unmittelbaren Nähe der mit den modernsten Einrichtungen versehenen anderen Institute der Landwirtschaftlichen Hochschule, wie insbesondere des tierphysiologischen, chemischen, physikalischen, agrikulturchemischen, in denen für Spezialfälle stets Apparate oder fachmännischer Rat zu erhalten ist. In gleicher Weise wird dem Institut die in allen naturwissenschaftlichen Disziplinen sehr umfassende Hauptbibliothek der Landwirtschaftlichen Hochschule nutzbar gemacht.

Zoologisches Institut

Invalidenstr. 43.

Das Zoologische Institut der Universität Berlin. Berl. Akademische Nachrichten Nr. 11, 1910.

Das für den Universitäts-Unterricht und die wissenschaftliche Forschung bestimmte Zoologische Institut ist 1884 im 2. Stock des Universitätsgebäudes begründet worden. Nach der Vollendung des umfangreichen Gebäudekomplexes des „Museums für Naturkunde" siedelte das Zoologische Institut im Jahre 1888 dahin über.

Den Lehrzwecken dienen vor allem die Sammlungen, die ein unentbehrliches Hilfsmittel für die Vorlesungen und Kurse darstellen. An Demonstrationsmaterial besitzt das Institut zunächst etwa 5900 makroskopische Präparate, die teils der systematischen Zoologie, teils der vergleichenden Anatomie und der Entwicklungsgeschichte dienen. Dazu kommen Insektensammlungen, die wichtigsten Petrefakten, teils in natura, teils in guten Nachbildungen, und eine Sammlung von mehreren tausenden mikroskopischer und Lupenpräparate. Die systematisch-zoologischen Präparate stellen eine fast vollständige Sammlung der wichtigeren einheimischen Tiere, teils als Stopfpräparate und Skelette, teils in Spiritus montiert, dar; doch sind auch die systematisch wichtigsten und sonst interessantesten ausländischen Formen vorhanden. Besonders für Lehrzwecke bewährt haben sich die Modelle, von denen das Institut etwa 550 Stück besitzt.

Neben diesen tierischen Demonstrationsobjekten und Modellen bilden einen wesentlichen Faktor des zoologischen Unterrichtes in Kursen und Vorlesungen die Wandtafeln, deren das Institut jetzt etwa 1800 Stück besitzt. Von mikroskopischen Tieren (Protozoen, Bryozoen, Coelenteraten, halb oder ganz durchsichtigen Insektenlarven), auch von histologischen und paläontologischen Objekten sind Stereoskopbilder vorhanden.

Den Forschungszwecken ist die umfangreiche Materialsammlung des Instituts gewidmet. Diese enthält mehr als 9500 Gläser und Kästen mit zoologischem Material, ganzen Tieren, besonders interessanten Organteilen für histologische Zwecke, Skeletten und Skeletteilen.

Das Instrumentarium umfaßt eine Anzahl von Mikroskopen, Mikrotomen und Thermostaten; ferner die nötigen Hand- und Präparierlupen. Die Bibliothek enthält 1950 Werke und Zeitschriften in mehr als 6000 Buchbinderbänden.

Kurse: Im S.-S. ein makroskopisch-zootomischer Kurs, durch welchen die Teilnehmer in die mit bloßem Auge sichtbaren Organisationsverhältnisse der Tiere, sowie in die Technik der Sektion, Präparation usw. eingeführt werden. Mit jedem W.-S. beginnt ein mikroskopisch-zoologischer Kurs, der in jedem S.-S. fortgesetzt wird. Er behandelt die mikroskopischen Bauverhältnisse.

Zoologisches Museum

Invalidenstr. 43.

Das Zoologische Museum ist gleichzeitig mit der Universität gegründet. Den Grundstock bildeten die in der Kgl. Kunstkammer aufbewahrten Säugetiere, Vögel, Insekten und Kochylien. Bis 1887 befand sich das Museum im zweiten Geschosse des Universitätsgebäudes, dann wurde es in das neu erbaute Museum für Naturkunde in der Invalidenstr. 43 verlegt. Zugleich wurde eine räumliche Trennung der Sammlungen in eine Schausammlung und eine Hauptsammlung durchgeführt. Die erstere, im Lichthof und in 6 Sälen des Erdgeschossés, bietet eine systematische Übersicht über das Tierreich, besonders über die deutsche Fauna, und ist allgemein zugänglich. Eine vergleichend-anatomische Sammlung sowie eine Darstellung der Fauna der deutschen Kolonien ist in Vorbereitung. Sämtliche Gegenstände sind durch Etiketten, mehr oder weniger ausführliche Beschreibungen, zum Teil auch durch Zeichnungen und Photographien erklärt. Für die meisten Formen ist auf Kärtchen ihre Verbreitung angegeben. Ein kleiner Führer gibt eine Orientierung über die Aufstellung und über die wichtigsten Objekte. Die Schausammlung ist am Sonntag und an vier Werktagen geöffnet. Die Hauptsammlung besteht aus 18 Abteilungen. Die Objekte sind hier aber nicht für Beschauer aufgestellt, präpariert oder sonstwie hergerichtet, sondern sie sind, um Platz zu sparen, magaziniert; es werden Bälge, Felle, Skelette in Kästen und Schränken, die gegen Staub und Licht geschützt sind, Spiritusobjekte u. a. aufbewahrt. Sie dient lediglich der wissenschaftlichen Forschung und ist außer den Beamten nur solchen Personen zugänglich, welche sie für wissenschaftliche Arbeiten benutzen wollen. In dieser Hauptsammlung finden sich die

Sammlungen von Ehrenberg, Lichtenstein, Hemprich, Bloch, Peters, Illiger, Maaßen, Stübel, von Hoffmannsegg, Loew, Paetel, Denecker, Hinneberg, Thieme, der ostasiatischen, der Gazelle-, Gauß-, Valdivia-Expedition, die berühmte Dr. O. Staudingersche Sammlung von exoten Schmetterlingen und viele andere. Besonders reich ist die Tierwelt der deutschen Kolonien vertreten. Die Bibliothek umfaßt etwa 25 000 Bände.

Institut und Museum für Meereskunde

Georgenstr. 34-36.

1900 als Lehr- und Arbeitsanstalt der Universität mit der Aufgabe begründet, das Verständnis für die mit der See und dem Seewesen zusammenhängenden Wissenszweige zu heben und den Sinn für die nationale und wirtschaftliche Bedeutung der Seeinteressen zu wecken.

Das Institut zerfällt in zwei Abteilungen: eine geographisch-naturwissenschaftliche und eine historisch-volkswirtschaftliche. Jene dient der mathematisch-physikalischen, chemischen und biologischen Kunde des Meeres, diese soll sich mit der Benutzung des Meeres und der Küsten durch den Menschen für Schiffahrt, Handel, Verkehr, Erwerb nutzbarer Erzeugnisse und Landesverteidigung beschäftigen. In beiden Abteilungen hat das Institut durch Vorlesungen und Übungen die Studierenden zu unterrichten sowie das selbständige Studium zu fördern und wissenschaftliche Forschungen zu pflegen.

Bisher konnte nur die erste Abteilung ausgebaut werden. Sie besitzt jetzt ein für meereskundliche Arbeiten eingerichtetes Laboratorium sowie ein größeres Instrumentarium, um Beobachtungen in der Natur auszuführen; sie führt Studierende auf Seen der Umgebung Berlins so weit als möglich in die hydrographischen Arbeiten ein und unternimmt behufs weiterer Schulung seit 1905 regelmäßig Exkursionen an die Küste und auf das Meer. Eine Fachbibliothek von mehr als 3000 Werken mit über 5000 Bänden und die Kartensammlung von 4000 Blättern dienen beiden Abteilungen.

Seit 1902 gibt das Institut die wissenschaftlichen Arbeiten

unter dem Titel: „Veröffentlichungen des Instituts für Meereskunde und des Geographischen Institutes an der Universität Berlin“ heraus.

Das Institut hat ferner die Aufgabe, durch volkstümliche Vorträge über See und Seewesen sich an weitere Kreise zu wenden und gegebenenfalls auch nichtakademischen Hörern durch Fortbildungskurse die Möglichkeit systematischer Belehrung in einzelnen Sondergebieten zu gewähren. Zu diesem Zweck veranstaltet es während der Wintermonate seit 1900 in Berlin öffentliche Vorträge und Vortragskurse. Eine Auswahl der öffentlichen Vorträge erscheint unter dem Titel „Meereskunde“ einzeln und zu je 12 zu einem Jahrgang zusammengefaßt.

Das Museum für Meereskunde besteht aus 4 Abteilungen: 1. die Reichs-Marine-Sammlung umfaßt die Geschichte und Entwicklung der Kriegsmarine, das Personal, die Kriegsschiffe und ihre Ausrüstung, Torpedowesen, Armierung und Küstenverteidigung; 2. die historisch-volkswirtschaftliche Sammlung wendet sich der Schiffahrt, dem Schiffs- und Schiffsmaschinenbau, dem Seeverkehr und Seehandel und der Weltwirtschaft, dem Hafen-, Küsten- und Rettungswesen zu und soll auch dem Wassersport, Seemannsberuf, Seemannsleben sowie den Wohlfahrtseinrichtungen gewidmet sein; 3. die ozeanographische Sammlung veranschaulicht die Größe, die chemischen und physikalischen Zustände sowie die Bewegungen des Weltmeeres und erläutert die bei der Meeresforschung angewandten und für die Schiffsführung dienlichen Methoden, Instrumente und Apparate; 4. die biologische und Fischerei-Sammlung führt das Leben des Meeres in seiner Anpassung an die Existenzbedingungen und in seiner Gliederung nach biologischen Regionen vor Augen, veranschaulicht die verschiedenen Zweige und Arbeitsweisen der Seefischerei und zeigt die Verwendung der Meeresprodukte im Wirtschaftsleben des Menschen.

Das Museum ist Montags, Mittwochs, Sonnabends von 10—3 Uhr, Sonntags von 12—4 Uhr für den allgemeinen Besuch, Dienstags von 10—3 Uhr für Studierende aller Berliner Hochschulen gegen besondere für das Semester gültige Einlaßkarten, für Schulklassen in Begleitung ihrer

Lehrer und für Körperschaften gegen vorherige Anmeldung unentgeltlich geöffnet.

Die Leitung des Instituts und Museums für Meereskunde hat bisher mit der Leitung des Geographischen Instituts in einer Hand gelegen. Der erste Direktor des Instituts war Ferdinand Freiherr von Richthofen; er starb am 6. Oktober 1905. Ihm folgte im Amt seit dem 1. April 1906 Professor Dr. Albrecht Penck. Das wissenschaftliche Personal besteht außer dem Direktor zurzeit aus einem Abteilungsvorstand des Instituts, drei Kustoden des Museums, dem Vorstande der Reichs-Marine-Sammlung, zwei Assistenten und dem Kartographen.

Geologisch-Paläontologisches Institut und Museum

Invalidenstr. 43.

Institut und Museum sind hervorgegangen aus der ältesten mineralogischen Sammlung der Universität, welche von 1814 an den Namen „Mineralogisches Museum der Universität zu Berlin“ führte und in eine paläontologisch-stratigraphische, eine allgemein-geologisch-petrographische und eine mineralogische Abteilung zerfiel, die zunächst unter einem Direktor vereinigt waren. Später wurden daraus das „Mineralogisch-Petrographische Institut und Museum“ und unabhängig davon 1889 das „Geologisch-Paläontologische Institut und Museum“ gebildet.

Letzteres besteht aus einer Schausammlung für das Publikum, einer (hauptsächlich paläontologischen) Hauptsammlung und einer Vorlesungs- und Bestimmübungssammlung für wissenschaftliche Zwecke. Sie umfassen Objekte, Modelle, Skelette, Karten, Wandtafeln, Photographien usw., darunter u. a. den riesigen von Herrn Carnegie geschenkten Gipsabguß des Diplodocus und den 1877 gefundenen sog. Urvogel Archäopteryx.

Von den beiden Sälen der geologisch-paläontologischen Sammlung enthält der südliche in übersichtlicher Form angeordnet und durch jeweils beigefügte, gedruckte Erläuterungen dem Verständnis erleichtert, die Belegstücke der historischen Geologie sowie die Schaustücke zu den Lehren der allgemeinen Geologie.

In dem noch etwas größeren, nördlichen Saal, haben die paläontologischen Sammlungen Unterkunft gefunden. Dieselben sind im wesentlichen in 3 Hauptschrankreihen angeordnet, von denen die mittlere die fossilen Pflanzen, die an der Fensterseite befindliche die fossilen wirbellosen, und die gegen den Lichthof zu gelegene die Wirbeltiere enthält. An der den Saal abschließenden Nordwand finden sich ebenfalls Schränke, in denen größere Wirbeltierreste sowie auch Photographien rekonstruierter diluvialer und tertiärer Säugetiere ausgestellt sind. An der südlichen Eingangswand haben große Gesteinsplatten mit fossilen Fußspuren sowie die berühmten Platten mit den prachtvoll erhaltenen Skeletten versteinerter Ichthyosaurier Aufstellung gefunden.

Das Institut besitzt ein feuersicheres Digestorium für chemische Untersuchungen und eine Bibliothek.

Mineralogisch-Petrographisches Institut und Museum

Invalidenstr. 43.

Hervorgegangen aus dem 1789 begründeten „Kgl. Mineralien-Cabinet", das 1810 zur Universitätssammlung bestimmt wurde und 1814 den Namen „Mineralog. Museum der Universität zu Berlin" erhielt. Nach der Überführung aus der Universität in das neuerbaute „Museum für Naturkunde" (1888) erhielten die Sammlungen den Namen „Mineralogisch-Petrographisches Institut und Museum".

Das Institut enthält eine Schausammlung, eine Unterrichtssammlung und Repetiersammlung für Mineralogie und Petrographie, außerdem für Fachleute eine mineralogische und petrographische Hauptsammlung. Die Schausammlung ist für das Publikum zur Besichtigung an den Wochentagen (mit Ausnahme von Dienstag und Freitag) von 10-3 Uhr (im Sommer von 10 bis 4 Uhr) geöffnet, an den Sonntagen und zweiten Feiertagen von 12 Uhr ab. Die Unterrichts- und Repetiersammlung sind für die Vorlesungen und für das Selbststudium bestimmt. Hervorzuheben ist noch die Sammlung zur Erläuterung der paragenetischen Verhältnisse in den deutschen Kalisalzlagerstätten.

Der Kursus beginnt mit den Vorlesungen über Mineralogie und Kristallographie. Daneben finden mineralogische Übungen statt. Im folgenden Semester schließen sich Vorlesungen über Petrographie und Kristallberechnung an, außerdem mineralogische Übungen an Instrumenten. In den darauf folgenden Semestern kann nach dem Studium einiger besonders zusammengestellter mineralogischer oder petrographischer Übungssammlungen eine eigene Arbeit begonnen werden, deren Dauer auf 4 bis 6 Semester zu veranschlagen ist.

In der Mineraliensammlung sind hervorzuheben die von Kaiser Alexander I. 1803 geschenkte Sammlung russischer Mineralien, die von H. Rose auf der mit A. v. Humboldt und H. Ehrenberg 1829 unternommenen Reise nach dem Ural und Altai gesammelten Stücke, die vereinigten „Staats- und C. Rumpfschen Sammlungen", die einige Stücke I. Ranges enthalten, sowie die Meteoritensammlung. Das Institut besitzt eine reichhaltige Bibliothek.

Staatswissenschaftlich-Statistisches Seminar

Dorotheenstr. 95-96.

Zweck: Ausbildung seiner Mitglieder durch Übungen und durch Darbietung wissenschaftlicher Hilfsmittel in den Fächern der Staatswissenschaft und der Statistik.

Mitglied ist jeder Student oder der zum Besuch der Vorlesungen Zugelassene, der von einem der Direktoren aufgenommen worden ist. Bei Lösung der Legitimationskarte sind an den Direktor für das Semester 6 M. zu zahlen, als Pfand für den Schlüssel zum Seminar 3 M. Das Seminar ist geöffnet von 8-9 Uhr, Sonntags von 9-1 Uhr.

Die Bibliothek besteht aus der Hand- und Ausleihbibliothek; alle Bücher dürfen nur in den Räumen des Seminars benutzt werden.

Historisches Seminar

Schinkelplatz 6.

Das historische Seminar an der Universität Berlin. Berliner Akademische Nachrichten Nr. 10, 1910.

Das 1885 von Jul. Weizsäcker eröffnete Seminar war bis 1907 in der Dorotheenstr. 5 untergebracht.

Neben dem akademischen Unterricht dient es der Erledigung größerer archivalischer Arbeiten.

Die Anmeldung erfolgt bei dem betreffenden Dozenten persönlich, die Mitgliedskarte ist gegen Zahlung von 6 M. Semesterbeitrag beim Bibliothekar zu lösen; außerdem werden 5 M. Pfand für den Schlüssel erhoben.

Das Seminar besitzt eine Präsenzbibliothek — die größte historische Handbibliothek Berlins —, der die Bücherei des Vereins für Geschichte der Mark Brandenburg angegliedert ist, einen Hörsaal und eine geographische Lehrmittelsammlung. Es umfaßt eine mittelalterliche, neuzeitliche und paläographisch-diplomatische Abteilung mit je einem besonderen Raum.

Die Übungen zur alten Geschichte finden im Institut für Altertumskunde statt.

Geöffnet ist das Seminar von 8-9 Uhr, Sonntags von 8-1 Uhr, auch während der Ferien.

Seminar für Osteuropäische Geschichte und Landeskunde

Behrenstr. 70.

Begründet 1902. Um den Teilnehmern die Möglichkeit zu schaffen, sich die für die Übungen unerläßliche Kenntnis der slavischen Sprachen anzueignen, wird seit 1903 auch Unterricht im Russischen erteilt, seit 1908 auch im Altslavischen und Polnischen.

Behandelt werden im Seminar: Russische Wirtschaftsgeschichte, Finanzgeschichte, Statistik, Geographie Osteuropas. Außerdem werden Übungen gehalten über die russisch-byzantinischen Beziehungen sowie zur polnischen Geschichte.

Die Bibliothek von 2180 Bänden, mit deren Einrichtung schon 1902 begonnen worden war, ist Präsenzbibliothek. Sie enthält eine reiche Sammlung namentlich russischer Werke, zur Geschichte des europäischen Ostens, zur slavischen Philologie und ihren Hilfswissenschaften und die Hauptwerke der schönen Literatur Rußlands, sowie die wichtigsten historischen Zeitschriften in russischer Sprache. Die Benutzung der Bibliothek ist den Mitgliedern täglich von 8 Uhr morgens bis 9 Uhr abends gestattet. Mitglied kann jeder Student und Hospitant der Universität gegen Zahlung eines Semesterbeitrages von 5 M. werden.

Eine Reihe von Doktor-Dissertationen über die Beziehungen Rußlands zu Westeuropa sind aus dem Seminar hervorgegangen.

Indogermanisches Seminar

Universitätsgebäude.

Gegründet 1907. Zweck: Den Unterricht für die Studierenden der indischen, keltischen und slavischen Philologie sowie der indogermanischen Sprachwissenschaft fruchtbarer zu gestalten, indem es ihnen die Hilfsmittel für eine nutzbringende Vorbereitung auf Vorlesungen und Übungen bequem zugänglich macht und den Einzelnen zu persönlicher Vertrautheit mit der fachwissenschaftlichen Literatur erziehen hilft.

Seminar für historische Geographie

Behrenstr. 70.

Hervorgegangen 1899 aus dem sog. Geographischen Apparat, den Heinrich Kiepert angelegt hatte. Veranstaltet werden Übungen auf dem Gebiete der antiken Geographie, der Geographie des deutschen Mittelalters und des Orients, der Kartographie, Anthropographie und der Geschichte der Erdkunde. Präsenzbibliothek.

Geographisches Institut

Georgenstr. 34-36.

Die ersten Anfänge eines Geographischen Institutes an der Universität Berlin datieren aus den letzten Lebensjahren von Carl Ritter. Damals veranlaßte der Mangel einer allgemein zugänglichen kartographischen Sammlung in Berlin das Ministerium im Jahre 1856 die von dem verstorbenen General v. Scharnhorst hinterlassene Kartensammlung anzukaufen und als Kartographisches Institut mit der Universität in Verbindung zu setzen. Ritter wurde mit der Oberaufsicht betraut. Nach seinem Tode wurde das eben begründete Institut in die Königliche Bibliothek verlegt und dem dermaligen Ober-Bibliothekar die Oberleitung übertragen. Es ist seither als Kartographische Sammlung bei der Königlichen Bibliothek verblieben.

Als 30 Jahre später Ferdinand v. Richthofen als Professor der Geographie nach Berlin berufen wurde, begründete er am 1. April 1887 das jetzige Geographische Institut an der Universität. Es war ursprünglich als eine Handbibliothek und eine Sammlung der wichtigsten geographischen Karten gedacht; auch verfügte es über einige geographische Instrumente. Doch hinderten die engen Räumlichkeiten in der ehemaligen Bau-Akademie am Schinkelplatz eine weitere Entfaltung. Letztere trat erst ein, als das Institut 1902 im Gebäude des Museums für Meereskunde untergebracht wurde, wo ihm 10 Räumlichkeiten (ein Sammlungszimmer, ein Bibliothekzimmer, ein Arbeitszimmer, Direktor-, Kustos-, Assistenten-, Dozenten- und Bureauzimmer sowie Nebenräumlichkeiten) zugewiesen wurden.

Eine wesentliche Vergrößerung der Bibliothek trat 1906 ein, als nach dem Tode des ersten Direktors dessen Witwe, Freifrau v. Richthofen, einen großen Teil der Bibliothek ihres Gemahls (rund 4000 Bände und Broschüren) dem Institute überwies, und als eine Erhöhung der Dotation eine intensivere Ausgestaltung der Kartensammlung ermöglichte. Heute besitzt das Institut mehr als 8000 Bände, über 4000 Broschüren und 20 000 Kartenblätter. Weiter ist eine morphologische Sammlung in Ausgestaltung begriffen, die Lichtbilder-Sammlung auf etwa 4000 Stück vermehrt, und die Photographien-Sammlung wesentlich vergrößert worden. Gleiches gilt vom Instrumentarium.

Das Institut dient nicht bloß dem Privatstudium der Studierenden, sondern einem systematisch geplanten geographischen Unterricht: Es finden regelmäßig kartographische Übungen, Übungen im Kartenlesen für Anfänger und Vorgeschrittene, Übungen in geographischer Instrumentenkunde sowie Übungen in geographischer Landmessung statt. Außerdem werden regelmäßig Studenten-Exkursionen unternommen, um den Anfänger mit den wichtigsten geographischen Grundbegriffen in der Natur, sowie den Vorgeschrittenen mit der Behandlung geographischer Probleme auf dem Wege eigner Beobachtung vertraut zu machen.

Archäologischer Apparat

Im Universitätsgebäude.

Der Archäologische Lehrapparat der Universität ist im Jahre 1851 auf Betreiben von Eduard Gerhard eingerichtet worden. Aus sehr bescheidenen Anfängen ist er allmählich durch die regelmäßigen, mitunter auch durch außerordentliche Zuwendungen von seiten des vorgeordneten Ministeriums und durch Geschenke, mit denen Gerhard vorangegangen war, vermehrt worden, so aus dem Nachlaß von Ernst Curtius 1896, aus dem von August Kalkmann 1905. Der Apparat umfaßt an Büchern gegenwärtig etwa 10 000 Bände, dazu Vorlegeblätter, Photographien, Abdrücke von Münzen und Gemmen, einige Abgüsse von antiken Köpfen und Reliefs.

Den Studierenden ist der Apparat täglich in zwei Stunden zugänglich, wobei die Aufsicht und Assistenz von zwei älteren Studierenden ausgeübt wird. Solchen, die sich vorzugsweise mit Archäologie beschäftigen, wird der Zutritt durch besondere Eintrittskarten auch zu anderen Stunden ermöglicht.

Apparat für Vorlesungen über neuere Kunstgeschichte

Im Universitätsgebäude.

Begründet 1875 durch H. Grimm. Er soll den Dozenten für Vorlesungen und Übungen literarisches und Abbildungsmaterial zur Verfügung stellen und der Unterstützung zusammenhängender und planmäßiger Arbeit der Studierenden dienen. Der Apparat umfaßt außer einer Bibliothek Sammlungen von Kupferstichen und Photographien und seit 1892 auch von Diapositiven, die ausschließlich der Benutzung durch die Dozenten vorbehalten sind. Die Sammlung der Diapositive hat einen Bestand von etwa 14 000 Stück. Dazu kommen etwa 250 Mappen. Die Bibliothek von 1200 Bdn ist Präsenzbibliothek. Der Besuch des Apparates steht während zwei Stunden täglich allen Studenten offen. Für die Fachkunsthistoriker besteht keine Beschränkung auf bestimmte Stunden. Sie erhalten eine Legitimationskarte und dürfen auch während der Universitätsferien den Apparat benutzen.

Musikhistorisches Seminar

Schinkelplatz 6.

Das Musikhistorische Seminar (1904 zugleich mit dem neugeschaffenen Ordinariate für Musikwissenschaft gegründet) soll für musikwissenschaftliche Arbeit jeder Art schulen und im besonderen Mitarbeiter für die „Denkmäler deutscher Tonkunst" heranbilden.

Die Zahl der ordentlichen Mitglieder ist auf 12 beschränkt; dazu treten 6 Hörer, die je nach Freiwerden der Plätze zu ordentlichen Mitgliedern aufrücken können. Bedingungen zur Aufnahme sind: das Maturitätszeugnis und die Absolvierung eines Konservatoriums (oder der Nachweis praktisch-musikalischer Leistungsfähigkeit), Einreichung einer Probearbeit und Ablegung einer mündlichen Prüfung beim Direktor. Jedes Seminarmitglied muß im Laufe des Semesters eine selbständige musikwissenschaftliche Arbeit und ein Referat vortragen; von den Hörern wird je ein Referat verlangt.

Die vom Direktor geleiteten Übungen erstrecken sich auf die Musik des 16., 17. und 18. Jahrhunderts, ganz besonders auch auf Ausbildung in der Hermeneutik, Erklärung bekannter und Bestimmen unbenannter Kompositionen, Akkompagnement (Basso continuo), Manieren, Übersetzen, überhaupt auf alle Disziplinen, die für stilgerechte Behandlung der Werke des 16., 17. und 18. Jahrhunderts unentbehrlich sind. Für selbständige wissenschaftliche Arbeiten werden Themen aus dem jeweiligen Hauptkolleg des Direktors und orts- und landesgeschichtliche Fragen bevorzugt.

Weitere Übungen gelten dem Altertum und Mittelalter, hauptsächlich der musikalischen Paläographie, Notationskunde, Lektüre und Interpretation wichtiger Theoretiker, möglichst nach den Urtexten; dabei werden die besten der von den Teilnehmern angefertigten Übertragungen in moderne Schrift der Seminarbibliothek einverleibt, deren Bestand zurzeit — ausschließlich der Zeitschriften — über 2000 Bände beträgt.

Eine nicht unbedeutende Anzahl Dissertationen und größerer, zumeist in den Publikationen der Internationalen Musikgesellschaft veröffentlichter Arbeiten ist bisher aus dem Seminar hervorgegangen.

Philologisches Seminar

Im Universitätsgebäude.

Gegründet 1812 durch August Böckh. Nachdem im W.-S. 1897-98 im „Institut für Altertumskunde“ ein „Philologisches Proseminar“ eingerichtet war, das zunächst Anfängern eine Einführung in das philologische Studium geben wollte, allmählich aber in seiner dritten Stufe eine dem Philologischen Seminar gleiche Aufgabe löste, wurde im W.-S. 1906-07 eine Vereinigung beider Seminare beschlossen.

Die Übungen bestehen in der Interpretation griechischer und lateinischer Schriftsteller, in Disputationen über einzelne kritische oder exegetische Kontroversen. Hierzu kommt in jedem Semester eine größere philologische Arbeit, die von den Mitgliedern rezensiert und beurteilt wird. Die Interpretation sowie die daran sich anschließenden Diskussionen werden — in der lateinischen Abteilung — in lateinischer Sprache geführt. Vorhanden ist eine Bibliothek, die den kritischen und exegetischen Apparat für die namhafteren Schriftsteller in einiger Fülle enthält. Sie ist Ausleihebibliothek.

Die Zahl der ordentlichen Mitglieder schwankt zwischen 8 und 12. Die außerordentlichen Mitglieder zählen zwischen 30 und 60. Der der Anciennität nach älteste Direktor in der Fakultät ist zugleich Kurator der zu Ehren Böckhs anläßlich seines 50jährigen Doktorjubiläums (1857) gegründeten Böckh-Stiftung.

Institut für Altertumskunde

Dorotheenstr. 5, II.

Das Institut für Altertumskunde besteht aus einer historischen und einer philologischen Abteilung. Die historische Abteilung wurde 1889, die philologische Abteilung 1897 gegründet. Der starke Andrang machte bald eine Teilung der philologischen Abteilung notwendig. So wurden 1900 drei Kurse eingerichtet, von denen die beiden unteren wieder aus Parallelabteilungen bestehen. Im W.-S. 1906-07 wurde der oberste Kursus des Proseminars mit dem philologischen Seminar verschmolzen.

Die Präsenzbibliothek besteht jetzt aus über 10 000 Bdn und kann von den Mitgliedern des Instituts zu allen Stunden des Tages benutzt werden.

Die Zahl der Mitglieder beträgt zwischen 400 bis 500.

Einen wertvollen Schmuck des Instituts bilden jetzt zwei Marmorbüsten von Theodor Mommsen und August Böckh.

Germanisches Seminar

Dorotheenstr. 95-96.

Aufgabe: Für die philologische Ausbildung der reiferen Studierenden zu sorgen, die dem Studium der deutschen Sprache und Literatur selbständige und ernste wissenschaftliche Arbeit widmen wollen. Das Seminar zerfällt in zwei Abteilungen. Die eine ist vorzugsweise für das Studium der älteren germanischen Sprachen und der deutschen Literatur des Mittelalters bestimmt, die andere dient dem Studium der neueren deutschen Sprache und Literatur. Daneben besteht zur Vorbereitung ein Proseminar.

Mitglied des Seminars kann nur werden, wer im dritten Semester seiner germanistischen Studien steht und die Erlaubnis der Leiter persönlich eingeholt hat. Für jede Abteilung muß die Erlaubnis besonders eingeholt werden. Die Aufnahme als ordentliches Mitglied erfolgt auf Grund einer schriftlichen Arbeit oder eines größeren Referats. Die Aufnahme erfolgt stets für beide Abteilungen zugleich, sofern nicht besonders Dispens erteilt wird. Als außerordentliche

Mitglieder gelten die Studierenden, die sich an den Übungen einer Abteilung aktiv beteiligen.

Die Mitglieder des Seminars sind verpflichtet, an den Übungen regelmäßig teilzunehmen. Jedes ordentliche und außerordentliche Mitglied hat während jedes Semesters in einer der beiden Abteilungen eine schriftliche Arbeit vorzulegen oder ein größeres Referat zu halten. Frei von dieser Verpflichtung sind der Amanuensis und die schon promovierten Mitglieder; ferner können solche Mitglieder dispensiert werden, die nachweislich mit einer Dissertation oder sonstigen wissenschaftlichen Arbeit aus dem Gebiete der deutschen Philologie beschäftigt sind. Die Aufnahmearbeit gilt als Arbeit des ersten Seminarsemesters.

In den Seminarräumen befindet sich eine Seminarbibliothek. Sie ist Präsenzbibliothek, geöffnet von 7 (im Winter 8) Uhr morgens bis 9 Uhr abends, Sonntags von 9-1 Uhr. Jedes Mitglied erhält vom Amanuensis gegen ein Pfand von 5 M. einen Schlüssel zur Außentür. Beim Austritt aus dem Seminar muß er wieder zurückgegeben werden. Als Ausweis erhalten die ordentlichen Mitglieder von einem der Leiter eine Mitgliedskarte, die außerordentlichen Mitglieder eine Benutzungskarte; in Ausnahmefällen und auf besonderen Antrag kann auch Hospitanten und Gelehrten, welche die Bibliothek zu benutzen wünschen, eine Benutzungskarte ausgestellt werden. Ehemalige Mitglieder des Seminars, die auch nach Abschluß ihrer Studien die Seminarbibliothek weiter benutzen wollen, sowie andere durch wissenschaftliche Leistungen bewährte, nicht mehr immatrikulierte Germanisten können mit besonderer Erlaubnis der Leiter Dauerkarten für eine einmalige Gebühr von 5 M. lösen. Jeder Inhaber einer Mitglieds- oder Benutzungskarte hat innerhalb 14 Tagen nach Eröffnung der Übungen an den Amanuensis 5 M. zu entrichten. — Die Verwaltung der Seminarbibliothek hat der Amanuensis, der aus der Zahl der Mitglieder genommen wird. Seinen Anordnungen ist Folge zu leisten.

Dem germanistischen Seminar angegliedert ist der prähistorische Apparat. Wer an den in den Seminarräumen stattfindenden prähistorischen Übungen teilnehmen will, hat sich bei den Direktoren des Seminars zu melden und eine Benutzungskarte für 5 M. zu lösen. Eine Handbibliothek und einige Sammlungen sind im Apparat aufgestellt.

Seminar für Romanische Philologie

Dorotheenstr. 5.

Es dient einem vertieften Studium der romanischen Sprachen und Literaturen. Der Unterricht verläuft in der Form von Übungen (Interpretationsübungen, Entwerfen und Besprechung von Sprachkarten, Referate und Vorträge). Er wendet sich an fortgeschrittene Studierende, die in einem besonderen Aufnahmeexamen ausreichende Vorkenntnisse nachzuweisen haben. Die Zahl der Teilnehmer ist durch den Raum des Seminars beschränkt. Zur Zeit sind 18 Plätze für ordentliche Mitglieder verfügbar.

Dem Direktor des Seminars stehen zwei Lektoren zur Seite für neufranzösische und neuitalienische Übungen.

Das Institut besitzt eine Fachbibliothek mit den hauptsächlichsten Zeitschriften. Neben dieser wissenschaftlichen Bücherei, die den Charakter einer Präsenzbibliothek hat, besteht eine belletristische Abteilung, deren Bände an die Seminarmitglieder ausgeliehen werden.

Die Kinder des verstorbenen ersten Direktors des Seminars, Adolf Tobler, haben dem Institut die wertvolle, erlesene Bibliothek ihres Vaters als Geschenk überwiesen.

Seminar für Englische Philologie

Dorotheenstr. 5.

Zweck: Heranbildung wissenschaftlicher Lehrer des Englischen.

Es besitzt eine große Präsenz- und eine kleine Ausleihbibliothek, einen doppelt isolierten Raum für phonetische Apparate und einen Hörsaal mit Skioptikon.

Studierende mit wissenschaftlichem Interesse für das Englische haben die Erlaubnis zur Teilnahme persönlich beim Direktor nachzusuchen.

Der gewöhnliche Studiengang ist: Im 1. und 2. Semester Lektorenkurse, Gotisch, Angelsächsisch, Phonetik, eventuell

Lateinkursus. Vorprüfung in modern-englischer Grammatik zur Aufnahme in das Proseminar für das 3. und 4. Semester mit Mittelenglisch, historischer Grammatik und Besuch der wissenschaftlichen Seminarübungen als Gast. Nach bestandener Aufnahmeprüfung, die sich auf Beovulf und historische Grammatik bezieht, ordentliches Mitglied des Seminars für das 5. und 6. Semester, Abfassung einer wissenschaftlichen Seminararbeit, Altnordisch, Teilnahme an Sprechkursen mit höchstens 7 Teilnehmern und an Vorlesungen in englischer Sprache. Während des ganzen Studiums außerdem Literaturgeschichte und möglichst viel eigene Lektüre. Als Abschluß Besuch eines Ferienkursus in Edinburg oder Oxford mit folgendem Aufenthalt in London unter Unterstützung seitens der Seminarverwaltung.

Wissenschaftliche Anstalten die zugleich den Lehrzwecken der Universität dienen

Der Königliche Botanische Garten

Dahlem, Königin-Luise-Str. 6-8.

Peters, Führer durch die Freiland-Anlagen des Kgl. Botanischen Gartens, Berlin, 50 Pfg. — Koerner, Die Bauten des Königtichen Botanischen Gartens in Dahlem. Berlin 1910.

Der Königliche Botanische Garten ist vor kurzem erst vollendet worden. Der alte, zur Zeit des Großen Kurfürsten angelegte Garten, der ursprünglich weit von Berlin entfernt an der Grenze der Stadt Schöneberg lag, zuletzt aber bei dem gewaltigen Wachstum der Stadt allseitig umbaut worden war, mußte verlassen werden, weil in ihm das freudige Wachstum der Pflanzen litt, und die Gewächshausbauten veraltet waren. Als Terrain für den neuen Botanischen Garten wurde der Südabfall des Fichteberges bei Steglitz, ein Teil der Domäne Dahlem, gewählt, der den großen Vorzug eines bewegten Geländes bot, allerdings, da er bis dahin Ackerland war, weder Baum noch Strauch trug. Jedoch haben sich in den elf Jahren, die seit der ersten Bepflanzung des Terrains verflossen sind, die Baumgruppen schön und üppig entwickelt. Abgesehen von seinem welligen Boden ist der neue Botanische Garten landschaftlich auch dadurch bevorzugt, daß auf seinem Gebiet drei natürliche Seen vorhanden sind, die nur vertieft und erweitert zu werden brauchten.

Die meisten botanischen Universitätsgärten bestehen, abgesehen von den Gewächshausbauten, zum größten Teil aus dem sog. „System", d. h. einer Anlage, in welcher die Pflanzen nach ihrer systematischen Verwandtschaft aufgeführt werden. Da eine solche Anordnung der Gewächse beim besuchenden Publikum wenig Interesse erweckt, ist das System im Dahlemer Garten auf eine Ecke des Gartens verlegt und nur den Studierenden zugänglich.

Weitaus der größte Teil des Gartens wird eingenommen von drei Abteilungen: dem Arboretum, der morphologischen Abteilung und den pflanzengeographischen Gruppen. In ersterem werden alle diejenigen Sträucher und Bäume kultiviert, die im Berliner Klima im Freien aushalten, und hier zeigen besonders die Koniferen eine herrliche Entwicklung. In der morphologischen Abteilung sollen der Entwicklungsgang der Pflanzen, ihre Beziehungen zu den zu erfüllenden Aufgaben und ihre Veränderlichkeit demonstriert werden. Die pflanzengeographischen Gruppierungen haben eine weitgehende allgemeine Bedeutung, da derartige Zusammenstellungen der Pflanzen nach ihrer Heimat und den möglichst genau nachgeahmten. Standorten den Beschauer ganz anders anregen müssen als die Pflanze für sich allein. Die Pflanzengruppen der subtropischen Länder können natürlich nur während des Sommers im Freien zur Darstellung kommen und müssen während des Winters in Gewächshäusern aufgestellt werden, während die Pflanzen tropischer Gebiete dauernd in den Gewächshäusern verbleiben.

Die Gewächshäuser des Gartens, die einen Raum von 7000 qm glasbedeckter Fläche einnehmen, sind zu einer imposanten Anlage gruppiert und bestehen aus Kultur- und Anzuchthäusern und einer zusammenhängenden, für das Publikum zugänglichen Schauhausgruppe. Von letzterer fällt besonders das große, 25 m hohe Tropenhaus auf, dessen Pflanzenbestand, in erster Linie Palmen, so gruppiert ist, daß er eine Vorstellung von dem Pflanzenleben der verschiedenen tropischen Gebiete gibt. Architektonisch sehr schön ist ferner das große Winterhaus, wo in einer besonderen Abteilung besonders Baumfarne und Araukarien herrlich entwickelt sind.

Umfangreich und belehrend sind endlich auch die Abteilungen der Medizinal- und Nutzpflanzen. In der ersteren fehlt nicht ein einziges Arzneigewächs von denen, die in unserem Klima aushalten. Und in gleicher Vollzähligkeit sind auch die Nutzpflanzen vertreten. Auf einem weiten Terrain treffen wir alle Nahrungs- und Genußmittel liefernden, sowie die technisch wichtigen Gewächse, die in unserem Klima kultiviert werden können.

Für mehrere Abteilungen des Gartens sind von der Direktion des Gartens Spezialführer herausgegeben worden, die bei den Pförtnern des Gartens käuflich sind.

Besuchsordnung des Königlichen Botanischen Gartens: Studierende haben an den Wochentagen im Sommer von 7-7 Uhr, im Winter von 8 Uhr morgens bis zum Eintritt der Dämmerung Zutritt gegen Vorzeigung der Studentenkarte. Die Gewächshäuser sind vom 1. Oktober bis 31. März von 10-4 Uhr, vom 1. April bis 30. September mit Ausnahme des Sonnabends nur von 3-6 Uhr zugänglich. Sonntag vormittags im Sommer und auch nachmittags im Winter ist der Garten gänzlich geschlossen.

Königliche Sternwarte

Enckeplatz 3 a.

1832 bis 1835 nach den Plänen von Schinkel und unter der wissenschaftlichen Leitung von Encke erbaut. Sie verdankt ihre Entstehung und Ausrüstung vornehmlich dem Interesse und der Förderung, welche Alexander von Humboldt der Astronomie zuteil werden ließ. Von den größeren

Instrumenten, welche bei der Gründung angeschafft wurden, verdient in erster Linie der Refraktor von 9 Zoll hervorgehoben zu werden. Von derselben Größe wie der durch Wilhelm Struves Arbeiten bekannt gewordene Dorpater Refraktor und gleich diesem aus der berühmten Werkstätte Fraunhofers stammend, zeichnet sich dieses Fernrohr durch vorzügliche optische Eigenschaften aus und ist noch heute, nachdem die alte Aufstellung vor kurzem durch eine neue von Repsold ersetzt worden ist, eines der Hauptinstrumente der Sternwarte. Für die Meridianbeobachtungen, welche eine der wichtigsten Aufgaben der Berliner Sternwarte seit ihrer Gründung gebildet haben, diente anfangs der vierzöllige Meridiankreis von Pistor, seit 1869 hauptsächlich der große siebenzöllige Meridiankreis von Pistor und Martins. Mit diesen beiden Kreisen sind insbesondere die umfangreichen Beobachtungsreihen zur Katalogisierung der Zonen der Astronomischen Gesellschaft angestellt worden. Daneben wären an Instrumenten noch zu nennen das nach den Angaben des früheren Direktors W. Foerster verfertigte Universal-Transit, mit welchem Küstner zum ersten Male der Nachweis kleiner Polschwankungen gelang, ferner ein vorzüglicher sechszölliger Refraktor von Merz, der Akademie der Wissenschaften gehörig, der in den letzten Jahrzehnten zu Beobachtungen von Sternbedeckungen und zu photometrischen Beobachtungen benutzt worden ist. Auf der Berliner Sternwarte befindet sich der Normalhöhenpunkt des Königreichs Preußen. Zu erwähnen wäre schließlich die daselbst im öffentlichen Interesse getroffenen Einrichtung der Zeitübertragung.

Da durch das Wachstum der Großstadt, die dadurch bedingten ungünstigen Luftverhältnisse und die Störungen durch den anwachsenden Verkehr die Sternwarte in ihrer wissenschaftlichen Tätigkeit mehr und mehr eingeengt wird, so ist ihre baldige Verlegung in Aussicht genommen.

Astronomisches Rechen-Institut

Lindenstr. 91.

Das Kgl. Astronomische Rechen-Institut hat sich aus einer Abteilung der Kgl. Sternwarte, der die spezielle Bearbeitung des Berliner Astronomischen Jahrbuchs zufiel, allmählich zu einem selbständigen Institut entwickelt. Das erste Reglement vom 29. Juli 1874 bezeichnet es als „Institut zur Herausgabe des Astronomischen Jahrbuchs und Seminar zur Ausbildung von Studierenden im wissenschaftlichen Rechnen", kurz, als „Rechen-Institut der Sternwarte" und eine Abteilung der letzteren, und diesen Titel behielt es auch in dem Reglement vom 4. Januar 1879 bei. Erst 1897, nach der Berufung des neuen Direktors Prof. Bauschinger an Stelle des verstorbenen langjährigen Dirigenten Prof. Tietjen erfolgte die vollständige Trennung von der Sternwarte. Die neuen Statuten des „Königlichen Astronomischen Rechen-Instituts zu Berlin" datieren vom 13. April 1897.

Aufgabe des Instituts ist nach § 1 dieser Statuten die Herausgabe des Berliner Astronomischen Jahrbuchs und die Ausführung allgemeinerer rechnerischer Arbeiten zur Förderung astronomischer Forschung. Das Berliner Jahrbuch geht in seiner Entstehung auf die „Astronomischen Kalender" zurück, welche die Akademie der Wissenschaften ihres Kalendermonopols wegen seit ihrer Begründung herausgab und 1776 durch die Umformung in ein Jahrbuch nach Art der seit 1678 bzw. 1767 erscheinenden französischen und englischen Jahrbücher (Connaissance des temps, Nautical Almanac) auf eine breitere Basis stellte. Seitdem ist das Berliner Jahrbuch ununterbrochen erschienen. Daneben läßt das Rechen-Institut wissenschaftliche Arbeiten seiner Beamten in seinen „Veröffentlichungen" erscheinen.

Mit dem Rechen-Institut in gewisser Weise verknüpft und in seinem Dienstgebäude untergebracht ist das „Seminar zur Ausbildung von Studierenden im wissenschaftlichen Rechnen", für das ebenfalls unter dem 4. Januar 1879 besondere Statuten erlassen sind (s. S. 76).

Königlich Preußisches Meteorologisches Institut

Schinkelplatz 6.

v. Bezold, Das Königlich Preußische Meteorologische Institut in Berlin. Berlin 1890.

Auf Anregung Alexander von Humboldts durch Kabinetsorder vom 17. Oktober 1847 als eine eigene wissenschaftliche

Abteilung des Königlichen Statistischen Bureaus begründet, 1885 durch Wilhelm von Bezold reorganisiert. Seitdem dient das Institut zugleich auch als Lehrinstitut für die Universität.

Das Meteorologische Institut, dem das Meteorologisch-Magnetische Observatorium bei Potsdam sowie die beiden Bergobservatorien auf dem Brocken und der Schneekoppe unmittelbar unterstellt sind — das Aeronautische Observatorium in Lindenberg wurde 1905 abgetrennt und zur selbständigen Behörde erhoben — dient in erster Linie der wissenschaftlichen Forschung und ist gleichzeitig die Zentralstelle für die Beobachtungsstationen in Norddeutschland. Das ausgedehnte Stationsnetz erstreckt sich über ganz Norddeutschland, da sich auch die nichtpreußischen Staaten Norddeutschlands angeschlossen haben, und umfaßt jetzt 190 Stationen höherer Ordnung, 2637 Regenstationen und 1482 Gewitterstationen. Das von diesen Stationen einlaufende Beobachtungsmaterial zu bearbeiten und zu veröffentlichen, ist die Aufgabe der an dem Zentralinstitut bestehenden drei Abteilungen, während dem Meteorologisch-Magnetischen Observatorium bei Potsdam obliegt, außer den fortlaufenden Beobachtungen besondere Untersuchungen über die Vervollkommnung der Instrumente und Methoden, sowie solche allgemeiner Natur auf dem Gebiete der Meteorologie und des Erdmagnetismus auszuführen.

Das Institut veröffentlicht jährlich in fünf Bänden die Resultate der Arbeiten der fünf Abteilungen sowie einen Tätigkeitsbericht mit wissenschaftlichem Anhang. Außerdem erscheinen gelegentlich besondere Publikationen.

Das Personal des Instituts besteht aus 25 wissenschaftlichen, 15 mittleren und 9 Unterbeamten; sein Jahresetat beträgt jetzt rund 323 000 M.

Seminar für Orientalische Sprachen

Dorotheenstr. 6.

Eröffnet 1887 als eine öffentliche, der Universität angegliederte Lehranstalt, welcher von seiten des Reiches und des Staates die Aufgabe gestellt worden ist, solchen Reichsangehörigen, welche in asiatische oder afrikanische Länder hinausziehen und sich dort, sei es im Reichsdienst, sei es in privater Beschäftigung, zu betätigen wünschen, eine geeignete Vorbildung zu geben. Diese Vorbildung ist eine doppelte, in erster Linie eine sprachliche, welche den Schüler in den Stand setzen soll, das fremde Idiom zu verstehen und es für die einfachsten Zwecke des täglichen Lebens mündlich und schriftlich anzuwenden. Der zweite Teil der Vorbildung ist eine Einführung in das Verständnis für Land und Leute, und zwar je nach der Zeitdauer, welche für den Seminarbesuch zur Verfügung steht, ein Unterricht in der modernen Geographie, Geschichte und Ethnologie des fremden Landes, der Sitten und Gebräuche, der wirtschaftlichen, administrativen und rechtlichen Verhältnisse.

Der Besuch des Seminars steht allen Studenten der Berliner akademischen Hochschulen frei und darüber hinaus allen denjenigen, welche die Berechtigung zum einjährig-freiwilligen Dienst besitzen. Unter den Schülern des Seminars befinden sich junge Juristen, Studenten, Referendare und Assessoren, künftige Kolonialbeamte, Offiziere und Lehrer in den Kolonien, Missionare, angehende Gelehrte, Ärzte, Kaufleute und andere Privatpersonen.

Die Zahl der Sprachen, welche im Seminar gelehrt werden, sondert sich in zwei Gruppen, in asiatische und afrikanische. Die ersteren, nämlich das Japanische, Chinesische, Persische, Arabische und Türkische, wird vorwiegend von Angehörigen der juristischen Fakultät studiert, welche die Absicht haben, sich nach bestandenen Examina dem Reichsdienst für das Dragomanat bei den Kaiserlichen Botschaften, Gesandtschaften und Konsulaten im Orient zur Verfügung zu stellen, während die afrikanischen Sprachen: Suaheli, Haussa, Fulbe, Jaunde, Ewe, Tschi, Herero, Ovambo und Nama in erster Linie von den Aspiranten des Kaiserlichen Kolonialdienstes, künftigen Offizieren der Kaiserlichen Schutztruppe, Missionaren und Privatpersonen studiert werden. Die Ausdehnung des Lehrprogramms richtet sich in der Hauptsache nach der Zeitdauer, welche die Studenten auf den Besuch des Seminars zu verwenden in der Lage sind. Die Studierenden der asiatischen

Sprachen pflegen zwei Jahre im Seminar zu verbleiben und sich im vierten Semester zur Prüfung zu melden, dagegen pflegen die kolonialen Studien nur in Ausnahmefällen über zwei Semester hinauszugehen.

Ein drittes Studiengebiet, das gegenüber den Dolmetscherstudien und den kolonial-wissenschaftlichen Vorträgen und Übungen einen komplementären Charakter hat, sind die europäischen Sprachen: das Englische, Französische, Russische, Spanische, Rumänische und Neugriechische, deren Studium in den meisten Fällen neben einem Hauptstudium als Nebenaufgabe getrieben wird. So z. B. wird jemand, der sich für eine praktische Tätigkeit im osmanischen Reiche vorbereiten will, sich eines erheblichen Vorteils versichern, wenn er neben der Kenntnis des Türkischen auch diejenige des Neugriechischen mitbringt.

Der Lehrkörper des Seminars bestand zur Zeit seiner Gründung aus 11 Personen, gegenwärtig im Sommersemester 1910 besteht er aus 46 Personen. Im Durchschnitt ist jedes Sprachgebiet durch einen deutschen Gelehrten, dem ein oder mehrere einheimische Lektoren zur Seite stehen, vertreten. Die kolonial-wissenschaftlichen Realfächer werden von besonderen Dozenten gelehrt.

Das Seminar war im Winter 1887-88 von 98 Schülern besucht, im Winter 1909-10 von 300 Schülern und 20 Hospitanten. Die Schüler des Seminars haben sich im Laufe der Zeit in allen asiatischen und afrikanischen Ländern, wo deutsche Interessen vertreten sind, betätigt, bei den Gesandtschaften und Konsulaten in Japan, China, Persien, im Osmanischen Reiche, Ägypten, Marokko, Abessinien und Zanzibar sowie in den afrikanischen Kolonien des Reichs.

Das Seminar veröffentlicht alljährlich unter dem Titel: „Mitteilungen des Seminars für Orientalische Sprachen“ drei Bände wissenschaftlicher Forschungen aus den im Seminar vertretenen Studiengebieten. Außerdem hat das Seminar 24 Bände „Lehrbücher des Seminars für Orientalische Sprachen“ veröffentlicht und läßt seit 1902 ein „Archiv für das Studium deutscher Kolonialsprachen“ erscheinen. Das Seminar besitzt eine reichhaltige Bibliothek.

Königliche Technische Hochschule zu Berlin

Charlottenburg, Berliner Str. 171-172.

Programm der Technischen Hochschule zu Berlin (erscheint jährlich, durch das Sekretariat für 60 Pf., Ausland 1 M. zu beziehen). — P. F. Damm, Die Technischen Hochschulen Preußens. Berlin, S. Mittler & Sohn. 1909.

Die jetzige Technische Hochschule ist 1879 aus der Vereinigung der 1799 gegründeten „Bauakademie" mit der „Gewerbeakademie" hervorgegangen, die, 1821 als „Technische Schule" eröffnet, 1827 in ein „Technisches Institut" und 1866 in die „Gewerbeakademie" umgewandelt, seit 1871 als „Technische Hochschule" organisiert wurde.

Der nach Entwürfen von Lucae und Hitzig errichtete Neubau wurde 1884 vollendet. Darin sind besonders sehenswert Lichthof und Aula. Seitdem sind mehrere Erweiterungsbauten nötig geworden. Vor der Hochschule stehen die Bronzestandbilder von Alfred Krupp und Werner Siemens, von Herter modelliert, welche die großen deutschen technisch-industriellen Vereine der Hochschule zur Hundertjahrfeier im Jahre 1899 gewidmet haben.

Zweck der Hochschule ist nach § 1 des „Verfassungs-Statuts": „für den technischen Beruf im Staats- und Gemeindedienst wie im industriellen Leben die höhere Ausbildung zu gewähren, sowie die Wissenschaften und Künste zu pflegen, welche zu dem technischen Unterrichtsgebiet gehören."

Die Verwaltung der Hochschule liegt dem Rektor (Magnifizenz), Prorektor und Senat, den Abteilungsvorstehern und Abteilungskollegien ob.

An der Hochschule bestehen 6 Abteilungen mit Instituten und den Studierenden zugänglichen Sammlungen, an die sich das Königl. Materialprüfungsamt anreiht (s. S. 157).

Abt. 1. ARCHITEKTUR. Institute: Prüfungsanstalt für Heizungs- und Lüftungseinrichtungen. Sammlungen: Beuth-Schinkel-Museum, Sammlung von Gipsabgüssen, Callenbach-Sammlung, Architektur-Museum, Baumaterialien-Sammlung, Baumodell-Sammlung.

Abt. 2. BAUINGENIEURWESEN. Institute: Versuchsanstalt für Statik der Baukonstruktionen. Sammlungen: Für geodätische Instrumente, für Eisenbahnbetrieb (Sicherungswesen), Straßenbau und Straßenbahnen, Wasserbau, Baukonstruktionen und Brückenbau, Eisenkonstruktionen der Ingenieurhochbauten, Eisenbahnbau, eiserne Brücken.

Abt. 3. MASCHINENINGENIEURWESEN (einschließlich Elektrotechnik). Institute: Elektrotechnisches Laboratorium, Maschinenbaulaboratorium, Mechan.-Technologisches Laboratorium, Festigkeitslaboratorium, Versuchsanstalt für Wassermotoren, Elektrotechnisches Versuchsfeld, Laboratorium für Verbrennungsmaschinen und Kraftwagen, Versuchsfeld für Maschinenelemente, Versuchsfeld für Werkzeugmaschinen. Sammlungen: Kinematische (Reuleaux-) Sammlung, Sammlung für Verkehrsmaschinenwesen, Maschinen-Ingenieurwesen, Maschinenaufnahmen.

Abt. 4. SCHIFF- UND SCHIFFSMASCHINENBAU. Sammlungen: Schiffbausammlung, Sammlung für Schiffsmaschinenbau.

Abt. 5. CHEMIE UND HÜTTENKUNDE. Institute: Anorganisches Laboratorium, Elektrochemisches Laboratorium, Eisenhüttenmännisches Laboratorium, Metallhüttenmännisches Laboratorium, Mineralogisch-geologisches Institut, Organisches Laboratorium, Photochemisches Laboratorium, Technisch-chemisches Institut, Chemisches Museum. Sammlungen: Photochemische Sammlung, Metallurgische Sammlung, Mineralogisches Museum.

Abt. 6. ALLGEMEINE WISSENSCHAFTEN. Physikalisches Institut. Physikalische Sammlung.

Die Hochschule besitzt eine große Bibliothek mit Lesesaal (9-7, So 9-1, in den Ferien 9-1) sowie eine Sternwarte (vergl. A. Miethe, Die photographische Sternwarte an der

Technischen Hochschule, in: Berliner Akademische Nachrichten, Nr. 14, 1910).

Der Unterricht gliedert sich in Vorträge über die einzelnen Disziplinen und in praktische Übungen in den Zeichensälen oder in den Laboratorien, Werkstätten, Versuchsanstalten, sowie Unterweisungen in den Sammlungsräumen und bei Exkursionen. Er umfaßt vier Jahreskurse. Das Studienjahr beginnt am 1. Oktober.

Die Wahl der Vorträge und Übungen steht den Studierenden frei. Doch werden von jeder Abteilung Studienpläne aufgestellt, über die in dem jedesmaligen Programm Näheres einzusehen ist.

Als Studierende werden diejenigen Reichsinländer — Männer und Frauen — aufgenommen, welche sich im Besitz des Reifezeugnisses eines deutschen Gymnasiums, Realgymnasiums oder einer deutschen Oberrealschule, einer bayerischen Industrieschule oder der Königl. Sächsischen Gewerbeakademie zu Chemnitz befinden. Reichsinländer, welche eine außerdeutsche Lehranstalt besucht haben, werden dann als Studierende zugelassen, wenn ihre Vorbildung in dem betreffenden Lande zum Besuche einer Hochschule berechtigt und der oben geforderten im wesentlichen gleichwertig ist. Über das Vorhandensein dieser Voraussetzung entscheidet der Minister.

Bei der persönlichen Meldung im Sekretariat der Hochschule sind folgende Originalpapiere vorzulegen: a) Schulabgangszeugnis (Reifezeugnis), b) Abgangszeugnisse von schon besuchten Hochschulen, c) amtliche Führungszeugnisse. Für Frauen gelten dieselben Bestimmungen.

Reichsausländer können unter den gleichen Bedingungen wie Reichsinländer zugelassen werden. Sie haben vorzulegen: a) Schulabgangszeugnis (Reifezeugnis) in deutscher Sprache oder mit amtlich beglaubigter Übersetzung, b) Abgangszeugnisse von schon besuchten Hochschulen, c) Reisepaß.

Die Aufnahme der Studierenden findet in der Regel nur beim Beginn des Studienjahres statt, ist aber für solche Vorträge und Übungen, welche nicht an einen Jahreskursus gebunden sind, auch semesterweise zulässig. (Aufnahmetermine 1.-24. Okt., 1.-20. April.) Studierenden des Maschinenbaufaches und des Schiffs- und Schiffsmaschinenbaufaches wird jedoch empfohlen, das Studium erst zu Oktober aufzunehmen und das erste Sommer-Semester praktisch zu arbeiten. Auch Studierende des Bauingenieurfaches werden zweckmäßig das Studium im Okt. beginnen. Die Aufnahme erfolgt durch Erteilung einer Matrikel, deren Gültigkeit sich auf vier Jahre erstreckt, die nach Umständen jedoch verlängert werden kann.

Jeder Studierende hat bei der Aufnahme einer bestimmten Abteilung beizutreten, deren Wahl ihm frei steht. Die spätere Änderung dieser Wahl ist hierdurch nicht ausgeschlossen.

Die Aufnahmegebühr beträgt 30 M. Von Reichsausländern — mit Ausnahme der luxemburgischen Staatsangehörigen — wird außerdem noch ein „Ausländerbeitrag“ von 50 M für das Semester erhoben. Die Unterrichtshonorare sind im Programm angegeben.

Die Hochschule hat seit 1899 das Recht, Studierenden, welche den Lehrgang einer der Abteilungen 1—5 zurückgelegt haben, auf Grund einer vor der zuständigen Abteilung zu bestehenden Vor- und Hauptprüfung den Grad eines Diplomingenieurs (Dipl.-Ing.) zu erteilen. Näheres darüber siehe S. 295.

Studierende, welche die Hauptprüfung in der Abteilung für Maschinen-Ingenieurwesen ablegen wollen, haben eine einjährige praktische Tätigkeit in einer für ihre Fachrichtung geeigneten Fabrik oder industriellen Unternehmung nachzuweisen, von welcher die Hälfte in den großen Ferien — zu je 2 Monaten — ausgeübt werden kann. Der Nachweis muß erkennen lassen, daß die Beschäftigung ohne Ausnahme von der Arbeitsordnung und in allen für die Fachrichtung nötigen Arbeitszweigen stattfand. Für den Staatsdienst soll diese Beschäftigung die Kenntnis der verschiedenen Materialien und ihrer Bearbeitung vermitteln und in der Modellschreinerei, Formerei, Schmiede, Dreherei und Schlosserei stattfinden. — Studierende, welche die Hauptprüfung in der Abteilung für Schiff- und Schiffsmaschinenbau ablegen wollen, haben eine einjährige, praktische Tätigkeit auf einer Schiffswerft nachzuweisen. Ausnahmsweise kann die Hälfte davon in den großen Ferien zu je zwei Monaten ausgeübt werden. Der Nachweis muß erkennen lassen, daß die Beschäftigung ohne Ausnahme von der Arbeitsordnung und in allen für die Fachrichtung nötigen Arbeitszweigen stattfand. Für die Zulassung zur Diplomprüfung bei der Abteilung für Chemie und Hüttenkunde ist a) für die Vorprüfung der Nachweis einer praktischen Tätigkeit von 3 Monaten Dauer für Chemiker und von mindestens 6 Monaten Dauer für Hüttenleute in mechanischen Werkstätten, b) für die Hauptprüfung für Hüttenleute der Nachweis einer weiteren praktischen Tätigkeit von 6 Monaten Dauer in Hüttenwerken erforderlich.

Diplomingenieure können auf Grund einer weiteren Prüfung zu Doktoringenieuren (Dr.-Ing.) promoviert werden. Die Promotion ist an folgende Bedingungen geknüpft: 1. die Beibringung des Reifezeugnisses eines deutschen Gymnasiums, Realgymnasiums oder einer deutschen Oberrealschule. Die Berücksichtigung anderer Reifezeugnisse bleibt der Entschließung des Ministers vorbehalten; 2. den Ausweis über die Erlangung des Grades eines Diplom-Ingenieurs; 3. die Einreichung einer in deutscher Sprache abgefaßten wissenschaftlichen Abhandlung (Dissertation). Dieselbe muß einem Zweige der technischen Wissenschaften angehören, für welchen eine Diplomprüfung an der Technischen Hochschule besteht. Die Diplomarbeit kann nicht als Doktordissertation verwendet werden; 4. die Ablegung einer mündlichen Prüfung; 5. die Entrichtung einer Prüfungsgebühr im Betrage von 240 M. Das Doktor-Ingenieur-Diplom wird dem Bewerber erst ausgehändigt, nachdem er 200 Abdrücke der als Dissertation anerkannten Schrift eingereicht hat. Vor der Aushändigung des Diploms hat er nicht das Recht, sich Doktor-Ingenieur zu nennen.

Personen, welche die für die Zulassung als Studierende vorgeschriebene Vorbildung nicht besitzen, können, sofern sie die wissenschaftliche Befähigung für den einjährig-freiwilligen Militärdienst nachweisen, durch den Rektor als Hörer zugelassen werden. Sie haben außer einem Ausweis darüber vorzulegen: a) Das Prüfungszeugnis von einer Baugewerk- oder mittleren Fachschule, b) Abgangszeugnisse von schon besuchten Hochschulen, c) Zeugnisse über praktische Tätigkeit, d) amtliche Führungszeugnisse. Die Aufnahmegebühr beträgt 30 M; die Honorare sind aus dem Programm zu ersehen. Zur Zulassung von Frauen als Hörerinnen bedarf es in allen Fällen der Genehmigung des Ministers.

Zur Annahme von Unterricht gegen das für Studierende der Technischen Hochschule vorgeschriebene Honorar sind berechtigt die Studierenden der Friedrich-Wilhelms-Universität, der Bergakademie, der Lehranstalten der Kgl. Akademie der Künste, der Landwirtschaftlichen Hochschule sowie solche Techniker, welche die erste Staatsprüfung für das Bau-, Maschinen- oder Bergfach bestanden haben. — Als Gastteilnehmer werden mit Erlaubnis des Rektors und des betr. Lehrers solche Personen zugelassen, die weder als Studierende noch als Hörer Zutritt haben.

Preisaufgaben und Stipendien. Von jeder Abteilung wird jährlich für die Studierenden eine Preisaufgabe gestellt. Näheres darüber am schwarzen Brett. Über die Stipendien unterrichtet ein gedrucktes Verzeichnis, das in dem Sekretariat zu haben ist, und das auch die Bestimmungen über den Honorarerlaß enthält.

Vom Sekretariat sind die Aufnahmebedingungen als Studierender, Hörer oder Gastteilnehmer, Verzeichnisse der Vorlesungen und Übungen, Mitteilungen betreffend Unterrichtshonorar, Honorarerlaß, Stipendien und Preisaufgaben, Personalverzeichnisse, Prüfungs- und Promotionsordnungen, Habilitationsvorschriften usw. erhältlich.

Der Besuch der Hochschule beläuft sich zurzeit auf mehr als 2000 Studierende und 600—1000 sonstige Hörer, während im Jahre 1884 die Zahl der Studierenden noch nicht 900 betrug.

Königliche Landwirtschaftliche Hochschule

Invalidenstr. 42.

Programm der Königl. Landwirtschaftlichen Hochschule, Neudruck 1910. — Die Königliche Landwirtschaftliche Hochschule in Berlin. Festschrift. Berlin, Parey, 1906.

Der landwirtschaftliche Unterricht in Berlin beginnt mit der Begründung der Universität 1810. Damals wurde der Staatsrat Albrecht Thaer, der 1806 das Landwirtschaftliche Unterrichts-Institut zu Möglin bei Wriezen a. O. errichtet hatte, zum Professor an der neuerrichteten Universität ernannt. Er lehrte im Winter in Berlin, im Sommer in Möglin. Allein da er praktische Demonstrationen für wichtiger hielt, legte er 1819 die Professur nieder und widmete sich ganz dem Mögliner Institut, das im gleichen Jahr die Bezeichnung „Königl. akademische Lehranstalt des Landbaues" erhielt. Den Studierenden der Staatswissenschaften sollte aber Gelegenheit gegeben werden, in den Herbstferien einen Lehrkursus in Möglin durchzumachen.

Nachdem Friedrich Gottlob Schultze die Forderung gestellt hatte, daß der Landwirt an Universitäten studieren müsse, und 1826 das erste landwirtschaftliche Lehrinstitut in Jena errichtet hatte, trat man auch in Preußen dem Gedanken der Errichtung einer landwirtschaftlichen Lehranstalt näher; allein erst 1859 wurde auf Anregung des Privatdozenten der Landwirtschaft an der Universität Berlin, Dr. Schultz-Fleeth, ein landw. Lehrinstitut im bescheidensten Maße errichtet. Liebig förderte in seiner Rede gegen die damaligen isolierten landwirtschaftlichen Akademien „Wissenschaft und Landwirtschaft" am 26. März 1861 den Gedanken der Universitätsinstitute. Nach dem am 21. März 1862 erfolgten Tode des Prof. Schultz-Fleeth suchte der Minister von Itzenplitz Julius Kühn, der für das zu errichtende landwirtschaftliche Lehrinstitut in Halle vorgeschlagen war, für Berlin zu gewinnen. Kühn lehnte leider ab und nahm den Ruf nach Halle an. Die Mögliner Anstalt war bereits am 30. September 1861 geschlossen worden und der Enkel des großen Meisters Albrecht Thaer an das Berliner landw. Lehrinstitut versetzt.

Dieses erhielt am 23. September 1862 ein neues Statut, laut welchem die Besetzung der Professur der Landwirtschaft dem Minister der geistlichen usw. Angelegenheiten verbleiben, die Berufung besonderer Lehrkräfte dem Minister für die landwirtschaftlichen Angelegenheiten überlassen werden sollte.

Vorläufige Bestimmungen über die „Landw. Lehranstalt zu Berlin" erschienen in den Annalen der Landwirtschaft, Wochenblatt 1862, S. 412, ein definitives Reglement 1866.

Anfangs war das Lehrinstitut im 1. Stock eines Privathauses Behrenstr. 28 in sehr bescheidenen Räumen untergebracht, von 1873 ab in der Dorotheenstr. 38-39. 1880 erst konnte der stattliche Neubau Invalidenstr. 42 begonnen werden, in welchem auch die Sammlungen des 1867 begründeten Kgl. Landwirtschaftlichen Museums ihren Platz erhielten. Durch Königliche Kabinettsorder vom 14. Februar 1881 wurde dem vereinigten Landwirtschaftlichen Lehrinstitut und Museum zu Berlin der Name „Königliche Landwirtschaftliche Hochschule" beigelegt.

Die Hochschule ressortiert von dem Ministerium für Landwirtschaft, Domänen und Forsten. Das Kuratorium besteht aus einem vortragenden Rate dieses Ministeriums und einem vortragenden Rate des Ministeriums der geistlichen, Unterrichts- und Medizinal-Angelegenheiten. Auch sind mehrere Professoren und Dozenten der Hochschule z. T. ordentliche Honorarprofessoren, z. T. außerordentliche Professoren oder Privatdozenten an der Universität. Zweck der Hochschule ist 1. die Forschung in den mit der Landwirtschaft in Verbindung stehenden Grund- und Hilfswissenschaften zu pflegen, 2. praktischen Landwirten die nötige theoretische Grundlage zu geben, 3. Landwirtschaftslehrern und Tierzuchtinspektoren die erforderliche Ausbildung zu gewähren.

Zu diesen Aufgaben kommen als zwei selbständige hinzu die Ausbildung künftiger Landmesser und Leiter von landwirtschaftlich-technischen Gewerben (Zucker-, Spiritus- und Brau-Industrie). Die Hochschule gliedert sich daher in drei Abteilungen: die landwirtschaftliche, die geodätische und die landwirtschaftlich-technische.

Die Hörer werden unterschieden in ordentliche, außerordentliche und Hospitanten. Vorbedingung für die Aufnahme als ordentlicher Hörer ist der Besitz des Einjährig-Freiwilligen-Zeugnisses. Weibliche Personen können als ordentliche Hörerinnen aufgenommen werden, wenn sie mindestens eine der Einjährigen-Reife entsprechende Vorbildung nachweisen (Lehrerinnenzeugnis, Obersekunda eines Gymnasiums usw). Ausländer haben ein dem deutschen gleichwertiges Zeugnis beizubringen. Die Studierenden der Landwirtschaftlichen Hochschule, die den Berechtigungsschein zum einjährigen Militärdienst haben, haben ohne besondere Immatrikulation Zutritt zu den Vorlesungen der Universität, der Technischen Hochschule, der Berg-Akademie und der Tierärztlichen Hochschule.

Die Landwirtschaftslehre kann als Hauptfach für die Doktorpromotion in der philosophischen Fakultät der Universität gewählt werden. Es sind dann — außer der Philosophie — 2 Nebenfächer erforderlich: Naturwissenschaften und Staatswissenschaften. Zur Promotion ist der Besitz des Reifezeugnisses Bedingung.

Dem landwirtschaftlichen Studium an der Hochschule soll eine praktische Ausbildung von 1-2 Jahren vorausgehen. Die Dauer des Studiums beträgt mindestens 4 Semester, nach welchen eine Abgangsprüfung abgelegt werden kann. Als Zeitpunkt für den Eintritt in die Hochschule ist Michaelis geeigneter als Ostern.

Das 4semestrige geodätisch-kulturtechnische Studium beginnt zu Ostern. Die Studierenden dieser Fächer, die das Landmesserexamen machen wollen, müssen die Reife für die Prima eines Gymnasiums, Realgymnasiums oder einer neunstufigen Oberrealschule besitzen. Sie sollen eine praktische Lehrzeit von wenigstens einem Jahre absolviert haben.

Die Zulassung zur Brauerei-Ingenieur-Prüfung erfordert ein 4semestriges (im Winter beginnendes) Studium an der dem Institut für Gärungsgewerbe angegliederten „Versuchs- und Lehranstalt für Brauerei in Berlin“. Dem

Studium voraus müssen wenigstens 2 Jahre praktischer Ausbildung gehen. Es umfaßt 5 Semester für Studierende, welche sich in allen Zweigen der Gärungstechnik ausbilden wollen (Brauerei, Hefe-, Stärke-, Essigfabrikation).

Die Einschreibegebühr beträgt für Inländer 10 M., für Ausländer 15 M. Als Gesamthonorar sind von Inländern 120 M., von Ausländern 180 M. für das Semester zu entrichten; Hospitanten zahlen als Inländer 5 M. und als Ausländer 7,50 M. für die Wochenstunde und das Semester. Für die Teilnahme an den Übungen in den Laboratorien kommen Beträge von 10—80 M. hinzu.

Die Geschäfte der Hochschule führt ein Rektor, der alle 2 Jahre vom Lehrerkollegium gewählt wird. An der Spitze jeder Abteilung steht ein Abteilungsvorsteher, der ebenfalls alle 2 Jahre neu gewählt wird.

Zur Hochschule gehören noch (in der Seestr. 4a) 1. das Institut für Gärungsgewerbe und Stärkefabrikation (Abteilung für Brauerei, Brennerei, Stärke-, Hefe- und Essigfabrikation), 2. das Institut für Zuckerindustrie, 3. die Versuchsanstalt für Getreideverarbeitung, G. m. b. H. Die Betriebskosten werden von den betreffenden Körperschaften bzw. Vereinen bestritten.

Die Hochschule hat 2 Versuchsfelder: ein kleineres in der Seestraße, ein größeres in Verbindung mit dem der agrikulturchemischen Versuchsstation in Dahlem, ferner einen ökonomischen Garten in dem Park der Königlichen Tierärztlichen Hochschule, Luisenstr. 56. — Institute und Museen: Das Hauptgebäude enthält im Erdgeschoß einen Lichthof, in welchem vorzugsweise landwirtschaftliche Maschinen und Geräte aufgestellt sind, die auch noch nebst Baumodellen im anschließenden Ostsaal Platz erhalten haben. Die übrigen Säle dienen für die zoologische Sammlung, das zoologische Institut und zu Geschäftsräumen. — Im ersten Stock befinden sich fast nur Museumsräume; die zootechnische (Tierzuchtsammlung einschließlich Fischzucht), die mineralogisch-bodenkundliche, die agronomisch-pedologische und die vegetabilische Sammlung. — Im zweiten Stocke sind untergebracht: Das agronomisch-pedologische Institut mit Laboratorium, das geodätisch-kulturtechnische

Institut nebst Sammlung, das botanische Institut und die sehr reichhaltige Bibliothek, außerdem 1 großer und 2 kleinere Hörsäle. — Im ersten Seitenflügel befindet sich das chemische Laboratorium, für das ein Neubau in Vorbereitung ist, ein großer Hörsal und verschiedene Lehrzimmer. In dem „Erweiterungsbau" liegt zu ebener Erde eine zweite glasüberdachte Maschinenhalle, in welcher sich die ständige Ausstellung der Brandenburgischen landwirtschaftlichen Zentral-Bezugs- und Absatzgenossenschaft befindet. Der 1. Stock wird von dem zootechnischen Institut eingenommen, der 2. von dem mineralogisch-bodenkundlichen Institut, (beide mit großen Laboratorien), der 3. und 4. von dem Institut für Versuchswesen und Bakteriologie nebst der agrikulturchemischen Versuchsstation für die Provinz Brandenburg.

In dem „Neubau" befinden sich 3 Hörsäle, darunter ein Auditorium maximum mit ca. 400 Sitzplätzen, ferner das tierphysiologische Institut mit zahlreichen Laboratorien und einem großen Apparat zur Messung der Atmung und Arbeitsleistung größerer Tiere, weiter das physikalische Institut mit vielen Übungsräumen und die Berliner Wetterwarte.

Seminare: Kulturtechnisches, Mathematisches, Staatswissenschaftlich-statistisches, (letzteres mit dem gleichnamigen Seminar der Universität verbunden).

Weitere Bestimmungen für die Studierenden über Studienzeit und Studiengang, Lehrpläne, Prüfungsordnungen, Preisaufgaben, Reisestipendien usw. sind enthalten in dem „Programm" der Hochschule, welches unentgeltlich durch das Sekretariat zu beziehen ist.

Königliche Tierärztliche Hochschule

Luisenstr. 56.

Schütz, Die Tierärztliche Hochschule zu Berlin 1790—1890. Festschrift. Berlin 1890.

Ein königlicher Auftrag bestimmte im Jahre 1787 die Gründung einer Tierarzneischule in Berlin, „weil der Schaden, der aus Mangel an guten Roß- und Viehärzten entstanden, für das Land und die Kavallerie von den allertraurigsten Folgen sei". In erster Linie war dabei an die Heranbildung tüchtiger Fahnenschmiede für die Armee gedacht. Es wurden daher von den einzelnen Kavallerie-Regimentern junge Leute, die das Schmiedehandwerk erlernt hatten, als „Militär-Zöglinge" zu der Schule abkommandiert, neben diesen traten „Königliche Scholaren" ein, die zu künftigen Beamten für die Königl. Gestüte und Marställe bestimmt waren. Endlich gab es noch sog. „Freischüler", die nur den Unterricht besuchten, aber nicht — wie jene beiden — als Internatszöglinge freie Wohnung und Unterhalt in der Anstalt hatten. Im Juni 1790 wurde das Institut mit 3 Lehrern und 46 Schülern eröffnet. Der Unterricht umfaßte in der Hauptsache die Kunst des Hufbeschlags, allgemeine und spezielle Tierheilkunde, Zootomie verbunden mit Physiologie, Chirurgie, Chemie und Pharmazie. Die Schule machte in den folgenden Jahrzehnten mehrfache Reorganisationen durch. Schon W. v. Humboldt drang als Chef der Sektion des öffentlichen Unterrichts (1810) auf eine mehr wissenschaftliche Richtung der Tierarzneischule und eine gewisse Verbindung mit der Universität. Diese Umgestaltung wurde in den Jahren 1817-19 in die Wege geleitet und besonders vom Jahre 1836 an, in welchem die Geschäftsleitung der Tierarzneischule dem Kuratorium für Krankenhausangelegenheiten unterstellt wurde, weiter durchgeführt. Das Institut erhielt jetzt die zweifache Bestimmung, sowohl „Jünglinge zu Roß- und Tierärzten für das praktische Leben zu erziehen, zugleich aber auch künftige Pfleger der Wissenschaft heranzubilden". Im

Februar 1841 feierte die Schule ihr 50 jähriges Bestehen, indem sie zugleich das neuerbaute Lehrgebäude bezog. 1887 erhielt sie den Charakter einer Hochschule. In der Verwaltung untersteht sie seit 1872 dem Landwirtschaftsministerium. Vorbedingung für die Aufnahme ist die Beibringung des Zeugnisses der Reife eines Gymnasiums oder Realgymnasiums oder einer Oberrealschule oder einer als gleichstehend anerkannten höheren Lehranstalt. Das Studium umfaßt 7 Semester. Als Honorar sind für das Semester 100 M. zu entrichten; Einschreibegebühr 6 M, ferner 5 M. das Semester zum Studentenfonds und 1,40 M. als Beitrag zur Unfallversicherung. Das W.-S. dauert regelmäßig vom 15. Oktober bis 15. März, das S.-S. vom 15. April bis 15. August.

Die Studierenden sind zum Besuche der Vorlesungen an der Landwirtschaftlichen Hochschule und an der Universität berechtigt.

Prüfungen. Zur Erlangung der Approbation als Tierarzt sind zwei Prüfungen abzulegen: 1. Naturwissenschaftliche Prüfung nach Ablauf von 3 Semestern; die Prüfung ist mündlich und erstreckt sich auf folgende Fächer: Anatomie der Haustiere einschl. Histologie, Physiologie, Botanik, Chemie, Physik und Zoologie. Gebühren 20 M. — 2. Fachprüfung (Gebühren 60 M.). Diese Prüfung ist bedingt durch den Nachweis, daß der Kandidat die naturwissenschaftliche Prüfung bestanden und nach deren Ablegung noch 3 Semester deutsche tierärztliche Lehranstalten, im ganzen mindestens 7 Semester tierärztliche oder andere höhere wissenschaftliche deutsche Lehranstalten besucht und auf ihnen das Studium der in der Prüfungsordnung verzeichneten Fächer erledigt hat.

Promotion. Der Dr. med. vet. kann an den preußischen Tierärztlichen Hochschulen und auch in Gießen und Leipzig erworben werden. Die Verleihung dieses Titels auch in anderen Bundesstaaten ist in Aussicht genommen. Verlangt wird das Zeugnis der Reife und der Approbationsschein.

INSTITUTE DER TIERÄRZTLICHEN HOCHSCHULE

1. Das Anatomische Institut. Mit reichhaltigem Museum für normale und pathologische Anatomie. Voraussetzung für das Arbeiten im Institut ist Kenntnis der Osteologie; daher nehmen die Studierenden an den Übungen erst im 2. Quartal des Winter-Semesters teil.

2. Das Pathologische Institut, mit reichhaltiger Sammlung von Mißgeburten. Mit Rücksicht auf die Wichtigkeit der Erkenntnis von Tierseuchen wurden in dem chemischen und bakteriologischen Laboratorium 14 tägige bakteriologische Kurse eingerichtet, zunächst für beamtete Tierärzte. Seit 1889-90 folgten solche auch für Studierende.

3. Das Physiologische Institut. Die Vorlesungen des Instituts behandeln im Sommer regelmäßig die vegetativen Funktionen, im Winter die animalischen Funktionen nebst der Zeugung und der Entwicklung. Eine histologische Einleitung geht den Vorlesungen voraus. Der Unterricht im Institut will den Hörern ein möglichst klares und umfassendes Verständnis der physiologischen Vorgänge und ihres Zusammenhanges verschaffen. Daher wird besonderer Wert auf Demonstration und Versuch gelegt.

4. Das Histologische Institut. Es besteht seit 1886. Von besonderer Wichtigkeit sind die histologischen Übungen. Sie haben die Aufgabe, den Studierenden im Gebrauch des Mikroskops sicher zu machen, ihn die zahlreichen wichtigen Präparierungsmethoden kennen zu lehren und ihm durch Vorführung von mannigfach verschiedenen Präparaten einen gründlichen Anschauungsunterricht zu erteilen.

5. Die Klinik für innere Krankheiten und Gewährmängel bei großen Haustieren. Bis 1885 lieferten Pferde, weniger Rinder, Schafe usw. das Material für Unterricht und wissenschaftliche Untersuchungen. Im W.-S. 1885-86 wurde die Klinik in eine chirurgische und

in eine für innere Krankheiten sowie Gewährmängel geteilt. Die Klinik besitzt 13 Laufställe, 24 Kastenstände, 3 isoliert gelegene Einzelställe, 1 Demonstrationshalle und die Laufbahn.

6. Die Klinik für äußere Krankheiten. Das Jahr 1885 brachte eine Trennung der Klinik für größere Haustiere in eine Abteilung für innere und in eine für äußere Krankheiten. Aus Rücksicht auf die praktische und wissenschaftliche Ausbildung der Studierenden ist der klinische Unterricht verbunden mit den Vorträgen über Chirurgie und Akiurgie. Ein Hauptziel des Unterrichts ist, die Eroberungen auf dem Gebiete der Chirurgie auch für die Zwecke der tierärztlichen Praxis zu verwerten. Nachdem der Praktikant mit den Methoden der klinischen Untersuchung bekannt geworden ist, werden ihm Patienten zur Diagnose, in einfachen Fällen auch zur Behandlung überwiesen, um ihm Fertigkeit in der Führung der Instrumente sowie das für den Praktiker unerläßliche Selbstvertrauen beim Operieren zu verschaffen. Für die Aufnahme kranker Tiere sind 13 Boxen, 2 Laufstände und 28 Kastenstände vorhanden.

7. Die Klinik für kleine Haustiere. Das Spital enthält ein poliklinisches Untersuchungszimmer, einen Operationssaal sowie mehrere Krankensäle. In den Käfigen für wutkranke Hunde sind besonders starke Vorrichtungen angebracht.

8. Das Pharmakologische Institut. Begründet 1887. Es besitzt ein chemisches Laboratorium, ein Arbeitszimmer für mikroskopische und pharmakologische Untersuchungen, ein Zimmer für die Sammlung pharmazeutischer und pharmakognostischer Präparate sowie ein Zimmer zur Aufbewahrung der feineren Apparate und der Institutsbibliothek. Eine zweite Sammlung von Präparaten ist lediglich zu Unterrichts- und Examenszwecken und daher ausschließlich für die Studierenden bestimmt.

9. Die Ambulatorische Klinik. Erkrankte Haustiere, mit Ausnahme der Pferde und Hunde, werden

in den Ställen ihrer Besitzer in tierärztliche Behandlung genommen. Die Hilfeleistungen geschehen unentgeltlich. An den Fahrten nehmen regelmäßig Studierende des 6. und 7. Semesters teil. Sie haben über jeden Krankheitsfall einen Bericht anzufertigen; auch werden ihnen geeignete Fälle zur selbständigen Behandlung überwiesen. Wegen der starken Zunahme der Zahl der Studierenden wurde im Jahre 1889 eine Propädeutik der ambulatorischen Klinik in den Ställen der Tierärztlichen Hochschule selbst eingerichtet.

10. Das Chemische Institut, 11. Das Hygienische Institut, 12. Die Bibliothek.

Königliche Bergakademie

Invalidenstr. 44.

Programm der Königlichen Bergakademie in Berlin (jährlich).

Erste Gründung unter der Bezeichnung „Bergakademie" im Jahre 1770, nach Gründung der Friedrich-Wilhelms-Universität Fortbestand unter dem Namen „Haupt-Bergeleven-Institut"; Neugründung 1860; von 1873-1907 in Verbindung mit der Geologischen Landesanstalt. Am 1. April 1907 wurden beide Anstalten getrennt.

Die Verfassung und Verwaltung ist durch die Satzungen vom 1. April 1907 geregelt. Die Leitung liegt einem Direktor ob. Unterricht wird von etatsmäßigen Professoren, Dozenten und Privatdozenten erteilt.

Aufnahmebedingungen: Für Studierende der Besitz des Reifezeugnisses einer neunstufigen höheren Lehranstalt oder gleichwertige Vorbildung. Die Studierenden der übrigen staatlichen Hochschulen Berlins sind zur Annahme von Unterricht berechtigt. Personen, die die vorgeschriebene Vorbildung nicht besitzen, können als Hörer oder Gastteilnehmer zugelassen werden.

Studiendauer: Dreijähriger Lehrgang für Kandidaten des höheren Staatsdienstes in der Preuß. Bergverwaltung, vierjähriger Lehrgang für Studierende, die die Diplomprüfung abzulegen gedenken. Winterhalbjahr vom 16. Oktober bis 15. März, Sommerhalbjahr vom 16. April bis 31. Juli.

Prüfungen und Habilitation: Vorschriften über die Ausbildung und Prüfung für den höheren Staatsdienst in der Berg-, Hütten- und Salinenverwaltung vom 18. September 1897. Diplomprüfungsordnungen für Bergbau und für Hüttenkunde vom 27. September 1907. Habilitationsordnung vom 3. November 1903.

Sammlungen und Laboratorien. Die Bergakademie besitzt eine reichhaltige Bibliothek und Kartensammlung, ferner berg- und hüttenmännische, mineralogische, petrographische und geologische Sammlungen; Laboratorien für anorganische Chemie, für metallurgische und für Eisenprobierkunst, für Kleingefüge und Eisenmetallurgie, für physikalische und Thermochemie, für Elektrotechnik und Elektrometallurgie, für elektrische Schmelzversuche, für Aufbereitung und verwandte Gebiete des Bergbaus, ein Maschinenlaboratorium und eine bergmännische Versuchsstrecke.

Mit der Bergakademie sind verbunden und dem Publikum zugänglich:

a) Das Museum für Bergbau und Hüttenwesen,

das den Lichthof des Anstaltsgebäudes, die darüber im ersten Stock ringsum laufende Galerie und drei Vorderzimmer des Erdgeschosses einnimmt und in die Abteilungen: 1. für Bergbau nebst Aufbereitungs- und Salinenwesen, 2. für Eisenhüttenwesen und 3. für Metallhüttenwesen zerfällt.

Es veranschaulicht durch Modelle, Apparate, Maschinen, plastische und bildliche Darstellungen, Rohstoffe, Zwischen- und Fertigerzeugnisse das Vorkommen und die Beschaffenheit, die Auf- und Untersuchung, planmäßige Erschließung und Ausgewinnung der Lagerstätten nutzbarer Mineralien sowie die Aufbereitung, Brikettierung und hüttenmännische Verwertung der Bergbauerzeugnisse und die Verarbeitung der Solen.

b) Das mineralogische Museum

Es enthält außer einer systematischen Sammlung, die unter Hervorhebung geologisch-mineralogischer Gesichtspunkte nach dem System von Chr. Samuel Weiß geordnet ist, eine Anzahl von Lokalsammlungen, die die Mineralien wichtiger heimischer und ausländischer Vorkommen vor Augen führen, und in gesonderter Aufstellung eine Sammlung von Kristallen und eine Schmucksteinsammlung.

Königliche Forstakademie

Eberswalde, Schicklerstr. 5.

Programm der Königl. Forstakademie. — Die Neugestaltung des höheren forstlichen Unterrichts in Preußen, Zeitschr. f. Forst- und Jagdwesen 1908, Heft 7.

Sie ist eine Tochteranstalt der Berliner Universität. In Verbindung mit der Universität war Ostern 1821 eine Forstakademie in Berlin ins Leben gerufen worden; es zeigte sich aber immer mehr, daß der für die Forstleute erforderliche Unterricht sowohl in den grundlegenden Naturwissenschaften wie in der Forstwissenschaft nicht ohne stete Berührung mit einem leicht erreichbaren Unterrichtswald erteilt werden konnte, und daß bei den in Berlin vorgebildeten Forstleuten ein auffallender Mangel an praktischen Kenntnissen sich zeigte. Daher wurde am 1. Mai 1830 auf das Betreiben des Lehrers für Forstwissenschaft, Pfeil, und mit Unterstützung Alexanders v. Humboldt der forstliche Unterricht an die neu errichtete Forstlehranstalt nach Neustadt-Eberswalde verlegt. — Die nötige praktische Schulung im Verein mit der wissenschaftlichen Ausbildung wurde hier gewährleistet durch die Wälder der Umgebung, die immer auch auf kürzeste Zeit zu erreichen sind. Um Eberswalde herum liegen 4 Königliche Oberförstereien, die dem Direktor der Forstakademie als Lehrreviere unterstellt sind. Die

Boden- und Bestandsverhältnisse sind so abwechslungsreich wie kaum anderweit im Diluvium; vom ärmsten Sandboden im Gebiet des Thorn-Eberswalder Urstromtales bis zum ausgesprochenen Laubholzboden auf Diluvialmergeln und Staumoränen, vom dürftigsten Kiefernbestand bis zu Eichen und Buchen bester Bonität. Die Gesamtholzbodenfläche der 4 Lehrreviere beträgt z. Z. 17 218 ha, davon Eiche 832, Buche 1962, Erle und Birke 81, Kiefer 13 398 und Fichte 27 ha.

Die Zahl der Dozenten hat mit der zunehmenden Vertiefung des Unterrichtsstoffes eine wesentliche Steigerung erfahren. Bei Begründung der Forstakademie 1830 bestanden nur 3 Lehrstühle, die sich bis 1880 auf 10, bis 1910 auf 13 Lehrstühle erhöht haben. Hiervon entfallen 6 auf die Forstwissenschaft, eingenommen von dem Direktor, drei Lehrrevierverwaltern, dem Leiter der forstlichen Abteilung des Versuchswesens und einem weiteren Professor ohne Revierverwaltungstätigkeit. An naturwissenschaftlichen Lehrstühlen bestehen je einer für Physik, Meteorologie und Geodäsie, für Chemie, Mineralogie und Geognosie, für Bodenkunde, für Botanik, für Zoologie und für Mykologie. Außerdem ist zwei jüngeren Herren auf eigenen Antrag das Halten von Vorlesungen aus dem Gebiet der Chemie und der Geologie gestattet. Juristische Vorlesungen werden von einem Professor der Universität Berlin gehalten, medizinische von dem Leiter eines großen Krankenhauses in Eberswalde.

Die Heranbildung der Anwärter für den Forstverwaltungsdienst erfolgt seit 1908 in mindestens 3jährigem Studiengang. Die ersten drei Studiensemester sind vornehmlich den grundlegenden Naturwissenschaften zu widmen; der erfolgreiche Abschluß wird von den Anwärtern des Staats- wie des Privatdienstes durch das Bestehen der Vorprüfung nachgewiesen. Mindestens 3 weitere Semester sind dem Studium der Forst- und Rechtswissenschaft zu widmen. Außerdem wird von den Staatsanwärtern nach bestandenem Referendar-Examen ein weiteres zweisemestriges Studium der Staatswissenschaften an einer Universität gefordert.

Zur Ergänzung der Vorlesungen an der Forstakademie

werden Exkursionen und praktische Übungen im Walde in reichem Maße, besonders im Sommer, veranstaltet. Die Exkursionen und Außenübungen nehmen für die naturwissenschaftlichen Fächer in jeder Sommerwoche 3—4 halbe Tage in Anspruch, für die forstlichen Fächer 2 Vormittage und den ganzen Sonnabend. Im Winter finden nur Sonnabends Exkursionen statt.

Mit der Forstakademie ist seit 1871 organisch verbunden die Hauptstation des forstlichen Versuchswesens für Preußen. Bei ihr tritt der Unterrichtszweck zurück hinter den der wissenschaftlichen Forschung. Es bestehen gegenwärtig eine forstliche, eine meteorologische, eine pflanzenphysiologische, eine zoologische, eine chemisch-bodenkundliche und eine mykologische Abteilung.

An forst- und jagdtechnischen Sammlungen bestehen solche aus dem Gebiet des Waldbaus, des Waldschutzes, der Holz- und Rindenwerbung, des Holztransportes, der Waldroherzeugnisse, Holzverarbeitung, Forstnebennutzungen, Forstabschätzung und der Jagd mit im ganzen mehr als 2000 Nummern. Die naturwissenschaftlichen Sammlungen umfassen solche aus dem Gebiet der Physik und Geodäsie, der Mineralogie, Geognosie und Bodenkunde, der Botanik, der Mykologie und der Zoologie einschließlich Fischzucht und Forstschutz gegen Tiere.

Außerdem bestehen an Lehrmitteln ein forstbotanischer Garten in Eberswalde mit 2,38 ha, ein Forstgarten ebendort mit 4,49 ha, ein weiterer in Chorin mit 8 ha, ein Versuchsgarten der mykologischen Abteilung mit Hausschwammlaboratorium von 1,45 ha, ein zoologisch-biologisches Versuchsfeld mit etwa 1 ha, eine Fischzuchtanstalt, je eine meteorologische Feld- und Waldstation. Der forstlichen Abteilung der Hauptstation des Versuchswesens ist eine Samenprüfungsanstalt angeschlossen, dem Revierverwalter der Lehroberförsterei Eberswalde ist eine Kiefernsamendarre unterstellt, die im Jahre 1909 7889 hl Kiefernzapfen mit einem Kornergebnis von 6274 kg klengte.

Mit jedem Wintersemester beginnt ein neuer, dreijähriger Lehrkursus. Die Aufnahme von Studierenden findet jedoch auch zu Beginn des Sommersemesters statt. — Das Wintersemester beginnt am 15. Oktober und endet am 20. März; das Sommersemester beginnt am 10. April und endet am 20. August. — Die Anmeldungen zur Aufnahme als Studierender auf der Forstakademie sind schriftlich mit den erforderlichen Zeugnissen bis zum 15. August oder 15. März an den Direktor einzureichen, der über Annahme oder Ablehnung entscheidet. — Anwärter des preußischen Staatsforstverwaltungsdienstes werden nur aufgenommen, wenn der Angemeldete 1. das Zeugnis der Reife von einem deutschen Gymnasium, einem deutschen Realgymnasium, einer preußischen oder einer dieser gleichstehenden außerpreußischen deutschen Oberrealschule erlangt und in diesem Zeugnis ein unbedingt genügendes Urteil in der Mathematik erhalten hat, 2. vor Ablauf des 25. Lebensjahres das forstakademische Studium beginnt oder begonnen hat, 3. das Zeugnis über die praktische Vorbereitungszeit oder bei der Meldung eine vorläufige Bescheinigung darüber beibringt, 4. über tadellose sittliche Führung sich ausweist, 5. den Nachweis der zum Aufenthalt auf der Akademie erforderlichen Unterhaltsmittel führt. Außerdem sind den Meldungen 6. die Zeugnisse über etwa schon erledigte Universitäts- oder sonstige Studien, über etwaigen Aufenthalt in Forsten außer der praktischen Vorbereitungszeit sowie über die Militärverhältnisse beizufügen.

Für die vom reitenden Feldjägerkorps zum Besuche der Anstalt kommandierten Feldjäger bedarf es nur der Beibringung des unter 3 bezeichneten Zeugnisses und der Vorlegung der Zeugnisse unter 1 und 6 (jedoch mit Ausschluß der Militärpapiere).

Die Anwärter für den Gemeinde- und Privatforstverwaltungsdienst, denen vom Herrn Minister für Landwirtschaft die Teilnahme an den für die Staatslaufbahn vorgeschriebenen Prüfungen gestattet ist, werden unter den gleichen Bedingungen aufgenommen.

Studierende, welche nicht beabsichtigen, sich den preußischen staatlichen Prüfungen zu unterziehen, können ausnahmsweise auch ohne Erfüllung der Bedingungen 1 bis 3 aufgenommen werden, wenn sie eine gleichwertige Vorbildung nachweisen.

Hospitanten können zum Besuch einzelner Vorlesungen und Exkursionen (nicht aber zur Ablegung der Prüfung) zugelassen werden, wenn sie eine genügende Vorbildung nachweisen.

Einschreibegebühren 15 M. und außerdem an Honorar für jedes Semester 75 M. — Studierende, die dem Deutschen Reich nicht angehören, haben an Einschreibegebühren 30 M. und an Honorar für jedes Semester 150 M. zu zahlen. Hospitanten haben eine Einschreibegebühr von 10 M. zu entrichten. Außerdem sind für jede belegte Vorlesung 10 M. Honorar zu bezahlen. Hospitanten, die dem Deutschen Reich nicht angehören, haben als Einschreibegebühr 20 M. und an Honorar für jede Vorlesung 20 M. zu zahlen. — Bei bescheidenen Ansprüchen ist es möglich, mit einem Monatsaufwande von etwa 150 M. in Eberswalde als Student zu leben.

Die staatlichen Prüfungen werden nach Maßgabe der „Bestimmungen über die Vorbereitung für den Königlichen Forstverwaltungsdienst vom 19. Februar 1908" abgehalten. Die akademische Prüfung zerfällt in die 1. Vorprüfung, welche umfaßt: Botanik, Zoologie, Mineralogie, Geologie und Bodenkunde, Chemie, Meteorologie, Geodäsie, 2. Hauptprüfung, welche umfaßt: Waldbau, Forstschutz, Forstbenutzung einschl. Wegebaukunde, Forsteinrichtung einschl. Holzmeßkunde, Waldwertrechnung, Forstgeschichte. Die Vorprüfung darf frühestens am Schlusse des dritten Studiensemesters abgelegt werden. Bei ungenügendem Ausfall ist eine einmalige Wiederholung spätestens nach zwei weiteren Studiensemestern zulässig. Die Hauptprüfung darf frühestens drei Semester nach bestandener Vorprüfung abgelegt und bei ungenügendem Ausfall nach spätestens zwei weiteren Semestern einmal wiederholt werden. Ob Studien, welche auf anderen Hochschulen absolviert sind, auf die vorgeschriebene Studienzeit angerechnet werden können, bleibt der Entscheidung des Vorsitzenden der Prüfungskommission vorbehalten. Eine dem Studium vorhergegangene mehrjährige praktische Tätigkeit im Forstdienste kann nach Befinden der Prüfungskommission ausnahmsweise auf die vorgeschriebene Studienzeit, jedoch höchstens mit je einem Semester vor und nach der Vorprüfung, angerechnet werden.

Stipendien: 1. die Staatsminister von Ladenbergsche Jubilarstiftung 672 M., 2. Stipendienfonds der Königl. Forstakademie 600 M., 3. Hermann-Borchert-Stiftung 400 M.

Handelshochschule

Spandauer Str. 1.

Die Handelshochschule Berlin, Bericht über die erste Rektoratsperiode Oktober 1906-1909, erstattet von Prof. Dr. Jastrow, Berlin, G. Reimer 1909.

Die Handelshochschule ist eine Gründung der Korporation der Kaufmannschaft von Berlin und wird ausschließlich aus deren Mitteln unterhalten. Als ihr Zweck ist hingestellt: „die für den kaufmännischen Beruf nötigen und nützlichen Wissenschaften durch Lehre und Forschung zu pflegen.“ Als Studierende werden aufgenommen: 1. Kaufleute, welche die Berechtigung zum Einjährig-Freiwilligendienst erworben und die Lehrzeit beendet haben, 2. Abiturienten der höheren neunjährigen deutschen Lehranstalten und solcher Lehranstalten, deren oberste Klasse der Oberprima der vorgenannten Anstalten entspricht, 3. akademische und solche seminaristisch gebildete Lehrer und Lehrerinnen, welche die zweite Lehramtsprüfung bestanden haben, 4. Personen, welche diesen Bedingungen zwar nicht entsprechen, aber nach Ansicht des Aufnahmeausschusses eine genügende Vorbildung nachzuweisen vermögen.

Da die Studienzeit an der Handelshochschule auf zwei Jahre bemessen ist, so ist der Lehrplan so eingerichtet, daß eine sachgemäße Benutzung dieser an sich kurzen Zeit tunlichst gewährleistet wird. Diesem Zwecke dient vor allem eine sachgemäße Einführung in die Studien, die für Anfänger bestimmt ist, ihnen einen Überblick über den Gesamtumfang der an der Handelshochschule gelehrten einzelnen Fächer und gleichzeitig Ratschläge für die richtige Aufeinanderfolge gewährt und außerdem Gelegenheit gibt, sich bei dem betreffenden Dozenten über die genauere Einrichtung des Studienplans Rat zu holen. In weiterem Umfange ist dafür gesorgt, daß jeder Dozent in regelmäßigen Sprechstunden ratsbedürftigen Studenten zur Verfügung steht, damit die persönliche Belehrung zwischen Lehrern und Schülern nicht auf die Hörsäle beschränkt bleibt.

Im Mittelpunkte des Unterrichts stehen, dem Spezialzwecke der Hochschule entsprechend, die sogenannten Handelswissenschaften (Handelsbetriebslehre, Buchhaltung, kaufmännische Arithmetik, Handelsjournalistik). Allen diesen Fächern sind nicht nur Vorlesungen gewidmet, sondern auch die Übungen im „Handelswissenschaftlichen Seminar", dem die Sammlungen der Ältesten der Kaufmannschaft von Berlin, insbesondere das Archiv für Wertpapiere zur Verfügung stehen. Der Geschichte und Technik einzelner wichtiger Gewerbszweige sind Einzelvorträge gewidmet.

Neben den Vorlesungen über allgemeine theoretische und über praktische Nationalökonomie (Gewerbe- und Handelspolitik usw.) werden solche über Finanzwissenschaft, über Statistik, über Interessenvertretungen, über sozialpolitische Einrichtungen aller Art und besondere Kurse für die verschiedenen Zweige der Versicherungswissenschaft und für das Kolonialwesen abgehalten. Außerdem werden in einem Verkehrspraktikum die Teilnehmer in der praktischen Handhabung der Tarife unterwiesen.

Die juristischen Vorlesungen umfassen Bürgerliches Recht, Handelsrecht, Staatsrecht, Völkerrecht, Zivilprozeß, sowie die den Kaufmann besonders noch interessierenden Teile, wie Wechselrecht, Konkursrecht, Eisenbahnrecht, Speditionsrecht, Patentrecht usw.

Die geographischen und historischen Vorlesungen stellen die wirtschaftlichen Gesichtspunkte in den Vordergrund, so daß die Handels- und Wirtschaftsgeographie der verschiedenen Länder ebenso wie die Geschichte des deutschen und außerdeutschen Handels, die Kolonialgeschichte usw. den Hauptgegenstand des Unterrichts bilden.

Der naturwissenschaftliche Unterricht umfaßt Chemie und Physik und verbindet mit der ersteren die gesamte Warenkunde, mit der letzteren die Technologie des Fabrikbetriebes. Für diejenigen, die nicht die Absicht haben, in Physik und Chemie eingehende Studien zu machen, ist du ch kurzgefaßte Vorlesungen über einzelne Punkte, namentlich über wichtige Neuentdeckungen, gesorgt, während denen, die über das Maß der Vorlesungen hinausgehen wollen, sowohl das physikalische wie das chemische Laboratorium für das eingehende Studium in weitestem Umfange zur Verfügung stehen.

Der Unterricht in fremden Sprachen umfaßt hauptsächlich Englisch, Französisch, Spanisch, Italienisch und Russisch. Durchgehendes Prinzip des Sprachunterrichts an der Handelshochschule Berlin ist es, durch Beschränkung der Teilnehmerzahl an den einzelnen Kursen die Lehrerfolge zu erhöhen. Als Lehrziel wird nicht eine ungefähre, etwa für die Lektüre ausreichende Bekanntschaft mit der Sprache angestrebt, sondern eine wirkliche Beherrschung in Wort und Schrift, insbesondere auch in Handelskorrespondenz. Dem Bedürfnisse der Fortgeschrittenen dienen die in englischer und französischer Sprache gehaltenen Vorträge aus der englischen und französischen Kulturgeschichte. Für studierende Ausländer, die noch eine Vervollkommnung in der deutschen Sprache wünschen, ist in den deutschen Sprachkursen für Ausländer Gelegenheit dazu gegeben.

Neben den Fächern, welche den eigentlichen Gegenstand des Unterrichts an der Handelshochschule darstellen, werden auch philosophische, literarhistorische, kunstwissenschaftliche und ähnliche Vorlesungen gehalten.

Das Gesamthonorar für sämtliche Vorlesungen eines Semesters beträgt für Deutsche 125 M, für Ausländer 250 M. Es ist zu Beginn jedes Semesters zu entrichten. In dem genannten Studienhonorar sind nicht einbegriffen die Gebühren für die oben erwähnten Spezialstudien in dem physikalischen und chemischen Laboratorium.

Neben den Kaufleuten kommen auch andere Interessentenkreise in Betracht. Daß die Handelshochschule auch für Lehrer und Lehrerinnen, die sich speziell für Handelsschulen weiter bilden wollen, bestimmt ist, ist bereits oben gesagt. Es werden über Organisation und Methode der kaufmännischen Schulen Vorträge gehalten, und in den Handelswissenschaften wird auf die Bedürfnisse der Handelslehrer besondere Rücksicht genommen; auch ist ein Seminar für Handelslehrer eingerichtet. Der zukünftige Konsul, und zwar Berufs- wie Wahlkonsul, findet in allen Zweigen der Handelshochschule Förderung; ebenso junge Nationalökonomen und Juristen, die sich zu Handelskammersekretären usw. ausbilden wollen, Beamte und Privatleute aller Art.

Das monumentale Gebäude der Hochschule befindet sich Spandauer Str. 1, in unmittelbarer Nähe des Börsengebäudes, des Brennpunktes für den Handelsverkehr der Reichshauptstadt. Dieser Umstand ermöglicht auch für den inneren Betrieb des Unterrichts die Ausführung des Planes, daß die aus dem praktischen Leben hervorgegangenen Einrichtungen der Korporation, ihr Verkehrsbureau mit seiner Eisenbahn- und Zollauskunftsstelle, die Fondsbörse und die Getreidebörse, das Archiv für Wertpapiere usw. ohne Schwierigkeiten zur Verfügung stehen. Insbesondere gilt dies auch von der Bibliothek der Korporation der Kaufmannschaft von Berlin, welche gleichzeitig die Handelshochschulbibliothek bildet.

MILITÄRISCHE ANSTALTEN

Königliche Kriegsakademie

Unter den Linden 74 und Dorotheenstraße 58-59.

Dienstordnung der Kriegsakademie vom 19. Dez. 1901, Berlin, Mittler & Sohn. — L. v. Scharfenort, Die Königlich Preußische Kriegsakademie, Berlin, Mittler & Sohn 1910.

Die Kriegsakademie, gegründet 1810, hat die Aufgabe, eine Anzahl dazu befähigter Offiziere aller Truppengattungen in die höheren Zweige der Kriegswissenschaften einzuführen und so ihr militärisches Wissen zu vertiefen und zu erweitern, ihr militärisches Urteil zu klären und zu schärfen. Neben dieser unmittelbaren Berufsbildung soll, entsprechend dem Bedürfnisse des Heeres, ein tieferes Eindringen in einzelne Fächer der formalen Wissenschaften angestrebt und Gewandtheit im mündlichen und schriftlichen Gebrauch einiger neuerer Fremdsprachen erzielt werden. Die Kriegsakademie steht unter der Leitung eines Generals als Direktor. Für die wissenschaftlichen Aufgaben steht ihm die Studienkommission der Kriegsakademie zur Seite. Die Mitglieder dieser Kommission haben die von den Lehrern einzureichenden Lehrpläne zu begutachten, bei Besetzung von Lehrerstellen dem Vorsitzenden (Direktor) auf Verlangen Vorschläge zu machen, alljährlich den Plan und die Aufgaben zur Aufnahmeprüfung festzustellen, die eingelieferten Prüfungsarbeiten zu beurteilen, durch Einsichtnahme der Schlußarbeiten sich über die erzielten Ergebnisse zu unterrichten und die wissenschaftlichen Sammlungen zu überwachen.

Zulassungsbedingungen. Zum Kommando zur Kriegsakademie sind nur Offiziere vorzuschlagen, die mindestens 3 Jahre im Offizierrange Dienst getan haben, vor Ablauf der nächsten 5 Jahre voraussichtlich nicht ihre Beförderung zum Hauptmann (Rittmeister) zu erwarten haben und die folgenden Bedingungen erfüllen. Sie müssen: 1. im praktischen Dienst besonders hervorgetreten sein und hervorragende militärische Anlagen besitzen; 2. mit ernster Neigung zu wissenschaftlicher Ausbildung entsprechende Fähigkeiten verbinden; 3. nach ihrer Persönlichkeit und ihrem Charakter die Aussicht bieten, dereinst in höheren Stellen der Armee Verwendung zu finden; 4. eine feste Gesundheit haben; 5. in geordneten Geldverhältnissen leben. Die Zulassung ist von dem Ausfall einer Aufnahme-Prüfung abhängig. Diese erstreckt sich auf Taktik, Waffenlehre, Befestigungslehre, Feldkunde, Anfertigung eines Krokis, auf Geschichte, Erdkunde, Mathematik und Französisch. Ausnahmsweise dürfen Offiziere der Garnison Berlin und für längere Zeit nach Berlin beurlaubte Offiziere an den Vorträgen in einzelnen Fächern teilnehmen. Der vollständige Lehrgang dauert 3 aufeinanderfolgende Jahre mit Unterbrechungen von 2—3 Monaten in der Zeit zwischen dem 1. Juli und 30. Sept.

Die Kommandierung erfolgt stets nur auf 1 Jahr zu einer bestimmten Lehrstufe. Die Wiedereinberufung der Offiziere eines Jahrgangs zu der nächsthöheren Lehrstufe ist von ihrer dienstlichen und außerdienstlichen Haltung und ihren Leistungen abhängig. Nach Beendigung des 3jähr. Kommandos erhalten die Offiziere ein Abgangszeugnis. In besonderen, den Offizieren nicht zugänglichen Beurteilungen hat sich der Direktor über jeden Offizier zu äußern, ob und inwieweit er zu einem Kommando beim Generalstabe, bei der topographischen Landesaufnahme, zur höheren Adjutantur, zum Lehrfach oder zu mehreren dieser Verwendungen geeignet erachtet wird. — Für den Umfang und die Methode der Vorträge ist die vom Chef des Generalstabes der Armee erlassene Lehrordnung maßgebend. Der Lehrplan umfaßt folgende Vortragsfächer: Taktik — Kriegsgeschichte — Waffenlehre — Befestigungslehre — Festungskrieg — Geländekunde — Aufnehmen und Zeichnen — Generalstabsdienst und Übungsreise — Verkehrsmittel — Staatsverwaltung, Staats- und Völkerrecht — Militärgesundheitspflege — Militärrecht — Geschichte — Physikalische Geographie — Mathemathik — Geodäsie — Sprachen: Französisch, Russisch, Englisch, Japanisch. Auch wird Reitunterricht erteilt.

Die Kriegsakademie besitzt eine Bibliothek von rund 100000 Bänden, vornehmlich zur Kriegswissenschaft. Benutzung nur für die Mitglieder der Akademie. Lesezimmer von 11—1 geöffnet.

Kaiser-Wilhelms-Akademie für das militärärztliche Bildungswesen

Ecke Invaliden- u. Scharnhorststr.

Bestimmungen f. d. Aufnahme d. Studierenden d. Kaiser-Wilhelms-Akademie v. 1. Juni 1907, Berlin, Mittler & Sohn.

Die Kaiser-Wilhelms-Akademie wurde durch Allerhöchste Kabinettsorder vom 2. August 1795 als „Chirurgische Pepinière in Friedenszeiten“ gegründet und dem Generalstabschirurgen Johann Goercke als erstem Direktor unterstellt mit der Bestimmung, zur besseren Organisation des Feldsanitätswesens eine gute Ausbildung des Sanitätspersonals herbeizuführen.

Seit 1811 „Friedrich-Wilhelms-Institut" genannt, war diese seit dem hundertjährigen Stiftungsfest (2. Dezember 1895) den Namen „Kaiser-Wilhelms-Akademie für das militärärztliche Bildungswesen" tragende Anstalt von 1822 bis 1910 in dem ehrwürdigen Gebäude Friedrichstraße 139-141 untergebracht.

Am 10. Juni 1910 wurde der stattliche Neubau der Akademie auf dem Gelände des Invalidenhauses (Ecke Invaliden- und Scharnhorststraße) feierlich eingeweiht und seiner Bestimmung übergeben.

Wenn auch die Hauptbestimmung der Kaiser-Wilhelms-Akademie zurzeit immer noch ist, einen Stamm von durchaus tüchtigen Sanitätsoffizieren für die Armee und Marine heranzubilden (nichtbeteiligt ist daran Bayern) und deren Kenntnisse später durch Fortbildungskurse (früher „Operationskurse" genannt) und durch mehrjährige Kommandierung von 44 Stabsärzten zur Akademie und zu klinischen Instituten zu vertiefen und zu erweitern, so sind doch ihre Aufgaben in den letzten Jahrzehnten bedeutend gewachsen. Besonders hervorgehoben sei die Einrichtung des „Wissenschaftlichen Senats bei der Kaiser-Wilhelms-Akademie" im Jahre 1901, durch den die Mitarbeit von Universitätsprofessoren und aktiven Militärärzten bei der Lösung von Fragen über wissenschaftliche Aus- und Fortbildung der Militärärzte, bei der Abgabe von Gutachten über schwierige Invaliditäts- und militärgerichtliche Fragen, sowie bei der Erforschung und Bekämpfung der Militärkrankheiten gesichert wurde; ferner die wirksame Unterstützung, die den für den Kriegsfall so wichtigen Bestrebungen der „Freiwilligen Krankenpflege" und der „Deutschen Vereine vom Roten Kreuz" von seiten der Akademie zuteil wird. In der 1900 errichteten Sanitätsstatistischen Abteilung wird das außerordentlich reichhaltige Material der Armee wissenschaftlich verarbeitet und verwertet, während das „Medizinische Untersuchungsamt" in seinen drei verschiedenen

Abteilungen der Medizinal-Abteilung des Kriegsministeriums in wissenschaftlichen Fragen zur Seite steht und zugleich an der Lösung anderweitiger wissenschaftlicher Probleme praktisch Anteil nimmt.

Als Lehranstalt verfügt die Kaiser-Wilhelms-Akademie über reichhaltige Sammlungen, die in dem neuen Gebäude in übersichtlicher Weise untergebracht und weiteren Kreisen zugänglich gemacht sind. Einzig in ihrer Art ist die kriegschirurgische Sammlung mit etwa 2500 Knochen- und Weichteil-Präparaten, ferner die historisch interessante Instrumenten-Sammlung; zu erwähnen sind ferner die Modell-Sammlung, die einen Überblick über das Material bei den Sanitätsformationen gestattet, die Anatomische, Arzneimittel- und Physikalische Sammlung; letzterer ist die Sammlung der Deutschen Röntgen-Gesellschaft angegliedert. Die Büchersammlung enthält zurzeit 67000 Bände.

Der nach den Plänen von Cremer und Wolffenstein unter Leitung des Kgl. Baurats Zeyß im friderizianischen Barockstil errichtete Neubau läßt vier Hauptteile unterscheiden: An der Invalidenstraße das „Hauptgebäude", das an der Scharnhorststraße durch das „Hörsaal-", am Landwehrkanal durch das „Laboratorien-Gebäude" mit dem „Wohngebäude für die Studierenden" verbunden ist.

Das Hauptgebäude ist um vier größere Höfe und einen Lichthof errichtet und birgt u. a. die geräumige Aula mit dem die Grundsteinlegung am 10. 6. 1905 darstellenden Ölgemälde Röchlings, die Voraula mit den Marmorbüsten einstiger Angehöriger der Akademie: eines Reichert, Löffler (d. Älteren), v. Helmholtz, R. Virchow und Nothnagel; ferner den Senats-Sitzungssaal mit dem herrlichen Marmorrelief nach Schadow, den großen Festsaal, die Modell-, Anatomische, Instrumenten-, Kriegschirurgische und Arzneimittel- sowie die Bücher-Sammlung, die Sanitätsstatistische und Bakteriologische Abteilung, das Kasino für Sanitätsoffiziere sowie das für die Studierenden, und im Mansardengeschoß Räume für photographische Zwecke, den Turnsaal u. a.

Im Hörsaalgebäude befinden sich außer den Wohnräumen im Erdgeschoß drei verschieden große Hörsäle, das Kaiserzimmer und Arbeitszimmer des Direktors, während das Laboratoriengebäude in seinem Erdgeschoß Wohnräume, darüber u. a. zwei Arbeitsräume und einen Arbeitssaal für chemische Untersuchungen und einen Kurssaal, im Obergeschoß die physikalische Sammlung, einen Unterrichtsraum für Physik und die Sammlung der Deutschen Röntgen-Gesellschaft birgt.

Das um sieben kleinere Höfe und einen größeren Hof (mit dem alten Denkmal des Generalstabschirurgen Cothenius, Leibarztes Friedrichs des Großen) erbaute Wohngebäude der Studierenden enthält nach der Scharnhorststraße zu die Dienstwohnungen des Direktors und des Subdirektors, ferner 300 Zimmer für die Studierenden, zehn möblierte Wohnungen für unverheiratete Stabsärzte sowie Dienstwohnungen. Im Keller sind die Badeeinrichtungen und zwei Karzer untergebracht.

Militärtechnische Akademie

Charlottenburg, Fasanenstr. 87.

Dienstordnung der Militärtechnischen Akademie v. 23. 6. 1904; Lehrordnung der Militärtechnischen Akademie v. 23. 6. 1909. Berlin, Mittler & Sohn.

Errichtet 1. Oktober 1903 und seit 1. April 1907 mit der Vereinigten Artillerie- und Ingenieurschule, die als solche einging, zu einer Anstalt verschmolzen.

Die Militärtechnische Akademie hat die Aufgabe, Offizieren aller Waffen die Gelegenheit zur wissenschaftlichen Ausbildung im Waffen-, Ingenieur- und Verkehrswesen, sowie den Offizieren der Fußartillerie, des Ingenieur- und Pionierkorps und der Verkehrstruppen die Berufsbildung zu gewähren. Zugleich soll sie eine Pflegestätte der militärtechnischen Wissenschaften sein.

Der Lehrkörper setzt sich aus Militär- und Zivillehrern zusammen; die ersteren tragen die militärischen Fächer vor, wie Waffenlehre, Waffenkonstruktionslehre, Ballistik (diese beiden letzteren Fächer nur in den zwei untersten Jahreskursen), Taktik, Festungskrieg, Pionierdienst, Befestigungslehre, Fortifikationszeichnen, Festungsbau, Panzertechnik, Militärelektrotechnik, Kriegsbrückenbau,

Kriegseisenbahnbau, Feldtelegraphen- und Fernsprechwesen, Verkehrswesen im Kriege, Luftschiffwesen, technisches Zeichen. Die Zivillehrer lesen Mathematik, Mechanik, Physik, anorganische, organische und analytische Chemie, Chemie der Explosivstoffe, höhere Ballistik und Waffenkonstruktionslehre in den beiden obersten Jahreskursen, Elemente der Bautechnik, Berechnung von Baukonstruktionen, Wasserbau, Maschinenkunde und verwandte Gebiete. Außerdem hören die Schüler zahlreiche Vorlesungen aller Gebiete auf der Technischen Hochschule. In den Laboratorien der Akademie (physikalisches, chemisches und ballistisches), sowie in denen der Technischen Hochschule wird den Schülern Gelegenheit zu praktischen Arbeiten geboten. — An der Akademie besteht je eine Abteilung für Waffenwesen, Ingenieurwesen und Verkehrswesen. Jede Abteilung umfaßt 4 Jahreskurse; die beiden ersteren werden von allen kommandierten Offizieren besucht, die beiden letzteren gewähren einer kleinen, aus ihnen ausgewählten Zahl hochschulmäßige Ausbildung. — Die Waffenabteilung deckt den Bedarf der Gewehr- und Artillerie-Prüfungskommission, der militärischen Lehranstalten für militärtechnische Fächer, wie Waffenlehre, Ballistik usw., und der Feldzeugmeisterei. In den beiden obersten Jahreskursen erhalten einzelne Offiziere eine Spezialausbildung in der Ballistik und Waffenkonstruktionslehre für technisch besonders schwierige Referate der Artillerie- und Gewehr-Prüfungskommission, für die entsprechenden Lehrfächer der Militärtechnischen Akademie und für die leitenden Stellungen bei den technischen Instituten.

Die beiden untersten Jahreskurse der Ingenieur-Abteilung muß jeder Offizier des Ingenieur- und Pionierkorps besuchen, im 3. Jahreskurs liegt der Schwerpunkt der Ausbildung im Unterricht über Festungsbau und den einschlägigen Zweigen des Bau-Ingenieurwesens, im 4. Jahreskurs wird das Studium des Bau-Ingenieurwesens vertieft und die Möglichkeit zu einer Spezialausbildung im Maschinen- und Elektro-Ingenieurwesen geboten.

Die Verkehrsabteilung vermittelt die Berufsbildung der Verkehrsoffiziere. Die beiden untersten Jahreskurse können auch von Offizieren anderer Waffen besucht werden. Die beiden obersten Jahreskurse decken den Bedarf der Versuchsabteilung der Verkehrstruppen und gewähren Ausbildung im Maschinen- und Elektro-Ingenieurwesen sowie im Brückenbau.

In allen 3 Abteilungen wird die technische Ausbildung durch vielfache Besichtigungen von Übungs- und Schießplätzen, Fabriken, Bauten usw. unterstützt. — Außerdem wird Sprach-, Fecht- und Reitunterricht erteilt. — Im Herbst findet eine etwa zehnwöchige Unterrichtspause statt, die zu Dienstleistungen bei anderen Waffen benutzt wird.

Militär-Veterinär-Akademie

Karlstr. 23a und Hessische Str. 12.

Aus den Studierenden der Akademie ergänzt sich das aktive Veterinär-Offizierkorps. Vor ihrem Eintritt in die Akademie müssen die Studierenden ½ Jahr mit der Waffe gedient, ein weiteres halbes Jahr die Königliche Militär-Lehrschmiede besucht haben. Die Aufnahme erfordert das Reifezeugnis eines Gymnasiums, Real-Gymnasiums oder einer Oberrealschule und findet alljährlich zweimal, am 1. April und 1. Oktober, statt. Die Neueintretenden werden durch den Direktor der Akademie (Veterinäroffizier im Oberstenrang) immatrikuliert. Die Studierenden gehören dann der Armee als Personen des Beurlaubtenstandes an und genießen zusammen mit den Zivilstudierenden Unterricht an der Tierärztlichen Hochschule. Die bei der Akademie befindlichen Inspizienten (Veterinäroffiziere) erteilen ihnen außerdem Ergänzungsunterricht und sind für deren militärische Erziehung und sittliche Führung verantwortlich. Die Dauer des Aufenthaltes in der Akademie richtet sich nach dem Unterrichtsplan der Tierärztlichen Hochschule. Außer einem bakteriologischen und einem Laboratorium für Futtermitteluntersuchungen besitzt die Akademie eine Bibliothek. — Unterricht und Wohnung sind frei; ebenso erhalten die Studierenden die erforderlichen Bücher, Instrumente und ein Taschengeld. Für jedes Jahr Aufenthalt in der Akademie hat der Studierende zwei Jahre Dienstverpflichtung bei der Truppe.

Königlich Preußische Akademie der Wissenschaften

Potsdamer Str. 120.

A. Harnack, Geschichte der Königlich Preußischen Akademie der Wissenschaften. Berlin 1900. 3 Bde.

Die Akademie ist am 11. Juli 1700 von König Friedrich I. als „Sozietät der Wissenschaften" gegründet und 1744 von Friedrich dem Großen als „Akademie der Wissenschaften" reorganisiert worden.

Sie ist in zwei Klassen für die physikalisch-mathematischen und die philosophisch-historischen Wissenschaften geteilt. Die Geschäfte der Akademie führen 4 beständige Sekretare. Die Mitglieder der Akademie, die auf Antrag von ordentlichen Mitgliedern einer Klasse von der Gesamtakademie gewählt und, abgesehen von den korrespondierenden Mitgliedern, vom Könige bestätigt werden, sind ordentliche, auswärtige, Ehren- und korrespondierende Mitglieder. Die Sitzungen der Akademie finden Donnerstags statt, während des August, September und der ersten Hälfte des Oktober sind Ferien. Die „Friedrichssitzung" Ende Januar, als Erinnerung an Friedrich den Großen und gleichzeitig als Geburtstagsfeier für Kaiser Wilhelm II., und die „Leibniz-Sitzung" Anfang Juli sind öffentliche Festsitzungen, die einem größeren Publikum zugänglich sind. Die Akademie führt wissenschaftliche Unternehmungen entweder selbst aus, oder sie unterstützt sie mit ihren Mitteln oder durch die bei ihr errichteten Stiftungen (Humboldt-Stiftung, Savigny-Stiftung, Steinersche Stiftung, Bopp-Stiftung, Charlotten-Stiftung für Philologie, Diez-Stiftung, Graf-Loubat-Stiftung, Helmholtz-Stiftung, Eduard-Gerhard-Stiftung, Wentzel-Stiftung, Akademische Jubiläumsstiftung der Stadt Berlin, Paul Rießsche Stiftung, Theodor-Mommsen-Stiftung, Adolf-Salomonsohn-Stiftung, Carl-Güttler-Stiftung) und gibt Abhandlungen und Sitzungsberichte heraus. Zurzeit ist die Akademie in der Potsdamer Straße 120 untergebracht, bis sie an ihre alte Stelle, Unter den Linden, zwischen Charlotten- und Universitätsstraße, nach Vollendung des Neubaus zurückkehren kann.

Die Bibliothek der Akademie ist im wesentlichen beschränkt auf Schriften der Akademien und gelehrten Gesellschaften und einiger größerer gelehrten Institute; erstrebt wird eine möglichst vollständige Sammlung der Schriften und Biographien der ordentlichen und auswärtigen Mitglieder der Berliner Akademie.

Königliche Akademie der Künste

Pariser Platz 4.

Die unter dem Allerhöchsten Protektorat Seiner Majestät des Kaisers und Königs stehende Königliche Akademie der Künste ist eine der Förderung der bildenden Künste und der Musik gewidmete Staatsanstalt. An ihrer Spitze steht der Präsident, ihr Kurator ist der Minister der geistlichen, Unterrichts- und Medizinal-Angelegenheiten.

Sie wurde im Jahre 1696 durch den Kurfürsten Friedrich III. als erste in Deutschland und nach denen in Rom und Paris als dritte dieses Ranges in Europa begründet.

Als ein vorläufiges Unterkommen wies ihr der Kurfürst Räume im Gebäudekomplex seines neuen Marstalls auf der Dorotheenstadt an, wo sie über 200 Jahre im Verein mit der 1700 begründeten Akademie der Wissenschaften verblieb.

Unter der Regierungszeit König Friedrichs II. wurde die Akademie reorganisiert; der Minister von Heinitz führte die Neuordnung der Akademie der Künste durch, welche in der Hauptsache durch das Statut von 1790 die Grundlage für die gegenwärtige Gestaltung schuf. Eine bedeutsame Neueinrichtung war die der akademischen Kunstausstellungen, deren erste im Jahre 1786 in den Räumen der Akademie veranstaltet wurde.

Im Jahre 1833 wurde die Musiksektion der Akademie der

Künste begründet. Im Jahre 1869 wurde die akademische Hochschule für Musik errichtet und ebenfalls an die Akademie der Künste angegliedert. Ein neues (provisorisches) Statut erhielt die Akademie im Jahre 1875. Dies wurde durch das am 19. Juni 1882 genehmigte Statut der Akademie der Künste ersetzt.

Die Akademie der Künste hat seit dem Jahre 1907 ein neues Dienstgebäude in dem umgebauten und durch geräumige Ausstellungsräume erweiterten Palais Arnim am Pariser Platz erhalten, während die akademischen Unterrichtsanstalten seit 1903 in neu errichteten Monumentalbauten in Charlottenburg untergebracht sind.

Nach der gegenwärtigen Organisation umfaßt die Akademie a) den Senat, b) die Genossenschaft der Mitglieder und c) eine Reihe von akademischen Unterrichtsanstalten auf dem Gebiete der bildenden Kunst und Musik. Die Akademie besitzt die Rechte einer juristischen Person.

Der Präsident der Akademie wird vom Senat aus der Zahl der der Akademie als ordentliche Mitglieder angehörigen Senatoren unter Vorbehalt der Bestätigung des Königs auf ein Jahr gewählt. Wiederwahl ist zulässig, doch muß nach dreijähriger Amtszeit ein Wechsel eintreten.

Dem Präsidenten stehen zwei ständige Sekretäre der Akademie zur Seite, die auf Antrag des Ministers vom König ernannt werden.

Der Senat ist technische Kunstbehörde und künstlerischer Beirat des Ministers. Er ist berufen, das Kunstleben zu beobachten und Anträge im Interesse desselben an den Minister zu stellen, beziehungsweise mit seinem Gutachten zu übermitteln. Er beschließt über die Angelegenheiten der Akademie als juristische Person und über ihre Verwaltung.

Der Senat der Akademie zerfällt in zwei Sektionen, eine für die bildenden Künste und eine für Musik.

Die Mitglieder der Akademie gliedern sich in Ordentliche Mitglieder und in Ehrenmitglieder.

Die Ordentlichen Mitglieder bilden eine Genossenschaft, die sich durch Wahl aus hervorragenden hiesigen und auswärtigen Künstlern nach Maßgabe der Bestimmungen des Statuts ergänzt. Sie scheidet sich wie der Senat in eine

Sektion für die bildenden Künste und in eine Sektion für Musik, von denen jede ihren Vorsitzenden und dessen Stellvertreter aus ihrer Mitte auf je ein Jahr wählt. Zu Ehrenmitgliedern der Akademie können hervorragende Künstlerinnen und auch Personen, die, ohne Künstler zu sein, sich um die Akademie oder die Kunst im allgemeinen Verdienste erworben haben, gewählt werden. Die Ehrenmitglieder nehmen an den Rechten und Pflichten der Ordentlichen Mitglieder nicht teil.

AKADEMISCHE UNTERRICHTSANSTALTEN.

Die mit der Akademie der Künste verbundenen Unterrichtsanstalten, die ihre eigene Verwaltung besitzen, gliedern sich folgendermaßen:

A. Für die bildenden Künste:

1. Die Akademische Hochschule für die bildenden Künste

Charlottenburg, Hardenbergstr. 33.

Aufgabe dieser Hochschule ist, eine allseitige Ausbildung in den bildenden Künsten und ihren Hilfswissenschaften, wie sie der Maler, Bildhauer, Architekt, Kupferstecher, Holzschneider usw. bedarf, und die spezielle Vorbildung für die selbständige Ausübung der einzelnen Zweige der bildenden Kunst zu geben.

Sie steht unter einem Direktor, der ausübender Künstler sein muß und auf Antrag des Ministers von dem Könige ernannt wird. Zur Aufnahme sind erforderlich: die Vollendung des 17. Lebensjahres, der Nachweis der Berechtigung zum einjährig-freiwilligen Dienst und das Bestehen einer Aufnahmeprüfung, die zeigen soll, ob der Aufzunehmende die für ein erfolgreiches Studium der Kunst genügende Begabung und die dazu nötigen Fertigkeiten und Vorkenntnisse besitzt. Die Meldung zur Aufnahmeprüfung hat persönlich im Sekretariat zu geschehen, Minderjährige müssen die schriftliche Einwilligung des Vaters oder Vormundes vorlegen. Die Immatrikulation erfolgt auf 3 Jahre und kostet 20 M.; das Honorar für das Semester beträgt 60 M.

2. Die akademischen Meisterateliers

Charlottenburg, Hardenbergstr. 33.

Es sind an solchen vorhanden: drei für Malerei, zwei für Bildhauerei, zwei für Architektur, eins für Kupferstich. Sie haben die Bestimmung, den in sie aufgenommenen Schülern Gelegenheit zur Ausbildung bzw. Weiterbildung in selbständiger künstlerischer Tätigkeit unter unmittelbarer Anleitung und Aufsicht eines Meisters zu geben. Jedes Atelier steht unter selbständiger Leitung eines ausübenden Künstlers, der vom vorgesetzten Minister angestellt wird und diesem verantwortlich ist. Über die Aufnahme, die in der Regel nur zu Beginn des Vierteljahrs stattfindet, entscheidet der zuständige Meister. Die Immatrikulationsgebühr beträgt 20 M., das Jahreshonorar 120 M.

B. Für die Musik:

1. Die Akademische Hochschule für Musik

Charlottenburg, Fasanenstr. 1.

Sie bezweckt einesteils die allseitige höhere Ausbildung für sämtliche Gebiete der Musik, andernteils die Veranstaltung musikalischer Aufführungen unter Verwertung der von ihr ausgebildeten Kräfte. Sie zerfällt in vier Abteilungen: für Komposition, für Gesang, für Orchesterinstrumente, für Klavier und Orgel. Die akademische Hochschule für Musik steht unter einem Direktorium, das sich zurzeit aus den Vorstehern der vier Abteilungen zusammensetzt. Der Vorsitzende dieses Direktoriums führt seit 1895 den Titel „Direktor".

Zur Aufnahme sind erforderlich: das Zeugnis der Berechtigung für den einjährig-freiwilligen Dienst, der Nachweis des vollendeten 16. Lebensjahres und einer für die Ausbildung in der Hochschule genügenden musikalischen Begabung und Vorbildung, die durch eine besondere Aufnahmeprüfung erwiesen wird, und bei Minderjährigen die schriftliche Einwilligung des Vaters oder Vormundes. Das Honorar beträgt für das Semester: für die Schüler der Gesangsabteilung 150 M., für den Unterricht im Spiel eines Blasinstrumentes oder des Kontrabasses 75 M., im Violin-, Violoncell-, Harfenspiel 120 M., in den Abteilungen für Komposition und für Klavier und Orgel 120 M.

Der akademischen Hochschule für Musik angegliedert ist die seit 1888 angelegte sehr reichhaltige „Kgl. Sammlung alter Musikinstrumente“, die als Lehrmittel sowohl für praktische wie wissenschaftliche Zwecke dient und einem besonderen Verwalter unterstellt ist.

2. Die Akademischen Meisterschulen für musikalische Komposition

Charlottenburg, Fasanenstr. 1.

F. Gernsheim, Die Meisterschulen f. musikalische Komposition in: Berliner Akadem. Wochenschrift, Jg. 1, 1906-07, S. 265 f.

Sie haben die Bestimmung, den in sie aufgenommenen Schülern Gelegenheit zur weiteren Ausbildung in der Komposition unter unmittelbarer Leitung eines Meisters zu geben. Jede Meisterschule steht unter selbständiger Leitung eines Komponisten. Die Studierenden sind in der Wahl des Meisters frei. Sie melden sich bei dem Meisterschulvorsteher ihrer Wahl, der sie prüft und über die Aufnahme entscheidet. Zur Aufnahme ist erforderlich: entschiedene Begabung zur Komposition, gründliche theoretische Kenntnisse; Fertigkeit im figurierten Satz, dem einfachen und doppelten Kontrapunkt; Beherrschung der Fuge. Es soll damit nicht ausgesprochen sein, daß Übungen im Kontrapunkt, in Kanon und Fuge vom Unterricht in der Meisterschule ausgeschlossen seien; der Hauptzweck des Instituts ist und bleibt aber die Kunst der freien Komposition jeder Gattung. Der Eintritt in die Meisterschulen ist weder an eine bestimmte Nationalität noch an Geschlecht gebunden; für den Unterricht wird bis auf weiteres kein Honorar erhoben. Eine Einschreibegebühr von 20 M. berechtigt zu einem dreijährigen Studium, insofern der Studierende keinen Anlaß gibt, ihn vor dieser Zeit zu entlassen. Talentvollen und bedürftigen Schülern können auf Vorschlag ihres Meisters aus dem etatsmäßig dafür bestimmten Fonds Unterstützungen zunachst auf ein Halbjahr und bei andauerndem Fleiß und sichtlichen Fortschritten auch weiterhin bewilligt werden. Desgleichen können den Studierenden Prämien für hervorragende Leistungen zuerkannt werden.

Von Zeit zu Zeit finden, sofern die Meisterschulvorsteher es für zweckmäßig erachten, sowohl Probeaufführungen als auch öffentliche Aufführungen von Arbeiten der Meisterschüler statt.

Letzteren ist der unentgeltliche Zutritt zu den an der Kgl. Akademischen Hochschule für Musik stattfindenden Aufführungen sowie der Besuch der musikwissenschaftlichen Vorträge an demselben Institute gestattet.

3. Das Akademische Institut für Kirchenmusik
Charlottenburg, Hardenbergstr. 36.

Dieses hat den Zweck, Organisten, Kantoren, Chordirigenten wie auch Musiklehrer für höhere Lehranstalten, insbesondere für Schullehrer-Seminare, auszubilden. An der Spitze des Instituts steht ein Direktor. Lehrgegenstände sind: Orgel-, Klavier- und Violinspiel, Harmonielehre, Kontrapunkt und Formenlehre, Partiturspiel, Gesang, Liturgik, Direktionsübung und Musikgeschichte, Orgelstruktur sowie Gregorianischer Gesang. Die Aufnahme in das Institut gilt in der Regel nur für ein Jahr; doch kann bei besonderem Fleiß oder bei besonders hervorragendem Talent die Studienzeit nach Umständen verlängert werden. Um aufgenommen zu werden, haben die Bewerber ein Gesuch bei dem Ministerium der geistlichen, Unterrichts- und Medizinal-Angelegenheiten einzureichen. Dem Gesuche ist außer einem Lebenslauf und dem Nachweis, daß der Bewerber seinen Unterhalt aus eigenen Mitteln zu bestreiten vermag, ein Zeugnis über die bestandene erste Volksschullehrerprüfung oder über den Besuch der Sekunda einer höheren Lehranstalt beizufügen, ferner ein Zeugnis über die musikalische Befähigung und Vorbildung. Der Bewerber darf nicht unter 18 Jahre alt sein und das 30. Lebensjahr noch nicht überschritten haben. Die Gesuche sind für das Sommersemester bis zum 15. November des verflossenen Jahres, für das Wintersemester bis zum 15. Mai des laufenden Jahres einzureichen. Jeder Bewerber hat sich außerdem in einer Prüfung vor dem Lehrerkollegium des Instituts über seine musikalische Vorbildung auszuweisen. Hierbei wird verlangt im Klavierspiel: eine durch Fingerübungen, Tonleitern und Etüdenspielen bis zum korrekten Vortrage einer Sonate von Mozart oder Clementi ausgebildete Hand; im Orgelspiel: Fertigkeit im Choralspielen mit obligatem Pedal, der Vortrag leichter Tonstücke sowie Erfindung von einfachen Vor- und Zwischenspielen; im Violinspiel: der Vortrag von leichteren Etüden und Kenntnis der ersten drei Lagen; in der Harmonielehre: Kenntnis der Akkorde und ihre Behandlung, korrekte vierstimmige Harmonisierung einer Choralmelodie mit und ohne gegebenen Baß; im Gesange: reine und korrekte Ausführung von Tonleitern, Chorälen und Liedern mit und ohne Begleitung.

Die Zahl der ordentlichen Zöglinge, die an allen Gegenständen des Unterrichts teilnehmen dürfen, beträgt 30. Außerdem können 6 Hospitanten dem theoretischen Unterricht und dem Gesangunterricht beiwohnen.

Der Unterricht ist in allen Lehrgegenständen unentgeltlich.

Von der Tätigkeit der Akademie der Künste im öffentlichen Kunstleben legen besonders die von ihr in ihren Räumen veranstalteten großen Kunstausstellungen Zeugnis ab. In den letzten Jahren fanden vornehmlich folgende Ausstellungen statt: 1. eine große internationale Mitgliederausstellung 1907, 2. die Ausstellung von Werken älterer englischer Kunst 1908, 3. die Ausstellung chinesischer Gemälde 1908, 4. eine Sonderausstellung von Werken Joh. Gottfried Schadows und von Werken der Mitglieder der Akademie 1909, 5. die Ausstellung von Werken französischer Kunst des 18. Jahrhunderts 1910, 6. eine Ausstellung amerikanischer Malerei 1910.

Die Akademie besitzt reichhaltige Bibliotheken auf dem Gebiete der bildenden Kunst und der Musik. In der Erfüllung ihrer Aufgaben wird die Akademie der Künste durch die Einrichtung zahlreicher Stiftungen wesentlich unterstützt. Ein Verzeichnis dieser Stiftungen ist in den Berliner Akademischen Nachrichten, Jg. 4, Nr. 22, 1910, abgedruckt.

Sonstige wissenschaftliche Staats- und Reichsanstalten

Königlich Preußisches Aeronautisches Observatorium

Lindenberg, Kreis Beeskow-Storkow.

1900 als eine Abteilung des Königlichen Meteorologischen Instituts am Tegeler Schießplatze bei Berlin errichtet und 1905 als selbständiges Observatorium nach Lindenberg, Kreis Beeskow-Storkow, 65 km südöstlich von Berlin verlegt, ist es auf einem die weitere Umgebung beherrschenden Hügel, einer alten Gletscher-Erdmoräne, in 122 m Höhe über NN aufgebaut. Es besteht aus einem drehbaren Windenhause auf dem Gipfel des Hügels, von dem aus Drachen und gefesselte Ballons an Stahldrähten emporgelassen werden; ein 10 pferdiger Gleichstrom-Elektromotor besorgt das Auslassen und Einwinden des Drahtes. Die gebräuchliche Drachenform ist die des von Hargrave angegebenen Kastendrachens von 4—7 qm Fläche. Zur Erreichung größerer Höhen werden mehrere Drachen übereinander an demselben Fesseldraht befestigt: die größte bisher erreichte Höhe beträgt 6500 m, wozu 15 000 m Draht erforderlich waren. Bei windschwachem Wetter werden gefirnißte Seidenballons von 20 cbm Inhalt, mit selbsterzeugtem elektrolytisch gewonnenem Wasserstoffgas gefüllt, aufgelassen, mit denen ebenfalls Höhen von mehr als 6000 m erreicht worden sind. In dem Drachen oder unterhalb des Ballons ist ein Registrierapparat angebracht, der den Luftdruck, die Temperatur, die Feuchtigkeit und die Windgeschwindigkeit auf einer rotierenden Trommel aufschreibt. Solche Aufstiege werden seit 7 ½ Jahren mindestens einmal täglich in den Stunden von 8 bis 12 Uhr vormittags ausgeführt, im Sommer außerdem ein Frühaufstieg um 5 oder 6 Uhr, dessen Resultate telegraphisch an 10 deutsche Wetterdienststellen gemeldet werden, wo sie bei der Witterungsprognose Verwendung finden.

Außerdem werden, besonders an den internationalen Aufstiegstagen, deren allmonatlich einer oder mehrere stattfinden, Aßmannsche Gummiballons von 3—5 cbm Inhalt mit Registrierapparaten emporgelassen, die Höhen von 20 bis 25 000 m erreichen. Die geschlossen aufsteigenden Ballons vergrößern gemäß der abnehmenden Luftdichte ihr Volumen und behalten deshalb ihre Aufstiegsgeschwindigkeit so lange bei, bis sie platzen: der Apparat wird durch einen Fallschirm zur Erde getragen, oder man verwendet 2 Ballons, deren einer schwächer mit Gas gefüllt ist und deshalb nicht platzt. Die Apparate werden in den meisten Fällen in 50-100 km Entfernung unbeschädigt wiedergefunden. Ferner werden alltäglich, wenn es die Himmelsbedeckung gestattet, kleinere Gummiballons, Pilotballons genannt, emporgeschickt, deren Ortsveränderungen mittels eines oder mehrerer Theodoliten verfolgt werden; sie lassen die Windrichtung und Geschwindigkeit in den verschiedenen Höhen erkennen.

Die Windbeobachtungen finden weitgehende praktische Anwendung bei den Ballonfahrten der Luftschiffervereine sowie bei den Fahrten lenkbarer Luftschiffe. Das Observatorium hat einen besonderen Dienst hierfür eingerichtet, der auch an Sonn- und Festtagen in Tätigkeit ist.

Das Observatorium ist mit einem Kostenaufwande von 500 000 M erbaut und hat einen Jahresetat von fast 100 000 M. Außer dem Direktor sind 4 wissenschaftliche Beamte, darunter 2 Observatoren tätig; außerdem 2 Bureaubeamte, 2 Mechaniker, 2 Maschinisten, 4 Aufstiegsbeamte u. a. m. Es gibt jährlich einen Band „Ergebnisse der Arbeiten“ heraus, außerdem noch Berichte über Expeditionen wie die im Jahre 1908 unter Bersons Leitung nach Ostafrika und dem Viktoria-Nyanza ausgeführte.

Königliches Astrophysikalisches Observatorium

Auf dem Telegraphenberg bei Potsdam.

Das Königliche Astrophysikalische Observatorium bei Potsdam. Berlin, Mayer & Müller, 1890.

Zweck: Erforschung der chemischen und physikalischen Natur der Himmelskörper. Das Institut bildet gleichsam ein großes Laboratorium, dessen Untersuchungsobjekte durch die Fülle der Gestirne gegeben sind. Dreiflügliges Gebäude, im Erdgeschoß Arbeitszimmer der Astronomen, Bibliothek, Sammlungen und Laboratorien für spektroskopische und photographische Untersuchungen und Experimente. Astronomische Beobachtungsinstrumente: ein Refraktor von 29,8 cm Öffnung und 5,4 m Brennweite, mit Schröderschem Objektiv und Repsoldscher Montierung in der Mittelkuppel, ein Refraktor mit Steinheilschem Objektiv von 30 cm Öffnung und 3,6 m Brennweite in der westlichen, und ein kleineres Doppelfernrohr in der östlichen Kuppel. Im Anbau ein Photoheliograph, mit welchem Sonnenaufnahmen hergestellt werden. Auf einem Hügel westlich vom Hauptgebäude ein photographischer Refraktor von 32,5 cm Öffnung und 3,4 m Brennweite mit einem Leitfernrohr von 23 cm Öffnung und 3,4 m Brennweite für spektrographische Arbeiten. Das größte Instrument, ein Doppelfernrohr von 80 cm und 50 cm Objektivöffnung in einer großen Mittelkuppel, Beobachtungsstuhl mit elektrischem Betrieb. Westl. von der großen Kuppel Wohnhaus des Observators mit plattem teilweise als Gewölbe konstruiertem Dach, auf dem mittels eines Heliostaten Beobachtungen an der Sonne ausgeführt werden. Mit dem Spektroheliographen werden monochromatische Bilder der Sonne aufgenommen.

Lehrzwecke verfolgt das Institut nicht; jedoch kann in besonderen Fällen jungen Gelehrten gestattet werden, sich vorübergehend dort aufzuhalten, um sich mit dem Arbeitsgebiet des Instituts vertraut zu machen.

Für den öffentlichen Besuch ist es jeden Freitag Nachmittag von 3 bis 6 Uhr geöffnet; zu anderer Zeit darf es nur mit besonderer Genehmigung des Direktors besichtigt werden.

Physikalisch-Technische Reichsanstalt

Charlottenburg, Marchstr. 25.

Untersteht dem Reichsamt des Innern. 1887 wurde die Anstalt unter der Leitung von Hermann v. Helmholtz zunächst in provisorischen Räumen eröffnet, 1890 konnte das definitive Dienstgebäude der ersten Abteilung, 1897 das der zweiten bezogen werden. Die Geschäftsordnung weist der ersten Abteilung die Ausführung von physikalischen Untersuchungen und Messungen zu, welche in erster Linie die Lösung wissenschaftlicher Probleme von großer Tragweite und Wichtigkeit in theoretischer oder technischer Richtung bezwecken und einen größeren Aufwand an instrumentaler Ausrüstung, Material, Arbeitszeit der Beobachter und Rechner erfordern, als der Regel nach von Privatleuten oder Unterrichtsanstalten aufgeboten werden kann. Ein großer Teil der dieser Bestimmung gemäß gelösten Aufgaben beansprucht ein erhebliches praktisches Interesse, z. B. haben die Arbeiten über die Strahlungsgesetze zur radiometrischen Messung hoher Temperaturen geführt und die Untersuchungen über die Eigenschaften der Gase und Dämpfe die experimentellen Grundlagen für die Theorie der Dampfmaschinen und Explosionsmotoren vervollständigt. Die zweite Abteilung hat die Aufgabe, die Ergebnisse der Forschung nach der technischen Seite hin weiter zu bilden und für die Präzisionstechnik nutzbar zu machen. Dies geschieht einerseits durch die Ausführung von Untersuchungen, welche die Vervollkommnung der Meßmethoden und Meßinstrumente zum Ziel haben, und andererseits durch die Untersuchung von Materialien und Fabrikaten sowie durch die amtliche Prüfung und Beglaubigung von Meßapparaten. Dahin gehören Längen- und Kreisteilungen (soweit erstere nicht unter die Maß- und Gewichtsordnung fallen), Schraubengewinde, Umdrehungszähler, Stimmgabeln, elektrische Widerstände, Normalelemente, Strom- und Spannungsmesser, Elektrizitätszähler, Wellenmesser für drahtlose Telegraphie, Photometer, Hefnerlampen, Saccharimeter, Polarisationsapparate, Manometer, Barometer, Thermometer, Pyrometer, Petroleumprober und dergl. Die sachverständige Aufsicht über die wissenschaftliche und technische Tätigkeit der Anstalt führt ein Kuratorium, welches aus Physikern und Technikern der verschiedenen Bundesstaaten zusammengesetzt ist und jährlich einmal zusammentritt.

Die Arbeiten werden in den „Wissenschaftlichen Abhandlungen der Physikalisch-Technischen Reichsanstalt“ und in den allgemeinen Fachzeitschriften veröffentlicht. In der Zeitschrift für Instrumentenkunde erscheint jährlich ein Bericht über die Tätigkeit der Anstalt, deren Umfang sich danach abschätzen läßt, daß zurzeit 45 wissenschaftliche Beamte beschäftigt werden, wozu an technischen Beamten und Mechanikern sowie an Bureau-, Kanzlei- und Unterbeamten noch 87 Personen kommen.

Königliches Materialprüfungsamt der Technischen Hochschule zu Berlin

Groß-Lichterfelde West, Potsdamer Chaussee 87.

Das Amt ist aus der Vereinigung der Königl. Mechanisch-Technischen Versuchsanstalt und der Königl. Chemisch-Technischen Versuchsanstalt hervorgegangen, denen die Zentralstelle für textil-technische Prüfungen angegliedert wurde. Es hat die Aufgabe: a) die Verfahren, Maschinen, Instrumente und Apparate für das Materialprüfungswesen im öffentlichen Interesse auszubilden und zu vervollkommnen, b) die Prüfung von Materialien und Konstruktionsteilen auszuführen und über den Befund amtliche Zeugnisse und Gutachten auszustellen 1. im öffentlichen oder wissenschaftlichen Interesse aus eigenen oder durch Auftraggeber zur Verfügung gestellten Mitteln, 2. gegen Bezahlung nach der Gebührenordnung, c) auf Verlangen beider Parteien als Schiedsrichter in Streitfragen über die Prüfung und Beschaffenheit von Materialien und Konstruktionsteilen der Technik zu entscheiden, d) Unterricht und Übungen für die Studierenden der Technischen Hochschule abzuhalten, e) die Ausbildung von jungen Leuten aus der Praxis im Materialprüfungswesen vorzunehmen, f) die Sonderforschung auf bestimmten Gebieten durch Gewährung der Mitbenutzung von Einrichtungen an fremde Forscher zu unterstützen.

Das Amt umfaßt 3 mechanische Abteilungen (1. für Metallprüfung, 2. für Baumaterialprüfung, 3. für papier- und textiltechnische Prüfungen) und 3 chemische Abteilungen (1. für Metallographie, 2. für allgemeine Chemie, 3. für Ölprüfung).

Königliche Geologische Landesanstalt

Invalidenstr. 44

wurde im Jahre 1873 mit dem Zweck gegründet, die geologische Durchforschung des gesamten Gebietes der Preußischen Monarchie sowie einer Anzahl angeschlossener benachbarter Bundesstaaten auszuführen. Sie besitzt mit der Königlichen Bergakademie ein gemeinschaftliches Dienstgebäude, gemeinschaftliche Kassenverwaltung und Bibliothek, ist aber im übrigen seit dem Jahre 1907 von ihr getrennt. An ihrer Spitze steht ein Direktor, dem 2 Abteilungsdirigenten, 14 Landesgeologen, 3 Kustoden, 16 Bezirksgeologen, 26 außeretatsmäßige Geologen, 6 Chemiker nebst dem erforderlichen Zeichner-, Verwaltungs- und Unterbeamtenpersonal unterstehen.

Der genannte Zweck der Anstalt wird in erster Linie durch die den Sommer über währenden geologischen Feldesaufnahmen der wissenschaftlichen Beamten und die im Winter sich anschließende Durcharbeitung der gewonnenen Resultate erreicht. Neben dieser rein wissenschaftlichen Arbeit geht eine umfangreiche praktisch-geologische Betätigung einher, indem vielfach bei der Aufsuchung nutzbarer Lagerstätten, wie Kohlen, Erze, Salze, Petroleum, ferner bei Wasserversorgungen, Eisenbahn- und Kanalbauten, bei der Nachweisung von Baumaterialien oder landwirtschaftlicher Meliorationsmittel, bei der Beschaffung von Mineraliensammlungen für Schulen usw. Rat erteilt wird. Für Angehörige bestimmter anderer Berufsstände werden jährliche geologische Lehrkurse abgehalten. Eine Reihe von Geologen ist mit Vorlesungen an hiesigen Hochschulen, namentlich an der Königlichen Bergakademie, betraut.

Die bei den geologischen Aufnahmen gesammelten Belegstücke werden in dem dem Publikum zugänglichen Landesmuseum vereinigt. Für bestimmte Aufgaben dienen besondere, zum Teil mit Spezialsammlungen versehene Archive, so die Paläobotanische Abteilung für das Studium fossiler Pflanzen, das Montanarchiv zur Lösung bergwirtschaftlicher Aufgaben, das Archiv für Seenkunde für die Erforschung der Binnenseen, das für Heilquellen und Wasserversorgung für die wesentlich praktischen Fragen dieser Gebiete, das Bohrarchiv für die Aufsammlung von Tiefbohrproben, das Kolonialmuseum für die Geologie der Kolonien.

Die Ergebnisse der Landesaufnahme werden in einer geologischen Spezialkarte im Maßstabe 1 : 25 000 nebst Erläuterungen niedergelegt, von der bis jetzt etwa 800 Blätter veröffentlicht sind. Nach Bedürfnis werden diese zu Karten in kleinerem Maßstab (1 : 100000 oder 1 : 200000) vereinigt. Als wissenschaftliches Publikationsorgan dient das „Jahrbuch der Königlichen Geologischen Landesanstalt“, das neben einem amtlichen Teil Arbeiten der Geologen der Anstalt und einiger auswärtiger Mitarbeiter enthält. Umfangreichere Arbeiten werden in besonderen „Abhandlungen“ niedergelegt. Als laufende Veröffentlichungen erscheinen: das „Archiv für Lagerstättenkunde“, die „Ergebnisse von Tiefbohrungen“, „Jährliche Verzeichnisse über die geologische Literatur Deutschlands“, „Geologisch-agronomische Beschreibungen kleinerer Lehrfelder für Landwirtschaftsschulen“.

Sämtliche Veröffentlichungen sind durch die Vertriebsstelle der Königlichen Geologischen Landesanstalt käuflich zu beziehen.

Das im ersten Stock der Geologischen Landesanstalt in 8 Sälen untergebrachte Geologische Landesmuseum will die Gesteine und Versteinerungen der Bodenbildungen des preußischen Staates in systematischer Folge veranschaulichen. Der Besuch des Museums ist nur in Begleitung eines Kustoden zugänglich.

Königliches Geodätisches Institut und Zentralbureau der Internationalen Erdmessung

Potsdam, Telegraphenberg.

Im Zusammenhange mit der von General Baeyer begründeten Mitteleuropäischen Gradmessung, die sich seitdem zur Internationalen Erdmessung erweitert hat, wurde das Königliche Geodätische Institut in Berlin als Zentralbureau jener Vereinigung und als preußische Anstalt zur Pflege der Geodäsie ins Leben gerufen. Nach Baeyers Tode trat Prof. Dr. Helmert an seine Spitze, und das Institut erhielt 1891 auf dem Telegraphenberge bei Potsdam neben dem Astrophysikalischen Observatorium ein eigenes Gebäude mit Räumlichkeiten, die für wissenschaftliche, insbesondere Beobachtungszwecke in ausgezeichneter Weise ausgestattet sind. Die Beobachtungen und Messungen beschränken sich aber nicht auf das Potsdamer Observatorium, in dem die vorbereitenden Untersuchungen der Instrumente und Methoden stattfinden, sondern umfassen das ganze Landesgebiet und überschreiten z. B. bei telegraphischen Längenbestimmungen seine Grenzen, um Verbindungen mit den benachbarten Ländern herzustellen. Während die Königliche Landesaufnahme die Dreiecksmessungen in Preußen durchgeführt und zum größten Teil vollendet hat, wurden von seiten des Instituts astronomische Bestimmungen der Länge (an Zahl etwa 60), der Breite (200) und der Meridianrichtung (70) in zahlreichen Punkten des Netzes und zu besonderen Zwecken an ausgewählten Punkten vorgenommen. Mehrere Grundlinien wurden teils mit dem Platin-Iridium-Stab des Instituts, teils mit Invardrähten, meist in Gemeinschaft mit der Landesaufnahme ausgemessen. Auf zahlreichen, über die Grenzen Deutschlands hinausreichenden Beobachtungsplätzen (an Zahl etwa 230) wurden durch invariable Pendel die Unterschiede der Schwerkraft gegen ihren Wert in Potsdam ermittelt, wo andererseits eine mit Berücksichtigung aller Fehlerquellen durchgeführte Bestimmung des absoluten Wertes der Schwerkraft vollendet wurde. Durch Übertragung, wiederum mit invariabeln Pendeln, wurde eine Vergleichung mit anderen absoluten

Bestimmungen im Auslande erhalten. Die durch das Fehlen von Schwerkraftsmessungen auf dem meerbedeckten Teile der Erdoberfläche vorhandene Lücke konnte durch barometrische und hypsometrische Methoden bei Fahrten über den Atlantischen und Stillen Ozean und auf dem Schwarzen Meere verringert werden. An den Küsten der Nord- und Ostsee werden durch 10 registrierende Pegel fortlaufend die Wasserstände aufgezeichnet, um daraus die mittlere Lage und die Schwankungen des Meeresspiegels zu ermitteln.

Messungen von Zenitdistanzen dienten dazu, die Höhenlage verschiedener küstennaher Inseln zu bestimmen und über die Strahlenbrechung in der Atmosphäre Aufschluß zu gewinnen. In dem mit dem Institut verbundenen seismologischen Observatorium werden die Erdbeben fortdauernd durch ein Horizontalpendel und ein astatisches Vertikalpendel aufgezeichnet. Mit einem in einem Brunnenschacht aufgestellten Horizontalpendel gelang es auch, die geringen periodischen Hebungen und Senkungen der Erdscholle festzustellen, die durch die Anziehung des Mondes und der Sonne verursacht werden.

Dieser beobachtenden Tätigkeit und ihrer Verwertung, die in der Hauptsache auf Deutschland beschränkt bleibt, steht die zusammenfassende theoretische und rechnerische Bearbeitung der Messungen und Ergebnisse aller bei der Internationalen Erdmessung vereinigten Länder gegenüber, die insbesondere dem Zentralbureau obliegt. Das große Unternehmen der Struveschen Parallelbogenmessung von England bis zum Ural ist zur abschließenden Bearbeitung gelangt. Verschiedene Meridianbogen sind der Berechnung unterworfen und haben die Krümmungsverhältnisse des Erdkörpers auf unserm Kontinent klargelegt. Ein einheitliches Lotabweichungssystem für Europa konnte aufgestellt werden, und die Schwerkraftsmessungen sind in eine Formel zusammengefaßt worden, die bis auf regionale Störungen die normale Schwerkraft für alle Punkte der Erdoberfläche zu berechnen gestattet. Auf der nördlichen und zeitweise auch auf der südlichen Halbkugel ist ein Kranz von Beobachtungsstationen in derselben geographischen Breite eingerichtet worden, welche die Überwachung der Schwankungen der Erdachse im Erdkörper besorgen. Ihre fortlaufende Berechnung im Institut hat die Kurve der Bewegung des Poles gezeigt, der in eigentümlichen Spiralen um seine mittlere Lage wandert und zur Zeit sich auf den bisher noch nicht beobachteten Ausschlag von etwa 10 Metern entfernt hat.

Kaiserlich Deutsches Archäologisches Institut

Ansbacher Str. 46.

Das Deutsche Archäologische Institut ist eine Anstalt zur wissenschaftlichen Pflege der klassischen Archäologie, insbesondere mit der Aufgabe, die Beziehungen zwischen den Heimatländern alter Kunst und Wissenschaft und der gelehrten Forschung zu beleben und zu regeln und die Denkmäler der griechischen und römischen Epoche zu veröffentlichen. Das Institut ist seit dem 18. Mai 1874 Reichsanstalt. Es war vorher, seit dem 2. März 1871, eine Königlich Preußische Staatsanstalt und ursprünglich das internationale, 1829 unter dem Protektorate des damaligen Kronprinzen, späteren Königs Friedrich Wilhelm IV. von Preußen, in Rom gegründete und schon sehr bald von dem preußischen Staate subventionierte Istituto di correspondenza archeologica gewesen.

Das Institut steht unter dem Auswärtigen Amte und wird durch eine Kommission von gegenwärtig 12 Mitgliedern, die sogenannte „Zentral-Direktion", geleitet.

Die Zentral-Direktion pflegt jährlich im April eine ordentliche Plenar-Versammlung für die Abrechnung und Berichterstattung über das verflossene und für das Programm des neuen Etatsjahres abzuhalten; sie ernennt Ehrenmitglieder, ordentliche und korrespondierende Mitglieder und hat jährlich 4 Reisestipendien für klassische Archäologie (davon eventuell 1 geteilt an 2 Gymnasiallehrer) und 1 für die christlichen Altertümer der römischen Kaiserzeit, jedes zu 3000 M., zu vergeben. In Berlin werden von der Zentral-Direktion das Jahrbuch mit dem Archäologischen Anzeiger und den Ergänzungsheften, die Antiken Denkmäler, und eine Reihe anderer von ihr besonders unternommener oder subventionierter Publikationen herausgegeben. Der Etat der Zentral-Direktion, einschließlich 15 000 M. zur Förderung der Altertumswissenschaft in Kleinasien, insbesondere in Pergamon, beträgt 91 350 M., an Stiftungen besitzt sie nur die des russischen Architekten Iwanoff.

Das Institut unterhält eine Zweiganstalt in Rom (das ehemalige Istituto di correspondenza archeologica, s. oben, Etat 54 425 M.) und seit 1875 eine in Athen (Etat 48655 M.), die abgesehen von dem Hilfspersonal durch je 2 Sekretare verwaltet werden. Diese Zweiganstalten verbinden mit der wissenschaftlichen zugleich eine Lehrtätigkeit, halten Sitzungen, Kurse und Führungen ab, veranstalten unter Umständen Ausgrabungen und publizieren regelmäßig die „Mitteilungen (römische und athenische Abteilung)"; sie sind in einem eigenen Gebäude mit Sekretars- und einigen Stipendiatenwohnungen, mit einer Bibliothek und anderem wissenschaftlichen Apparat untergebracht.

Endlich besteht bei dem Institute seit dem 20. Juli 1901 eine besondere Kommission für die Förderung der römisch-germanischen Altertumsforschung mit dem Sitz in Frankfurt a. M. (Etat 35250 M.) Ähnlich wie die Zentral-Direktion organisiert, versammelt sich die Kommission jährlich einmal; sie besteht aus dem Direktor, einem Reichsbeamten, dem General-Sekretar und 16 Mitgliedern. Die Kommission publiziert in der Regel einen jährlichen Bericht über die Fortschritte der römisch-germanischen Forschung.

Monumenta Germaniae Historica

Luisenstr. 33-34.

Auf Anregung des Freiherrn vom Stein trat am 20. Jan. 1819 die „Gesellschaft für ältere deutsche Geschichtsforschung" zusammen, um eine umfassende und kritisch gesicherte Sammlung der Geschichtsquellen des deutschen Mittelalters in Angriff zu nehmen und damit in Steins Sinne „den Geschmack an deutscher Geschichte zu beleben, ihr gründliches Studium zu erleichtern und zur Erhaltung der Liebe zum gemeinsamen Vaterlande und dem Gedächtnis unserer großen Vorfahren beizutragen". Als Bearbeiter der zunächst zu veröffentlichenden karolingischen Schriftsteller wurde (Juli 1819) Georg Heinrich Pertz gewonnen, der dann bis zum Jahre 1873 der Leiter des Unternehmens geblieben ist. Der Gesamtplan des Werkes wurde 1824 veröffentlicht und sah die Gliederung in fünf Abteilungen (Scriptores, Leges, Diplomata, Epistolae, Antiquitates) vor. Der erste Band der Scriptores erschien 1826 zu Hannover im Verlage der Hahnschen Buchhandlung. Zur Aufnahme von Vorarbeiten und sonstigen einschlägigen Untersuchungen oder Mitteilungen wurde die Zeitschrift „Archiv der Gesellschaft für ältere deutsche Geschichtskunde" bestimmt (12 Bde., Frankfurt 1820-22, Hannover 1824-1874; fortgesetzt als „Neues Archiv" 1876 ff., Bd. 1 ff.).

Für die Fortführung der Arbeiten wurde im Jahre 1875 eine in Vorberatung mit der Preußischen Akademie der Wissenschaften tretende Zentraldirektion gebildet (Statut vom 9. Januar 1875; revidiertes Statut vom 14. November 1887), zunächst unter dem Vorsitz von G. Waitz (+ 25. Mai 1886), dem von 1888 bis 1902 E. Dümmler folgte. Der Zentraldirektion sollen mindestens 9 Mitglieder angehören, von denen je zwei durch die Akademien zu Berlin, München und Wien ernannt werden. Die übrigen Mitglieder werden durch die Zentraldirektion gewählt.

Der Zentraldirektion wurde im Jahre 1909 überwiesen die Bibliothek ihres früheren Mitgliedes, des am 20. Mai 1907 verstorbenen Professors Ludwig Traube, die durch eine Vereinigung von Freunden Traubes erworben und dem Deutschen Reiche als Geschenk dargebracht worden war (griechische und besonders römische Literatur, lateinische Literatur des Mittelalters, allgemeine und Kulturgeschichte des Mittelalters unter besonderer Berücksichtigung der Überlieferungsgeschichte, Paläographie und Handschriftenkunde).

Der jährliche Zuschuß des Reiches für die Monumenta Germaniae beträgt 48500 M. (einschließlich 6000 M. als Beitrag von Österreich-Ungarn), 5000 M. für Vermehrung und Verwaltung der Traube-Bibliothek. Eine Übersicht über den Inhalt der bis 1890 erschienenen Bände veröffentlichten H. Holder-Egger und Zeumer „Indices eorum quae monumentorum Germaniae historicorum tomis hucusque editis continentur. Hannov. Berol. 1890, 4°." Der großen Ausgabe (fol. u. 4°) gliedern sich an die Sammlungen von Schulausgaben (8°): Scriptores rerum Germanicarum (zum Teil völlige Neubearbeitungen, neben denen die Texte der großen Ausgabe nicht mehr oder nur mit Einschränkung in Betracht kommen; zum Teil in der großen Ausgabe überhaupt nicht vertreten) und Fontes iuris Germanici antiqui.

Königlich Preußische Meßbildanstalt

Schinkelplatz 6, Alte Bauakademie.

Baugewerks-Zeitung Nr. 28, 6. April 1910, S. 290 ff.

Die Anstalt wurde 1885 von dem Geheimen Regierungs- und Baurat Prof. Dr. Meydenbauer gegründet. Sie hat seitdem im ganzen etwa 13600 Aufnahmen gemacht von wichtigen preußischen, deutschen und außerdeutschen Denkmälern, u. a. von Athen, Baalbek, der Hagia Sofia in Konstantinopel. Die Original-Negative werden in einem feuersicheren Raum aufbewahrt. Das im Laufe der Jahre entstandene Baudenkmäler-Archiv steht unentgeltlich dem Publikum zum Studium zweimal wöchentlich einige Stunden am Nachmittag offen. Abzüge von den Aufnahmen sind in verschiedenen Formaten käuflich.

Kaiserliches Gesundheitsamt

Klopstockstr. 18-19.

Bakteriologische Abteilung in Groß-Lichterfelde, Potsdamer Chaussee 82-84.

Gegründet 1876, wurde dem Kaiserlichen Gesundheitsamt als Reichsbehörde die Aufgabe erteilt, dem Reichsamt des Innern als beratende Fachbehörde bei der Gesetzgebung auf dem Gebiete der Medizinal- und Veterinärpolizei, sowie bei der Beaufsichtigung der auf diesem Gebiet zu ergreifenden Maßnahmen zur Seite zu stehen; daneben hat es die Medizinal- und Veterinärstatistik zu bearbeiten. Bald nach seiner Begründung wurde bei ihm ein eigenes Laboratorium zur Nachprüfung der an anderen Stellen gewonnenen Forschungsergebnisse, sowie zur Gewinnung wissenschaftlicher Unterlagen für Verwaltungsmaßnahmen eingerichtet. Robert Kochs Name ist auch hier mit der bakteriologischen Forschung während seiner Tätigkeit als Mitglied des Gesundheitsamtes aufs engste verknüpft. Das Gesundheitsamt hat vier Abteilungen: 1. die medizinische Abteilung zur Bearbeitung der hygienischen Wohlfahrtseinrichtungen, der Angelegenheiten der Medizinalpolizei, des Impfwesens, der Medizinalstatistik, 2. die chemisch-hygienische Abteilung mit chemischen, hygienischen, physiologischen, pharmakologischen Laboratorien zu wissenschaftlichen Untersuchungen und Begutachtungen auf dem Gebiet der Nahrungsmittelchemie, Hygiene, Physiologie, Pharmakologie, Pharmazie, 3. die Veterinärabteilung zur Bearbeitung der Angelegenheiten in bezug auf Veterinärwesen, Viehzucht, Fleischverwertung, 4. die bakteriologische Abteilung zur Bearbeitung der Aufgaben auf dem Gebiete der Bakteriologie und Protozoenforschung einschließlich der Tierversuche. Diese Abteilung ist seit 1906 in Groß-Lichterfelde, Potsdamer Chaussee 82-84, untergebracht.

Königliches Institut für Infektionskrankheiten

Föhrer Str. 2 (Ecke Nordufer).

Das Institut wurde nach den Vorschlägen seines ersten Direktors, Robert Koch, 1890-91 zunächst auf dem Gelände der Königlichen Charité errichtet, von wo aus es im Jahre 1900 an seine jetzige Stelle verlegt wurde. Es gliederte sich bei seiner Gründung in eine wissenschaftliche und eine Krankenabteilung. Die letztere ist seit dem 1. Oktober 1906 fortgefallen; dafür ist bei dem benachbarten Rudolf Virchow-Krankenhause eine Infektionsabteilung eingerichtet, deren ärztlicher Leiter zugleich Mitglied des Instituts für Infektionskrankheiten ist.

Zu dem Institut gehören: Ein großes dreistöckiges Gebäude für die Laboratorien und Bureaus, 4 Stallgebäude für Versuchstiere, 2 Beamtenwohnhäuser sowie ein Obduktionshaus. Letzteres liegt auf dem Gelände des Rudolf-Virchow-Krankenhauses in Verbindung mit dessen Infektionsabteilung.

Die Verwaltung des Instituts liegt in den Händen des Direktors, dem ein Verwaltungssekretär zur Seite steht. Es sind ferner an dem Institut tätig: 6 Abteilungsvorstände, 11 Assistenten, eine Anzahl wissenschaftlicher Hilfsarbeiter, sowie 27 Personen als Bureau- und Dienerpersonal.

Die Ausgaben betragen jährlich etwa 236 000 M.

Zurzeit ist das Institut in folgende Abteilungen gegliedert: Wissenschaftliche Abteilung, Abteilung für besonders gefährliche Krankheiten, Abteilung für Immunitätsforschung, Abteilung für Tropenhygiene, Wutschutzabteilung, Chemisch-hygienische Abteilung.

Das Institut ist die wissenschaftlich beratende Stelle für die Medizinalabteilung des Preußischen Kultusministeriums in den die Bakteriologie und die Seuchenlehre betreffenden Fragen. Dementsprechend hat es auf Erfordern des Ministers Gutachten zu erstatten, zu denen oft ausgedehnte Laboratoriumsversuche nötig sind.

Im übrigen betätigt sich das Institut in folgender Weise: 1. In erster Linie beschäftigt es sich mit der wissenschaftlichen Erforschung der Infektionskrankheiten, sowohl der einheimischen wie der ausländischen, einschließlich der Tropenkrankheiten. 2. Es beteiligt sich gelegentlich an der praktischen Bekämpfung von Infektionskrankheiten, indem es auf Anordnung des Ministers seine Mitglieder in gefährdete Ortschaften entsendet, um dort provisorische (fliegende) Laboratorien einzurichten und zu leiten oder sonstwie die Behörden zu unterstützen. Zu demselben Zwecke ist mit dem Institut ein Untersuchungsamt verbunden worden, welches das von Ärzten Berlins eingesandte Material bakteriologisch sofort untersucht und das Resultat den behandelnden Ärzten mitteilt. Mit derselben Aufgabe sind noch betraut das Hygienische Institut der Universität und das städtische Untersuchungsamt. Einem jeden dieser Institute ist ein besonderer Bezirk der Stadt zugeteilt. 3. Es bearbeitet Angelegenheiten, welche sich auf die Verhütung von Infektionskrankheiten beziehen; unter anderem beteiligt es sich an der Herstellung von Stoffen zur Schutzimpfung, von Heilserum und dergleichen, sowie an der Bearbeitung von Fragen der allgemeinen Hygiene, z. B. Desinfektionsfragen, Wasserversorgung usw. 4. Es übernimmt die Behandlung der im Deutschen Reich von tollen Hunden gebissenen Personen, mit Ausnahme derjenigen aus der Provinz Schlesien und Posen, für welche in Breslau ein eigenes Institut besteht. Die Zahl der in Berlin behandelten Personen beläuft sich jährlich auf 400-500. In jedem einzelnen Falle wird, wenn es irgend möglich ist, durch das Tierexperiment oder das Mikroskop festgestellt, ob der beißende Hund auch wirklich toll war. 5. Es steht in Verbindung mit der Infektionsabteilung des städtischen Rudolf-Virchow-Krankenhauses, die aus 6 großen Pavillons besteht, in welchen eine weitgehende Isolierung möglich ist. Zu dieser Abteilung gehört ein eigenes Obduktionshaus, das zu den anderen Abteilungen des Krankenhauses keine Beziehung hat.

Es werden alljährlich Unterrichts- und Fortbildungskurse für Medizinalbeamte, Ärzte und Tierärzte abgehalten, und eine Anzahl in- und ausländischer Ärzte, die sich fortbilden wollen, ist dauernd hier beschäftigt.

Kaiserliche Biologische Anstalt für Land- und Forstwirtschaft

Dahlem bei Steglitz.

Sie verdankt ihre Entstehung der Erkenntnis der hohen Schädigungen, welche die Land- und Forstwirtschaft alljährlich durch die Krankheiten der Kulturpflanzen erfährt. Die Anregung zur Gründung der Anstalt ging von dem Landwirt und Reichstagsabgeordneten Dr. Schulz-Lupitz aus. Sie wurde nach Bewilligung der Mittel durch den Reichstag im Jahre 1898 als „Biologische Abteilung“ dem Kaiserlichen Gesundheitsamte angegliedert. Seit dem 1. April 1905 bildet sie eine selbständige Behörde, die der Reichsregierung technischer Berater in allen in ihr Arbeitsgebiet fallenden Fragen ist. Ihr liegt die Aufgabe ob, die für die land- und forstwirtschaftlichen Nutzpflanzen wichtigen Kleinlebewesen zu studieren, ihren Einfluß sowie die Einwirkung von Faktoren physikalischer und chemischer Natur auf die Kulturen zu ergründen, die Nützlinge unter den Lebewesen nutzbar zu machen und die Schädlinge bekämpfen zu lehren. Sie führt zu diesen Zwecken wissenschaftliche Forschungen aus und erteilt Rat und Auskunft an praktische Land- und Forstwirte. Ihr Arbeitsfeld ist nicht auf das Heimatland beschränkt, sondern erstreckt sich auch auf die deutschen Schutzgebiete.

Die einem Direktor unterstehende Anstalt umfaßt, abgesehen von dem Verwaltungsapparate, 6 Laboratorien, und zwar zwei botanische, ein zoologisches, ein bakteriologisches und zwei chemische.

Zu Feldversuchen steht ein 10 ha großes unmittelbar bei der Anstalt belegenes Versuchsfeld zur Verfügung. Dem zu ihrer Unterstützung gebildeten Beirat gehört eine Reihe von Sachverständigen auf den in Betracht kommenden naturwissenschaftlichen und wirtschaftlichen Gebieten an, die vom Reichskanzler berufen werden.

Die Ergebnisse ihrer Forschungen legt die Anstalt in den „Arbeiten aus der Kaiserlichen Biologischen Anstalt für Land- und Forstwirtschaft“ nieder. Daneben werden zur Belehrung der Land- und Forstwirte zwanglos erscheinende „Mitteilungen“ über einzelne Fragen und „Flugblätter“ in gemeinverständlicher Form (bisher 46), letztere neuerdings unentgeltlich, ausgegeben.

Die vom Reichsamt des Innern herausgegebenen Berichte über Krankheiten und Beschädigungen der Kulturpflanzen werden in der Anstalt zusammengestellt.

Das Institut für Binnenfischerei

Friedrichshagen am Müggelsee.

P. Schiemenz, Das Kgl. Institut f. Binnenfischerei in Zeitschr. f. Fischerei, Bd. 15, H. 2-3.

Es ist hervorgegangen aus der Biologischen und Fischerei-Versuchs-Station des Deutschen Fischerei-Vereins. Aufgabe des Instituts ist es, die Lebensbedingungen der Fische und der andern tierischen und pflanzlichen Organismen des Süßwassers zu studieren, welche direkt oder indirekt der Ernährung der Fische dienen. Es soll durch diese Studien nicht nur eine Wirtschaftslehre für unsere Fischgewässer, besonders der wilden Gewässer ermöglicht werden, sondern es sollen auch die Grundlagen geschaffen werden, welche für eine vernünftige Fischereigesetzgebung und -verwaltung notwendig sind. Weiter dient das Institut dem Unterrichte und der praktischen Uebung in der fischereilichen Süßwasserbiologie, indem darin Kurse für Fischereiinteressenten, für Wasserbaubeamte und Studenten abgehalten werden. Es verfügt über biologische und chemische Laboratorien, eine Bibliothek und ein Aquarium. Arbeitsplätze zum Studium hydrobiologischer Fragen (Zoologie, Botanik, Chemie) und fischereilicher Süßwasserbiologie können gegen Entrichtung einer kleinen Laboratoriumsgebühr vergeben werden.

Königliche Gärtnerlehranstalt

Dahlem bei Steglitz, Königin-Luise-Str. 22.

Ordnung betr. die staatliche Fachprüfung für Garten- und Obstbautechniker an der Königlichen Gärtnerlehranstalt zu Dahlem, 1910.

Sie steht unter der Oberaufsicht des Königlichen Ministeriums für Landwirtschaft, Domänen und Forsten.

Zweck: Die Gärtnerlehranstalt zu Dahlem bildet ihre Hörer zu Landschaftsgärtnern, Obstbautechnikern, Kunst- und Handelsgärtnern wie zu Kolonialgärtnern aus. Eine nicht unbedeutende Aufgabe erblickt die Anstalt darin, Landwirte für den Ausbau des vaterländischen Obstbaues zu interessieren, wie auch den vielfachen Interessen der Gartenliebhaber gerecht zu werden. Sie wurde im Jahre 1824 errichtet und eröffnet von dem Königlichen General-Gartendirektor Dr. P. J. Lenné.

Hörer zahlen für das Jahr 250 M., Hospitanten 300 M.; Kursisten für jede Semesterstunde 5 M. Ausländer zahlen als Hörer 350 M., als Hospitanten 400 M. für das Jahr.

Kein Internat; Wohnungen in Steglitz kosten 20 bis 25 M. monatlich.

Der ganze Kursus dauert 2 Jahre. Aufnahmetermin: 1. Oktober.

Zur Aufnahme ist der Nachweis zu erbringen, daß die Bewerber den Berechtigungsschein zum einjährig-freiwilligen

Militärdienst erworben haben, oder daß sie das Maß wissenschaftlicher Vorbildung besitzen, welches für die Erlangung des genannten Berechtigungsscheines vorgeschrieben ist. Sodann muß eine möglichst 4 jährige gärtnerische Praxis nachgewiesen werden. Wünschenswert ist es, daß von diesen vier praktischen Jahren mindestens eins in einer Baumschule und eins in einer Handelsgärtnerei durchgeführt ist. Unter Umständen kann die militärische Dienstzeit auf die für die gärtnerische Praxis vorgeschriebene Zeit angerechnet werden.

Die Leitung liegt in den Händen eines Kuratoriums.

Die Anstalt ist gegliedert in vier Lehrgänge von je 1 Jahr. — Der erste allgemeine Lehrgang ist für die Hörer der Anstalt obligatorisch. Am Schlusse dieses Lehrgangs findet ein Examen statt, dessen Bestehen die Vorbedingung für den Besuch der übrigen Lehrgänge ist. Diejenigen Bewerber der Anstalt, welche gleich in einen der Lehrgänge II, III oder IV (II. Lehrgang für Gartenkunst, III. Lehrgang für Obstbau, IV. Lehrgang für Pflanzenbau) eintreten wollen, haben den Besitz der in Lehrgang I zu erwerbenden Kenntnisse durch entsprechende Zeugnisse anderer gärtnerischer Lehranstalten oder durch das Bestehen des vorgenannten Examens nachzuweisen. Für die Lehrgänge II, III und IV herrscht Lernfreiheit; es ist den Besuchern, welche sich nicht ausschließlich dem einen oder dem anderen Lehrgang widmen wollen, gestattet, nach eigener Wahl an den verschiedenen Fächern der drei Lehrgänge teilzunehmen; die Besucher sind jedoch verpflichtet, für jedes Halbjahr der Direktion ein Verzeichnis der von ihnen zu besuchenden Lehrstunden einzureichen. Nach jedem Ablauf der oberen Lehrgänge findet ein Schlußexamen statt, über dessen Bestehen ein Zeugnis ausgestellt wird. Es bleibt den Besuchern unbenommen, das Studium noch weiter zu verlängern, auch ist ihnen gestattet, wenn sie den Aufnahmebedingungen dieser Anstalten genügen, einzelne Vorlesungen an der landwirtschaftlichen Hochschule und der Universität als Hospitant zu hören.

Ferner werden jährlich kurze Lehrgänge für Damen und Herren je nach Bedarf eingerichtet, z. B. im Frühjahre ein Kursus für Gartenfreunde, im Spätsommer ein Kursus für Obst- und Gemüseverwertung usw.

Das Honorar für jeden Kursus beträgt 9 M.

Anträge zur Aufnahme von Hörern und Hospitanten sind an den Direktor zu richten, welcher über die Aufnahme entscheidet. Den Anträgen sind beizufügen: 1. Berechtigungsschein zum einjährig-freiwilligen Militärdienst oder ein Nachweis des Besitzes einer entsprechenden Schulbildung. 2. Das letzte Schulabgangszeugnis. 3. Die Zeugnisse aus der gärtnerischen Praxis. 4. Ein polizeiliches Unbescholtenheitszeugnis.

In Fällen besonderer Bedürftigkeit und Würdigkeit kann einzelnen Bewerbern der Lehrbeitrag ganz oder teilweise erlassen werden. Außerdem verfügt die Anstalt über einige Stipendien.

Neben ihren Sammlungen und Hilfsmitteln für den wissenschaftlichen Unterricht besitzt die Anstalt eine Obstverwertungsanstalt, eine pflanzenphysiologische Versuchsstation mit einem Hause zur Beobachtung des Wurzelwachstums, 4 große Pflanzenkulturgewächshäuser, 3 Weintreibhäuser, 1 Pfirsichtreibhaus, 1 Champignonhaus, Palutmauern für Pfirsich, 10 große Instruktionsmauern für feines Obst und ein teils Zieranlagen, teils dem Obst- und Gemüsebau und dem gärtnerischen Pflanzenbau gewidmetes Terrain, welches mit den Versuchsfeldern ungefähr 30 Morgen groß ist.

Das Anstaltsgebäude enthält neben sieben Lehr- bzw. Sammlungsräumen zwei große Zeichensäle, die bis abends 9 Uhr den Hörern täglich zur Verfügung stehen. Ebenso werden die Anlagen der Königlichen Gärten bei Potsdam als Lehrmittel benutzt. Außerdem bieten die benachbarten Einrichtungen des Königlichen Botanischen Gartens, der Biologischen Anstalt und der Versuchsfelder der Landwirtschaftlichen Hochschule reiche Gelegenheit zur Belehrung und Anschauung.

Die Vorschriften betreffend das „Staatlich diplom. Gartenmeisterexamen“ sind seitens des Herrn Landwirtschaftsministers festgelegt.

Jedem Interessenten wird die Besichtigung der Anstalt

und ihrer Einrichtungen nach vorheriger Anmeldung beim Direktor gern gestattet.

Königliche Landesturnanstalt

Friedrichstr. 229, Hof links.

Die Anstalt wurde 1877 unter dem Namen „Königliche Turnlehrer-Bildungsanstalt" von der Zentralturnanstalt losgelöst. Die letztere hatte die Aufgabe gehabt, Offiziere zu Instruktoren im Turnen für das Heer und Lehrer zu Turnlehrern auszubilden. Von da an verfolgte die Militärturnanstalt jenen, die Turnlehrer-Bildungsanstalt diesen Zweck. Allmählich erweiterten sich die Aufgaben der Turnlehrer-Bildungsanstalt. 1879 wurde das Schwimmen in den Lehrplan aufgenommen, und 1880 wurden staatliche Kurse zur Ausbildung von Turnlehrerinnen eingerichtet. Private Kurse dienten der Ausbildung von Studierenden zu Turnlehrern.

Eine neue Organisation erhielt die Anstalt 1905 mit einem hauptamtlichen Direktor, während bis dahin der Referent für das Turnwesen im Ministerium der geistlichen usw. Angelegenheiten das Direktorat nebenamtlich verwaltet hatte.

Nun wurden die Kurse für Studierende zur Ausbildung von Turnlehrern auf Anregung aus akademischen Kreisen hin zu einer staatlichen Einrichtung. Die Hauptkurse wurden verlegt, so daß die Hälfte jedes Kursus zu praktischen Übungen im Freien verwendet werden kann, und der Ausbildungskursus für Turnlehrerinnen wurde von 3 Monaten auf 5 Monate verlängert. Von 1905 an wurden ferner Fortbildungskurse abgehalten. Zu diesen wurden schon im Amt stehende Turnlehrer und Turnlehrerinnen an höheren Lehranstalten, an Seminaren, an Volks- und Mittelschulen herangezogen.

Lehrgänge für Leiter von Turn- und Spielkursen sollen die Einheitlichkeit des Betriebes in den von den Regierungen veranstalteten Kursen für Lehrer im Turnen und Spielen gewährleisten. Die erweiterten Aufgaben der Anstalt veranlaßten das Ministerium, ihr 1908 den Namen „Königliche

Landesturnanstalt" zu verleihen. Seit 1909 sind an ihr auch Lehrgänge zur Fortbildung von Turnwarten und Vorturnern der Deutschen Turnerschaft eingerichtet. Endlich wurde 1910 ein Kursus für Schulaufsichts- und Verwaltungsbeamte abgehalten, um sie in die neuen Bestrebungen auf dem Gebiete der Körperfürsorge für die Schuljugend einzuführen. In den Kursen finden praktische Übungen und theoretische Unterweisungen statt. Die praktischen Übungen umfassen Turnen (Frei- und Handgerätübungen, Gerätübungen, volkstümliche Übungen, Bewegungsspiele) und Lehrübungen. In dem Hauptkursus für Turnlehrer wird auch Stoßfechten, Ringen und Schwimmen gelehrt. Die Vorträge beziehen sich auf Geschichte, Methodik, Physik des Turnens, Gerätkunde, Anatomie, Physiologie und Samariterkunde. Für diejenigen Teilnehmer, welche eine pädagogische Prüfung noch nicht abgelegt haben, werden auch Vorträge über die praktische Pädagogik gehalten.

Dem Direktor stehen 3 Oberlehrer sowie 5 Hilfslehrer und 5 Hilfslehrerinnen zur Seite.

Die Anstalt erhält im Jahre 1911 ein neues Heim in Spandau. Dort werden außer geräumigen (vier geschlossenen und einer offenen) Turnhallen große Turn- und Spielplätze, ein Hallenbad und ein Bad im Freien den Teilnehmern der Kurse zur Verfügung stehen. In Spandau wird auch das Rudern in den Betrieb der Anstalt aufgenommen werden.

Amtliche Stenographische Fachschule beim Hause der Abgeordneten

Prinz-Albrecht-Str. 5.

Sie bezweckt die Ausbildung tüchtiger Stenographen, in erster Reihe für die stenographischen Bureaus der Parlamente. Gegenstand des Unterrichts ist das Stolzesche System, und zwar in der zur wörtlichen Aufzeichnung schneller Reden bestimmten Form der „Fachstenographie", welche äußerste Kürze mit größtmöglicher Zuverlässigkeit verbindet. Der Fachunterricht unterscheidet sich von der sonst üblichen Lehrweise dadurch, daß die Stenographie nicht in die beiden Stufen „Schulschrift" und „Debattenschrift" zerlegt, sondern als einheitliche Schrift behandelt wird. Der Fachschüler lernt das für die Praxis unentbehrliche Kürzungswesen bereits im Anfängerkursus kennen; ihm bleibt das lästige und zeitraubende Umlernen erspart, welches mit dem Übergang von der Schulschrift zur Debattenschrift verbunden ist. Der Unterricht in der Fachstenographie ist vorzugsweise für Schüler höherer Lehranstalten und Studierende bestimmt; indes werden auch Personen mit guter Schulbildung aus anderen Berufskreisen zugelassen. Die Fachschule besteht aus einer Anfängerklasse und fünf Übungsklassen mit je halbjährigem Kursus. Das Sommerhalbjahr umfaßt die Monate April bis September, das Winterhalbjahr die Monate Oktober bis März; die Ferienzeiten stimmen annähernd mit denen der Berliner höheren Lehranstalten überein. In der Anfängerklasse werden wöchentlich 3 (an zwei Abenden je 1½ Stunde), in den Übungsklassen wöchentlich 2 Unterrichtsstunden erteilt. Die Lehrer sind amtliche Stenographen des Abgeordnetenhauses. Das Schulgeld beträgt in der Anfängerklasse 10 M., in den übrigen Klassen 5 M. halbjährlich. Alljährlich im März wird für die Besucher der Fachschule ein allgemeines Preisausschreiben veranstaltet, wobei die besten Arbeiten im Richtigschreiben und in den verschiedenen Graden des Schnellschreibens durch Preise ausgezeichnet werden.

Lehranstalt für Stenographie beim Herrenhause

Leipziger Str. 3.

Die Anstalt hält regelmäßig amtliche Stenographiekurse nach dem Stolzeschen System ab. Die Kurse sind von vierteljähriger Dauer und teils für Anfänger, teils für solche, die sich fortbilden wollen, bestimmt. Anmeldungen dazu sind bei Beginn, der jedesmal bekannt gemacht wird, an das Stenographische Bureau des Herrenhauses zu richten.

Private Einrichtungen für Wissenschaft und Fortbildung

Kaiserin-Friedrich-Haus für das ärztliche Fortbildungswesen

Luisenplatz 2-4.

Kutner, Das Kaiserin-Friedrich-Haus für das ärztliche Fortbildungswesen, in: Festschrift zum XIV. Internat. Kongreß für Hygiene u. Demographie, Berlin 1907; vergl. auch Berliner Akademische Wochenschrift Nr. 37, 1907.

Das Kaiserin-Friedrich-Haus wurde zur Förderung des ärztlichen Fortbildungswesens und im Andenken an das gemeinnützige Wirken der Kaiserin Friedrich durch die für diesen Zweck begründete „Kaiserin-Friedrich-Stiftung für das ärztliche Fortbildungswesen" ins Leben gerufen. Das Haus dient 1. als räumlicher Mittelpunkt für die ärztliche Fortbildung und die sie umfassenden Organisationen: a) das „Zentralkomitee für das ärztliche Fortbildungswesen in Preußen". Seiner Aufgabe, die wissenschaftliche Fortbildung der praktischen Ärzte durch unentgeltliche Kurse und Vorträge zu fördern, sucht das Zentralkomitee insbesondere dadurch gerecht zu werden, daß es in den größeren Städten Preußens für die Bildung von lokalen Vereinigungen wirkt, welche die Abhaltung von Kursen und Vorträgen übernehmen. Es umfaßt gegenwärtig 31 lokale Vereinigungen in folgenden Städten: Aachen, Altona, Barmen, Beuthen, Berlin, Bielefeld, Bochum-Dortmund, Bonn, Breslau, Bromberg, Cöln, Danzig, Duisburg, Düsseldorf, Elberfeld, Essen, Frankfurt a. M., Görlitz, Göttingen, Greifswald, Halberstadt, Halle a. S., Hannover, Königshütte, Münster i. W., Posen, Stendal, Stettin, Üchtspringe, Wiesbaden, Zeitz; b) den „Reichsausschuß für das ärztliche Fortbildungswesen", zu dem gegenwärtig die Landeskomitees der Bundesstaaten Baden, Bayern, Braunschweig,

Bremen, Oldenburg, Hamburg, Lübeck, Preußen, Sachsen, Thüringische Staaten, Württemberg gehören, mit zusammen 55 lokalen Vereinigungen für das ärztliche Fortbildungswesen im Deutschen Reiche; c) das „Internationale Komitee für das ärztliche Fortbildungswesen", in dem nachstehende Länder durch Delegierte vertreten sind: Vereinigte Staaten von Amerika, Belgien, Bulgarien, Dänemark, Deutschland, England, Frankreich, Griechenland, Italien, Norwegen, Österreich, Rumänien, Rußland, Schweden, Schweiz, Ungarn; 2. als Unterrichtszentrum für Ärzte: Es hat Säle und Laboratorien für praktische Arbeitskurse in allen Hilfswissenschaften der modernen Medizin, wie klinische Chemie, Mikroskopie, Bakteriologie, Röntgenographie und wissenschaftliche Photographie; ferner einen großen und einen kleineren Hörsaal für Vorträge; 3. als Zentralstelle von Hilfsmitteln für den ärztlichen Unterricht: die „Staatliche Sammlung ärztlicher Lehrmittel"; 4. als Verbindungsstelle zwischen medizinischer Wissenschaft und ärztlicher Technik: die „Dauerausstellung für die ärztlich-technische Industrie", in welcher der Arzt alle Instrumente und Apparate auf dem Gebiete der Chirurgie, Elektromedizin, Optik usw. findet, deren er zur Ausübung seines Berufes bedarf; Besichtigung für jedermann unentgeltlich, Besuchszeit wochentäglich 10-3 Uhr (außer Sonnabend); 5. als Ausstellungsstelle: Räume, die für wissenschaftliche Sonderausstellungen zum Zwecke der ärztlichen Belehrung unentgeltlich zur Verfügung gestellt werden; 6. als Auskunftsstelle, in der unentgeltlich Auskunft erteilt wird über alle Fortbildungskurse im Deutschen Reiche sowie über sämtliche anderen das ärztliche Fortbildungswesen betreffenden Angelegenheiten; ferner über alle in Berlin befindlichen ärztlichen Einrichtungen, Krankenhäuser, Sammlungen usw. hinsichtlich der Zeit und der Voraussetzung ihrer Besichtigung; endlich über die Möglichkeit der Teilnahme an klinischen Vorlesungen, Vortragsabenden der ärztlichen Gesellschaften sowie an Operationen in Kliniken und Krankenhäusern. Schriftlichen Anfragen ist das Rückporto beizufügen.

Entstehung und Unterhaltung. Das Haus wurde aus freiwilligen Beiträgen, die im Jahre 1903 gesammelt wurden, errichtet. Die Kosten der Unterhaltung und des Betriebes belaufen sich auf jährlich etwa 50 000 M.; diese Mittel werden durch die Staatsregierung aufgebracht, welche für Universitätszwecke einen Teil der Räume zur alleinigen, einen anderen Teil zur Mitbenutzung angemietet hat; ferner durch die Mietsbeträge aus der vorerwähnten „Dauerausstellung" (Platzmiete der Aussteller) und endlich aus den Zinsen des bei dem Bau nicht verbrauchten Stiftungskapitals.

Die staatliche Sammlung ärztlicher Lehrmittel dient vorzugsweise dem ärztlichen Fortbildungswesen. Sie wird ferner benutzt: 1. von den Lehrern der Universitäten, was insbesondere für die Kliniken an kleineren Hochschulen von Wichtigkeit ist, welche Lehrmittel in gleicher Weise wie die großen Institute nicht besitzen; 2. von den ärztlichen Leitern der großen Krankenhäuser, die sich in den Dienst des „praktischen Jahres" stellen; 3. von allen berufenen Lehrenden, welche — sei es vor Ärzten, Studenten oder Laien — über sozial-hygienisch wichtige Gegenstände Vorträge halten wollen; insbesondere dient sie für Hygienevorträge in Schulen, für Vorträge, wie sie die „Deutsche Gesellschaft zur Bekämpfung der Geschlechtskrankheiten" veranstaltet, für öffentliche Vorträge zwecks Belehrung über die Tuberkulose usw.

Die Sammlung hat also durchaus keinen musealen Charakter, sondern sie soll für alle Belehrungen auf ärztlichem und sozialhygienischem Gebiete durch unentgeltliche leihweise Hergabe der Lehr- und Demonstrationsobjekte das unerläßlich notwendige Hilfsmaterial liefern. Sie umfaßt Hilfsmittel zu Demonstrationen jeder Art, wie Diapositive, mikroskopische Präparate, stereoskopische Abbildungen, Karten, Atlanten, Phantome usw. Die weiteren Objekte sind in folgenden Sonderabteilungen vereint: a) der Moulagensammlung (Stiftung Lassar), die gegenwärtig über 1000 Objekte umfaßt; b) der Abteilung für den Unterricht in der Krankenpflege mit allen hierher gehörigen technischen Einrichtungen; c) der medico-historischen Sammlung, die eine große Fülle von graphischen Darstellungen, Plaketten, Diapositiven usw. enthält, welche sich auf die Geschichte der Medizin beziehen; zu ihr gehört als besondere Abteilung die nunmehr seit 100 Jahren bestehende Sammlung historischer Instrumente und Apparate aus dem Gebiete der Chirurgie; d) der zahnärztlichen Abteilung. — Die staatliche Sammlung ärztlicher Lehrmittel ist nur Ärzten zugänglich; Besuchszeit: in der Regel Mittwochs zwischen 10 und 3 Uhr.

Kaiserin-Auguste-Victoria-Haus zur Bekämpfung der Säuglingssterblichkeit im Deutschen Reich

Charlottenburg, Mollwitzstraße.

E. Dietrich, Das Kaiserin-Auguste-Victoria-Haus zur Bekämpfung der Säuglingssterblichkeit im Deutschen Reich. Jena, G. Fischer, 1907. — Das Kaiserin-Auguste-Victoria-Haus zur Bekämpfung der Säuglingssterblichkeit im Deutschen Reiche. Aus der Festschrift zur Eröffnung der Anstalt, redigiert von Prof. Dr. Dietrich. Berlin, G. Stilke, 1909.

Entstanden aus dem Bedürfnis nach einer wissenschaftlichen Zentralstelle zur Erforschung der natürlichen und künstlichen Ernährung des Säuglings und der Beschaffenheit der Muttermilch und Tiermilch, der Pflege und Ernährung der Milchtiere, zu Untersuchungen über die Keimfreimachung der Milch unter möglichster Erhaltung der biologischen Eigenschaften u. a. m. Eröffnet Herbst 1908.

Die Anstalt hat die Aufgaben: 1. die auf die Ernährung und Pflege der Säuglinge sowie auf die Fürsorge für die Mütter bezüglichen Fragen an der Hand entsprechender Einrichtungen wissenschaftlich und praktisch zu erforschen; 2. Material über die Säuglingssterblichkeit sowie über die Einrichtungen und Organisationen der Säuglingsfürsorge im Deutschen Reiche und in den ausländischen Kulturstaaten zu sammeln; 3. die Ergebnisse der eigenen wissenschaftlichen und praktischen Forschungen sowie der Sammeltätigkeit auf dem Gebiete der Fürsorge für Säuglinge und Mütter durch Veröffentlichungen der Allgemeinheit in vorbildlicher Weise nutzbar zu machen, auch Behörden, öffentlichen und privaten Verbänden sowie Einzelpersonen Auskunft und Rat zu erteilen. Sie soll eine Zentrale für Säuglingsfürsorge im Deutschen Reiche sein. Außer einer

Klinik hat das Haus eine Fürsorgestelle, Milchküche und Stall für Milchtiere, ein reich ausgestattetes Laboratorium, eine Bibliothek, die die wesentliche Literatur über Kinder heilkunde, Geburtshilfe, Chemie und Physiologie, Fürsorge und Armenpflege enthält. Eine Ausstellung, in besonderen Räumen untergebracht, veranschaulicht die Hygiene des Kindes, der Kinderstube und des Wochenbettes und will die Hygiene des Kindes in der Familie neben die des Kindes in der Anstalt stellen. Mit der Anstalt verbunden ist eine Schwesternschule und eine Pflegeschule zur Ausbildung von lady-nurses und Pflegerinnen.

Lehranstalt für die Wissenschaft des Judentums

Artilleriestr. 14.

Bericht über die Lehranstalt für die Wissenschaft des Judentums in Berlin, 1-28. 1874-1910. — Rückblick auf die ersten fünfundzwanzig Jahre (1872-1897). 1897. — Festschrift zur Einweihung des eigenen Heims v. J. Elbogen u. J. Höniger. 1907.

1872 eröffnet. Sie ist aus dem Bestreben erwachsen, der an der Universität garnicht oder nur im Zusammenhang mit anderen Disziplinen vertretenen Wissenschaft des Judentums eine unabhängige Stätte nach den Anforderungen der deutschen Hochschule zu bereiten. Sie will einen Mittelpunkt der gesamten auf die Erkenntnis des Judentums gerichteten wissenschaftlichen Tätigkeit darstellen, daneben auch Gelegenheit zur Ausbildung von Rabbinern, Predigern und Religionslehrern bieten. Die Lehranstalt bezweckt die Erhaltung, Fortbildung und Verbreitung der Wissenschaft des Judentums. Die Vorlesungen, welche an der Anstalt gehalten werden, sollen sich über alle Zweige der Wissenschaft des Judentums verbreiten. Dieselben sollen die anderweitigen Studien der Schüler ergänzen, insbesondere dergestalt, daß diejenigen, welche beabsichtigen, Rabbiner, Prediger oder Religionslehrer zu werden, Gelegenheit zu ihrer vollständigen Ausbildung finden.

Die anzustellenden Lehrer müssen denjenigen wissenschaftlichen Grad besitzen, welcher zur Habilitation an einer deutschen Universität berechtigt. Die Lehrer sind vom Kuratorium zu verpflichten, ihre Vorträge lediglich im reinen Interesse der Wissenschaft des Judentums, ihrer Erhaltung, Fortbildung und Verbreitung zu halten.

Der Besuch der Anstalt steht allen rite immatrikulierten Studenten der Berliner Universität — und zwar ohne Unterschied der Fakultät — zu, daneben auch solchen, die ohne die zu Universitätsstudien berechtigende Vorbildung nur an einzelnen Vorlesungen teilnehmen wollen. So hat sie neben den Aufgaben einer „Hochschule" zugleich auch die einer „Volksschule" für die Wissenschaft des Judentums erfüllt. Auch nichtjüdischen Hörern hat sie Gelegenheit zur Kenntnis des Judentums verschafft. Der Besuch der Vorlesungen ist unentgeltlich.

Die Lehranstalt gibt ihren Studierenden Gelegenheit, eine Prüfung über die fachwissenschaftliche und technische Befähigung zum Rabbiner, Prediger und Religionslehrer abzulegen. Voraussetzung dafür ist ein zehnsemestriger Besuch der Anstalt und die Beteiligung an den vorgeschriebenen Übungen.

Vorbereitungskurse finden für solche Studierende statt, die in den hebräischen und rabbinischen Disziplinen noch nicht über genügende Kenntnisse verfügen. Die Zahl der Studierenden beträgt durchschnittlich etwa 45. Dazu tritt eine große Anzahl von Hörern von Einzelvorträgen der seit einigen Jahren eingerichteten Abendvorlesungen. Die Lehranstalt gibt Jahresberichte heraus, die bis 1907 wissenschaftliche Arbeiten der Dozenten als Beilagen enthielten, seit diesem Jahre Reden und Vorträge bringen. Seit 1907 erscheinen die „Schriften der Lehranstalt". Die Bibliothek enthält etwa 20 000 Bde.

Die Anstalt wird erhalten durch die Zinsen ihres Kapitalvermögens sowie durch jährliche Beiträge von Gemeinden und Privaten. 1909 schloß sie mit einem Vermögen von etwa 764 000 M. Der Anstalt fielen in den letzten Jahren eine Anzahl größerer Vermächtnisse zu.

Vereinigung für staatswissenschaftliche Fortbildung

Behrenstr. 70.

Zweck: Durch Fortbildungskurse Personen, welche neben allgemeiner Bildung auch eine gewisse staatswissenschaftliche Schulung theoretischer oder praktischen Art besitzen, eine Erweiterung oder Vertiefung ihrer Kenntnisse im Bereich der juristischen und wirtschaftlichen Staatswissenschaften zu ermöglichen. Die Kurse bieten Fachvorlesungen und Übungen, Besichtigungen und Studienreisen, Führungen durch Museen und Einzelvorträge allgemeineren Inhalts. Die Kurse finden in jedem Frühjahr und während des Winterhalbjahres statt. Nach erfolgter Zulassung ist eine Gebühr von 20 M. zu zahlen, außerdem das Honorar für die Vorlesungen und die anderen Veranstaltungen. Die Programme der Veranstaltungen sind von der Geschäftsstelle zu beziehen.

Verein für volkstümliche Kurse von Berliner Hochschullehrern

Dessauerstr. 14.

Gegründet 1899 mit dem Sitz in Berlin und der Aufgabe, die Ergebnisse wissenschaftlicher Forschung in volkstümlicher Darstellung weiteren Kreisen näherzubringen. Die Vorträge finden in den Abendstunden, meist zwischen 8—10 Uhr statt. Der Preis für den Vortragskursus beträgt 1 M., Arbeitervereinigungen und einige andere Vereine erhalten Ermäßigung. Das jeweilige Programm der Kurse ist in der Akademischen Auskunftsstelle einzusehen.

Institut für angewandte Psychologie und psychologische Sammelforschung

Neubabelsberg, Kaiserstr. 12.

Gegründet 1906, dient das Institut als Zentralstelle für die Organisation gemeinschaftlicher Untersuchungen und für die Anlage psychologischer Sammlungen. Es will nicht nur die Fachpsychologen untereinander, sondern auch diese mit den Vertretern der mannigfachen Anwendungsgebiete zu systematischer Arbeitsgemeinschaft verbinden. Es beabsichtigt, psychologische Ergebnisse zu gewinnen, die auf andere Gebiete des Lebens und des Wissens Anwendung gestatten, auf Erziehung und Unterricht, Rechtspflege, Psychiatrie und Psychopathologie, auf theoretische Disziplinen wie Sprachwissenschaft, Erkenntnistheorie, Ethik, Ästhetik, Ethnologie. Es will durch Arbeitsorganisation Massenmaterial beschaffen, aber auch die Kontrolle über die Zuverlässigkeit des Materials nicht außer acht lassen. Das Institut besitzt ein Sammelarchiv, das u. a. Kinderzeichnungen, Fragebogen, Prüfungslisten, Tabellen, Protokolle, kasuistische Beobachtungen enthält, und eine Bibliothek. Es übernimmt außer seinen eigenen Arbeiten unter Umständen auch die rechnerische Verarbeitung fremder Materialien. Organ des Instituts ist die von W. Stern und O. Lipmann herausgegebene „Zeitschrift für angewandte Psychologie und psychologische Sammelforschung", Leipzig, J. A. Barth. Die Leitung des Instituts untersteht einem von der Gesellschaft für experimentelle Psychologie eingesetzen Ausschuß.

Treptow-Sternwarte

Treptow bei Berlin.

Das Weltall, Jg. 9, Heft 21-22. 1909.

Die Treptow-Sternwarte ist ein öffentliches Institut mit volksbildenden und wissenschaftlichen Bestrebungen auf dem Gebiete der Astronomie. Die ersteren sucht es durch folgende Darbietungen zu erfüllen: 1. Abhaltung von öffentlichen, gemeinverständlichen Vorträgen aus dem Gebiete der Astronomie und angrenzenden naturwissenschaftlichen Gebieten. 2. Führungen durch das Museum, welches Historica, technische, wissenschaftliche und pädagogische Demonstrationsmaterialien enthält. 3. Beobachtungen mit dem großen Fernrohr, dessen Durchmesser 70 cm, dessen Brennweite 21 Meter beträgt, und das durch 5 Elektromotore den Sternen nachgeführt wird. 4. Beobachtungen mit kleinen Fernrohren, die die Besucher nach den verschiedensten

Objekten selbst einstellen können. 5. Abhaltung von besonderen Vortrags- und Beobachtungsabenden für Vorgeschrittenere. 6. Herausgabe einer illustrierten Zeitschrift „Das Weltall“ für Astronomie und verwandte Gebiete.

Gesellschaft Urania

Hauptinstitut Taubenstr. 48-49, Sternwarte Invalidenstraße 57-62 im Landes-Ausstellungspark.

Die Gesellschaft Urania wurde 1888 durch eine Vereinigung von Naturfreunden aus den Kreisen der Wissenschaft, des Handels und der Industrie gegründet. Ihr Zweck ist die Verbreitung der Freude an der Naturerkenntnis. Derselbe wird erreicht durch Belehrungen, welche die Ergebnisse der Naturforschung im Sinne tieferer seelischer Anregung zum Bewußtsein auch eines größeren Publikums bringen, und zwar namentlich durch eindrucksvolle bildliche Darstellungen (Wissenschaftliches Theater), sowie durch allgemeinverständliche Vorträge und experimentelle Vorführungen beziehungsweise Lehrkurse aus allen Gebieten der exakten Naturwissenschaften (Hörsaal, Sternwarte). — Das Hauptinstitut enthält neben dem 700 Plätze umfassenden wissenschaftlichen Theater sowie einem Hörsaal für 200 Personen sechs Ausstellungssäle für naturwissenschaftliche Sammlungen und physikalische und chemische Apparate zum Zwecke des Selbstunterrichts. Die Sternwarte der Urania mit einem zwölfzölligen Refraktor, der auch für wissenschaftliche Zwecke dient (Entdeckung des Planeten Eros usw.), befindet sich auf der Plattform des alten Uraniagebäudes im Landesausstellungspark, Invalidenstr. 57-62, das in den Besitz des Staates übergegangen ist und außer den für staatliche Unterrichtszwecke dienenden Räumlichkeiten ebenfalls einen Hörsaal für 400 Personen besitzt, in dem die astronomischen Vorträge und Kurse abgehalten werden. — Eine für die weitesten Kreise bestimmte Veranstaltung der Urania ist die Herausgabe der illustrierten Monatsschrift „Himmel und Erde“, die es sich zur Aufgabe macht, die Errungenschaften der Naturforschung in zusammenfassenden, allgemeinverständlichen Abhandlungen zu verbreiten. — Im Anschluß an die Urania ist am 26. Juni 1907 der „Wissenschaftliche Verein“ gegründet worden, der den Zweck hat, durch Vorträge hervorragender Vertreter zunächst naturwissenschaftlicher Forschungen und industrieller Technik gebildeten Kreisen fortlaufende Kenntnis von allgemein interessierenden Ergebnissen wissenschaftlicher Arbeiten und von praktischen Einrichtungen technischer Erfindungen zu verschaffen.

Victoria-Lyceum

Potsdamer Str. 39.

Statut und Programm des Viktoria-Lyceums, vom Sekretariat zu beziehen. — A. v. Cotta, Das Victoria-Lyceum, in: Deutsche Rundschau, 20. Jg., H. 1, 1893.

Gegründet 1868 von einer Ausländerin, Miß Georgine Archer, unter dem Protektorat der damaligen Kronprinzessin Victoria. Es war zunächst nur ein Verein, um der gebildeten Frauenwelt Berlins wissenschaftliche Bildung auf den verschiedenen Gebieten der Philosophie, Geschichte, Kunstgeschichte, Literatur, Naturwissenschaft usw. zu vermitteln. Diese Vorlesungen fanden so großen Beifall, daß 1884 ein Zyklus von Unterrichtskursen hinzutrat, der junge schulentlassene Mädchen in das Verständnis und den Sinn für wissenschaftliche Interessen einführen sollte. Daneben bestanden sog. Fortbildungskurse für Lehrerinnen, um diese zu einer höheren Fachbildung hinaufzuführen und ihnen damit die Fähigkeit erringen zu helfen, auch in den oberen Klassen der höheren Mädchenschulen den Unterricht zu erteilen.

Als nach dem 1883 erfolgten Tode der Gründerin des Victoria-Lyceums die Leitung einer sog. Direktorin, Frl. A. von Cotta, übertragen ward, erfuhren die Ziele der Anstalt keine wesentliche Änderung; vorherrschend wurde aber das Bestreben, die letztgenannten Kurse für Lehrerinnen einem ganz bestimmten Ziele in systematischer Anordnung zuzuführen. Das wurde im Jahre 1888 ermöglicht, und zwar durch das Entgegenkommen der Regierung, nachdem eine Petition zu diesem Zweck die persönliche Unterstützung der damaligen Kaiserin Friedrich gefunden hatte. — Zunächst nur versuchsweise in zwei Fächern, Geschichte und Deutsch, erlangte das Victoria-Lyceum die Sanktion und Subvention der Regierung zur Heranbildung wissenschaftlicher Fachlehrerinnen für höhere Mädchenschulen. — Nach den günstigen Erfolgen der ersten fachwissenschaftlichen Prüfungen wurden die beiden Fremdsprachen Französisch und Englisch, später Religionswissenschaft, Mathematik und Philosophie hinzugenommen und im Jahre 1894 die ersten offiziellen Oberlehrerinnen-Prüfungen abgehalten. Seitdem haben sich nach dem Vorbilde des Victoria-Lyceums in verschiedenen Orten, wie Göttingen, Bonn u. a., sog. Oberlehrerinnen-Kurse aufgetan. Die Schülerinnen der Kurse finden die für das Ziel der Oberlehrerinnen-Prüfung systematisch angeordneten Übungen ihres Fachs in der Hauptsache am Victoria-Lyceum. Für die Aufnahme wird als Vorbildung das wissenschaftliche Lehrerinnen-Examen sowie die Kenntnis des Lateinischen bis zur Reife für Untersekunda (für Religionsstudium auch etwas Griechisch) verlangt.

Aus den im Jahre 1888 am Victoria-Lyceum eröffneten Fachstudienkursen für Lehrerinnen sind bis jetzt (1910) 189 Oberlehrerinnen hervorgegangen.

Aufnahmebedingungen für die Nachmittagskurse: Lehrerinnenzeugnis und die durch Privatstudium oder Unterricht erwiesene Fortbildung in den erwählten Studienfächern; Kenntnisse im Lateinischen. Schriftliche Gesuche sind an die Direktorin zu richten.

Gebühren: Eine einstündige Vorlesung für den ganzen Kursus: 1 M. die Stunde, Einzelvorlesungen 1,50 M. Die Vormittagskurse für schulentlassene Mädchen zusammen 180 M., Einzelkurse 25-50 M.; für die Nachmittagskurse für Lehrerinnen je eine Doppelstunde 15 M. das Semester. Hospitantinnen 8 M.

Humboldt-Akademie

Zentralbureau: Potsdamerstr. 27b, Villa 2.

Statut des Wissenschaftlichen Zentralvereins 1909.

Die Humboldt-Akademie ist eine Anstalt für populärwissenschaftliche Vortragsreihen und wissenschaftliche Einzelvorträge, errichtet von dem wissenschaftlichen Zentralverein. Sie will solchen Personen, die die Universität nicht besuchen können oder bereits verlassen haben, durch systematische Vortragsreihen eine harmonische wissenschaftliche Weiterbildung geben und sie mit den Fortschritten der Wissenschaft in Zusammenhang halten. Sie lehrt u. a. über Mathematik, Physik, Chemie, Physiologie, Philosophie, Religionswissenschaft, Geologie, Politische und Kulturgeschichte, Kunst, Rechtswissenschaft, Sprachen. Die Gebühren für die Kurse betragen 4—5 M. vierteljährlich, für Mitglieder des Wissenschaftlichen Zentralvereins, Lehrer, Lehrerinnen u. a. 3—3,50 M. Vierteljährlich wird ein neuer Lehrplan aufgestellt; das Programm ist durch den Buchhandel zu beziehen. Die Kurse finden fast ausschließlich in den Nachmittags- und Abendstunden statt. Die Vorträge werden an verschiedenen Lehrstätten, meist in Schulgebäuden in allen Gegenden Berlins und in den Königlichen Museen abgehalten.

Lessing-Hochschule

Bureau: Potsdamer Str. 135.

Begründet 1901, eine Einrichtung der „Lessing-Gesellschaft für Kunst und Wissenschaft“, will durch Abhaltung billiger Vortragszyklen weiteren Kreisen eine systematisch geordnete Weiterbildung in allen Zweigen der Kunst und Wissenschaft ermöglichen. Vorausgesetzt wird nur die durchschnittliche höhere Schulbildung. Die Hörgebühr für jede (achtstündige) Vortragsreihe beträgt 3 bis 6 M.; Unbemittelten wird auf ein schriftliches Gesuch das Honorar erlassen.

Freie Hochschule

Eröffnet 1902, erstrebt sie eine Vertiefung der Bildung für alle Kreise; sie will durch geschlossene Vortragsreihen in die wissenschaftlichen Gebiete der Vergangenheit und besonders der Gegenwart in gemeinverständlicher Form einführen. Aus ihren Vortragsreihen sind absichtlich solche ausgeschaltet, die eine höhere Vorbildung voraussetzen, oder für deren Bedürfnis durch bestehende andere Einrichtungen genügend gesorgt ist. — Programme in den Buchhandlungen und in der Akademischen Lesehalle.

Lette-Verein

Viktoria-Luise-Platz 6.

Unter dem Protektorat Ihrer Majestät der Kaiserin und Königin; im Jahre 1866 vom Präsidenten Lette unter dem Protektorat der damaligen Kronprinzessin Viktoria gegründet.

Der Verein untersteht der Leitung eines Vorstandes von Damen und Herren. Er bildet in seinen zahlreichen Schulen jährlich eine große Zahl Schülerinnen aus, die fast durchweg den gebildeten Ständen angehören, da die meisten Unterrichtsanstalten des Lettevereins die vollständige Absolvierung einer höheren Mädchenschule voraussetzen.

Die Handelsschule, die Gewerbeschule, die Fachschule der Schneiderei für gebildete Frauen und Mädchen, die photographische Lehranstalt, die Buchbinderei-Werkstätte, die Kunststickereischule geben ihren Schülerinnen eine gründliche Fachausbildung und sichern ihnen geachtete und gut bezahlte Stellungen. Das Lettehaus hat Seminare zur Vorbereitung für das staatliche Handarbeits-, Hauswirtschafts- und Gewerbeschullehrerinnen-Examen. Die Prüfungen werden im Lette-Hause abgehalten. Der Verein hat seine eigenen Prüfungskommissionen. In der Haushaltungs-, der Koch- und Gewerbeschule erhalten die Schülerinnen die Kenntnisse zur Leitung und Führung des Haushaltes. Der Lette-Verein besitzt drei Internate: das Viktoria-Stift, das Pensionat der Kochschule und die Haushaltungsschule, ferner zwei Speiseanstalten für Frauen und ein Stellenvermittelungsbureau.

Im Jahre 1902 bezog der Verein sein neues Heim. Der große Gebäudekomplex entspricht in allen Teilen den modernsten Anforderungen und ist nach den Plänen von Professor Alfred Messel erbaut. Besichtigung Freitags von ½10 Uhr bis 1 Uhr. Prospekte frei und unentgeltlich durch das Verwaltungsbureau.

Victoria-Fortbildungs-Schule

Kurfürstenstr. 160.

Sie hat den Zweck, der nachschulpflichtigen weiblichen Jugend eine über den Rahmen der Gemeinde- wie der höheren Mädchenschule hinausgehende geordnete Fortbildung zu geben. Der Unterricht umfaßt sowohl solche Lehrfächer, welche sich auf den häuslichen Beruf beziehen, als auch solche, welche zu einer späteren Erwerbsfähigkeit führen, und gliedert sich in eine kaufmännische, eine gewerbliche und eine hauswirtschaftliche Gruppe. Neben der Vorbereitung zu einem bestimmten Beruf wird die Förderung einer allgemeinen Bildung erstrebt. Die Kurse beginnen zu Ostern und zu Oktober. Außerdem werden Kurse zur Ausbildung von Lehrerinnen in den Handelsfächern, Beginn zu Oktober, und von Gewerbeschullehrerinnen, Beginn zu Ostern und Oktober, veranstaltet. Schulgeld 200-250 M. Ausbildungszeit für jeden einzelnen Kursus ein Jahr. Tages- und Abendschule.

Pestalozzi-Fröbel-Haus I

Kyffhäuserstr. 21.

Das Pestalozzi-Fröbel-Haus I sucht seine Aufgabe, an der Reform der häuslichen und öffentlichen Erziehung mitzuarbeiten, auf zwei Wegen zu erfüllen. Erstens will es in seinen Wohlfahrtseinrichtungen (Volkskindergärten, Nachmittagsheimen für Schulkinder, Kindererholungsheim im Harz, Vorklassen für Zurückgebliebene) den Kindern die Aufsicht, Pflege und Erziehung vermitteln, die das Elternhaus durch Ungunst der Verhältnisse zu geben nicht imstande ist, und gleichzeitig zu einem freundlichen Verständnis der verschiedenen Gesellschaftsklassen für einander beitragen. Zweitens will es junge Mädchen und Frauen zu tüchtigen Erzieherinnen heranbilden. Zu diesem Zweck sind verschiedene pädagogische Kurse eingerichtet, welche sowohl die Berufsbildung zur Kinderpflegerin, Kindergärtnerin oder Jugendleiterin anstreben, als auch für den Pflichtenkreis der eigenen Häuslichkeit vorbereiten sollen. Das Pestalozzi-Fröbel-Haus I gibt jungen Mädchen, die die Volksschule beendet haben, in seiner Kinderpflegerinnenschule eine vorwiegend praktische Ausbildung in der Kinderpflege und -beschäftigung, um sie für die Hilfeleistung in der Familie vorzubereiten. Für das Kindergärtnerinnenseminar ist die Absolvierung der höheren Mädchenschule Voraussetzung; durch Theorie und Praxis wird den Schülerinnen ein Verständnis für die Bedeutung der frühesten Kindheitsjahre erweckt, das Interesse für die physische und psychische Entwicklung der Kinder vertieft und durch die Lektüre der großen Pädagogen und Volkserzieher Ziele und Mittel der Erziehung dargelegt. In einer mit den Kindergärten verbundenen Haushaltung, großen geräumigen Werkstätten für Holz-, Korb- und Papparbeiten, einer kleinen Druckerei, einer reichhaltigen, sorgfältig ausgewählten Jugendbibliothek, künstlerischem Wandschmuck, in der Fürsorge für Pflanzen, Haustiere und Hausgenossen werden ihnen die wertvollsten körper- und geistbildenden Erziehungsmittel an die Hand gegeben und ihr Einfluß auf die kindliche Entwicklung in seiner ganzen Bedeutung zum Bewußtsein gebracht. Die soziale Seite ihrer Arbeit, für die sie das praktische Übungsfeld im Kindergarten bei der Fürsorge für das körperliche und geistige Wohl der Kinder finden, wird besonders betont. Die Einführung in die soziale Erziehungsarbeit findet in den Jugendleiterinnenkursen statt, die dazu bestimmt sind, die bereits erprobten und erfahrenen Kindergärtnerinnen für die Leitung größerer Erziehungseinrichtungen zu schulen und sie zu befähigen, die Beziehungen zwischen Anstalt und Elternhaus einer-, Anstalt und Schule andererseits in günstiger Weise zu beeinflussen.

Zur Berufs- sowie freiwilligen Hilfsarbeit auf sozialen

Gebieten bildet die Soziale Frauenschule vor, die in Gemeinschaft mit den Mädchen- und Frauengruppen für soziale Hilfsarbeit vom Pestalozzi-Fröbel-Haus I gegründet wurde. Alle diese Voranstalten sind vor allem dazu bestimmt, das Interesse der gebildeten Frau auf die Volkserziehung zu richten und sie zu befähigen, an ihrem Teil mit an ihrer Hebung zu arbeiten.

Die Bestrebungen des Pestalozzi-Fröbel-Hauses I sind auf die Regeneration der Familie gerichtet, und deshalb fußt die Ausbildung auch auf der Grundlage des häuslichen Lebens; sie wird derart gestaltet, daß das Verständnis für die häuslichen Bedingungen, unter denen die Jugend unseres Volkes heranwächst, zu einer erweiterten Kenntnis der Lebenslage unserer Arbeiterschaft führt und die Mittel und Wege aufsuchen läßt, wie die Wohlfahrts- und Erziehungseinrichtungen zur Selbsthilfe führen können. Besichtigung der Anstalt Dienstags 10-12 Uhr.

Pestalozzi-Fröbel-Haus II

Kyffhäuserstr. 20.

Das Pestalozzi-Fröbel-Haus II hat die Aufgabe, dem weiblichen Geschlecht Gelegenheit zu einer gründlichen hauswirtschaftlichen Erziehung und Ausbildung in jedem Zweige der Hauswirtschaft zu geben. Es gliedert sich in eine Seminar-Abteilung, eine Haushaltungsschule, Fachkurse im Kochen, Waschen, Plätten u. a., darunter auch diätetische Kurse für Ärzte, hauswirtschaftliche Fortbildungskurse für Gemeinde-Schülerinnen. Das Haus hat ein Pensionat.

Königliche Handels- und Gewerbeschule für Mädchen

Potsdam, Neue Königstr. 90.

Programm der Königlichen Handels- und Gewerbeschule für Mädchen.

Sie bezweckt, Mädchen und Frauen Gelegenheit zur Ausbildung für den Haushalt, einen gewerblichen oder kaufmännischen Beruf und als technische Lehrerin (Lehrerin der Hauswirtschaftskunde, Lehrerin der weiblichen Handarbeiten, Gewerbeschullehrerin, Handelslehrerin) zu geben. Die Anstalt umfaßt eine Haushaltungsschule, eine Gewerbeschule, eine Handelsschule, Seminare, ein Pensionat und veranstaltet Vorträge zur allgemeinen Fortbildung. Die Kurse der Haushaltungs- und Gewerbeschule beginnen im Frühjahr und Herbst, die Aufnahme in die Handelsschule und die Seminare erfolgt in der Regel nur einmal im Jahre.

Kunst- und Kunstgewerbliche Lehranstalten

s. auch Akademie der Künste, S. 146 ff.

Königliche Kunstschule

Klosterstr. 75.

Programm der Königl. Kunstschule zu Berlin.

Die 1877-1880 erbaute Königliche Kunstschule bereitet vornehmlich auf die staatliche Prüfung für Zeichenlehrer und -lehrerinnen vor. Daneben bestehen Kurse zur Ausbildung von Lehrkräften für den Handfertigkeitsunterricht und zur künstlerischen Fortbildung von Damen.

Das Unterrichtsjahr dauert von Oktober bis Ende Juli.

Aufnahmebedingungen. Für die Kurse zur Ausbildung von Zeichenlehrern und -lehrerinnen: bei Bewerbern vollendetes 19., bei Bewerberinnen 17. Lebensjahr, die in der Prüfungsordnung vorgeschriebene Schulbildung, Beweise der natürlichen Begabung für das Zeichnen; für die Kurse zur Ausbildung von Lehrkräften für den Handfertigkeitsunterricht: bestandene Zeichenlehrer- oder -lehrerinnenprüfung; für die Kurse zur künstlerischen Fortbildung von Damen: Einreichung von Studienarbeiten, künstlerische Vorbildung. Die Prüfungsordnung für Zeichenlehrer und -lehrerinnen in Preußen ist in dem obengenannten Programm abgedruckt.

Unterrichtsanstalt des Kunstgewerbemuseums
Prinz-Albrecht-Str. 7.

Programm der Unterrichtsanstalt, vom Sekretariat erhältlich. — Jahresberichte.

Zweck der Anstalt ist Ausbildung der verschiedenartigen Kräfte, die im Kunsthandwerk, in der Kunstindustrie oder in der dekorativen Kunst ihren Wirkungskreis suchen. Der Unterricht erstreckt sich auf Kunst und ihre Hilfswissenschaften. Die Anstalt ist in zwei Abteilungen, die Tages- und Abendschule, geteilt. Die Tagesschule umfaßt besondere Fachschulen für architektonisches Zeichnen, für ornamentales Modellieren, für figürliches Modellieren, für Ziselieren, für Holzschnitzerei, für ornamentale Malerei, für figürliche Malerei, für Schmelzmalerei, für Musterzeichnen, für Kupferstich und Radierung, für Kunststickerei, für graphische und Buchkunst und nimmt nur solche Schüler auf, die sich für eine besondere künstlerische Tätigkeit bereits entschieden haben, während der Unterricht in der Abendschule mehr allgemeiner oder theoretischer Art ist. Die Lehrzeit der Fachklassen ist durchschnittlich auf 3 Jahre festgesetzt. Vorbedingung zur Aufnahme in die Fachklassen, die auf Grund einer Prüfung erfolgt, ist künstlerische Vorbildung und eine gewisse technische Sicherheit für den besonderen Beruf. Das Schuljahr geht von Oktober bis Juni. Das Schulgeld beträgt für die Vollschüler im ersten Jahr 90 M, im zweiten 90 M, im dritten 60 M. Die Abendschüler bezahlen jährlich für jede einzelne Klasse 24 M. Außerdem wird ein Eintrittsgeld von 3 M erhoben. In den meisten Klassen werden auch Schülerinnen zugelassen. — Die Anstalt verfügt über mehrere Stipendien; mittellosen begabten und fleißigen Schülern kann das Schulgeld erlassen werden. Besonders befähigten und weit vorgeschrittenen Kunsthandwerkern können aus einer besonderen Stiftung Unterstützungen in verschiedener Höhe gewährt werden. Für die männlichen Fachschüler besteht eine Krankenkasse.

Zeichen- und Malschule des Vereins der Künstlerinnen

Potsdamer Str. 39. Gartenhaus

Sie bildet zur Zeichenlehrerin und für künstlerische Berufe aus. Bewerberinnen zur Vorbereitung auf die staatliche Prüfung für Zeichenlehrerinnen müssen die oberste Klasse einer vollentwickelten höheren Mädchenschule mit Erfolg besucht haben oder die Befähigung als Turn- oder Handarbeitslehrerin oder als Lehrerin der Hauswirtschaftskunde besitzen. Bewerberinnen, die noch keine Lehrbefähigung besitzen, müssen sich während zweier Jahre wissenschaftlich oder praktisch weitergebildet haben. Die Vorbereitungskurse auf die Zeichenlehrerinnenprüfung umfassen 2 Jahre.

Das Honorar beträgt jährlich 200 M, einmalige Einschreibegebühr 3 M.

Archive, Bibliotheken, Museen

ARCHIVE

Königlich Preußisches Hausarchiv

Charlottenburg, Spandauer Str. 1

Gegründet 1850. Es sammelt alle den Hofstaat und die persönlichen Angelegenheiten der Mitglieder des Königlichen Hauses betreffenden Urkunden und Akten sowie die Korrespondenzen der regierenden Fürsten vor ihrer Thronbesteigung, seit 1840 auch die Korrespondenz der Herrscher, soweit sie nicht in amtliche Registraturen gelangen, die Korrespondenz der anderen Prinzen und aller fürstlichen Damen und nimmt die Registraturen des Ministeriums des Königlichen Hauses und der anderen Hofbehörden auf. Die Bibliothek enthält hauptsächlich Werke zur Geschichte des Königlichen Hauses, Preußische und Deutsche Geschichte. In der Regel ist sie nur den Archivbenutzern zugänglich.

Königliches Geheimes Staatsarchiv

Klosterstr. 76, Neue Friedrichstr. 83.

Zentralarchiv für Preußen und für die Provinz Brandenburg, umfaßt die Akten der staatlichen Zentralbehörden und die Akten der Provinzbehörden der Mark Brandenburg und enthält in seiner Bibliothek Werke über Geschichte und ihre Hilfswissenschaften, Staatswissenschaft, Jurisprudenz. Die Bibliothek ist Handbibliothek der Beamten des Archivs, den Benutzern des Archivs ist sie während der Dienststunden 9-3, So 9-2 zugänglich. — Die Akten der Stände der Mark Brandenburg sind im Ständischen Archiv, Berlin, Ständehaus, Matthäikirchstr. untergebracht.

Kriegsarchiv der Bibliothek des Großen Generalstabes

Herwarthstr. 2

bezieht sich ausschließlich auf Kriegsgeschichte; die Urkunden beginnen mit den Kriegen des Großen Kurfürsten.

Geheimes Archiv des Kriegsministeriums

· Leipziger Str. 5

sammelt die Urkunden über Ausbildung, Ausrüstung, Bewaffnung und Unterhalt des Brandenburgisch-Preußischen Heeres, über Versorgungs- und Festungswesen sowie Militärrechtspflege.

Archiv der Stadt Berlin

Rathaus, Zimmer 58.

Enthält viele Urkunden zur mittelalterlichen Geschichte der Stadt, Ratsprotokolle, Bürgerlisten u. a. Seit 1816 ließ der Magistrat die Urkunden sammeln.

BIBLIOTHEKEN

Schwenke und Hortzschansky, Berliner Bibliothekenführer, Berlin, Weidmann 1906.) — Paalzow, Die Berliner Bibliotheken, in: Berliner Akademische Wochenschrift, Jg. 1, 1906-07, Nr. 2-3. — Jahrbuch der deutschen Bibliotheken, hrsg. vom Verein deutscher Bibliothekare. Leipzig, O. Harrassowitz. — Graesel, Führer für Bibliotheksbenutzer, Leipzig, 1905.*

Für Studium und Bildungszwecke kommen in Berlin besonders in Betracht:

1. Die **Königliche Bibliothek**, Dorotheenstr. 97.

Hortzschansky, Die Königliche Bibliothek zu Berlin. Ihre Geschichte und ihre Organisation. Berlin, 1908. — Veröffentlichungen: Jahresberichte, ein alphabetisches und ein systematisches Verzeichnis der laufenden Zeitschriften, ein Verzeichnis der im Lesesaal aufgestellten Handbibliothek, Jahresverzeichnisse der Universitäts- und Schulschriften, Titeldrucke über die neu erschienene Literatur, Handschriftenverzeichnisse.

Die Königliche Bibliothek umfaßt eine Druckschriftenabteilung, eine Handschriftenabteilung und besondere Sammlungen, und zwar eine Kartensammlung, eine Musiksammlung und die Deutsche Musiksammlung. Diese letztere (Schinkelplatz 6) hat das Ziel, ein Archiv des Musikverlags zu werden. — Die Benutzung der Bibliothek (von 9-3, in den Lesesälen von 9-9, in den Katalogzimmern oder zur Entleihung von Büchern von 9-6) ist durch die Benutzungsordnung v. 6. Febr. u. 30. Sept. 1905 geregelt. Sie ist u. a. abgedruckt in den „Vorschriften für die Studierenden".

2. Die **Universitätsbibliothek**, Universitätsstr. 7.

Verzeichnis der Lesesaal- und Handbibliothek. — Verzeichnis der Berliner Universitätsschriften 1810—1885. — Die Neu-

---

*) *Dies Buch enthält eine sorgfältige Aufzählung und Beschreibung aller Berliner Bibliotheken; daher ist hier nur eine knappe Übersicht gegeben.*

erwerbungen werden in Auswahl in den Berliner Akademischen Nachrichten bekannt gegeben.

Die Bibliothek besteht in einer Lesesaalbibliothek, einer Handbibliothek zur Ergänzung der Lesesaalbibliothek und einer Ausleihbibliothek. Die Benutzung ist durch ein Reglement geregelt, das in den „Vorschriften für die Studierenden" abgedruckt ist. Geöffnet 9-3, Lesesaal 8-9. Über die Ausskunftsstelle der Bibliothek s. S. 228.

3. Die **Bibliotheken der einzelnen Hochschulen** — Näheres darüber s. bei den einzelnen Hochschulen.

4. Die **Seminar- und Institutsbibliotheken** — Näheres darüber s. bei den einzelnen Seminaren und Instituten.

5. Die **Bibliotheken von sonstigen wissenschaftlichen Anstalten** und Sammlungen (Akademien, Museen u. ä.) — Näheres darüber s. bei diesen Anstalten.

6. Die **Bibliotheken von Behörden und Vereinen** — Näheres s. bei den Vereinen und im Anhang.

7. Die **Roosevelt-Bibliothek** s. S. 30

8. Die **Stadt- und Volksbibliotheken** s. Berliner Bibliothekenführer S. 34 ff.

9. Die **Deutsche Lehrerbücherei** (früher Deutsches Schulmuseum), Kurze Str. 5, ist Eigentum des Deutschen Lehrervereins und enthält in erster Linie pädagogische Werke über die geschichtliche Entwicklung des Schul- und Erziehungswesens. Große Sammlung alter Schulbücher, 1500 Handschriften, 500 Bildwerke und 50 Medaillen. Gedrucktes Bücherverzeichnis vorhanden. Lesesaal mit 220 Zeitschriften und Handbibliothek. Benutzung für Lehrer und andere Interessenten frei.

Auskunftsbureau der deutschen Bibliotheken

s. S. 227.

Gesamtkatalog der preußischen Bibliotheken

Königliche Bibliothek.

Fick, Wie ist der Gesamtkatalog für die wissenschaftliche Arbeit nutzbar zu machen? in: Berliner Akademische Nachrichten Jg. 1907/08, S. 85 ff. und S. 97 ff.

Der preußische Gesamtkatalog hat die Aufgabe, zunächst die Kataloge der Königlichen Bibliothek und der zehn preußischen Universitätsbibliotheken, weiterhin aber auch die Kataloge anderer deutscher Bibliotheken von Bedeutung in einem Alphabet zu vereinigen. Der Katalog ist ein Zettelkatalog. Die Nutzbarmachung des Kataloges zur Auskunft darüber, wo sich ein gesuchtes Buch befindet, ist Sache des Auskunftsbureaus der deutschen Bibliotheken.

Deutsches Bureau der Internationalen Bibliographie der Naturwissenschaften

Enckeplatz 3a.

Das Institut, welches dem Reichsamt des Innern untersteht, ist am 1. Juni 1901 ins Leben getreten mit der Aufgabe, die im Deutschen Reiche erscheinende naturwissenschaftliche und medizinische Literatur für den von der Royal Society in London herausgegebenen International Catalogue of Scientific Literature, der Fortsetzung der Scientific Papers, zu bearbeiten.

Die ersten Verhandlungen über den Katalog reichen bis in das Jahr 1894 zurück. Die letzten Abmachungen, welche dem Unternehmen seine jetzige Gestalt gaben, fanden im Juni 1900 in London statt. Hier wurde endgültig von den wissenschaftlichen Vertretern fast aller Kulturstaaten die Notwendigkeit und Nützlichkeit dieses kulturell bedeutenden internationalen Unternehmens anerkannt und die Leistungen jedes der beteiligten Staaten festgesetzt. Heute umfaßt das Unternehmen außer seinem Bureau in

London, das zugleich das Zentralbureau darstellt, 34 Regionalbureaus in den verschiedenen Ländern, so daß fast die gesamte Kulturwelt sich in seinen Dienst gestellt hat. — Die Gesamtzahl der seit 1901 im Zentralbureau in London eingelaufenen Zettel beträgt 1 553 883; von diesen hat Deutschland über 770 000, also die Hälfte, geliefert. — Der International Catalogue umfaßt 17 durch große lateinische Buchstaben bezeichnete Disziplinen, nämlich: A. Mathematik, B. Mechanik, C. Physik, D. Chemie, E. Astronomie, F. Meteorologie, G. Mineralogie, H. Geologie, I. Geographie, K. Paläontologie, L. Allgemeine Biologie, M. Botanik, N. Zoologie, O. Anatomie, P. Anthropologie, Q. Physiologie und R. Bakteriologie. Um mit der internationalen Arbeit gleichzeitig auch eine nationale zu leisten, und um das Interesse des deutschen Verlagsbuchhandels und der deutschen Gelehrten zu erwecken, wurde das vom Deutschen Bureau bearbeitete Material gesondert als „Bibliographie der deutschen naturwissenschaftlichen Literatur“ herausgegeben. Der deutsche Verlagsbuchhandel betätigt sein Interesse dadurch, daß er dem Deutschen Bureau etwa 95 % der in Deutschland erscheinenden einschlägigen Zeitschriften und Monographien leihweise zur Bearbeitung überläßt. Die auf diese Weise nicht erhältlichen Werke werden dem Deutschen Bureau durch die Bibliotheken verschafft. Zur Drucklegung der deutschen Bibliographie steuert jetzt der Börsenverein deutscher Buchhändler einen jährlichen Zuschuß von 2000 M. bei.

Der Geschäftsgang ist folgender: An der Hand der neuen Literatur des Buchhändlerbörsenblattes bestimmt der Leiter des Instituts die für den Katalog in Betracht kommenden neu erschienenen Monographien, Zeitschriften usw. Universitäts- und Hochschulschriften erhält das Bureau auf Grund einer Verfügung der deutschen Bundesregierungen von den betreffenden Universitäten usw. zugesandt. Eine nachträgliche Kontrolle findet ebenso wie über die Schulschriften an der Hand der offiziellen, später erscheinenden Verzeichnisse statt. — Über die vom Deutschen Bureau regelmäßig bearbeiteten deutschen Zeitschriften, deren

Zahl jetzt ca. 3000 beträgt, wird eine genaue Kontrolle geführt, so daß sie immer auf dem Laufenden erhalten werden. — Bei der wissenschaftlichen Bearbeitung der Literatur, die nach einem international angenommenen System der Wissenschaften geschieht, wird vor allem darauf Wert gelegt, den Inhalt einer Arbeit möglichst zu erschöpfen und den Leser auf Punkte aufmerksam zu machen, deren Behandlung nicht aus dem Titel der Arbeit ersichtlich ist. Zu diesem Zwecke werden außer der Hauptsignatur noch Nebensignaturen oder Verweisungen gegeben. Hierdurch wird ein gewissermaßen in Symbolen ausgedrücktes kurzes Referat der betreffenden Arbeit geliefert, und gerade hierdurch unterscheidet sich die Tätigkeit des Bureaus von der landläufigen bibliographischen Sammelarbeit. — Vom 1. Januar 1910 ab ist die Drucklegung der jetzt im Verlage von Carl Heymann, Berlin, erscheinenden Bibliographie der deutschen naturwissenschaftlichen Literatur so geregelt, daß am 2. jeden Monats alles im Laufe des vorhergehenden Monats im Bureau bearbeitete Material druckfertig an die Druckerei geliefert wird. Auf diese Weise ist ein pünktliches monatliches Erscheinen der Bibliographie gesichert.

MUSEEN

Königliche Museen

Zur Geschichte der Königlichen Museen. Festschrift zur Feier ihres fünfzigjährigen Bestehens am 3. August 1880. — Jahrbuch der Königlich Preußischen Kunstsammlungen (in 4 Heften). — Amtliche Berichte aus den Königlichen Kunstsammlungen. — Führer durch die Königlichen Museen am Lustgarten. Neueste Auflage. 50 Pf. — Führer durch das Kaiser-Friedrich-Museum. 50 Pf., Illustrieter Führer 1910, 3 M. — Führer durch das Museum für Völkerkunde. 50 Pf. — Führer durch die Sammlung des Kunstgewerbemuseums. 50 Pf. — A. Mayer, Ein Gang durch die Nationalgalerie in: Berliner akad. Wochenschrift Jg. 1, No. 39/40.

Die Königlichen Museen zu Berlin sind im 19. Jahrhundert in dem hochherzigen Bestreben, den bis dahin mannigfach verstreuten Kunstbesitz des Hohenzollernschen Herrscherhauses der allgemeinen Betrachtung und Benutzung zugänglich zu machen, als eine einheitliche Anstalt gegründet. Am 3. August 1830 wurde das durch Schinkel erbaute jetzt sogenannte Alte Museum am Lustgarten eröffnet. Es enthält die Sammlung der antiken Bildwerke mit Ausschluß der Pergamenischen Fundstücke und das Antiquarium. Das mit dem alten Museum durch einen Übergang verbundene, 1843-1855 von Stüler erbaute Neue Museum beherbergt die Sammlung der Gipsabgüsse von antiken Bildwerken, die ägyptische Abteilung sowie das Kupferstichkabinett. In dem 1886 errichteten Museum für Völkerkunde in der Königgrätzer Str. 120 sind außer den ethnologischen Sammlungen die vaterländischen und anderen vorgeschichtlichen Altertümer und die Schliemann-Sammlung untergebracht. Das neben diesem Museum liegende, 1881 vollendete Kunstgewerbemuseum wurde im April 1886 in den Verband der Königlichen Museen übernommen und in den Jahren 1901-1904 durch ein besonderes Gebäude für die Bibliothek und die Unterrichtsanstalt erweitert. In dem an der Spitze der Museumsinsel, jenseits der Stadtbahn gelegenen, im Herbste 1904 vollendeten Kaiser-Friedrich-Museum befinden sich die Skulpturen der christlichen Epoche, die Gemäldegalerie, das Münzkabinett sowie die islamische Kunstabteilung. — Der deutschen Kunst des 19. Jahrhunderts dient die Nationalgalerie. — Neuerdings ist der planmäßige Ausbau der Museumsinsel zu Museumszwecken beschlossen worden. Die zum Teil schon in Angriff genommenen Gebäude, die nach den hinterlassenen Plänen Alfred Messels durch Ludwig Hoffmann zur Ausführung gebracht werden sollen, sind: ein Anbau an das Neue Museum für die ägyptische Abteilung und ein Gebäude für die vorderasiatische Abteilung, der Neubau eines Deutschen Museums, das durch einen Übergang über die Stadtbahn mit dem Kaiser-Friedrich-Museum verbunden werden wird, und als Mittelpunkt nicht nur des neuen Museums, sondern des ganzen Komplexes der Museumsbauten das Pergamonmuseum, das auch die Funde von Milet und Priene aufzunehmen bestimmt ist. Die jetzige Aufstellung der Schätze der Königlichen Museen ist daher, da einige Abteilungen wegen der bevorstehenden Bauarbeiten geräumt werden mußten, zum Teil provisorisch (so namentlich in der ägyptischen und vorderasiatischen Abteilung). Die Funde aus Pergamon sind nach Abbruch des provisorischen Pergamonmuseums vorläufig magaziniert, aber auf Verlangen zugänglich.

Besuchszeiten: Altes und Neues Museum: Vom 1. April bis 30. Sept. Sonnt. 12—6, Mo geschlossen, Di, Mi, Do, Fr, So 10—4; Okt. u. März Sonnt. 12—5, Mo geschlossen, Di bis So 10—3; Nov. u. Febr. Sonnt. 12—4, Mo geschlossen, Di bis So 10—3; Dez. u. Jan. Sonnt. 12—3, Mo geschlossen, Di bis So 10—3. Eintritt frei. — Museum für Völkerkunde ebenso. — Kunstgewerbemuseum ebenso. — Kaiser-Friedrich-Museum wochentags außer Mo von 10 Uhr ab, Sonnt. von 12 Uhr ab; von April bis Sept. bis 6 Uhr, Okt. u. März bis 5 Uhr, Nov. u. Febr. bis 4 Uhr, Dez. u. Jan. bis 3 Uhr. Di u. Mi 50 Pf. Eintrittsgeld, an den übrigen Tagen unentgeltlich. — Nationalgalerie wochentags außer Do von 10 Uhr ab, Do von 1 Uhr ab, Sonnt. von 12 Uhr ab; im April bis September bis 6 Uhr, Okt. u. März bis 5 Uhr, Nov. u. Febr. bis 4 Uhr, Dez. u. Jan. bis 3 Uhr; Do 1 M Eintrittsgeld; Fr u. So 50 Pf., an den übrigen Tagen frei.

An den ersten Feiertagen der hohen Feste, am Neujahrstag, Charfreitag, Himmelfahrtstag u. am Bußtag sind die Museen geschlossen, an den zweiten Feiertagen der hohen Feste wie Sonntags geöffnet.

Hohenzollern-Museum

Schloß Monbijou.

Führer durch das Hohenzollernmuseum. Neue Auflage.

Eröffnet 1877. Das Museum ist der Erinnerung an die brandenburgischen und preußischen Herrscher aus dem Hause Hohenzollern gewidmet. Es will jedoch nicht bloß eine Sammlung von Einzelstücken sein, sondern durch die Aufstellung in Zimmern, die möglichst Originalräume sind oder doch mit Originalmöbeln und -kunstwerken aus den verschiedenen Zeiten ausgestattet sind, zugleich ein Kulturbild von historischem Werte geben. Die einzelnen Räume führen aus der Zeit des jetzt regierenden Kaisers zurück bis auf die Zeit des Großen Kurfürsten. — Besuchszeiten: Wochentägl. außer So 10—3 Uhr, Sonnt. u. an den zweiten Feiertagen der hohen Feste von $11^1/_2$—2 Uhr. Geschlossen: Sonnabends und an den ersten Feiertagen der hohen Feste, am Neujahrstage, Charfreitage, Bußtage und an Kaisers Geburtstag.

Königliches Rauch-Museum

Klosterstr. 75-76.

Gegründet 1859, eröffnet 1865. Das Museum enthält die Werke Rauchs in Modellen und Gipsabgüssen (356 Nummern), außerdem ein Rauch-Archiv. Das Rauch-Archiv ist in drei Unterabteilungen geordnet, deren erste (A) in zwölf mit I-XII bezeichneten, in der linksseitigen, unteren Abteilung von Rauchs Bücherschrank aufbewahrten Kasten mit allgemeinen Inhaltsangaben die Akten enthält. Die zweite Unterabteilung (B) enthält in einer Mappe die aus Rauchs Nachlaß herrührenden, meistens auf seine Werke bezüglichen Zeichnungen. Die dritte Unterabteilung (C) in den weiteren Fächern des Schrankes die dem Archiv einverleibten Bücher. Besuchszeit: April bis September 10-4 Uhr, Oktober bis März 10-3 Uhr, Eintritt frei. An Sonn- und Feiertagen geschlossen.

Königliche Sammlung für Deutsche Volkskunde

Klosterstr. 36.

Begründet 1889, hieß sie vor der Übernahme in Staatsbesitz „Museum für deutsche Volkstrachten und Erzeugnisse des Hausgewerbes“. Das Museum ist von einem Komitee begründet worden, an dessen Spitze Prof. Rudolf Virchow stand. 1904 wurde es der Generalverwaltung der Königl. Museen zugeteilt und der Direktion der prähistorischen Abteilung des Kgl. Museums für Völkerkunde unterstellt.

Die Ergänzung der Sammlungen ist von dem aus dem Gründungskomitee hervorgegangenen „Verein der Sammlung für deutsche Volkskunde“ unter dem Vorsitz von James Simon übernommen. — Der Verein gibt in Jahresheften „Mitteilungen“ aus dem Museum und seinem Mitgliederkreise heraus.

Ein „Führer“ durch die Sammlung ist 1908 erschienen. Eine Fachbibliothek ist vorhanden. Die Sammlung enthält vorwiegend deutsche Volkstrachten des 19. Jahrhunderts, außerdem Möbel, Haus- und Wirtschaftsgeräte der Landbevölkerung, die z. T. bis ins 15. Jahrhundert zurückreichen. Um ein Bild der Wohnweise bei den verschiedenen deutschen Stämmen zu geben, sind mehrfach ganze Bauernstuben zusammengestellt worden mit allem ihrem Zubehör, Wandvertäfelungen usw. So besitzt das Museum eine Spreewaldstube, in der auch eine volkstümliche Szene, eine Hochzeitseinladung, durch Figuren in Tracht dargestellt ist, ferner eine ost- und eine westfriesische, eine allemannische und oberösterreichische Stube. — Außer diesem landschaftlich geordneten Teile enthält das Museum gesondert vergleichende Sammlungen zur Volkskunde, die sich auf den volkstümlichen Hausbau, auf Bauerntöpferei, Teile der Volkstracht und Schmuck, Spielzeug, Festgeräte, Glaube und Brauch, Zunftwesen und dergl. beziehen. — Besprechungen von Sammlungsteilen finden in den Sitzungen des Vereins für Volkskunde statt. — Besuchszeiten Sonnt. 12—6; Di, Mi, Do, Fr, So 10—4; Mo geschlossen.

Königliches Zeughaus

Platz am Opernhause

Das Zeughaus ist nach dem Plane des Großen Kurfürsten für die militärischen Machtmittel des Staates errichtet worden, um dieselben, an einer Stelle vereinigt, jederzeit für schnellen Gebrauch bereit zu haben. In der Not der Zeiten konnte der Bau erst unter Kurfürst Friedrich III. 1696 ausgeführt werden. Die architektonische Gestaltung, vor allem aber der Skulpturenschmuck rühren von Andreas Schlüter her, der die berühmten Köpfe der sterbenden Krieger im Innenhof und die Medusenköpfe an der Nordfront geschaffen hat — nach Größe der Konzeption und unerbittlicher Wahrheit die größten plastischen Werke, welche im 17. Jahrhundert nördlich der Alpen entstanden sind. Wegen seiner Zweckbestimmung und der für jene Zeit bei solchen Anlagen ganz ungewöhnlich reichen künstlerischen Ausstattung machte das Haus erhebliches Aufsehen in ganz Europa, flößte durch seine starke Massenausrüstung Respekt ein und hat dadurch vielfach im friedlichen Sinne gewirkt. Führten die kriegerischen Ereignisse aber den Feind nach Berlin, so wandte sich dieser zuerst gegen das Zeughaus. 1757 wurde es von den Österreichern, 1760 von den Russen, 1806 von den Franzosen geplündert, sowie 1848 von Revolutionären; 1760 legten die Russen Minen, um es in die Luft zu sprengen und wurden nur durch das schnelle Erscheinen Friedrichs des Großen an der Ausführung verhindert. Nach siegreichen Kriegen füllte sich das Haus mit eroberten Waffen und Trophäen, im Unglück geriet es in tiefen Verfall. Glück und Unglück der Monarchie spiegelten sich in ihm wieder, wie andrerseits der glänzende Skulpturenschmuck an den Außenfronten, der ernste im Innenhofe und an der Rückseite des Hauses zu allen Zeiten als charakteristisch für den brandenburgisch-preußischen Staat angesehen wurde. — In der Epoche Wilhelm I. seiner eigentlichen Bestimmung als Zentralmagazin längst nicht mehr genügend und durch Waffendepots in den einzelnen Provinzen ersetzt, gab der erste Kaiser dem Zeughause die neue Bestimmung, fortan als Vaterländisches Andenkenmuseum zu dienen, worin der Dank der Dynastie an Volk und Heer zum Ausdruck kommen sollte. Eine Andenkenhalle mit Kuppel wurde durch Umbau der Nordfront des Obergeschosses hergestellt und mit großen allegorischen Wandgemälden — Triumphzug, Herrschertugenden, Krieg, Friede, Verherrlichung der Helden des alten Reichs sowie der Vorläufer des neuen und Aufrichtung des neuen Kaiserreichs — geschmückt. 16 weitere Wandgemälde stellen die wichtigsten Vorgänge seit Eintritt des brandenburgisch-preußischen Staates in die Weltgeschichte — Fehrbellin 1675 bis Kaiserproklamation in Versailles 1871 — dar; 8 Bronzestandbilder vom

Großen Kurfürsten bis zu Wilhelm dem Großen, 48 Büsten der berühmtesten Staatsmänner und Feldherren, sodann in letzter Zeit 36 Tafeln mit 278 Namen gefallener Generale und Kommandeure wurden aufgestellt. Der Innenhof wurde für militärische Vorgänge großen Stils, wie Fahnenweihen, Paroleausgabe am Kaisersgeburtstag und Neujahrstage in Anwesenheit des obersten Kriegsherrn, Ausstellungen usw., durch Glasbedachung zu einem monumentalen Festraum umgestaltet. — Die Sammlung der Andenken umfaßt die Erinnerungsstücke an die Dynastie, die in Sonderabteilungen — Kurfürstenraum, Andenkenräume Friedrichs d. Gr., Friedrich Wilhelms III und Wilhelms d. Gr. — mit den Andenken an die Staatsmänner, Heerführer, verdiente Bürger und Soldaten vereinigt sind. Hierzu treten die historischen Waffen und Uniformen des eigenen Heeres und der einstigen Gegner sowie endlich ein Trophäenschatz von über 2600 Militärfahnen und Standarten. — Hierneben enthält das Zeughaus eine systematische Waffensammlung, welche in Verbindung mit einer Fachbibliothek und Vorbildersammlung den Offizieren, technischen Instituten und Militärbildungsanstalten für das Selbststudium die Entwicklung der Waffen vorführen soll. Diese Sammlung umfaßt die Zeit von dem ersten Freiheitskampfe der Germanen gegen die römische Weltmacht bis zur Gegenwart. Für das Kunststudium und zur Anregung des Kunsthandwerks werden besonders auch solche Stücke gesammelt, welche sich neben den charakteristischen Merkmalen guter und brauchbarer Waffen durch reine Form und eine Verzierungskunst auszeichnen, die sich vollständig dem Gebrauchszweck unterordnen, und eine Stilreinheit zeigen, wie sie bei anderen kunstgewerblichen Erzeugnissen in solcher Vollkommenheit sehr selten vorkommen. — Geöffnet wochentäglich von 10-3, Sonntags von 12-3 Uhr. Eintritt unentgeltlich.

Märkisches Provinzial-Museum

Märkischer Platz.

Führer durch das Märkische Museum, 10 Pf.

Begründet 1874. Das Museum will den Entwicklungsgang der Kultur auf dem besonderen märkischen Boden von der urgeschichtlichen Epoche ab bis in die Gegenwart veranschaulichen. Es will, ausgehend von dem Gebiet der Heimatskunde, eine „Fortbildungsanstalt“ für die verschiedensten Volkskreise sein, ferner der wissenschaftlichen Heimatserforschung Material bieten, endlich das geschichtliche Band zwischen der Reichshauptstadt und der Provinz Brandenburg befestigen. Es zerfällt in eine naturgeschichtliche und eine kulturgeschichtliche Abteilung. Die naturgeschichtliche Abteilung, die eine Sammlung der geologischen, botanischen und zoologischen Vorkommnisse der Provinz Brandenburg, vorwiegend vom Gesichtspunkt der praktischen Verwendung der betreffenden Objekte für das bürgerliche Leben enthält, ist die kleinere. Die kulturgeschichtliche Abteilung ist die wichtigere und schließt sich dem Gange der Kulturgeschichte an, vom frühesten vorgeschichtlichen Auftreten des Menschen bis zur Gegenwart. Vorzüglich gepflegt wird das Städtewesen, wobei naturgemäß Berlin im Mittelpunkt steht, aber auch die Geschichte des platten Landes ist nicht vernachlässigt worden. Spezialsammlungen bestehen für Münzen und Medaillen, für Architektur, für Urkunden, für Druckschriften und Bücher. Ein Archiv enthält eine wertvolle Sammlung von Korrespondenzen und geschichtlichen Berichten. — Besichtigung unentgeltlich täglich von 10—3 Uhr mit Ausnahme der Sonnabende.

Reichs-Post-Museum

Leipziger Str. 15.

Hennicke, Das Reichs-Postmuseum, 2. Aufl., Berlin 1889. — Katalog des Reichs-Postmuseums. Berlin.

Zweck: Die Entwicklung des Verkehrswesens von den Völkern des Altertums beginnend bis zur neuesten Zeit kulturgeschichtlich zu veranschaulichen und den Beamten der Reichs-Post- und Telegraphenverwaltung bei ihren Studien ein Hilfsmittel für das Werden und die Fortbildung der Verkehrseinrichtungen zu schaffen. Zur Erreichung dieses Zieles sammelt es zunächst die bei der Post und Telegraphie gebräuchlichen Gegenstände, Apparate und Modelle, sodann aber auch bildliche Darstellungen in Gipsabgüssen, Stichen und sonstigen Erzeugnissen, die sich auf das Schrifttum, das Nachrichtenwesen und die Beförderungseinrichtungen aller Zeiten und Völker beziehen. Neu eingerichtet ist eine Abteilung für Luftschiffahrt. Besichtigung: Montag, Dienstag, Donnerstag, Freitag von 10-2, Sonntags sowie an den zweiten Feiertagen des Oster-, Pfingst- und Weihnachtsfestes von 12-2. Der Eintritt ist unentgeltlich. Geschlossen ist das Museum Mittwochs und Sonnabends, ferner an den ersten Feiertagen des Oster-, Pfingst- und Weihnachtsfestes, am Neujahrstage, am Karfreitage und am Himmelfahrtstage.

Königliches Verkehrs- und Baumuseum

Invalidenstr. 50—51.

Das Museum ist am 14. Dezember 1906 eröffnet und in dem ehemaligen Berlin-Hamburger Personenbahnhof untergebracht. Es umfaßt eine Hochbauabteilung (ausschließlich der Eisenbahnhochbauten), eine Wasserbauabteilung, eine Eisenbahnabteilung und hat den Zweck, durch die Aufstellung einer großen Anzahl von Modellen, Zeichnungen, Apparaten und Bildern dem Publikum ein Bild von dem Verkehrswesen und der baulichen Tätigkeit der Königlich Preußischen Verwaltung zu geben, das Verständnis für die gegenwärtigen Aufgaben der Verkehrs- und Bauverwaltung zu verallgemeinern und zu vertiefen, ihr Studium zu erleichtern und Vervollkommnungen auf diesen Gebieten anzuregen. Aus diesem Grunde kommen für die Aufstellung und Beschaffung in erster Reihe Einrichtungen der Neuzeit in Betracht.

In der Hochbauabteilung sind enthalten: Proben von Baumaterialien, als Granit, Sandstein, Basalt, Muschelkalk, Marmor usw., teils roh, teils bearbeitet, Fliesen und Kacheln, Linoleum usw., ferner Einzelkonstruktionen von Bauwerken, Kunstschmiedearbeiten, Türbeschläge und dergleichen mehr, Modelle von Gerichtsgebäuden, Brückenportalen usw.; Bilder von Kirchen, Verwaltungsgebäuden, städtischen Bauten schmücken die Wände, Glasmalereien und Diapositive von

Regierungsgebäuden usw. die Fenster. Die Wasserbauabteilung zeigt in der Hauptsache den Bau und Betrieb der Wasserstraßen und Häfen. Hier sehen wir die Einfahrt in die Flußmündungen und ihre Beleuchtung, Bagger der verschiedensten Bauart, Eisbrecher, Lotsendampfer, den Bau der Molen, die Befestigung der Dünen, Modelle von Wehren, Schleusen, Reliefs von Helgoland und des Panama-Kanals, von den Häfen von Emden und Kosel, den Hafen von Ruhrort-Duisburg, in vielen Zeichnungen und Bildern Talsperren und Seezeichen, Leuchttürme, Bojen, Blinkfeuer und dergleichen. Außerdem werden die Wände von einer großen Anzahl von Karten und Bildern bedeckt, für Studierende ein außerordentlich wertvolles Material.

Den größten Raum nimmt die Eisenbahnabteilung ein. Modelle von Lokomotiven und Wagen, von der ältesten bis zur neuesten Bauart, füllen mit ihren Einzelheiten einen großen Raum. Eine Sammlung von Sicherheitsvorrichtungen, Stellwerken, Telegraphen und Telephonen zeigt die Bestrebungen der Verwaltung, eine möglichst große Sicherheit in der Zugbeförderung zu erreichen. Von den Wohlfahrtseinrichtungen und der Fürsorge für das Wohl der Beamten und Arbeiter erhält man durch Modelle und Zeichnungen von Wohnungen und Aufenthaltsräumen ein Bild. Es folgen weiter Fahrkartendruckerei, Fahrkarten, von den ältesten bis zu den neuesten und aus allen Ländern, eine Fahrkartenausgabe, dann die Oberbaukonstruktionen, Schienen, Schwellen und ihre Befestigungsteile, weiterhin Werkstattseinrichtungen und Anlagen, Beleuchtungsgegenstände, elektrische Lampen, die elektrische Einrichtung der Straßenbahnwagen und einige sehr schöne Modelle neuer Eisenbahnbrücken. — In einem Lesezimmer liegen technische Zeitschriften aus, und in einigen Schränken ist eine wertvolle Büchersammlung aufgestellt worden. — Das Museum ist geöffnet: Dienstag, Mittwoch, Donnerstag, Freitag von 10-4 Uhr, Sonnabend von 2-7 Uhr, Sonntag von 11-3 Uhr, Montag geschlossen. Besichtigung unentgeltlich.

Deutsches Kolonial-Museum

am Lehrter Bahnhof, Alt-Moabit 1.

Täglich, auch Sonntags, geöffnet von morgens 9 Uhr ab gegen 50 Pf. Eintrittsgeld (Montags 1 M).

Ständige Ausstellung für Arbeiterwohlfahrt

Charlottenburg, Fraunhoferstr. 11-12.

Katalog der Ständigen Ausstellung für Arbeiterwohlfahrt. Berlin.

Aus Reichsmitteln errichtet, dient sie dem Zwecke, Einrichtungen zum Schutze des Arbeiters gegen Gefahren für Leben und Gesundheit im Betriebe, insbesondere Einrichtungen zur Verhütung von Betriebsunfällen, zu sammeln und dem Studium zugänglich zu machen. Sie untersteht der Verwaltung des Reichsamts des Innern. Die Baulichkeiten setzen sich aus dem Verwaltungsgebäude und der Ausstellungshalle zusammen, die durch einen Vorraum verbunden sind, über dem sich im oberen Stockwerk ein Hörsaal zu 200 Sitzplätzen zu Vortrags- und Demonstrationszwecken befindet. Die Ausstellungshalle gewährt zu ebener Erde einen nutzbaren Ausstellungsraum von 2531 qm; sie ist mit einer Galerie versehen, die eine weitere Ausstellungsfläche von 1213 qm bietet. Außerdem sind noch einige Räume für Spezialausstellungen vorhanden.

Die große Ausstellungshalle enthält zu ebener Erde vorwiegend die Maschinen, an denen die Einrichtungen für den Unfallschutz angebracht sind. Bei der Auswahl der zur Schau gestellten Gegenstände ist von dem Grundsatz ausgegangen, daß nur solche Einrichtungen vorgeführt werden, die sich bereits bis zu einem gewissen Grade im Betriebe bewährt haben, und die dem neuesten Stande der Unfallverhütungstechnik entsprechen. Es werden daher, soweit angängig, solche Einrichtungen, die durch neuere Erfindungen überholt werden, fortlaufend durch die jeweilig bewährtesten Konstruktionen ersetzt. Ferner ist besonderer Wert darauf gelegt, daß die Sicherheitseinrichtungen so weit wie möglich unter den Bedingungen gezeigt werden, wie sie der praktische

Betrieb ergibt; es sind daher die Maschinen, an denen die Schutzvorkehrungen in Wirksamkeit treten sollen, in betriebsmäßiger Form vorgeführt und, soweit sie nicht für Handbetrieb eingerichtet sind, mit Kraftantrieb versehen. Wo mit Rücksicht auf die Raumverhältnisse von der Vorführung der Gegenstände in der ihrer praktischen Verwendung entsprechenden Größe Abstand genommen werden mußte, ist die Darstellung durch Modelle, Zeichnungen und Photographien zu Hilfe genommen. Zu einzelnen Ausstellungsgegenständen sind kurze erläuternde Beschreibungen in einzelnen Blättern zum Mitnehmen beigegeben.

Die zweite Hauptabteilung der Ausstellung umfaßt das Gebiet der Gewerbehygiene und der mit ihr in vielfachen Beziehungen stehenden sozialen Hygiene. Es handelt sich hier einmal um die Vorführung wissenschaftlicher Instrumente, anatomischer Präparate und verwandter Darstellungen, dann aber wesentlich auch um die Vorführung von Einrichtungen zur Beseitigung gesundheitsschädlicher Beimengungen der Luft in Staub- und Gasform, von Bade- und Wascheinrichtungen, Speise- und Ankleideräumen in Fabriken und auf Baustellen und sonstigen der Gesundheitspflege in Betrieben dienenden Veranstaltungen. Auch der Ernährungsfrage, dem Wohnwesen und der übrigen Fabrikwohlfahrt im weitesten Sinne sind besondere Darstellungen gewidmet.

Besuchszeit: An den Wochentagen (außer Montags) von 10—1, außerdem Dienstag und Donnerstag abends von 6—9; Sonntags von 1—5. Besichtigung unentgeltlich.

Städtisches Schulmuseum

Stallschreiberstr. 54.

Es dient der wissenschaftlichen und technischen Förderung der an Berliner Schulen tätigen Lehrer und Lehrerinnen. Es besteht aus einer Bibliothek und einer Lehrmittelsammlung. — Den Grundstock der Bücherei, die jetzt rund 20 000 Bände zählt, bildet die 1862 gegründete und als besondere Abteilung der Magistratsbibliothek verwaltete „Lehrerbibliothek der Städtischen Schuldeputation“, die

1879 an das Schulmuseum überging. Zur Anschaffung kommen größere Nachschlagewerke, wertvolle wissenschaftliche Werke, die ihres hohen Preises wegen für die mit jeder Gemeindeschule verbundenen Lehrerbibliothek nicht erworben werden können, und pädagogische Schriften von dauerndem Wert, so daß neben der Pädagogik als Hauptfach alle Wissenschaften vertreten sind. Außerdem enthält die Bücherei eine Sammlung von Jugendschriften und von solchen Büchern, die zu Schulprämien geeignet sind. — Die Lehrmittelsammlung berücksichtigt alle Zweige der Erziehung und des Unterrichts. Sie zeigt in einzelnen Teilen die geschichtliche Entwicklung des Lehrmittelwesens und wirkt vorbildlich für die Erwerbung von Lehrmitteln in den Schulen. Durch Studiensammlungen in einzelnen Gebieten, durch Lehrer- und Schülerarbeiten soll diese Abteilung des Schulmuseums weiter ausgestaltet werden und so ein getreues Abbild der Arbeit in den Schulen Berlins geben. — Geöffnet Montags, Mittwochs und Sonnabends von 4-7 Uhr.

Museen und Sammlungen der Technischen Hochschule

s. Technische Hochschule S. 112 ff.

Museen und Sammlungen der Universität

s. Universitätsinstitute S. 42 ff.

Museum für Bergbau und Hüttenwesen

s. S. 128.

Geologisches Landesmuseum

s. S. 159.

Geologisch-Paläontologisches Museum

s. S. 92.

Museum der Landwirtschaftlichen Hochschule

s. S. 121.

Museum für Meereskunde

s. S. 90.

Mineralogisch-Petrographisches Museum

s. S. 93.

Deutsches Schulmuseum

s. S. 197.

Zoologisches Museum

s. S. 89.

Zoologischer Garten

Kurfürstendamm.

Er enthält einstweilen, abgesehen von einer wesentlich für Schulzwecke berechneten Sammlung einheimischer Kaltblüter, mit denen der Verein Triton eine Anzahl Terrarien und Aquarien im Antilopenhause bevölkert, nur Säugetiere und Vögel. Es sind jedoch Verhandlungen mit der Stadt Berlin dem Abschluß nahe über Einverleibung des an seiner jetzigen Stelle eingehenden Aquariums, welches dann im Zoologischen Garten, vergrößert und verändert, neu erstehen und namentlich auch ein Insektarium enthalten soll, so daß in naher Zukunft eine einigermaßen vollständige Übersicht über die gesamte Tierwelt geboten werden wird. Aber auch jetzt schon enthält der Garten über 1400 Spezies und steht damit unübertroffen da. Gewisse Tiersammlungen dürften noch nie und nirgends in solcher Reichhaltigkeit zusammengebracht worden sein wie hier, so z. B. die Hirschsammlung von etwa 40 und die Rindersammlung von etwa 15 Spezies, unter letzteren der vorderindische Gaur (Bibos gaurus H. Smith), der sonst noch nirgends in Europa gezeigt, im Berliner Garten aber paarweise vorhanden und bereits gezüchtet ist. Die Storch- und Kranichsammlung enthält fast alle überhaupt bekannten Arten; die Kranichsammlung ist durch Ankauf eines Paares vom ostsibirischen Mönchskranich (Grus monachus Tem.), der seit langen Jahrzehnten nicht lebend eingeführt worden ist, vollständig geworden. — Nicht minderen Wert als auf möglichst reichhaltigen und vollständigen, für Lehr- und Wissenschaftszwecke möglichst wohlgeordneten Inhalt legt der Berliner Zoologische Garten auf künstlerische, stil- und geschmackvolle Form der Darbietung. Daher die Tierpaläste, die exotischen Prachtbauten, die nach einer von Ende & Böckmann 1870 begonnenen Tradition eine gewisse ästhetische Harmonie herstellen sollen zwischen dem Tiere und dem Hause, das es bewohnt. Daher andererseits die weitgetriebenen Naturnachahmungen durch große Felsenbauten aus echtem Material und andere nichtarchitektonische Anlagen, durch die versucht wird, die Tiere wirklich in ein Stück Natur hineinzusetzen. Dies ist allerdings nur möglich, wo eine gewisse Akklimatisation möglich ist.

Aquarium

Unter den Linden 68 a.

Das Berliner Aquarium, eine Gründung des Zoologen Dr. Brehm, wurde in den Jahren 1867-1869 von dem Baumeister Lüer erbaut. Das Ganze ist ein in interessantem Grottenstil originell und künstlerisch ausgeführter Bau. Als Baumaterial dienten echte Gesteine aus den Gebirgen Mitteldeutschlands. — Seit 1873 wurde das Institut von Dr. Otto Hermes geleitet.

Die Anlage zerfällt in mehrere Abteilungen. Man gelangt zuerst in den Schlangengang, in dessen Behältern Schlangen aller Größen und Arten sowie Eidechsen aus allen Erdteilen gehalten werden; einige Stufen hinab führen zur geologischen Grotte, die einen idealen Erddurchschnitt darstellt und mit Vögeln, namentlich Kakadus bevölkert ist; im unteren Bassin tummeln sich Seemöven. Wieder einige Stufen hinab führen zum großen Vogelhause, das in seinen 14 Abteilungen Vögel aller Zonen enthält; links (gleich am Eingang zum Vogelhause) der große Affenkäfig. Seitlich neben dem Vogelhause befinden sich mehrere Grotten mit Krokodilen und Schildkröten. Hierauf folgt das eigentliche Aquarium. In über 50 Schaubecken der verschiedensten Größe sind die dem Adriatischen Meere, der Nord- und Ostsee entstammenden Seetiere ausgestellt. Durch die große Treppengrotte gelangt man in das untere Stockwerk mit seinen Grottenbassins. Sämtliche Bassins enthalten ca. 100 cbm Seewasser, außerdem befinden sich in den Hoch- und Tiefreservoirs ca. 300 cbm. Das Seewasser ist künstlich nach einem Rezept von Dr. Hermes bereitet. Es befindet sich in steter Zirkulation, zwischen Schaubecken und Tiefreservoir durchläuft es einen Filter; aus dem Tiefreservoir wird das Wasser durch emaillierte Pumpen in das Hochreservoir gehoben und beginnt den Kreislauf von neuem.

Das Aquarium bestand bisher in der Form einer Aktiengesellschaft, indessen haben in den letzten Jahren die Aktionäre beschlossen, das Grundstück anderweitig zu verwerten und die Gesellschaft aufzulösen. Das Aquarium — zuletzt nur noch Mieter des Grundstückes — muß daher eingehen; der Schluß ist zum 1. Oktober 1910 in Aussicht genommen. Der Zoologische Garten wird indessen ein neues Aquarium auf seinem Gelände errichten. — Um das Aquarium in Berlin besser mit Seetieren versorgen zu können, wurde durch Dr. Hermes im Jahre 1891 in Rovigno an der Adriatischen Küste (ein paar Stunden von Triest) eine eigene Fangstation errichtet, welche den Fang und Transport der Seetiere nach Berlin besorgt. Diese Station ist indessen nicht lediglich Lieferungsstation für das Berliner Aquarium, sondern sie ist zugleich als wissenschaftliche Arbeitsstätte eingerichtet. Die zoologische Station enthält außer den Vorratsräumen für das lebende Material eine Anzahl Laboratorien, die mit allen erforderlichen Instrumenten und Utensilien ausgestattet sind, eine wissenschaftliche Sammlung, eine Bibliothek, sowie ein reichhaltig besetztes Schauaquarium; für Botaniker steht der an das Gebäude sich anschließende, die istrische Flora enthaltende Botanische Garten zur Verfügung *). Auch für Wohnung

*) *Zu Exkursionen auf der See stehen ein Dampfer, ein Motorboot sowie Segel- und Ruderboote bereit.*

und Verpflegung der Gelehrten ist in der Station Vorsorge getroffen. Die Arbeitsplätze werden teils von der Leitung der Anstalt, teils vom Deutschen Reiche (Auswärtiges Amt) und vom Preußischen Kultusministerium verliehen; diese Behörden subventionieren die Station. Durch die Schließung des Aquariums wird die Zoologische Station in Rovigno vorläufig nicht berührt.

Deutsches Entomologisches National-Museum

Thomasiusstr. 21.

(Vom Oktober 1911 ab in Dahlem.)

Berliner Entomologische Zeitschrift 1870. — Deutsche Entomologische Zeitschrift 1880, 1881, 1884, 1886 usw.

Gegründet 1881. Aufgaben sind Erhaltung der ihr anvertrauten Sammlungen, die den Entomologen in möglichst weitherziger Weise nutzbar gemacht werden sollen, und Schaffung einer entomologischen Bibliothek. Seit dem 1. Juli 1910 gibt das Museum die Zeitschrift „Deutsche Entomologische National-Bibliothek" heraus.

Geologische Wand

im Humboldthain.

Sie ist im Auftrage der Städt. Park- und Gartendeputation von Oberlehrer Prof. Dr. Ed. Zache erbaut und 1896 vollendet worden. Sie stellt Urzeit, Altertum, Mittelalter und Neuzeit der Erde in 18 Feldern mit 124 Gesteinen dar und verfolgt die Aufgabe, dem Auge durch Form und Farbe ein Bild von dem Auftreten der Gesteine, ihrer Lagerung und Verbindung miteinander zu geben und die Geschichte der Erdrinde aus ihren eigenen Baustoffen zu schildern. Sie zeigt einen senkrechten Einschnitt in die Erdrinde. Eine „Kleine Tafel zur Erläuterung der Geologischen Wand im Humboldthain zu Berlin" ist im Verlage von P. Stankiewicz, Berlin 1909, erschienen.

Kunstausstellungen

1. *Große Berliner Kunst-Ausstellung* im Landes-Ausstellungsgebäude am Lehrter Bahnhof, Alt-Moabit 4-10, veranstaltet von der Königlichen Akademie der Künste zu Berlin und vom Verein Berliner Künstler. Sie bietet alljährlich einen umfassenden Überblick über das Schaffen Berliner Maler, Bildhauer und Architekten; daneben zeigt sie aber auch in besonderen Abteilungen Kunstwerke aus anderen deutschen und ausländischen Kunststädten. — Geöffnet von 10-7 Uhr.

2. *Kunstausstellung der Berliner Sezession*, Kurfürstendamm 209.
Ausstellung von Gemälden und Plastiken zeitgenössischer Künstler des In- und Auslandes. in der Regel in den Sommermonaten. — Geöffnet von 9-7 Uhr.

3. *Die Königliche Akademie der Künste*, Pariser Platz 4, veranstaltet von Zeit zu Zeit Sonderausstellungen.

4. *Gemäldeausstellung des Preußischen Kunstvereins*, Alt-Moabit 133. Besichtigung von 11-3, unentgeltlich.

PRIVATE STÄNDIGE KUNSTAUSSTELLUNGEN

5. *Ed. Schulte*, Unter den Linden 75.
6. *Paul Cassirer*, Viktoriastr. 35.
7. *Fritz Gurlitt*, Potsdamer Str. 113.
8. *Keller & Reiner*, Potsdamer Str. 122.
9. *Mathilde Rabl*, Potsdamer Str. 134 c.
10. *A. Wertheim*, Leipziger Str. 132—137.
11. *Künstlerhaus* (Verein Berliner Künstler), Bellevuestr. 3.

PRIVATSAMMLUNGEN

11. *Ravenésche Gemäldegalerie*, Wallstr. 5-8.

Sie enthält an 200 Gemälde aus dem 19. und 20. Jahrhundert. — Besichtigung Dienstags und Freitags 10-2 Uhr, unentgeltlich.

12. *Kunstsammlung James Simon*, Tiergartenstr. 15.

Die Sammlungen setzen sich aus zwei Hauptteilen zusammen: der Kollektion alter Gemälde und der Skulpturengalerie. Erstere enthält Ölgemälde und Miniaturen des 16.-18. Jahrhunderts, hauptsächlich Bilder der niederländischen Schule, darunter Rembrandt, Franz Hals, Vermeer, Ruysdael, Rubens, van Dyck, Terborch, Metsu, Steen, Ostade u. a., von Meistern des 18. Jahrhunderts sind Goya, Guardi und Canale vertreten. Die Skulpturen-Galerie weist Werke der romanischen, gotischen und Renaissanceperiode auf in Holz, Stein und Terrakotta (Altäre, Statuen und Reliefs, hauptsächlich deutscher, flämischer und französischer Herkunft). Daran schließen sich Möbel und kunstgewerbliche Arbeiten des 15. und 16. Jahrhunderts, Tapisserien, Wachs- und Buchsportraits u. a. — Besichtigung nur auf vorhergehende schriftliche Anmeldung.

13. *Kunstsammlung Eduard Simon*, Victoriastr. 7.

Enthält italienische Bilder, Bronzen und Skulpturen des 15. und 16. Jahrh., englische Bilder des 18. Jahrh. Besichtigung auf besondere Einladung gestattet.

14. *Gemäldesammlung Leopold Koppel*, Rauchstr. 22.

Besichtigung auf vorhergehende schriftliche Anmeldung.

15. *Gemäldesammlung Rudolf Mosse*, Leipziger Platz 15.

Besichtigung auf vorhergehende schriftliche Anfrage.

Einrichtungen für deutsche Studierende im Auslande

Die Vorliebe deutscher Studenten, bald an dieser, bald an jener Universität ein oder mehrere Semester zuzubringen, hat sie in der letzten Zeit mehr und mehr auch an ausländische Universitäten geführt, und zwar sind bisher die Universitäten Lausanne, Genf und Grenoble bevorzugt worden. Dort werden für Juristen besondere Vorlesungen, den deutschen Studienplänen angepaßt, über römisches und deutsches Recht, zum Teil auch in deutscher Sprache, abgehalten. Neuerdings wird auch in Neuchâtel über Römisches Recht in deutscher Sprache gelesen. Die endgültige Entscheidung über Anrechnung von Studiensemestern, die im Auslande zugebracht sind, trifft stets die zuständige Prüfungskommission bei der Meldung des Kandidaten zur Prüfung.

Neuerdings wird von Juristen auch Oxford in England aufgesucht, in erster Reihe von den Rhodes-Stipendiaten, die ein Stipendium von jährlich 5000 M auf zwei bis drei Semester erhalten. Eine eigentliche Bewerbung um das Cecil-Rhodes-Stipendium findet nicht statt. Die Verleihung erfolgt vielmehr auf Vorschlag des preußischen Kultusministeriums durch den Kaiser. Die Stipendiaten sollen die englische Sprache schon soweit beherrschen, daß sie ohne weitere Vorbereitung einer Vorlesung folgen können.

Genaueres über dieses Stipendium ist in dem Buche von *Scholz und Hornbeck: „Oxford and the Rhodes Scholarships"*, *London 1907*, zu finden. Das Wichtigste darüber ist auch enthalten in dem Büchlein: *„Das Stipendienwesen an der Kaiser-Wilhelms-Universität"*, *Straßburg 1907*, S. 25 ff.

Über einen Studienaufenthalt in England, der sich für viele deutsche Studierende auf die alten englischen Universitäten Oxford und Cambridge beschränken wird, unterrichten zwei Aufsätze von *Karl Breul: Die Universität Cambridge in England, und: Die Universität Oxford, in der*

Berliner Akademischen Wochenschrift, Jg. 1, 1906-07, S. 105 u. S. 278 u. 285 ff, ferner das Buch von Reusch, Studienaufenthalt in England, Marburg 2. Aufl. 1910. Die „Student's Handbooks" und Catalogues der genannten und anderer englischer Unversitäten sind in der Akademischen Auskunftsstelle einzusehen. In Oxford finden deutsche Studenten auch Anschluß in der Deutschen Wissenschaftlichen Vereinigung, die auch eine Auskunftsstelle unterhält.

Nähere Angaben über Einrichtungen an französischen Universitäten und Ratschläge für einen nutzbringenden Aufenthalt in Frankreich sind enthalten in: *Karl Wolf: Ein Semester in Frankreich. Berlin, Weidmann, 1900. Roßmann-Brunnemann: Handbuch für einen Studienaufenthalt im französischen Sprachgebiet. Marburg, Elwert, 1907. Charles Touzot: Das Studium an den französischen Universitäten. Berliner Akademische Wochenschrift, Jg. 1, 1907, Nr. 19, S. 145 ff.* Über französisches Unterrichtswesen unterrichtet ferner die Denkschrift von *W. Lexis: Die neuen französischen Universitäten. München, Akademischer Verlag, 1901.* Außerdem seien deutsche Studierende auf das Bureau des Renseignements, Paris (Sorbonne), das Institut Français pour étrangers in Paris unter Leitung von Prof. Schweitzer (Beschreibung in den Berliner Akad. Nachrichten 1908-09, Nr. 7) und auf die an fast allen Universitäten bestehenden Comités de Patronage des Étudiants étrangers hingewiesen.

Über „amerikanische Universitäten" sind von E. D. Perry, über „technische Hochschulen in Nordamerika" von S. Müller in der Teubnerschen Sammlung „Aus Natur und Geisteswelt" Monographien erschienen. Von besonderem Interesse für deutsche Studierende ist eine seit September 1908 bestehende Einrichtung an der Harvard-Universität in Cambridge, Mass. Die Korporation der Universität hat sich auf zehn Jahre bereit erklärt, eine Anzahl deutscher fortgeschrittener Studierender, bis zu fünf im Jahr, die vom preußischen Unterrichtsministerium empfohlen werden, in allen Abteilungen der Universität von den regelmäßigen Unterrichtsgebühren zu befreien. Da diese Gebühren je nach den Universitätsabteilungen 600 bis 800 M jährlich betragen, so darf darin eine wesentliche Erleichterung des Studiums an der Harvard-Universität insbesondere für solche Studierende erblickt werden, die sich einem tieferen Studium auf einem speziellen Gebiet widmen wollen.

Das Bryn Mawr College, Bryn Mawr, Pa., U. S. A., unweit Philadelphia, schreibt jährlich 10 Stipendien aus, von denen 5 an deutsche, 5 an englische, schottische oder irische Studentinnen vergeben werden. Näheres darüber s. S. 224.

Im „Berliner Lokal-Anzeiger" ist seit Februar 1910 unter dem Titel „Der deutsche Student im Auslande" eine Reihe Aufsätze veröffentlicht worden, die orientierende Angaben über die Universitäten Paris, Grenoble, Nancy, Genf, Lausanne, Freiburg, Oxford, Cambridge (England), Edinburgh u. a. enthalten. Über eine Anzahl amerikanischer Universitäten sind in der Zeitschrift „The Independent", New York, 1909, Aufsätze veröffentlicht worden, die einen Überblick über die Einrichtungen an den betreffenden Anstalten geben. Die gesamte hier aufgeführte Literatur kann in der Akademischen Auskunftsstelle eingesehen werden.

Über die Ferienkurse an ausländischen Universitäten unterrichtet eine besondere Sammlung der Programme in der Akademischen Auskunftsstelle. Eine Übersicht aller Ferienkurse wird alljährlich im Frühjahr in den „Berliner Akademischen Nachrichten" veröffentlicht.

Endlich seien hier auch die Vereinbarungen über den Austausch deutscher und französischer sowie deutscher und englischer Lehramtskandidaten erwähnt. Für den Austausch sind maßgebend die Erlasse vom 11. Dezember 1905, abgedruckt im Zentralblatt für die gesamte Unterrichtsverwaltung in Preußen 1906, S. 215, Ergänzungen vom 29. Februar 1908, Zentralblatt 1908, S. 436. Die Anweisung für die in dem Staatshaushalt ausgebrachten neusprachlichen Stipendien, um „den mit Unterricht im Französischen und Englischen zu betrauenden Lehrern den Aufenthalt in Ländern französischer Zunge oder in England zum Zweck ihrer Vervollkommnung in dem praktischen Gebrauch der betreffenden Fremdsprache zu erleichtern", ist abgedruckt im genannten Zentralblatt 1907, S. 342 ff.

Hier seien noch angefügt die Bestimmungen über freien Eintritt in die italienischen Museen. Die Kgl. Museen, Galerien, Ausgrabungen und Monumente sind nur Sonntags frei zugänglich. An den Wochentagen wird ein Eintrittsgeld von einem oder einem halben Frank erhoben. Die ministerielle Verfügung von 1902 sichert einer Anzahl von Berufsklassen den „permesso l' ingresso gratuito," die Erlaubnis für den freien Eintritt zu, und zwar Künstlern, Kunstschriftstellern, Professoren und Lehrern der Archäologie, Geschichte, Literatur und Kunstgeschichte, Schülern von Instituten für Archäologie, Geschichte und Kunstgeschichte, Studenten der philosophischen Fakultät und technischen Hochschulen. Als Ausweis haben Bewerber ein akademisches Dokument beizubringen, die Kunstschriftsteller eine bemerkenswerte Publikation. Das Dokument muß durch das italienische Konsultat in Deutschland oder die deutsche Botschaft in Rom beglaubigt sein. Die Gesuche für einen Generalpermeß für ganz Italien sind auf einen italienischen Stempelbogen (carta bollata zu 1,20 fr.) zu schreiben und rechtzeitig — d. h. zwei bis vier Wochen vor der Abreise — an das italienische Unterrichtsministerium (Ministero della Istruzione Pubblica, Roma) einzusenden unter Beifügung des beglaubigten Dokuments oder der genannten Publikation und einer Photographie des Einsenders (unaufgezogen und höchstens in Visitenkartenformat). Die Gesuche um den freien Eintritt für eine bestimmte Stadt sind auf Stempelbogen zu 60 Centesimi zu schreiben und an einen der dortigen Museumsdirektoren zu richten mit denselben Beilagen. Eine Photographie ist in diesem Fall nur nötig, wenn der Permeß für länger als einen Monat gewünscht wird. — Der Generalpermeß wie der mit Photographie für die einzelnen Städte wird immer für das laufende Jahr vom 1. Juli bis 30. Juni ausgestellt. — Der Permeß für eine Stadt wird in ein bis zwei Tagen ausgestellt, so daß ein Schreiben für solchen von Deutschland aus sich kaum lohnt. — Die Stempelbogen sind in Italien in jedem Tabakgeschäft, in Deutschland eventuell auf dem italienischen Konsulat oder der italienischen Botschaft erhältlich. — Die eingesandten literarischen oder wissenschaftlichen Arbeiten werden gewöhnlich nicht zurückgesandt, sondern aufbewahrt, so daß man sich in den folgenden Jahren bei eventueller Erneuerung des Permeß darauf beziehen kann. — Es empfiehlt sich, nur akademische Dokumente einzusenden, deren Rücksendung nicht unbedingt erforderlich ist.

Einrichtungen für ausländische Studierende in Berlin

1. Die Akademische Auskunftsstelle versendet auf Wunsch besondere „Mitteilungen für Ausländer", welche die wichtigsten Bestimmungen über Aufnahme, Vorlesungen, Studienkosten und dergl. enthalten. — 2. Für diejenigen ausländischen Studierenden, welche mit der deutschen Sprache noch nicht genügend vertraut sind, sind an der Universität und an der Handelshochschule besondere deutsche Sprachkurse mit der Aufgabe eingerichtet, sie in die wissenschaftliche deutsche Sprache einzuführen und ihnen das Verständnis der eigentlichen Fachvorlesungen zu erleichtern. Zur Unterstützung dient eine besondere Bibliothek. Näheres über diese Kurse ist in den Vorlesungsverzeichnissen und am schwarzen Brett zu finden. — 3. Eine Abteilung der Akademischen Auskunftsstelle dient den besonderen Interessen der ausländischen Studierenden. Alphabetisch nach den einzelnen Ländern geordnet, gibt sie Auskunft über die Botschaft und das Konsulat, die Kirche, ferner über die Wohlfahrtseinrichtungen, die für Ausländer in Berlin bestehen. Sie verzeichnet Universitätseinrichtungen, Gesellschaften und Klubs, die, teilweise von Ausländern in Berlin gegründet, Ausländer als Gäste empfangen. Die wichtigsten davon seien hier genannt: Berliner Ungar-Verein, Klub chinesischer Studenten, Schwedischer Klub zu Berlin, Schweizer-Klub, Société philanthropique française, Società Italiana di Berlino, Union Belge à Berlin, Vereeniging „Nederland en Oranje" te Berlijn, Verein zum Studium Rußlands, The Anglo-American Medical Association, Germanische Ibero-Amerikanische Gesellschaft für Medizin und sanitäre Wissenschaften, American Women's Club,

Deutsch-Asiatische-Gesellschaft (über den Deutsch-Chinesischen Verkehrsausschuß s. S. 230), Deutsch-Japanische Gesellschaft, Deutsch-Französische Gesellschaft, Deutsch-Französischer Wirtschaftsverein, Deutsch-Amerikanische Gesellschaft, Deutsch-Britische Vereinigung, Deutsch-Südamerikanische Gesellschaft u. a. m. Adressen der Schriftführer und Versammlungsorte sind in der Akademischen Auskunftsstelle zu erfragen. — Über die in Berlin und anderen Geisteszentren Deutschlands stattfindenden Ferienkurse unterrichtet eine Sammlung der Programme in der Akademischen Auskunftsstelle; eine Übersicht mit den wesentlichsten Angaben wird alljährlich im Frühjahr in den Berliner Akademischen Nachrichten veröffentlicht. Über den Austausch der Lehramtskandidaten s. S. 221.

Wohlfahrtseinrichtungen für studierende Frauen

Eine Zusammenstellung der Stipendien für studierende Frauen ist enthalten in dem Buche: J. Levy-Rathenau, Die deutsche Frau im Beruf. Berlin, W. Moeser, 1910, Seite 172 ff. Nähere Auskunft über Stipendien erteilt auch die Auskunftszentrale der Vereine studierender Frauen, s. S. 229. — Zinsfreie Darlehen an studierende Frauen deutscher Staatsangehörigkeit, die mindestens zwei Semester an einer Universität des In- oder Auslandes studiert haben und zur Zeit des Gesuches an einer deutschen Universität zugelassen sind, gewährt der „Verein zur Gewährung zinsfreier Darlehen an studierende Frauen". Adresse der Vorsitzenden in der Auskunftsstelle zu erfragen. — Das Bryn Mawr College, Bryn Mawr, Penn., U. S. A., schreibt jährlich 5 Stipendien für Studentinnen in höheren Semestern aus, welche ihre Studien in Bryn Mawr fortsetzen wollen. Die zu vergebenden Stipendien belaufen sich auf 405 Doll., etwa 1620 M jährlich. Die Studentinnen erhalten freie Wohnung nebst Beleuchtung und Heizung, Beköstigung und freien Unterricht für die Dauer eines Jahres. Das akademische Jahr beginnt am 29. September und endigt am 2. Juni. Während der Weihnachtsferien (ungefähr 2 Wochen) und während der Osterferien (ungefähr 1 Woche) bleibt das College geschlossen, doch ist Vorsorge getroffen, daß die Studentinnen, welche im College bleiben wollen, gegen eine wöchentliche Vergütung von 8,59 Doll., ungefähr 37 M., verpflegt werden. Bryn Mawr College liegt ungefähr 10 Meilen von Philadelphia entfernt. Bewerbungen um die Stipendien sind unter genauen Angaben über die wissenschaftliche Arbeit, Beifügung der Diplome, Zeugnisse und Empfehlungsschreiben von Professoren an die Präsidentin des Bryn Mawr College, Bryn Mawr, U. S. A., bis zum 1. April des betreffenden Jahres zu richten. — An dieser Stelle sei auch auf die Vereinbarungen mit der französischen und der englischen Unterrichtsverwaltung wegen des gegenseitigen Austausches von Lehrerinnen hingewiesen. Die betreffenden Erlasse sind veröffentlicht im Zentralblatt für die gesamte Unterrichtsverwaltung in Preußen, 1908, S. 742 ff. Für den gegenseitigen Austausch deutscher und schottischer Lehrerinnen ist der Erlaß vom 19. November 1909 maßgebend, abgedruckt im Zentralblatt für die gesamte Unterrichtsverwaltung in Preußen, 1910, S. 288 ff.

Das Studentinnenheim, Siegmundshof 6, bietet Studentinnen Wohnung und Pension zu mäßigen Preisen. Hausordnung und Statut sind in der Akademischen Auskunftsstelle einzusehen.

Endlich sei noch auf die Studentinnenvereine hingewiesen, die sich zu einem Verband der Vereine studierender Frauen zusammengeschlossen und eine Auskunftszentrale in Berlin errichtet haben (s. S. 229), Adresse der jeweiligen Leiterin in der Akademischen Auskunftsstelle zu erfragen. In Berlin besteht außerdem der „Deutsch-Akademische Frauenbund“, der im Gegensatz zu den vorgenannten interkonfessionellen Vereinen nur deutsche und christliche Studentinnen aufnimmt. Erwähnt seien auch noch: der Deutsche Lyzeum-Klub, Am Karlsbad 12/13, der Deutsche Frauenklub, Kurfürstenstr. 124, und der Berliner Frauenklub, Potsdamer Str. 125. Vergl. auch S. 229.

Auskunftsstellen

Amtliche Akademische Auskunftsstelle an der Universität

Platz am Opernhause, Universitätsgebäude.

W. Paszkowski, Die Amtliche Akademische Auskunftsstelle an der Universität Berlin, 3. Aufl., Berlin, Weidmann, 1910.

Die im November 1904 vom Ministerialdirektor Dr. Althoff gegründete Akademische Auskunftsstelle hat die Aufgabe, über die Einrichtungen zur Pflege von Wissenschaft und Kunst in den bedeutendsten Kulturländern zu unterrichten und eine Zentrale für alle Auskünfte wissenschaftlicher Art zu bilden, die geeignet sind, Studierenden und Angehörigen der akademischen Berufe bei Erreichung ihrer Studienzwecke behilflich zu sein. Sie umfaßt Abteilungen über die Hochschulen und sonstigen Institute zur Pflege von Wissenschaft und Kunst in Berlin und dem übrigen Deutschland, über ausländische Hochschulen, wissenschaftliche Institute und Einrichtungen, Abteilungen über Studienpläne, Promotions-, Habilitationsordnungen, Diplomprüfungsordnungen, Preisaufgaben; sie unterrichtet über Bestimmungen für die höheren Berufe, über Ferienkurse, Studienreisen, wissenschaftliche Gesellschaften und Vereine, Kongresse, Versammlungen, über die mittleren technischen Schulen Deutschlands u. a. m. Ein alphabetischer Dozentenkatalog gibt an, wo und wann die Vorlesungen und Übungen der Berliner Universitäts-Dozenten beginnen, in einem anderen Zettelkatalog finden sich Biographien deutscher und ausländischer Gelehrter zusammengestellt. Die notwendige Ergänzung finden diese Abteilungen in einer Handbibliothek, welche größere systematische Werke über den gesamten wissenschaftlichen Betrieb enthält: Darstellungen zur Geschichte und Organisation der Akademien, Universitäten, Technischen und anderen Hochschulen im In- und Auslande, Sammlungen der gesetzlichen Bestimmungen für Hochschulen und höhere Lehranstalten, Staatshandbücher, Kunsthandbücher und Literaturkalender,

Nachschlagewerke zur Biographie der in- und ausländischen Gelehrten, Schriften über das theologische, juristische, medizinische und philosophische Studium. Auch befinden sich darunter die gedruckten Kataloge der Berliner Bibliotheken. — Um die Wirksamkeit der Akademischen Auskunftsstelle zu unterstützen, gibt der Leiter, Prof. Dr. W. Paszkowski, im Verlage der Universitäts-Buchdruckerei von Gustav Schade (Otto Francke) in Berlin seit Oktober 1906 eine Zeitschrift heraus, die früher „Berliner Akademische Wochenschrift" hieß, seit 1907 den Titel „Berliner Akademische Nachrichten" führt. Zur mündlichen Auskunftserteilung ist das Institut geöffnet von 10-1½ Uhr, schriftlichen Anfragen ist das Porto beizulegen.

Auskunftsstelle für Lehrbücher des höheren Unterrichtswesens

Schöneberg, Grunewaldstr. 6-7.

Auskunftsbureau der deutschen Bibliotheken

Königliche Bibliothek.

R. Fick, Einige Bemerkungen über Bibliographien, Bibliothekskataloge und das Auskunftsbureau der Deutschen Bibliotheken in: Berliner Akademische Wochenschrift. Jg. 1. S. 153.

Es hat die Aufgabe, nachzuweisen, ob sich ein gesuchtes Buch in einer der deutschen Bibliotheken befindet, die ihre Mitwirkung an der Auskunftserteilung zugesagt haben, und welche Bibliothek dies ist.

Für jedes gesuchte Buch sind 10 Pf. in Reichspost-Freimarken oder durch Postanweisung einzusenden. Geschieht dies nicht, so bleibt die Anfrage unberücksichtigt. Anfragen aus dem Ausland ist das erforderliche Rückporto beizufügen.

Anfragen allgemeiner Natur, die ohne Angabe von Titeln den Nachweis von Schriften über einen Gegenstand oder von Werken eines Schriftstellers wünschen, können keine Berücksichtigung finden. Ebensowenig werden Ermittlungen angestellt, ob sich von einem Werke, das bereits in einer Bibliothek nachgewiesen ist, weitere Exemplare in anderen Bibliotheken finden. Auch behält sich das Auskunftsbureau vor, gegebenenfalls den Nachweis des wissenschaftlichen Zwecks der Anfrage zu verlangen. — Der Titel des gesuchten Buches ist so genau wie möglich mit Hinzufügung der Stelle, wo das Buch zitiert gefunden ist, anzugeben. — Ist ein Buch schon an einer oder an mehreren Bibliotheken vergeblich gesucht worden, so ist eine Mitteilung darüber der Anfrage beizufügen. Die Ermittlung geschieht auf folgende Weise: a) Es wird zunächst festgestellt, ob das gesuchte Buch in der Königlichen Bibliothek in Berlin oder einer Preußischen Universitätsbibliothek vorhanden ist. b) Ist dies nicht der Fall, so wird bei denjenigen deutschen Bibliotheken angefragt, von denen am ehesten anzunehmen ist, daß sie das gesuchte Buch besitzen. c) Von denjenigen Büchern, bei welchen auch die Bemühung zu b versagt, wird periodisch je nach Bedarf ein Verzeichnis angefertigt und allen beteiligten Bibliotheken zugesandt. Der Fragesteller wird von dem Ergebnis der Nachforschungen in Kenntnis gesetzt, sobald die Ermittlungen abgeschlossen sind; ist die Versendung einer Suchliste notwendig gewesen, jedoch nur dann, wenn das Ergebnis ein positives ist, oder eine Benachrichtigung vom Anfragenden ausdrücklich gewünscht wird. — Bei Leihgesuchen, die auf Grund der erteilten Auskunft an eine Bibliothek gerichtet werden, ist für jedes Werk ein besonderer Bestellzettel mit genauem Titel, unter Beifügung der erteilten Auskunft, einzusenden. Befindet sich eine öffentliche Bibliothek am Wohnsitz des Entleihers, so empfiehlt es sich, deren Vermittlung in Anspruch zu nehmen.

Auskunftsstelle der Universitätsbibliothek

Universitätsstraße 7.

Erteilt Auskunft auf Fragen, die sich auf die Benutzung der Bibliothek beziehen, insbesondere Benutzung der Bibliothekskataloge, über die bibliographischen Hilfsmittel der Bibliothek und über die Wege, auf denen hier nicht vorhandene Bücher mit Aussicht auf Erfolg anderweit am besten gesucht werden. Geöffnet 12-2 Uhr.

Auskunfts- und Vermittlungsstelle für Vorträge

eingerichtet von der Gesellschaft für Verbreitung von Volksbildung. Statuten und Veröffentlichungen der Gesellschaft in der Akademischen Auskunftsstelle einzusehen.

Auskunftszentrale der Vereine studierender Frauen Deutschlands

Zweck: Auskunfterteilung über Einrichtungen deutscher Hochschulen, über Zulassung zu Vorlesungen, Übungen, Seminaren, Prüfungen, über Hilfskassen, Darlehen, Stipendien, über Wohnungen, Pensionen; gelegentlich auch Stellenvermittlung. Gebühren für schriftliche Auskunft 30 Pf., für mündliche 10 Pf. Adresse der jeweiligen Leiterin in der Akademischen Auskunftsstelle zu erfragen.

Auskunftsstelle des Vereins Frauenstreben

Zweck: Auskunfterteilung über alle Frauenberufe und das Frauenstudium. Adresse der Vorsitzenden in der Akademischen Auskunftsstelle zu erfragen.

Auskunftsstelle für Fraueninteressen

Zweck: Auskunfterteilung über Ausbildungsmöglichkeiten und Erwerbsaussichten in allen den Frauen zugänglichen Berufen, über alle Frauenbestrebungen, Veranstaltungen, Einrichtungen. Gebühren für Nichtmitglieder des Bundes deutscher Frauenvereine 50 Pf. Geschäftsstelle in der Akademischen Auskunftsstelle zu erfragen.

Zentralstelle des Deutschen Städtetages

Sie erteilt Auskünfte über alle städtischen Einrichtungen und betreibt Studien über deutsches Stadtverwaltungs- und Stadtverfassungsrecht, über Städtewesen, Städteentwicklung und Stadtgeschichte. Die Höhe der Auskunftsgebühren wird von Fall zu Fall von dem Vorstand des deutschen Städtetages festgesetzt.

Ärztliche Auskunftsstelle

s. Kaiserin-Friedrich-Haus, S. 176.

Auskunfts- und Fürsorgestellen für Lungenkranke

Zweck: Unentgeltliche ärztliche Untersuchung Lungenkranker, Unterweisung in den zur Bekämpfung der Tuberkulose erforderlichen Maßnahmen, dauernde Fürsorge für die Kranken.

Fürsorgestellen für Krebskranke

Zweck: Untersuchung weniger bemittelter Patienten und Erteilung von Auskunft, in welcher Weise sie am besten Hilfe erhalten können.

Auskunfts- und Fürsorgestelle für Alkoholkranke

Zweck: Erteilung unentgeltlicher Auskunft über die Alkoholfrage, unentgeltliche Untersuchung Alkoholkranker, Gewährung von Rat und Beistand.

Auskunftsstelle des Deutsch-Chinesischen Verkehrsausschusses.

Zweck des Ausschusses ist, die in Berlin sich aufhaltenden Chinesen mit deutschen Kreisen in näheren Verkehr zu bringen, ihnen bei Erfüllung ihrer Aufgaben zu helfen, ihnen ein geeignetes Unterkommen nachzuweisen, Studien- und Lehrpäne aufzustellen, Anleitung und Auskunft für Examenszwecke zu geben, künstlerische Bestrebungen zu fördern, Besuch von Schulen und Lehranstalten, Besichtigung staatlicher und städtischer Anstalten oder industrieller Untersuchungen zu erleichtern und zu vermitteln.

Auskunftsstelle der Deutsch-Südamerikanischen Gesellschaft

unter Leitung des Geschäftsführers der Gesellschaft. Über Zweck der Gesellschaft s. S. 246.

Zentralstelle für Volkswohlfahrt

Zweck: Durch Herstellung einer Verbindung zwischen den mannigfachen freien Organisationen auf dem Gebiete der Wohlfahrtsbestrebungen diese in ihrer Entwicklung zu unterstützen, Verbesserungen anzuregen, nachteiliger Zersplitterung der Kräfte entgegenzuwirken, Begründung neuer Einrichtungen herbeizuführen, die Entwicklung der Volkswohlfahrtspflege im In- und Auslande zu verfolgen, über Wohlfahrtseinrichtungen Auskunft und Ratschläge zu erteilen, über die Entwicklung der Volkswohlfahrtspflege im In- und Auslande den beteiligten Regierungen fortlaufend zu berichten, eventuell Gutachten zu erstatten, Vorschläge auszuarbeiten und bei Vorbereitung von Gesetzentwürfen und Verwaltungsanordnungen mitzuwirken, durch Schriften Vorträge, Konferenzen, Kurse für Verbreitung der Volkswohlfahrtspflege Sorge zu tragen und sich selbst zur Ausbildung zweckmäßiger Methoden auf dem Gebiet der Volkswohlfahrtspflege praktisch zu betätigen.

Zentralstelle für Armenpflege und Wohltätigkeit

Zweck: Sammlung des auf das Gebiet der Armenpflege und Wohltätigkeit bezüglichen wissenschaftlichen und praktischen Materials aus ganz Deutschland und dem Auslande und auf Grund dieser Erteilung von Auskunft über Einrichtungen der Armenpflege usw.

Eine Zusammenstellung aller Auskunftsstellen über Wohlfahrtseinrichtungen, Armenpflege usw. ist enthalten in dem Buche: Die Wohlfahrtseinrichtungen von Groß-Berlin, 4. Aufl., Berlin 1910.

Amtliches Reisebureau am Potsdamer Bahnhof

Auskünfte über Reisen. Geöffnet 9-7.

Internationales öffentliches Verkehrsbureau

Unter den Linden 14.

Auskünfte über Reisen. Geöffnet ½10-6.

Vereine zur Pflege von Wissenschaft und Kunst

Die hier aufgeführten Vereine haben ihren Sitz in Berlin. Die oft wechselnden Adressen der Schriftführer oder Vorsitzenden sind hier nicht angegeben, aber in der Amtlichen Akademischen Auskunftsstelle jederzeit zu erfragen.

SYSTEMATISCHES VERZEICHNIS DER VEREINE FÜR WISSENSCHAFT UND KUNST

B hinter dem Namen der Gesellschaft bedeutet, daß die Gesellschaft eine Bibliothek besitzt. Die Ziffer gibt die Ordnungsnummer der folgenden alphabetischen Liste an.

Rechtswissenschaft

Internationale Kriminalistische Vereinigung 56. — Internationale Vereinigung für vergleichende Rechtswissenschaft und Volkswirtschaftslehre B 58. — Juristische Gesellschaft 60.

Staatswissenschaften — Volkswirtschaftslehre

Deutsche Gesellschaft für Soziologie 28. — Deutscher Verein für Versicherungswissenschaft B 39. — Sozialwissenschaftlicher Verein 68. — Vereinigung für staatswissenschaftliche Fortbildung 84. — Vereinigung derSteuer- und Wirtschaftsreformer 85. — Vereinigung für Wirtschafts- und Gewerbekunde 86.

Medizin und Hygiene

Balneologische Gesellschaft 4. — Berliner Gesellschaft für Geschichte der Naturwissenschaften und Medizin 7. — Berliner Medizinische Gesellschaft B 11. — Berliner Verein für Schulgesundheitspflege 13. — Berliner Zahnärztliche Gesellschaft 14. — Deutsche Gesellschaft für Chirurgie 26. — Deutsche Gesellschaft für öffentliche Gesundheitspflege B

27. — Deutsche Röntgengesellschaft 36. — Gesellschaft für Geburtshilfe und Gynäkologie 48. — Gesellschaft für soziale Medizin, Hygiene und Medizinalstatistik 51. — Hufelandische Gesellschaft 55. — Internationale Vereinigung für Krebsforschung 57. — Laryngologische Gesellschaft 61. — Physiologische Gesellschaft B 65. — Verein für innere Medizin und Kinderheilkunde B 74.

Tierarzneikunde

Tierärztliche Gesellschaft 69.

Mathematik, Physik, Chemie

Berliner Mathematische Gesellschaft 10. — Deutsche Bunsen-Gesellschaft 22. — Deutsche Chemische Gesellschaft B 23. — Deutsche Physikalische Gesellschaft B 35. — Verein zur Wahrung der Interessen der chemischen Industrie Deutschlands 79.

Naturwissenschaften: Meteorologie, Geologie, Botanik u. a.

Berliner Entomologischer Verein B 5. — Berliner Gesellschaft für Geschichte der Naturwissenschaften und Medizin 7. — Berliner Verein für Luftschiffahrt 12. — Botanischer Verein der Provinz Brandenburg 15. — Deutsche Botanische Gesellschaft 21. — Deutsche Entomologische Gesellschaft B 24. — Deutsche Geologische Gesellschaft B 25. — Deutsche Gesellschaft für volkstümliche Naturkunde 29. — Deutsche Meteorologische Gesellschaft 32. — Deutsche Ornithologische Gesellschaft 34. — Gesellschaft naturforschender Freunde B 49.

Altertumskunde, Geschichte mit ihren Hilfswissenschaften und Geographie

Archäologische Gesellschaft zu Berlin 2. — Brandenburgia, Gesellschaft für Heimatkunde der Provinz Brandenburg B 16. — Deutsche Kolonialgesellschaft B 31. — Deutsche Orient-Gesellschaft 33. — Gesamtverein der deutschen Geschichts- und Altertumsvereine 42. — Gesellschaft für Erdkunde B 46. — Herold B 51. — Historische Gesellschaft 53. — Historische Vereinigung zu Berlin 54. — Numismatische Gesellschaft B 63. — Verein für die Geschichte Berlins B 72. — Verein für Geschichte der Mark Brandenburg B 73. — Vereinigung zur Erhaltung deutscher Burgen 81. — Vereinigung der Saalburgfreunde 83. — Vorderasiatische Gesellschaft 87.

Anthropologie, Ethnologie, Kulturgeschichte

Berliner Gesellschaft für Anthropologie, Ethnologie und Urgeschichte B 6. — Deutsche Gesellschaft für Vorgeschichte 30. — Gesellschaft zur Förderung der Wissenschaft des Judentums 47. — Verein der Sammlung für deutsche Volkskunde 76. — Verein zum Studium Rußlands 77. — Verein für Volkskunde 78.

Philosophie und Psychologie

Philosophische Gesellschaft 64. — Psychologische Gesellschaft B 67. — Verein für Kinderpsychologie 75. —

Pädagogik

Berliner Gymnasiallehrer-Gesellschaft 9. — Comenius-Gesellschaft 17. — Gesellschaft für deutsche Erziehungs- und Schulgeschichte B 43. — Gesellschaft für Hochschulpädagogik 50. — Vereinigung von Freunden des humanistischen Gymnasiums 82. — Wheeler-Gesellschaft 88.

Sprachwissenschaften

Allgemeiner deutscher Sprachverein 1. — Berliner Gesellschaft für das Studium der neueren Sprachen 8. — Gesellschaft für deutsche Literatur 44. — Gesellschaft für deutsche Philologie 45. — Italienische Gesellschaft (Società italiana di Berlino) 59.

Literarische Vereine

Deutsche Bibliographische Gesellschaft 20. — Literatur-Archiv-Gesellschaft B 62.

Kunst

Deutscher Verein für Kunstwissenschaft 38. — Italienische Gesellschaft 59. — Vereinigung für ästhetische Forschung 80. — Wissenschaftlicher Kunstverein 89.

Technische Wissenschaften

Architektenverein zu Berlin B 3. — Elektrotechnischer Verein 41. — Polytechnische Gesellschaft B 66. — Verein deutscher Ingenieure 70. — Verein für Eisenbahnkunde 71.

Deutsch-ausländische Gesellschaften

Deutsch-Asiatische Gesellschaft 18. — Deutsch-Japanische Gesellschaft 19. — Deutsch-Südamerikanische Gesellschaft 40.

ALPHABETISCHES VERZEICHNIS DER VEREINE

1. Allgemeiner Deutscher Sprachverein

Zweck: Liebe und Verständnis für die Muttersprache zu wecken und Sinn für ihre Reinheit, Richtigkeit, Deutlichkeit und Schönheit zu beleben. — Sitzungen: In der Regel jährlich eine ordentliche Hauptversammlung, die während der geschäftlichen Verhandlungen nicht öffentlich ist. — Veröffentlichungen: „Zeitschrift des Allgemeinen Deutschen Sprachvereins“ nebst „Wissenschaftlichen Beiheften“. — Jahresbeitrag: 3 M.

2. Archäologische Gesellschaft

Zweck: Wissenschaftliche Förderung der monumentalen Altertumswissenschaft. — Sitzungen: Einmal monatlich, in der Regel am ersten Dienstag jeden Monats, am 9. Dezember alljährlich eine Festsitzung, die Winckelmannsitzung. — Veröffentlichungen: Zur Winckelmannsitzung das „Winckelmannprogramm“; die Sitzungsberichte erscheinen in mehreren wissenschaftlichen Zeitschriften, u. a. im Anzeiger des Archäologischen Instituts. — Die Gesellschaft besitzt keine Statuten.

3. Architektenverein zu Berlin

Zweck: Erweiterung der Fachbildung, Wahrung und Förderung der Interessen des Baufachs. — Beitrag: Eintrittsgeld 5 M, außerdem einheimische Mitglieder unter 30 Jahren 1 M monatlich, über 30 Jahre 3 M monatlich, auswärtige Mitglieder jährlich 6 M. — Versammlungen: Von Oktober bis Mai monatlich nach Bedarf eine Hauptversammlung und zwei gewöhnliche Versammlungen; von Mai bis September Besichtigungen. — Veröffentlichungen: „Wochenschrift des Architektenvereins" zu Berlin. — Einführung von Gästen in die gewöhnlichen Versammlungen den Mitgliedern gestattet. — Die Bibliothek des Vereins befindet sich Wilhelmstr. 92-93. Nichtmitglieder bedürfen zur Entleihung der Bürgschaft eines Mitgliedes des Vereinsvorstandes.

4. Balneologische Gesellschaft

Zweck: Anregung gemeinsamer Arbeiten auf diesem neuen Gebiet der Heilkunde und Förderung wissenschaftlicher und kollegialer Beziehungen der Balneologen. — Jahresbeitrag: 8 M. — Veröffentlichungen der Gesellschaft erscheinen in der „Medizinischen Klinik". — Sitzungen: Jährlich eine öffentliche Versammlung.

5. Berliner Entomologischer Verein

Zweck: Förderung der Kenntnis der Entomologie. — Jahresbeitrag: 10 M. — Sitzungen: Regelmäßig einmal wöchentlich. — Veröffentlichungen: „Berliner Entomologische Zeitschrift". — Gäste zu den Sitzungen willkommen. Studierende können gegen einen Semesterbeitrag von 1 M regelmäßig an den Sitzungen teilnehmen und die Handbibliothek des Vereins benutzen. Die Bibliothek des Vereins ist nur ausnahmsweise auch Nichtmitgliedern zur Benutzung zugänglich.

6. Berliner Gesellschaft für Anthropologie, Ethnologie und Urgeschichte.

Zweck: Anregung und Förderung des Interesses für Anthropologie, Ethnologie und Urgeschichte, Unterstützung von Untersuchungen und Arbeiten auf diesen Gebieten durch Sammlung, Registrierung und Bewahrung des Materials und durch Erleichterung seiner Benutzung — Beitrag jährlich 20 M oder eine einmalige Zahlung von mindestens 300 M. — Sitzungen: Monatlich mit Ausnahme von August und September. — Veröffentlichungen: „Zeitschrift für Ethnologie"; „Prähistorische Zeitschrift". Einführung von Gästen durch Mitglieder gestattet, in Berlin Wohnende dürfen nur zweimal in einem Jahr eingeführt werden. — Die Bibliothek der Gesellschaft im Museum für Völkerkunde umfaßt rund 12000 Bücher und 4000 Broschüren. Nichtmitgliedern ist die Benutzung durch den Vorsitzenden nur im Lesesaal gestattet. Reichhaltige Photographiensammlung und Anthropologische Sammlung.

7. Berliner Gesellschaft für Geschichte der Naturwissenschaften und Medizin

Zweck: Pflege und Förderung geschichtlicher Forschung auf dem Gesamtgebiet der Naturwissenschaften und der Medizin sowie ihrer Hilfswissenschaften. — Beitrag jährlich 3 M oder einmalige Zahlung von 50 M. — Versammlungen: In der Regel monatlich mit Ausnahme vom 1. Juli bis 15. Oktober. — Veröffentlichungen: Berichte.

8. Berliner Gesellschaft für das Studium der neueren Sprachen

Zweck: Förderung der Grammatik, Geschichte und Literatur der neueren Sprachen vom wissenschaftlichen und pädagogisch-didaktischen Standpunkte. — Sitzungen: Ein- bis zweimal im Monat außer Juni, Juli, August. — Veröffentlichungen: Die Verhandlungen werden im „Archiv für das Studium der neueren Sprachen" abgedruckt. — Jahresbeitrag 20 M. — Gäste können nur dreimal in einem Jahre eingeführt werden.

9. Berliner Gymnasiallehrer-Gesellschaft

Zweck: Den Gedankenaustausch über wissenschaftliche und praktische Fragen des Berufes zu erleichtern und die persönliche Berührung unter ihren Mitgliedern zu vermitteln. — Sitzungen: an jedem zweiten Mittwoch im Februar, Mai, November und Dezember; Vorträge mit Diskussionen; außerordentliche Sitzungen nach Bedarf. — Beitrag jährlich 3 M.

10. Berliner Mathematische Gesellschaft

Sitzungen: In der Regel monatlich mit Ausnahme von Juli, August, September. — Beitrag: für Mitglieder in

Berlin 8 M, für auswärtige Mitglieder 3 M. Veröffentlichungen: Sitzungsberichte.

11. Berliner Medizinische Gesellschaft

Zweck: Förderung wissenschaftlicher Bestrebungen auf dem Gesamtgebiet der Medizin, Erhaltung eines kollegialen Verhältnisses unter ihren Mitgliedern, Wahrung ärztlicher Standesinteressen. — Beitrag: Für ordentliche Mitglieder jährlich 20 M oder einmalige Zahlungen von 400 oder 1000 M. — Sitzungen: In der Regel alle 8-14 Tage, jährlich eine ordentliche Generalversammlung. — Veröffentlichungen: Die „Sitzungsberichte" erscheinen in der Berliner Klinischen Wochenschrift; alljährlich außerdem die „Verhandlungen der Gesellschaft", gesammelte Vorträge und Sitzungsberichte. — Ärzte und Ärztinnen dürfen als Gäste zu den Versammlungen eingeführt werden, in Berlin Wohnende nur dreimal. Den Gästen ist auch durch eine von dem Bibliothekar auszustellende Erlaubniskarte die zeitweilige, widerrufliche Benutzung der Bibliothek, zurzeit im Langenbeckhaus, Ziegelstr. 10-11, gestattet. Andere Personen können nur ausnahmsweise mit Genehmigung des Vorsitzenden zugelassen werden.

12. Berliner Verein für Luftschiffahrt

Zweck: Pflege und Förderung der Luftschiffahrt durch Veranstaltung von Wettfahrten, Freiballonfahrten zu wissenschaftlichen und sportlichen Zwecken, wissenschaftlichen Vorträgen und Vereinsversammlungen. — Beitrag jährlich 20 M. — Sitzungen: Tunlichst jeden Monat am ersten Montag. — Die Büchersammlung des Vereins steht den Mitgliedern zur Verfügung. — Gäste dürfen von Mitgliedern eingeführt werden.

13. Berliner Verein für Schulgesundheitspflege

Zweck: Förderung und Verbreitung der Lehren der Schulhygiene und Verhütung gesundheitsschädigender Einflüsse der Schule auf Schüler und Lehrer. — Beitrag jährlich 3 M oder einmaliger Mindestbeitrag von 50 M. — Veröffentlichungen: Die Berichte über die Sitzungen erscheinen-

in der „Zeitschrift für Pädagogische Psychologie, Pathologie und Hygiene". — Gäste haben zu den Sitzungen Zutritt.

14. Berliner Zahnärztliche Gesellschaft

Zweck: Förderung wissenschaftlicher Bestrebungen auf dem Gebiet der Zahnheilkunde. — Sitzung: Jeden ersten Montag im Monat mit Ausnahme von Juli und August. — Als Gäste sind stets zugelassen rite approbierte Ärzte und Zahnärzte des In- und Auslandes, andere Personen nur nach Entscheidung des Vorstandes.

15. Botanischer Verein der Provinz Brandenburg

Zweck: Förderung der Botanik im allgemeinen und Erforschung der Flora der Provinz Brandenburg und der angrenzenden Länder. — Beitrag jährlich 6 M oder ein einmaliger Beitrag von 100 M. — Sitzungen: In der Regel jeden zweiten Freitag jeden Monats mit Ausnahme von Juli, August, Oktober. Außerdem jährlich zwei Hauptversammlungen. — Veröffentlichungen: Alljährlich die „Verhandlungen".

16. Brandenburgia, Gesellschaft für Heimatkunde der Provinz Brandenburg.

Zweck: Förderung der Landeskunde, Altertumskunde und Geschichtskunde der Provinz Brandenburg einschließlich Berlins. — Beitrag jährlich 12 M. — Sitzungen: In jedem Monat außer Juni, Juli, August eine ordentliche Sitzung, die mit Ausnahme der Arbeitssitzungen öffentlich ist. — Die Bibliothek der Gesellschaft ist im Märkischen Museum, Märkischer Platz, untergebracht.

17. Comenius Gesellschaft

Zweck: Pflege der Wissenschaft und der Volkserziehung. — Versammlungen: In der Regel zweimal im Monat Diskussionsabende mit Ausnahme von Juni bis September einschl. — Jahresbeitrag: Als Stifter 10 M, als Abteilungsmitglied 4 M, oder ein einmaliger Beitrag von 100 oder 50 M. — Die Einführung von Gästen, auch Damen, ist zu den Diskussionsabenden erwünscht.

18. Deutsch-Asiatische Gesellschaft

Zweck: Stärkung und Förderung der deutschen Interessen in Asien durch Anregung zu wissenschaftlichen und wirtschaftlichen Unternehmungen, durch Verbreitung der Kenntnis des Landes, der Bewohner und seiner Wirtschaftsverhältnisse. — Beitrag: Ordentliche Mitglieder jährlich mindestens 10 M, außerordentliche Mitglieder jährlich 7,50 M. — Sitzungen: Jährlich eine ordentliche Mitgliederversammlung, außerdem Sektionssitzungen. — Veröffentlichungen: Die Zeitschrift „Asien".

19. Deutsch-Japanische Gesellschaft (Wa-Doku-Kai)

Zweck: Verbreitung der ostasiatischen Kultur in Deutschland, Schaffung eines Vereinigungspunktes der an Japan interessierten Deutschen und der in Deutschland lebenden Japaner. — Sitzungen: In der Regel zweimal monatlich, jährlich eine Generalversammlung. — Beitrag: Ordentliche Mitglieder jährlich 10 M oder einmalige Zahlung von 100 M. Auswärtige Mitglieder und Institute jährlich 5 M. — Veröffentlichungen: Mitteilungen, Sitzungsberichte.

20. Deutsche Bibliographische Gesellschaft

Zweck: Einheitlicher Zusammenschluß der die Literaturgeschichte und ihre Grenzgebiete betreffenden bibliographischen Arbeiten, soweit sie sich auf periodische Erscheinungen und Sammelwerke erstrecken. — Beitrag: Jährlich 6 M oder einmalige Zahlung von 300 M. — Sitzungen: Jahresversammlungen.

21. Deutsche Botanische Gesellschaft

Zweck: Die Entwicklung der Botanik zu fördern, einen anregenden und wirksamen Mittelpunkt für die wissenschaftlichen Bestrebungen auf dem Gesamtgebiet der Botanik in Deutschland zu bilden. — Beitrag: jährlich 20 M oder einmalige Zahlung von 200 M. — Sitzungen: Wissenschaftliche Sitzungen monatlich in Berlin mit Ausnahme von August und September, jährlich eine Generalversammlung. — Veröffentlichungen: Berichte über die wissenschaftlichen Sitzungen und die Generalversammlungen. — Nichtmitglieder können eingeführt werden.

22. Deutsche Bunsen-Gesellschaft für angewandte physikalische Chemie

Zweck: Pflege und Förderung der gesamten physikalischen Chemie, zunächst der Elektrochemie in wissenschaftlicher, technischer und wirtschaftlicher Beziehung. — Jahresbeitrag: 20 M, außerdem Eintrittsgeld von 5 M. — Versammlungen: Regelmäßige Versammlung alljährlich zwischen April und September; außerordentliche nach Bedarf. — Nichtmitgliedern ist der Zutritt zu den Versammlungen gestattet.

23. Deutsche Chemische Gesellschaft

Zweck: Die Entwicklung der Chemie zu fördern. — Beitrag jährlich 25 M, außerdem jährlich 5 M für das Sitzungslokal u. a. oder ein einmaliger Beitrag von 500 M. — Sitzungen: In der Regel am zweiten und vierten Montag jeden Monats mit Ausnahme von August und September; die ordentliche Generalversammlung findet alljährlich im Dezember statt. — Veröffentlichungen: Berichte der Deutschen Chemischen Gesellschaft. — Die Bibliothek der Gesellschaft befindet sich Sigismundstr. 4, Hofmannhaus. — Nichtmitglieder bedürfen der besonderen Genehmigung des Bibliothekars.

24. Deutsche Entomologische Gesellschaft

Zweck: Förderung des Studiums der Entomologie. — Sitzungen: Wöchentlich und eine Jahresversammlung in Berlin. — Beitrag: Für ordentliche Mitglieder jährlich 10 M, Einschreibegebühr 1,50 M oder einmalige Zahlung von 180 M. — Veröffentlichungen: „Deutsche Entomologische Zeitschrift". — Die Bibliothek befindet sich in den Räumen des Deutschen Entomologischen Nationalmuseums.

25. Deutsche Geologische Gesellschaft

Zweck: Förderung der Geologie und anderer Naturwissenschaften, soweit sie zur Geologie in näherer Beziehung stehen, insbesondere Erforschung der geologischen Verhältnisse Deutschlands. — Sitzungen: Monatliche Versammlungen in Berlin vom November bis Juli und eine Hauptversammlung an einem Orte Deutschlands. — Beitrag jährlich 20 M, Eintrittsgeld 10 M. Außerdeutsche können auch eine einmalige Zahlung von 300 M leisten. — Veröffentlichungen: Zeitschrift und Abhandlungen in zwanglosen Heften. — Nichtmitgliedern ist die Benutzung der Bibliothek der Gesellschaft gestattet, wenn ein Mitglied Bürgschaft leistet.

26. Deutsche Gesellschaft für Chirurgie

Zweck: Einigung der chirurgischen Arbeitskräfte bei dem stets wachsenden Umfang der Wissenschaft, Austausch der Ideen und Förderung gemeinsamer Arbeiten. — Versammlungen: Jährlich ein Kongreß im April in Berlin und eine Generalversammlung. — Beitrag jährlich 20 M oder einmalige Zahlung von 300 M. Eintrittsgeld 10 M. — Veröffentlichungen: „Verhandlungen der Deutschen Gesellschaft für Chirurgie." — Gäste können zum Besuch der Kongresse von Mitgliedern eingeführt werden.

27. Deutsche Gesellschaft für öffentliche Gesundheitspflege

Zweck: Förderung wissenschaftlicher und praktischer Bestrebungen auf dem Gesamtgebiet der Hygiene. — Jahresbeitrag 5 M. — Versammlungen: Monatlich einmal mit Ausnahme von Juli, August, September. — Gäste sind willkommen. — Die Bibliothek befindet sich mit der Bibliothek des Vereins für innere Medizin Schöneberger Ufer 11. Nichtmitglieder dürfen nach Einführung durch ein Mitglied oder gegen schriftliche Legitimation die Bibliothek benutzen.

28. Deutsche Gesellschaft für Soziologie

Zweck: Förderung der soziologischen Erkenntnis durch rein wissenschaftliche Untersuchungen und Erhebungen, durch Veröffentlichung und Unterstützung rein wissenschaftlicher Arbeiten und durch Organisation von deutschen Soziologentagen. — Beitrag für unterstützende Mitglieder jährlich mindestens 10 M, ordentliche Mitglieder nach Selbsteinschätzung. — Sitzungen: Jährlich mindestens eine ordentliche Mitgliederversammlung.

29. Deutsche Gesellschaft für volkstümliche Naturkunde

Zweck: Die Liebe des deutschen Volkes zur Natur zu pflegen und die Kenntnis ihrer Gesetze und Erscheinungsformen in weiten Kreisen zu verbreiten. — Sitzungen: Monatlich mit Ausnahme von Juli, August, September ein Einzelvortrag; jährlich eine ordentliche Hauptversammlung; Veranstaltung von Lehrkursen, Besichtigungen, naturwissenschaftlichen Ausflügen. — Jahresbeitrag mindestens 2 M. — Veröffentlichungen: „Naturwissenschaftliche Wochenschrift"; vierteljährliche Berichte. — Zu den Einzelvorträgen haben Nichtmitglieder gegen Zahlung eines geringen Eintrittsgeldes Zutritt.

30. Deutsche Gesellschaft für Vorgeschichte

Zweck: Pflege vorgeschichtlicher Forschung, Verbreitung vorgeschichtlicher Kenntnisse, Schutz vorgeschichtlicher Denkmäler und Verhinderung des Raubbaues. — Jahresbeitrag 10 M; einmaliger Beitrag von 300 M gewährt dauernde Mitgliedschaft. — Gäste haben freien Zutritt zu den Sitzungen.

31. Deutsche Kolonialgesellschaft

Zweck: Im Dienste des Vaterlandes die Erkenntnis von der Notwendigkeit deutscher Kolonien zum Gemeingut des deutschen Volkes zu machen, Pflege und Förderung des vorhandenen deutschen Kolonialbesitzes in organisatorischer, wirtschaftlicher und wissenschaftlicher Beziehung, Klärung und öffentliche Vertretung aller sonstigen kolonialen und überseeischen Interessen der deutschen Nation. — Beitrag jährlich 3, 6 oder 8 M oder eine einmalige Zahlung von 300 M. — Sitzungen: Jährlich eine ordentliche Hauptversammlung. — Veröffentlichungen: „Deutsche Kolonialzeitung."

32. Deutsche Meteorologische Gesellschaft, Zweigverein Berlin

Zweck: Pflege der Meteorologie sowohl als Wissenschaft wie in ihren Beziehungen zum praktischen Leben mit besonderer Berücksichtigung der lokalen Interessen von Berlin und Umgegend. — Sitzungen: Monatlich mit Ausnahme von Juli, August und September. — Beitrag jährlich 3 M. — Einführung von Gästen gestattet.

33. Deutsche Orient-Gesellschaft

Zweck: Das Studium des orientalischen Altertums im allgemeinen, im besonderen die Erforschung der alten Kulturstätten in Assyrien, Babylonien, Mesopotamien und Ägypten zu fördern, die auf Erwerbung orientalischer Altertümer, Kunst- und Kulturdenkmäler gerichteten Bestrebungen der Königlichen Museen zu Berlin und anderer öffentlicher Sammlungen Deutschlands zu unterstützen, die Kenntnis von den Ergebnissen der genannten Forschungen zu verbreiten und das Interesse an dem Teile ältester menschlicher Kultur zu beleben. — Beitrag für Einzelmitglieder jährlich mindestens 20 M oder ein einmaliger Beitrag von mindestens 500 M. — Versammlungen: jährlich eine ordentliche Hauptversammlung, außerordentliche nach Bedarf.

34. Deutsche Ornithologische Gesellschaft

Zweck: Förderung der Ornithologie nach allen Richtungen. — Sitzungen: Monatlich mit Ausnahme von Juni bis August in Berlin und eine Jahresversammlung an einem Orte Deutschlands. — Beitrag jährlich 20 M. — Veröffentlichungen: „Journal für Ornithologie."

35. Deutsche Physikalische Gesellschaft

Zweck: Förderung des Studiums der physikalischen Wissenschaften. — Sitzungen in der Regel alle 14 Tage in Berlin mit Ausnahme der Herbstferien. — Beitrag für Berliner Mitglieder jährlich 20 M, für auswärtige Mitglieder jährlich 5 M. — Veröffentlichungen: „Verhandlungen"; „Jahresberichte über die Fortschritte der Physik" und Mitwirkung an der Herausgabe der „Annalen der Physik". — Die Sitzungen sind öffentlich, so lange wissenschaftliche Gegenstände verhandelt werden. — Die Bibliothek befindet sich im Gebäude des Physikalischen Instituts der Universität, Reichstagsufer 7-8. Nichtmitgliedern ist die Benutzung ausnahmsweise gestattet.

36. Deutsche Röntgengesellschaft

Zweck: Die Entwicklung der wissenschaftlichen Röntgenologie durch gemeinsame Arbeit ihrer Mitglieder zu fördern. — Sitzungen: Alljährlich ein Kongreß, in der Regel in Berlin. — Beitrag jährlich 10 M oder einmalige Zahlung von 150 M. — Veröffentlichungen: „Verhandlungen der Deutschen Röntgengesellschaft." — Nichtmitglieder dürfen zum einmaligen Besuch des Kongresses von Mitgliedern als Gäste eingeführt werden.

37. Deutscher Apothekerverein

Zweck: Pflege, Förderung und Vertretung der Interessen des deutschen Apothekerstandes innerhalb des Gebietes des Deutschen Reiches. — Veröffentlichungen: „Archiv der Pharmazie" und „Apothekerzeitung." — Jahresbeitrag 15 M. — Versammlungen: Ordentliche Hauptversammlung alljährlich zwischen 15. August und 1. Oktober, außerdem regelmäßige Vorstandssitzungen und Kreisversammlungen. — Der Deutsche Apothekerverein verleiht Unterstützungen an bedürftige Studierende und schreibt alljährlich mehrere Preisaufgaben aus. Näheres darüber in der Akademischen Auskunftsstelle. — Zutritt zu den Versammlungen ist Nichtmitgliedern nur nach eingeholter Erlaubnis gestattet.

38. Deutscher Verein für Kunstwissenschaft

Zweck: Förderung kunstgeschichtlichen Wissens und Hebung künstlerischen Lebens in Deutschland. — Jahresbeitrag mindestens 20 M oder ein einmaliger Beitrag von mindestens 500 M. — Versammlung: Alljährlich in der ersten Hälfte des Jahres ordentliche Mitgliederversammlung; außerordentliche nach Bedarf. — Beabsichtigte Veröffentlichungen: „Denkmäler der deutschen Kunst" (Monumenta artis Germaniae), Jahrbücher mit Kunstbibliographie; Kunstwissenschaftliche Zeitschrift; Kunsthandbücher.

39. Deutscher Verein für Versicherungswissenschaft

Zweck: Förderung der Versicherungswissenschaft, sowohl der rechts- und wirtschaftswissenschaftlichen als auch der mathematischen und naturwissenschaftlichen Wissenszweige, die dem Versicherungswesen dienen. — Jahresbeitrag 10 M. — Veröffentlichungen: „Zeitschrift für die gesamte Versicherungswissenschaft"; Veröffentlichungen des deutschen Vereins für Versicherungswissenschaft; Sammlung von Versicherungsbedingungen. — Der Verein besitzt eine Fachbibliothek, die ausnahmsweise auch Nichtmitgliedern zugänglich ist.

40. Deutsch-Südamerikanische Gesellschaft

Zweck: Pflege und Förderung der geistigen, kulturellen und wirtschaftlichen Beziehungen zwischen Deutschland und Südamerika. — Beitrag jährlich mindestens 10 M oder einmaliger Beitrag von 100 M. —Versammlungen: Jährlich eine Hauptversammlung. — Veröffentlichungen: Die Halbmonatsschrift „Süd- und Mittelamerika". — Soweit die Versammlungen Vortragsabende sind, haben auch Nichtmitglieder freien Zutritt.

41. Elektrotechnischer Verein

Zweck: Entwicklung und Förderung der technischen Anwendung der Elektrizität und Fortbildung ihrer Kenntnis durch Nutzbarmachung technischer Einrichtungen und Erfahrungen für die Wissenschaft. — Sitzungen: Monatlich von Oktober bis Mai eine ordentliche Versammlung. — Beitrag jährlich 20 M. — Gäste können zu den ordentlichen Versammlungen eingeführt werden.

42. Gesamtverein der deutschen Geschichts- und Altertumsvereine

Zweck: Ein einheitliches Zusammenwirken der deutschen Geschichts- und Altertumsvereine zur Erforschung und Erhaltung der vaterländischen Denkmäler und zur Förderung der deutschen Geschichts- und Altertumsforschung. — Versammlungen: Jährlich eine Hauptversammlung. — Beitrag der einzelnen Vereine je nach Beschluß der Abgeordnetenversammlung. — Veröffentlichung: „Korrespondenzblatt".

43. Gesellschaft für deutsche Erziehungs- und Schulgeschichte

Zweck: Erforschung der Geschichte des Erziehungs- und Unterrichtswesens und Pflege des Interesses dafür in weiteren Kreisen. — Veröffentlichungen: „Monumenta Germaniae Paedagogica", „Mitteilungen" (Vierteljahrshefte) und „Beihefte". — Beitrag jährlich 5 M oder einmalige Zahlung von 100 M. — Versammlungen: Ordentliche Generalversammlung alle drei Jahre, außerordentliche Generalversammlungen nach Bedarf, Sitzungen der Gruppenausschüsse alljährlich um Pfingsten. — Die Gesellschaft verfügt über eine Fachbibliothek, Invalidenstr. 57-62.

44. Gesellschaft für deutsche Literatur

Zweck: Förderung und Verbreitung literarischer Forschung durch Vorträge und Gedankenaustausch über eigene und fremde Untersuchungen. — Beitrag jährlich 6 M. — Sitzungen monatlich mit Ausnahme von Juli, August, September.

45. Gesellschaft für deutsche Philologie

Zweck: Das Studium der germanischen Philologie zu fördern und insbesondere ihre Mitglieder mit den neuesten Erscheinungen auf dem Gebiet der deutschen Philologie nach Wert und Inhalt bekannt zu machen. — Beitrag jährlich 6 M. — Sitzungen: Im Januar, März, Mai, Juni, Oktober und Dezember. — Veröffentlichungen: „Jahresbericht über die Erscheinungen auf dem Gebiete der germanischen Philologie". — Einführung von Gästen den Mitgliedern gestattet.

46. Gesellschaft für Erdkunde

Zweck: Die Erdkunde im weitesten Sinne des Wortes zu fördern. — Beitrag für ordentliche Mitglieder in Berlin jährlich 30 M, Eintrittsgeld 15 M; für auswärtige ordentliche Mitglieder 15 M. jährlich. — Versammlungen: Monatlich mit Ausnahme von August und September eine allgemeine Sitzung und mit Ausnahme von Juli, August und September in der Regel monatlich eine Fachsitzung. — Veröffentlichungen: „Zeitschrift der Gesellschaft für Erdkunde" und einmal jährlich die „Bibliotheca Geographica." — Einführung von Gästen ist den Mitgliedern gestattet. — Reichhaltige geographische Fachbibliothek.

47. Gesellschaft zur Förderung der Wissenschaft des Judentums

Zweck: Förderung der Wissenschaft des Judentums. — Versammlungen: Alljährlich eine ordentliche Mitgliederversammlung; außerordentliche nach Bedarf. — Beitrag jährlich 8 M oder ein einmaliger Beitrag von mindestens 300 M. — Veröffentlichungen: Herausgabe von Schriften, auch periodischen, die die Wissenschaft des Judentums betreffen. Außerdem gewährt der Verein an jüdische Gelehrte Jahresstipendien und schafft oder subventioniert Lehrstühle an jüdischen wissenschaftlichen Lehranstalten.

48. Gesellschaft für Geburtshilfe und Gynäkologie

Zweck: Förderung der Geburtshilfe und Gynäkologie. — Versammlungen: Zweimal monatlich. — Beitrag jährlich 12 M. — Veröffentlichungen: Verhandlungen in der „Zeitschrift für Geburtshilfe und Gynäkologie", Auszüge daraus im „Zentralblatt für Gynäkologie" und in der „Berliner Klinischen Wochenschrift".

49. Gesellschaft naturforschender Freunde

Invalidenstr. 43.

Zweck: Förderung der Naturwissenschaft, insbesondere der Biontologie. — Sitzungen: Wissenschaftliche Sitzungen monatlich mit Ausnahme von August und September, geschäftliche Sitzungen und eine Jahresversammlung. — Beitrag: Ordentliche Mitglieder zahlen einen Beitrag bei der Aufnahme und einen vierteljährlichen Beitrag, wenn es der Vermögensstand der Gesellschaft wünschenswert erscheinen läßt; außerordentliche Mitglieder zahlen jährlich 5 M. — Veröffentlichungen: Sitzungsberichte, ein Jahrbuch. — Die Bibliothek der Gesellschaft steht den Mitgliedern zur Benutzung frei.

50. Gesellschaft für Hochschulpädagogik

Besteht seit 1. Januar 1910 in Fortführung des am 17. Juli 1898 begründeten „Verbandes für Hochschulpädagogik", bezweckt die allseitige theoretische und praktische Förderung der Pädagogik der Wissenschaften und Künste, will also das gesamte akademische Bildungswesen vom pädagogischen Standpunkt aus behandeln. Jährlicher Mindestbeitrag 3 M (Körperschaften 10 M); lebenslängliche Mitglieder zahlen als einmaligen Mindestbeitrag 100 M (Körperschaften 1000 M). Die Gesellschaft veranstaltet Jahresversammlungen an wechselndem Ort. Organ: „Mitteilungen für Hochschulpädagogik."

51. Gesellschaft für soziale Medizin, Hygiene und Medizinalstatistik

Zweck: Ein Sammelpunkt für alle wissenschaftlichen Bestrebungen zu sein, die sich auf dem Gebiet der sozialen Medizin, der Epidemiologie, der Medizinal- und Bevölkerungsstatistik, des sozialen Arbeiterversicherungswesens und den Grenzgebieten zwischen Volkswirtschaft und Hygiene bewegen. — Sitzungen in der Regel monatlich, Einführung von Gästen gestattet. Studierenden ist der Zutritt ohne weiteres gestattet. — Jahresbeitrag 5-10 M.

52. Herold

Zweck: Pflege der Heraldik, Sphragistik und Genealogie. — Beitrag: Für ordentliche und außerordentliche Mitglieder 12 M jährlich. — Sitzungen in der Regel zweimal monatlich; Generalversammlungen nach Bedarf. — Veröffentlichungen: „Der deutsche Herold", Zeitschrift für Heraldik, Sphragistik und Genealogie und die „Vierteljahrsschrift". — Einführung von Gästen gestattet. — Reichhaltige Bibliothek; im Lesezimmer ist sie für jeden Interessenten zugänglich, Entleihung nur an Mitglieder.

53. Historische Gesellschaft

Zweck: Gegenseitige Belehrung der Mitglieder durch Vorträge und Referate über fremde und eigene Untersuchungen auf historischem Gebiet. — Beitrag für die in Berlin wohnenden Mitglieder 10 M, für auswärtige Mitglieder 6 M jährlich. — Sitzungen: Monatlich. — Veröffentlichungen: „Mitteilungen aus der historischen Literatur". — Gäste können als solche höchstens dreimal an den Versammlungen teilnehmen.

54. Historische Vereinigung

Zweck: Historisches Interesse und Verständnis in weitere Kreise der Bevölkerung zu tragen, zu beleben und zu vertiefen. — Beitrag vierteljährlich 1 M. — Sitzungen monatlich jeden zweiten Sonnabend, bei denen in der Regel ein Vortrag über historische oder verwandte Gebiete gehalten wird, außerdem in den Wintermonaten öffentliche Vortragsabende. — Gäste willkommen.

55. Hufelandische Gesellschaft

Zweck: Die praktische Medizin in ihrem Gesamtumfange durch Demonstrationen und Vorträge zu fördern. — Versammlungen: Im 1. Quartal jedes Jahres Generalversammlung, außerdem regelmäßige Sitzungsabende. — Jahresbeitrag 4 M. Als Gäste können zu den Sitzungs-Abenden in Berlin wohnende Ärzte eingeführt werden. — Aus der Alvarenga-Stiftung vergibt die Gesellschaft alljährlich einen Preis für die beste Bearbeitung eines medizinischen Themas, das jedes Jahr einem anderen Fachgebiet zu entnehmen ist.

56. Internationale Kriminalistische Vereinigung

Zweck: Wissenschaftliche Erforschung des Verbrechens, seiner Ursachen und der Mittel zu seiner Bekämpfung. — In jedem Lande kann eine Landesgruppe errichtet werden. Aus den Vorständen der Landesgruppen bildet sich der Gesamtvorstand, der die allgemeinen Versammlungen oder Kongresse festsetzt. Der Gesamtvorstand tritt alle Jahre einmal in Berlin oder Paris zusammen. — Beitrag jährlich 8 M.

57. Internationale Vereinigung für Krebsforschung

Zweck: Förderung von Einrichtungen für Erforschung und Bekämpfung der Krebskrankheit, Förderung der Fürsorge für Krebskranke, Einführung einer einheitlichen internationalen Krebsstatistik, Verbreitung der Kenntnis über das Wesen der Krebskrankheit im Volke. — Versammlung der Mitglieder mindestens alle 3 Jahre, möglichst in Verbindung mit einer internationalen Krebskonferenz. Veröffentlichungen: „Cancer, internationale Monatsschrift.“

58. Internationale Vereinigung für vergleichende Rechtswissenschaft und Volkswirtschaftslehre

Zweck: Pflege der vergleichenden Rechtswissenschaft und Volkswirtschaftslehre, insbesondere Erweiterung der Kenntnisse auf dem Gebiet der Gesetzgebung und der wirtschaftlichen Verhältnisse des In- und Auslandes, sowie Anbahnung eines wissenschaftlich fördernden Verkehrs zwischen Juristen und Nationalökonomen der verschiedenen Nationen. — Sitzungen regelmäßig einmal im Monat mit Ausnahme von Juli, August, September; jährlich eine ordentliche Generalversammlung. Beitrag für Mitglieder in Berlin 16 M, für die übrigen Mitglieder 13 M. Veröffentlichungen: Eine monatlich erscheinende Zeitschrift: „Blätter für vergleichende Rechtswissenschaft und Volkswirtschaftslehre“ und das „Jahrbuch“. — Einführung von Gästen gestattet. Die Bibliothek sowie der Sammelkatalog, welcher die Literatur des ausländischen Rechts und der ausländischen Volkswirtschaftslehre von 1867 bis 1904 umfaßt (mit Angaben über das Vorhandensein der Werke in den einzelnen Berliner wissenschaftlichen Bibliotheken), befinden sich im Herrenhause. Die Bibliothek ist nur Mitgliedern zugänglich.

59. Italienische Gesellschaft

(Società italiana di Berlino.)

Zweck: Pflege der Wissenschaft und Kunst Italiens unter ihren Mitgliedern und Pflege der italienischen Sprache. — Sitzungen einmal jeden Monat mit Ausnahme von Juli, August, September. Beitrag jährlich 12 M. Gäste willkommen.

60. Juristische Gesellschaft

Zweck: Förderung der Rechtswissenschaft und Vereinigungspunkt für Juristen. — Sitzungen monatlich mit Ausnahme von Juli, August und September; jährlich eine Generalversammlung. — Beitrag jährlich 20 M. Veröffentlichungen: Jahresberichte. Einführung von Gästen gestattet.

—

61. Laryngologische Gesellschaft

Zweck: Laryngologie und Rhinologie in wissenschaftlicher und praktischer Beziehung zu pflegen und zu fördern. — Jahresbeitrag 10 M. — Zu den regelmäßigen wissenschaftlichen Sitzungen können auswärtige Ärzte jederzeit, hiesige nur dreimal als Gäste eingeführt werden.

62. Literatur-Archiv-Gesellschaft

Zweck: 1. Handschriften und Briefe deutscher Schriftsteller entweder als Eigentum zu erwerben oder als Deposita in Verwahrung zu nehmen und damit eine Sammelstelle für die deutsche Literatur in weitestem Umfange zu eröffnen. 2. Das im Privatbesitz oder in kleineren öffentlichen Sammlungen befindliche Material zu verzeichnen und nach Umständen die Verzeichnisse zu veröffentlichen. — Beitrag jährlich 10 M. oder eine einmalige Zahlung von 100 M.; einmalige Zahlung von 50 M. berechtigt zu einem Jahresbeitrag von nur 5 M. — Sitzungen: Jährlich eine Generalversammlung. — Die der Gesellschaft gehörenden oder in Verwahrung gegebenen Handschriften und Briefe sind in der Königlichen Bibliothek gesondert aufbewahrt. Für ihre Benutzung gelten die Bestimmungen der Königlichen Bibliothek über Benutzung der Handschriften; außerdem bedarf es der schriftlichen Zustimmung des Vorsitzenden der Gesellschaft.

63. Numismatische Gesellschaft

Zweck: Wissenschaftliche Pflege der Münzkunde des Altertums und der Neuzeit. — Sitzungen in der Regel einmal monatlich am ersten Montag des Monats. — Beitrag jährlich 16 M. Veröffentlichungen: Mitteilungen; die Sitzungsberichte werden in der Zeitschrift für Numismatik abgedruckt. — Die Bibliothek der Gesellschaft befindet sich in der Privatwohnung des Vorsitzenden.

64. Philosophische Gesellschaft

Zweck: Gegenseitige Förderung ihrer Mitglieder in philosophischer Erkenntnis; sie will gleichzeitig der philosophischen Wissenschaft dienen und einen Sammelpunkt für die Freunde der Philosophie bilden. Sitzungen monatlich am letzten Sonnabend. — Beitrag vierteljährlich 3 M. — Einführung von Gästen gestattet. — Veröffentlichungen: „Verhandlungen der Philosophischen Gesellschaft in Berlin." Von der Philosophischen Gesellschaft wird die von ihr begründete „Hegel-Stiftung" verwaltet, deren Zweck die Förderung philosophischer Bestrebungen sein soll.

65. Physiologische Gesellschaft

Zweck: Förderung des Studiums der physiologischen Wissenschaften und der angrenzenden Gebiete der Biologie. — Beitrag halbjährlich 10 M., für Auswärtige die Hälfte. — Sitzungen monatlich mit Ausnahme der Universitätsferien. — Veröffentlichungen: Die Verhandlungen der Gesellschaft erscheinen in der „Medizinischen Klinik". Nichtmitglieder haben ohne weiteres Zutritt zu den Sitzungen. Die Bibliothek der Physiologischen Gesellschaft ist räumlich mit der der Berliner Medizinischen Gesellschaft vereinigt. Die Bibliotheken beider Gesellschaften stehen den Mitgliedern der Physiologischen Gesellschaft zur Benutzung im Lesesaal zur Verfügung.

66. Polytechnische Gesellschaft

Zweck: Gegenseitiger Austausch von Erfahrungen und Kenntnissen aus dem Gebiet der Polytechnik. — Versammlungen zweimal monatlich. — Beitrag für Mitglieder in Berlin 12 M., für Auswärtige 8 M. jährlich. — Veröffentlichung: „Polytechnisches Zentralblatt." — Reichhaltige Bibliothek. Nichtmitglieder dürfen nur unter Bürgschaft eines Mitgliedes Bücher entleihen.

67. Psychologische Gesellschaft

(Sektion Berlin der „Gesellschaft für Psychologische Forschung")

Zweck: Förderung der psychologischen Forschung, Erweiterung des psychologischen Wissens ihrer Mitglieder. — Beitrag: Aufnahmegebühr 1 M., Semesterbeitrag 4 M. oder einmaliger Beitrag von 150 M. — Sitzungen in der Regel alle 14 Tage. — Zur Einführung von Gästen ist die

Genehmigung des Vorstandes erforderlich. Zu den Sitzungen haben Studierende gegen Legitimation, soweit der Raum reicht, Zutritt.

68. Sozialwissenschaftlicher Verein

Zweck: Wissenschaftliche Behandlung sozialer und wirtschaftlicher Fragen und Verbreitung der Sozialwissenschaften. — Beitrag halbjährlich 2 M. — Generalversammlung alljährlich im März; Sitzungen monatlich.

69. Tierärztliche Gesellschaft

Zweck: Förderung und Pflege der Tierärztlichen Wissenschaft. — Beitrag jährlich 5 M, Eintrittsgeld 3 M. — Versammlungen monatlich. Einführung von Gästen gestattet.

70. Verein deutscher Ingenieure

Zweck: Zusammenwirken der geistigen Kräfte deutscher Technik zum Wohle der gesamten vaterländischen Industrie. — Beitrag jährlich 20 M., Eintrittsgeld 10 M. — Versammlung: Jährlich eine Hauptversammlung und in der Regel Monatsversammlungen des Berliner Bezirksvereins. — Veröffentlichungen: „Mitteilungen des Berliner Bezirksvereins deutscher Ingenieure.“ — Gäste können eingeführt werden.

71. Verein für Eisenbahnkunde

Zweck: Ausbildung des Eisenbahn- und des darauf bezüglichen Maschinen- sowie Telegraphenwesens. Sitzungen monatlich vom September bis zum Mai. Beitrag jährlich 12 M, Eintrittsgeld 12 M. Auswärtige ordentliche Mitglieder zahlen 3-12 M. — Einführung von Gästen gestattet.

72. Verein für die Geschichte Berlins

Zweck: Belebung des Sinnes für die Geschichte Berlins, Erforschung und Darstellung früherer Verhältnisse, Würdigung, Erhaltung und Sammlung der Denkmäler Berlinischer Vorzeit. Versammlungen: Jeden Monat eine Vereins-(Arbeits-)Sitzung und eine öffentliche Sitzung mit Ausnahme von Juni bis September einschl. — Jahresbeitrag 12 M. — Gäste können eingeführt werden. Bibliothek im Deutschen Dom, Gendarmenmarkt.

73. Verein für Geschichte der Mark Brandenburg

Der Verein für Geschichte der Mark Brandenburg ist eine geschlossene Gesellschaft, deren Mitglieder vom Vorstande ernannt werden. Die Sitzungen, die in jedem Monat von Oktober bis Juni stattfinden, sind nicht öffentlich, doch können Mitglieder Gäste einführen. Die Berichte des Vereins erscheinen gesammelt in jedem Jahr in den „Forschungen zur Brandenburgischen und Preußischen Geschichte". — Die Bücherei des Vereins ist der Präsenzbibliothek des Historischen Seminars der Universität angegliedert.

74. Verein für innere Medizin und Kinderheilkunde

Zweck: Pflege und Förderung der wissenschaftlichen und praktischen Aufgaben der inneren Medizin und Kinderheilkunde. Versammlungen zwei- bis dreimal monatlich mit Ausnahme von Mitte Juli bis Mitte Oktober, jährlich eine Generalversammlung. Beitrag 6 M. halbjährlich. — Veröffentlichungen: Vereinsberichte; die Verhandlungen des Vereins für innere Medizin erscheinen in der Deutschen Medizinischen Wochenschrift. Die Benutzung der Bibliothek ist auch Nichtmitgliedern im Lesezimmer gestattet. Ärzten steht als Gästen der Zutritt zu den Versammlungen dreimal frei.

75. Verein für Kinderpsychologie

Zweck: Erforschung der geistigen Entwicklung der Kinder unter Berücksichtigung aller körperlichen Zustände und Veränderungen, die zu den geistigen in naher Beziehung stehen. Sitzungen allmonatlich vom November bis Februar und vom Mai bis Juni. Beitrag jährlich 3 M.

76. Verein der Sammlung für deutsche Volkskunde

Zweck.: Die Eigentümlichkeiten der Bevölkerung Deutschlands in Trachten, Hausanlagen und Erzeugnissen des Hausgewerbes sowie Modelle und Nachbildungen derselben zu sammeln und den Königlichen Museen in Berlin für die Abteilung für deutsche Volkskunde als Eigentum zu überweisen. Beitrag jährlich 10 M. oder eine einmalige

Zahlung von 250 M. Sitzungen: Jährlich eine Generalversammlung, außerdem Vorstands- und Ausschußsitzungen. Veröffentlichungen: Jahresberichte.

77. Verein zum Studium Rußlands

(Früher: Verein zum Studium der russischen Kultur.)

Zweck: Seine Mitglieder mit den russischen Kulturverhältnissen vertraut zu machen. Beitrag monatlich 0,50 M., außerdem ein einmaliges Eintrittsgeld von 1 M. Versammlungen: Regelmäßig einmal im Monat Vereinssitzungen, einmal im Jahr eine Hauptversammlung. Gäste können zu den Vereinssitzungen durch Mitglieder ein- bis zweimal eingeführt werden.

78. Verein für Volkskunde

Zweck: Förderung der wissenschaftlichen Volkskunde. Beitrag jährlich 12 M. oder einmalige Zahlung von 200 M. Sitzungen am 4. Freitage der Monate Januar bis Mai, Oktober bis Dezember. — Einführung von Gästen gestattet. Veröffentlichungen: Zeitschrift des Vereins für Volkskunde.

79. Verein zur Wahrung der Interessen der chemischen Industrie Deutschlands

Zweck: Förderung der gemeinsamen Interessen der deutschen chemischen Industrie. — Jahresbeitrag 18—1000 M, bei der Aufnahme außerdem 20 M. Veröffentlichungen: „Zeitschrift des Vereins zur Wahrung der Interessen der chemischen Industrie Deutschlands.“ — Versammlungen: Jährlich eine Hauptversammlung, nach Bedarf außerordentliche. Nichtmitgliedern ist die Beteiligung an den Versammlungen im allgemeinen nicht gestattet.

80. Vereinigung für ästhetische Forschung

Zweck: Vereinheitlichung und Vertiefung der Anschauungen über Wesen und Aufgaben der Kunst und der einzelnen Künste durch Vorträge und mündlichen Gedankenaustausch zwischen Vertretern philosophischer, historischer, ethnologischer und naturwissenschaftlicher Kunstforschung sowie theoretisch interessierten Künstlern. Sitzungen jeden dritten Dienstag von Januar bis Juni und Oktober bis Dezember. Beitrag jährlich 5 M.

81 Vereinigung zur Erhaltung deutscher Burgen

Zweck: Erhaltung der deutschen Burgen als Denkmäler vaterländischer Geschichte und Kunst, Erforschung und Bekanntgabe der geschichtlichen und künstlerischen Entstehung der deutschen Burgen. Beitrag jährlich mindestens 10 M. Sitzungen: Mindestens eine Hauptversammlung jährlich, außerdem Versammlungen mit Vorträgen. Veröffentlichungen: „Der Burgwart".

82. Vereinigung von Freunden des humanistischen Gymnasiums

Zweck: Wahrung der humanistischen Schulbildung, Fortbestand und Weiterentwicklung des Gymnasiums in seiner durch das Griechische bestimmten Eigenart. Sitzungen: In jedem Jahr eine ordentliche Versammlung. Beitrag jährlich mindestens 1 M.

83. Vereinigung der Saalburgfreunde

Zweck: Förderung des Interesses an Altertumskunde und Forschung, hauptsächlich der römisch-germanischen, durch Vorträge und andere Veranstaltungen. Vorträge monatlich während des Winters. Beitrag jährlich 6 M. — Veröffentlichungen: „Die Saalburg, Mitteilungen der Vereinigung." Nichtmitglieder haben zu den Vorträgen und Diskussionsabenden Zutritt.

84. Vereinigung für staatswissenschaftliche Fortbildung

s. S. 182.

85. Vereinigung der Steuer- und Wirtschaftsreformer

Zweck: Die Ideen und Grundsätze einer gemeinnützigen, auf christlicher Grundlage beruhenden Volkswirtschaft im Volke zu verbreiten und in der Gesetzgebung zum Ausdruck zu bringen. Sitzungen mindestens einmal im Februar jeden Jahres eine Versammlung in Berlin. — Beitrag: Ordentliche

Mitglieder mit mehr als 3000 M. Einkommen 10 M. jährlich, alle anderen Mitglieder 1 M. jährlich. — Veröffentlichungen: Berichte.

86. Vereinigung für Wirtschafts- und Gewerbekunde

Zweck: Das Verständnis für das wirtschaftliche Leben der Gegenwart in den Kreisen der Lehrerschaft Groß-Berlins zu wecken und zu vertiefen, insbesondere die Ausbildung von Lehrern der Fortbildungsschule durch Vortragskurse, die für alle Fortbildungsschulen wichtig sind, durch Fachkurse für einzelne Gewerbe, durch pädagogische Übungen, Besichtigungen von Schulen, gewerblichen Betrieben u. a. zu fördern. Die Gebühr für die Kurse beträgt 8-15 M.

87. Vorderasiatische Gesellschaft

Zweck: Förderung der vorderasiatischen Studien auf Grund der Denkmäler mit Ausschluß der rein klassischen und ägyptologischen. Beitrag jährlich 10 M. — Sitzungen: monatliche Versammlungen und eine Generalversammlung jährlich. Veröffentlichungen: „Der alte Orient"; Mitteilungen.

88. Wheeler-Gesellschaft

zur Erörterung von Fragen des deutschen und ausländischen Bildungswesens

Zweck: Studium des ausländischen, insbesondere amerikanischen Bildungswesens, um daraus Anregungen für die Fortentwicklung der Fragen auf dem Gebiete des deutschen höheren Bildungswesens zu empfangen. Sitzungen monatlich mit Ausnahme von Juli und August. Beitrag jährlich 2 M.

89. Wissenschaftlicher Kunstverein

Zweck: Unterhaltung und Belehrung auf dem Gesamtgebiet der bildenden Künste und des Kunstgewerbes, Anregung zu wissenschaftlichen Studien. Sitzungen monatlich mit Ausnahme von Juli und August. Beitrag für Einheimische jährlich 6 M., für Auswärtige 3 M. Einfünrung von Gästen gestattet.

ANHANG

ANGABEN ÜBER AKADEMISCHE BERUFE

(in alphabetischer Folge)

Studienplan der medizinischen Fakultät für Beginn des Studiums mit Wintersemester oder mit Sommersemester. — Wassermann, Lehrgebiet und Lehrbetrieb der medizinischen Fakultät in: Lexis, Die Universitäten im Deutschen Reich, Berlin 1904, S. 127 ff. — Bickel, Wie studiert man Medizin? Stuttgart 1906. — Pagel, Kliniken und Krankenhäuser in ihrer Bedeutung für den medizinischen Unterricht in: Berliner Akademische Wochenschrift, Jahrgang 1906-1907, S. 113 ff. — Die gesetzlichen Bestimmungen über die ärztlichen Prüfungen für das Deutsche Reich vom 28. Mai 1901 und 12. Februar 1907, Berlin 1908. — Anweisung über das praktische Jahr der Mediziner, Berlin 1908. — Verzeichnis der zur Annahme von Praktikanten ermächtigten Krankenhäuser und medizinisch-wissenschaftlichen Institute im Deutschen Reich, Berlin. — Prüfungsordnung für Kreisärzte vom 24. Juni 1909. — Weinbaum-Sardemann, Wer soll und wer darf Arzt werden? Leipzig 1910. — Ärzteführer durch Berlin, Berlin 1909. — Mamlock, Wegweiser für Ärzte und Medizinstudierende in Berlin, Berlin 1910. Medizinalkalender, Berlin, A. Hirschwald (jährlich).

Allgemeine Zeitschriften (mit Angabe der Standnummer der Königlichen Bibliothek): Jahresbericht über die Leistungen und Fortschritte in der gesamten Medizin, Berlin, J 5023. — Berliner Klinische Wochenschrift, J 5906. — Deutsche Medizinische Wochenschrift, Leipzig, J 6101. — Münchener Medizinische Wochenschrift, München, J 5556. — The Lancet, London, J 11002.

Dauer des Studiums. Das Studium der Medizin umfaßt 10 Semester. Es zerfällt in 2 Abschnitte, einen biologischen und einen pathologisch-klinischen. Jener reicht bis zur ärztlichen Vorprüfung, die frühestens am Schlusse des fünften Semesters abgelegt werden kann. Die übrigen Semester, wenigstens aber vier, sind dem klinischen Abschnitte zu widmen. Dabei zählt das Halbjahr, in dem die ärztliche Vorprüfung bestanden ist, nur dann, wenn diese innerhalb der ersten sechs Wochen des Semesters vollständig bestanden ist. — Semester, die an ausländischen Universitäten zugebracht sind, dürfen nur ausnahmsweise mit Genehmigung des Reichskanzlers und der Zentralbehörde des zuständigen Bundesstaates angerechnet werden; dasselbe gilt von solchen, die nach Erlangung des Reifezeugnisses einem dem medizinischen verwandten Hochschulstudium gewidmet waren. Die Zeit des Militärdienstes darf, wenn sie dort, wo der Studierende dem Studium obliegt, abgeleistet wird, bis zu einem halben Jahr angerechnet werden, jedoch nicht auf die vier Halbjahre, die mindestens für das klinische Studium vorbehalten sind. Es empfiehlt sich, den Dienst mit der Waffe im ersten Sommersemester zu erledigen; ist dies unmöglich, wird es am besten nach abgelegter Staatsprüfung oder, wenn kein Ausstand von der Militärbehörde bewilligt wird, nach Bestehen der ärztlichen Vorprüfung geschehen.

Nachprüfung im Lateinischen. Studierende der Medizin, die von einer Oberrealschule kommen, haben sich bei der Meldung zur ärztlichen Vorprüfung über lateinische Kenntnisse auszuweisen, deren Umfang etwa der Reife für die Obersekunda eines deutschen Realgymnasiums entspricht. Sind diese Kenntnisse an einer deutschen Oberrealschule mit wahlfreiem Lateinunterricht erworben, so genügt das Zeugnis des Anstaltsleiters über die erfolgreiche Teilnahme an diesem Unterricht. Andernfalls ist der Nachweis durch ein auf Grund einer Prüfung ausgestelltes Zeugnis des Leiters eines deutschen Gymnasiums oder Realgymnasiums zu erbringen. Die Studierenden haben sich zu dem Zwecke unter Vorlegung des Reifezeugnisses bei dem Kgl. Provinzialschulkollegium zu melden, dessen Amtsbereiche sie durch den Wohnort der Eltern oder durch den Ort der von ihnen zuletzt besuchten Schule angehören. Anzufertigen ist eine schriftliche Übersetzung aus dem Lateinischen ins Deutsche, ferner ist der Nachweis der Kenntnisse der lateinischen Elementargrammatik im Anschluß an die mündliche Übersetzung eines leichteren Schriftstellers, z. B. Cäsars, zu führen.

Gang des Studiums. Im ersten Abschnitte bis zur Vorprüfung hat sich der Studierende mit den normalen Vorgängen im menschlichen und tierischen Organismus bekanntzumachen. Er muß dazu makroskopische und mikroskopische Anatomie, Physiologie, Physik, Chemie, Botanik und Zoologie treiben und sich auch durch die Teilnahme an Übungen die erforderliche technische Fertigkeit aneignen. Unbedingt muß er sich bei der Meldung zur Vorprüfung über die Ableistung zweier Präparierhalbjahre und über die Teilnahme an einem halbjährigen mikroskopisch-anatomischen Übungskursus und einem physiologischen und chemischen Praktikum ausweisen. Der klinische Abschnitt nach bestandener Vorprüfung hebt an mit dem Studium der pathologischen Anatomie und Physiologie und mit der Ausbildung in der inneren Medizin. Nebenher geht die Ausbildung in der Chirurgie. Weiter hat sich der Kandidat mit Geburtshilfe und Gynäkologie, Nerven- und Irrenheilkunde, mit Augen-, Ohren-, Hals- und Nasenheilkunde, mit Hygiene und dem Studium der Haut- und Geschlechtskrankheiten zu befassen. Bei der Meldung zur ärztlichen Prüfung muß er nachweisen, daß er mindestens je zwei Halbjahre hindurch an der medizinischen, chirurgischen und geburtshilflichen Klinik als Praktikant teilgenommen hat, mindestens vier Kreißende selbständig entbunden und ein Halbjahr als Praktikant die Klinik für Augenkranke, die medizinische Poliklinik, die Kinderklinik oder Kinderpoliklinik, die psychiatrische Klinik, die Spezialkliniken oder Polikliniken für Hals- und Nasen-, für Ohren- und für Haut- und syphilitische Krankheiten regelmäßig besucht hat, daß er an einem Impfkursus teilgenommen und je eine Vorlesung über topographische Anatomie, Pharmakologie und gerichtliche Medizin gehört hat. Zu beachten ist, daß die zuletzt genannten Vorlesungen nach vollständig bestandener ärztlicher Vorprüfung gehört werden sollen. In den höheren Semestern empfiehlt es sich, zur weiteren Ausbildung an Krankenhäusern zu famulieren, wozu am besten die Ferienzeit gewählt wird. — Näheres enthält der von der medizinischen Fakultät herausgegebene Studienplan, der den Studierenden bei der Immatrikulation eingehändigt wird.

Dekanatsprüfungen zum Zwecke der Erlangung von Stundung des Honorars oder von akademischen Benefizien werden in der Regel nur von den ordentlichen oder außerordentlichen Professoren abgenommen. Der Studierende hat sich zu dem Zwecke an den Dekan zu wenden und ihm das Fach zu nennen, dem seine Studien vorzugsweise gewidmet waren. Danach bezeichnet der Dekan den prüfenden Professor. Eine bestimmte Zeit ist für die Ablegung der Prüfungen nicht festgesetzt.

Ablegung der ärztlichen Prüfungen. Die ärztliche Vorprüfung darf frühestens innerhalb der letzten sechs Wochen des fünften Studienhalbjahrs abgelegt werden, und zwar nur vor der Prüfungskommission der Universität des Deutschen Reiches, wo der Studierende dem medizinischen Studium obliegt. Anderswo die Prüfung abzulegen, kann nur aus besonderen Gründen vom Reichskanzler und der zuständigen Bundesstaats-Zentralbehörde gestattet werden. Eine Wiederholungsprüfung muß, falls der Studierende die Universität wechselt, dort, wo das Studium fortgesetzt wird, abgelegt werden. Handelt es sich dagegen nicht um eine Wiederholungsprüfung, sondern nur darum, daß der Studierende nach teilweiser Ablegung der Prüfung von der Fortsetzung zurückgetreten ist, ist ein Wechsel der Kommission unstatthaft. Die Wiederholung einer Prüfung hat innerhalb der vom Prüfungsvorsitzenden festgesetzten Frist von zwei Monaten bis zu einem Jahre stattzufinden. Wird die Vorprüfung nicht spätestens zwei Jahre nach Beginn vollständig beendet, so gilt sie in allen Fächern als nicht bestanden. — Die Prüfungen finden in Berlin in den ersten und den letzten sechs Wochen jedes Semesters statt. Gesuche um Zulassung sind an den Vorsitzenden der Kommission für die ärztliche Vorprüfung zu richten und innerhalb der am schwarzen Brett bekannt gemachten Zeit persönlich in der Universität (Kuratorial-Bureau) abzugeben. Die

Prüfungsgebühren betragen 90 M. — Die ärztliche Prüfung kann vor jeder ärztlichen Prüfungskommission bei einer Universität des Deutschen Reiches abgelegt werden. In jedem Jahre gibt es zwei Prüfungsperioden, die Mitte Oktober und Mitte März beginnen. Gesuche sind bis zum 1. Oktober oder 1. März dem Kultusminister durch Vermittlung des zuständigen Universitätskurators unter Angabe der Prüfungskommission, vor welcher die Ablegung der Prüfung gewünscht wird, einzureichen. Verspätete Gesuche können nur aus besonderen Gründen berücksichtigt werden. Die Prüfung darf nur bei der Kommission fortgesetzt oder wiederholt werden, wo sie begonnen ist; Ausnahmen sind nur aus besonderen Gründen statthaft. Die Wiederholungsprüfung muß innerhalb der vom Prüfungsvorsitzenden festgesetzten Frist von zwei Monaten bis zu einem Jahr stattfinden. Wird die Prüfung nicht längstens drei Jahre nach Beginn vollständig beendet, gilt sie in allen Abschnitten als nicht bestanden. Die Zusammensetzung der jeweiligen Prüfungskommission in Berlin ist aus dem zweiten Bande des Berliner Adreßbuches ersichtlich. Die Prüfungsgebühren betragen 200 M.

Praktisches Jahr. Das praktische Jahr dient dazu, das auf der Universität erworbene theoretische Wissen durch praktische Übung zu befestigen und in die ärztliche Tätigkeit einzuführen. Es hat sich möglichst unmittelbar an die bestandene Prüfung anzuschließen; soll es später als vier Wochen danach begonnen werden, bedarf es der Erlaubnis der Zentralbehörde, in deren Gebiet die Prüfung bestanden ist. Die Erledigung soll in der Regel ohne Unterbrechung geschehen; eine Unterbrechung von mehr als 14 Tagen ist nur mit Genehmigung der genannten Zentralbehörde zulässig. Die Ableistung hat innerhalb des Deutschen Reiches, und zwar an einer Universitätsklinik oder -poliklinik oder einem besonders dazu ermächtigten Krankenhause oder an einem nichtklinischen medizinischen Universitätsinstitute oder sonstigen besonders ermächtigten medizinisch-wissenschaftlichen Instituten zu erfolgen, jedoch wird die Beschäftigung an einer zu den beiden letzten Gruppen gehörenden Anstalt in der Regel höchstens bis zur Gesamtdauer von 8 Monaten angerechnet. Ein Verzeichnis der zur Annahme von Praktikanten besonders ermächtigten Krankenhäuser und medizinisch-wissenschaftlichen Institute erhalten die Kandidaten nach bestandener Prüfung vom Prüfungsvorsitzenden. Die Beschäftigung an einer außerhalb des Deutschen Reiches gelegenen Anstalt wird nur ausnahmsweise, und zwar höchstens bis zur Gesamtdauer von 6 Monaten angerechnet; Gesuche sind vor dem Beginne der Beschäftigung bei der Zentralbehörde, in deren Gebiet die Prüfung bestanden ist, einzureichen. Das an einer Anstalt begonnene praktische Jahr darf an einer zweiten und gegebenenfalls auch noch an einer dritten Anstalt fortgesetzt werden. Für einen weiteren Wechsel bedarf es der Genehmigung der vorgenannten Zentralbehörde. Mindestens ein Drittel des praktischen Jahres ist vorzugsweise der Behandlung innerer Krankheiten zu widmen.

Promotion. Der medizinische Doktorgrad darf nur verliehen werden auf Grund einer durch den Druck veröffentlichten Dissertation und einer mündlichen Prüfung.— Die Zulassung von Inländern zu den Promotionsleistungen und zur Promotion darf in der Regel erst erfolgen, nachdem sie die Approbation als Arzt für das Deutsche Reich erlangt haben. Zu den Promotionsleistungen kann sie jedoch ausnahmsweise schon nach dem Bestehen der ärztlichen Prüfung geschehen. Auch kann die Fakultät ausnahmsweise von Studierenden im 10. Semester die Dissertation annehmen, die dann mit Genehmigung der Fakultät ohne Bezeichnung als Dissertation veröffentlicht werden darf. In besonderen Fällen, wo die Erwerbung der Approbation als Arzt dem Kandidaten aus gewichtigen Gründen nicht zuzumuten ist, können Inländer auf einstimmigen Beschluß der Fakultät und mit Genehmigung des vorgesetzten Ministeriums zu den Promotionsleistungen und zur Promotion ohne Ablegung der ärztlichen Prüfung zugelassen werden. Die mündliche Prüfung beschränkt sich in den regelmäßigen Fällen auf ein Colloquium vor dem Dekan oder seinem Stellvertreter als Vorsitzenden und mindestens zwei gewählten Mitgliedern der Fakultät. In den Ausnahmefällen ist das Examen rigorosum abzulegen. Hierbei besteht die Prüfungskommission aus dem Dekan oder seinem Vertreter als Vorsitzenden und sieben weiteren von der Fakultät gewählten Examinatoren. Ausländer müssen, sofern sie nicht die ärztliche Prüfung vollständig bestanden haben, nachweisen, daß sie nach Erlangung des Reifezeugnisses ein geordnetes medizinisches Studium von zehn Semestern an einer gut eingerichteten medizinischen Fakultät geführt und mindestens ein Semester in Berlin studiert haben; sie haben sich dann dem Examen rigorosum zu unterziehen. Vor Zulassung zur Promotion sind 330 Exemplare der Dissertation beim Oberpedell einzureichen. Die Gebühren betragen, je nach dem ein Colloquium oder das Rigorosum abzulegen ist, 300 oder 500 M. Die gedruckten ausführlichen Promotionsbestimmungen sind vom Dekan der medizinischen Fakultät zu erhalten.

Prüfung für Kreisärzte. Die Zulassung zur Prüfung hat zur Voraussetzung, daß der Kandidat approbierter Arzt ist, die medizinische Doktorwürde bei einer reichsdeutschen Universität erworben hat und nach Erlangung der Approbation mindestens drei Jahre praktisch fachtechnisch tätig gewesen ist. Ferner hat er nachzuweisen, daß er an einer reichsdeutschen Universität eine Vorlesung über gerichtliche Medizin besucht, mindestens ein Halbjahr an der psychiatrischen Klinik als Praktikant teilgenommen und einen pathologisch-anatomischen, einen hygienisch-bakteriologischen und einen gerichtlich-medizinischen Kursus von je dreimonatiger Dauer durchgemacht hat. Die Prüfung zerfällt in einen schriftlichen und einen praktisch-mündlichen Teil. Der schriftliche erstreckt sich auf zwei wissenschaftliche Ausarbeitungen aus den Gebieten der öffentlichen Gesundheitspflege und der gerichtlichen Medizin oder Psychiatrie, der mündliche auf Medizinalgesetzgebung und -verwaltung, öffentliche Gesundheitspflege, gerichtliche Medizin und gerichtliche Psychiatrie. Eine einmalige Wiederholung der Prüfung ist gestattet. Die Prüfung wird vor der Wissenschaftlichen Deputation für das Medizinalwesen in Berlin abgelegt; das Gesuch um Zulassung ist an den für den Wohnsitz des Kandidaten zuständigen Regierungspräsidenten zu richten. Die Prüfungsgebühren betragen 110 M.

Ärztliche Fortbildung. Kurse zur ärztlichen Fortbildung veranstalten in Berlin regelmäßig folgende Vereinigungen:

1. Das Zentralkomitee für das ärztliche Fortbildungswesen in Preußen (Luisenplatz 2-4, Kaiserin-Friedrich-Haus). Die Kurse finden in zwei Zyklen statt, deren einer Anfang Mai, der andere Anfang November beginnt; daneben pflegt im Winterhalbjahr ein Vortragszyklus veranstaltet zu werden. Die Teilnahme ist unentgeltlich, aber nur den Ärzten Berlins und der Provinz Brandenburg gestattet.
2. Der Dozentenverein für Ferienkurse (Ziegelstr. 10-11, Langenbeckhaus). Ferienkurse, die sich auf alle Gebiete der Medizin erstrecken, finden während der Monate März und Oktober statt. Außerdem werden auch Monatskurse während des Semesters abgehalten.
3. Der Verein für ärztliche Fortbildungskurse (Bureau: Buchhandlung von Otto Enslin, Karlstr. 32). Die Kurse finden jeden Monat statt und behandeln alle Disziplinen.
4. Die Vereinigung zur Veranstaltung von Kursen für praktische Ärzte (Bureau: Buchhandlung von Oskar Rothacker, Friedrichstr. 105 B). In den Kursen, die jeden Monat stattfinden, werden fast alle Zweige der Medizin berücksichtigt.
5. Der Verein für Ärztekurse (Bureau: Medizinisches Warenhaus, Karlstr. 31). Wie vorher.
6. Das Seminar für soziale Medizin des Verbandes der Ärzte Deutschlands. Jährlich 2 Kurse im Frühjahr und Herbst. Geschäftsstelle: Hackescher Markt 1.

Außerdem veranstaltet das Kgl. Institut für Infektionskrankheiten (Föhrer Str. 2-5) von Oktober bis Dezember einen praktischen Kursus der Bakteriologie, Protozoenkunde und bakteriologisch-hygienischen Methodik und im Anschluß daran einen vierwöchigen Kursus der Pathologie und Therapie der Infektionskrankheiten.

Besondere Einrichtungen

a) Universitätsinstitute

s. S. 47-73

b) Sonstige Kliniken und Krankenhäuser

α) In BERLIN

1. Albert-Charlotten-Heim, Potsdamer Str. 29. — Heilstätte für arme augenkranke Erwachsene und Kinder aus der Provinz Brandenburg.
2. Augustahospital, Scharnhorststr. 1a. — 167 Betten, darunter 20 für Kinder.
3. Berlin-Brandenburgische Krüppel-Heil- und Erziehungsanstalt, Urbanstr. 22-23. — 85 Betten für krüppelhafte Kinder.
4. Bethanien, Zentraldiakonissenhaus, Mariannenplatz 1-3. — 408 Betten.
5. Elisabeth-Diakonissen- und Krankenhaus, Lützowstr. 24-26. — 164 Betten für Erwachsene, 36 für Kinder.
6. Elisabeth-Kinder-Hospital, Hasenheide 80-87.
7. St.-Hedwigs-Krankenhaus, Gr. Hamburger Str. 5-11. — 285 Betten für Männer, 265 für Frauen.
8. St.-Joseph-Krankenhaus, Heilanstalt der Grauen Schwestern, Niederwallstr. 8-9. — 75 Betten.
9. Israelitisches Krankenheim der Chewra Kadischah Adaß Jisroel, Elsasser Str. 85.
10. Krankenhaus der jüdischen Gemeinde, Auguststr. 14-16. — 176 Betten.
11. Lazarus-Kranken- und Diakonissenhaus, Bernauer Str. 115-116. — 170 Betten.
12. Maria-Viktoria-Heilanstalt, Karlstr. 30.
13. St.-Marien-Krankenhaus, Lausitzer Str. 41.
14. Paul-Gerhardt-Stift, Diakonissen- und Krankenhaus, Müllerstr. 56-57a.
15. Säuglingsklinik, Invalidenstr. 147.
16. Städtisches Kaiser- und Kaiserin-Friedrich-Kinderkrankenhaus, Reinickendorfer Str. 32. — 180 Betten.
17. Städtisches Krankenhaus am Friedrichshain, Landsberger Allee 159. — 825 Betten.

18. Städtisches Krankenhaus Moabit, Turmstraße 21. — 840 Betten.
19. Städtisches Krankenhaus am Urban, Grimmstr. 10-16. — 650 Betten.
20. Städtisches Krankenhaus, Gitschiner Str. 104-105.
21. Städtisches Rudolf-Virchow-Krankenhaus, Augustenburger Platz. — 1500 Betten.

β) In den Vororten:

CHARLOTTENBURG

22. Städtisches Krankenhaus Westend, Spandauer Berg 15-16. — 258 Betten für Männer, 200 für Frauen, 142 für Kinder.
23. Städtisches Krankenhaus, Kirchstr. 19-20. — 71 Betten für Männer, 58 für Frauen, 51 für Kinder.
24. Kaiserin-Auguste-Viktoria-Haus zur Bekämpfung der Säuglingssterblichkeit im Deutschen Reiche, Mollwitzstraße.
25. Charlottenburger Säuglingsklinik, Christstr. 9. — 25 Betten, 4 Couveusen. Kurse zur Ausbildung von Säuglingspflegerinnen.

RIXDORF

26. Städtisches Krankenhaus, Kanner Str. 42-46. — 350 Betten. — Neues städtisches Krankenhaus in Buckow.

SCHÖNEBERG

27. Auguste-Viktoria-Krankenhaus, Canovastr. 1. — 325 Betten; Vermehrung auf 600 geplant.

WEISSENSEE

28. Auguste-Viktoria-Krankenhaus vom Roten Kreuz, Schönstr. 69-73. — 110 Betten, davon 15 für Kinder.

c) Kaiserin-Friedrich-Haus für das ärztliche Fortbildungswesen

Luisenplatz 2-4.

Zweck des Hauses ist, als Mittel- und Stützpunkt der auf die wissenschaftliche Fortbildung der Ärzte gerichteten Bestrebungen zu dienen. Darin befinden sich die staatliche Sammlung ärztlicher Lehrmittel, eine Dauerausstellung für die ärztlich-technische Industrie, eine Auskunftei für Ärzte, Hörsäle, Laboratorien, Lesezimmer mit Handbibliothek. (Nähere Beschreibung s. S. 176.)

d) Spezialbibliotheken

1. Büchersammlung der Kaiser-Wilhelms-Akademie für das militärärztliche Bildungswesen, Scharnhorststr. 35. — Geöffnet wochentäglich 10-2; Lesezimmer 9 vorm. bis 10 abends, Sonntags 9-1. Auch weiteren Kreisen gegen Einholung schriftlicher Erlaubnis der Direktion und Bürgschaftsschein zugänglich.
2. Bibliothek des Kaiserlichen Gesundheitsamts, Klopstockstr. 18. — Geöffnet wochentäglich 8-3, im Winter 9-4. Weiteren Kreisen ist die Benutzung ausnahmsweise gegen besondere Erlaubnis gestattet, doch nur während der Dienststunden und in den Räumen der Bibliothek.

Bibliothek der Berliner Medizinischen Gesellschaft, Ziegelstr. 10-11 im Langenbeckhause. — Geöffnet 11-9. Verleihung nur an Mitglieder; Nichtmitgliedern kann die Benutzung im Lesesaale durch den Bibliothekar gestattet werden.

4. Bibliothek des Vereins für innere Medizin, Schöneberger Ufer 11. — Geöffnet 12-8, im September 12-4. Benutzung wie unter 3.
5. Bibliothek der Deutschen Gesellschaft für öffentliche Gesundheitspflege zu Berlin, Schöneberger Ufer 11. — Geöffnet wochentäglich 12-8. Nichtmitgliedern zugänglich bei Einführung durch ein Mitglied oder gegen schriftliche Legitimation.
6. Bibliothek des Anatomischen Instituts, Luisenstr. 56.— Geöffnet 9-1. Präsenzbibliothek, Benutzung durch Vermittlung des Assistenten gestattet.
7. Bibliothek des Physiologischen Instituts, Hessische Str. 4. — Geöffnet 5-8. Präsenzbibliothek, Benutzung ausnahmsweise mit Erlaubnis des Direktors gestattet.

ÄRZTE

8. Bibliothek des Neuro-Biologischen Universitätslaboratoriums, Magdeburger Straße 16. — Geöffnet 8-6. Nur mit Erlaubnis des Vorstehers benutzbar, ev. auch Verleihung.
9. Bibliothek des Pathologischen Instituts, Garten des Charitékrankenhauses. — Geöffnet 10-8. Präsenzbibliothek; Gebühr bei mehrmaliger Benutzung 3-10 M; für das Semester mindestens 10 M.
10. Bibliothek des Poliklinischen Instituts für Innere Medizin, Monbijoustr., Ecke Ziegelstr. 18-19. — Weiteren Kreisen Benutzung ausnahmsweise mit Genehmigung des Direktors gestattet.
11. Bibliothek der Universitäts-Klinik für Augenkrankheiten, Ziegelstr. 5-9. — Geöffnet 9-11. Benutzung wie unter 10.
12. Bibliothek der Frauenklinik, Artilleriestr. 20. — Geöffnet nach Bedarf. Benutzung wie unter 10.
13. Handbibliothek des Hygienischen Instituts, Dorotheenstr. 35. — Geöffnet 11-1. Benutzung wie unter 10.
14. Bibliothek des Instituts für Infektionskrankheiten, Föhrer Str. 2-5. — Geöffnet 11½-1. Benutzung wie unter 10.
15. Bibliothek des Pharmakologischen Instituts, Dorotheenstr. 34a. — Assistenten des Instituts und Studierenden zugänglich.
16. Bibliothek der Unterrichtsanstalt für Staatsarzneikunde, Hannoversche Straße 6. — Geöffnet 1-4. Präsenzbibliothek, nur mit Genehmigung der Direktion zugänglich.

e) Ausstellungen und Museen

1. Ständige Ausstellung für Arbeiterwohlfahrt, Charlottenburg, Fraunhoferstr. 11-12. — Die Ausstellung bringt Unfallschutz, Gewerbehygiene, Arbeiterernährung, Wohnungswesen, Kinder- und Jugendlichenfürsorge zur Anschauung. (Näheres s. S. 210.)
2. Hygienisches Museum, Dorotheenstr. 35.

Pathologisches Museum, im Pathologischen Institut der Charité (Eingang vom Alexanderufer). — Geöffnet Sonntags 11-1.

AKADEMISCHE LAUFBAHN

S. Hochschullehrer

APOTHEKER

Studien-Ordnung des Pharmazeutischen Instituts an der Universität Berlin. — Herzog, Das Pharmazeutische Institut der Universität Berlin, in: Berliner Akademische Wochenschrift 1907, Nr. 31. — Die Prüfungsordnung für Apotheker vom 18. Mai 1904, Stuttgart, W. Kohlhammer. — Schröder, Das Studium der Pharmazie und die gesetzlichen Vorschriften für die Prüfung der Apotheker im Deutschen Reich, Halle 1910. — „Der Apothekerberuf", Merkblatt, herausg. v. Deutschen Apothekerverein zu Berlin. (Abgedruckt: in Berliner Akademische Nachrichten 1909, Nr. 9.) — Allgemeine Zeitschriften (mit Angabe der Standnummer der Königlichen Bibliothek): Apothekerzeitung, Berlin, Il 1605. — Archiv der Pharmazie, Berlin, Il 1434. — Berichte der Deutschen Pharmazeutischen Gesellschaft, Berlin, Il 1629.

Studiengang und Prüfungen. Vorbedingung für den Eintritt in die Apothekerlaufbahn ist der Besitz des Zeugnisses der Reife für die Prima eines deutschen Gymnasiums oder Realgymnasiums oder einer deutschen Oberrealschule; für Oberrealschüler außerdem der durch Ablegung einer Prüfung an einem Gymnasium oder Realgymnasium zu erbringende Nachweis, daß sie bereits bei Zulassung zur Apothekerlaufbahn die zur Versetzung nach der Obersekunda eines Realgymnasiums notwendigen lateinischen Kenntnisse besaßen. Die Ausbildung beginnt mit einer dreijährigen, für Inhaber des Reifezeugnisses einer neunstufigen höheren Lehranstalt zweijährigen Lehrzeit, die in Apotheken des Deutschen Reiches erfolgen muß. In die Ausbildungszeit wird der Prüfungsmonat eingerechnet.

Sie darf nicht unterbrochen sein; doch können Unterbrechungen, die in Urlaub oder Krankheit und ähnlichen entschuldbaren Anlässen ihre Ursache haben, bis zur Gesamtdauer von acht Wochen eingerechnet werden. Die Lehrzeit wird abgeschlossen durch die pharmazeutische Vorprüfung, die vor einer der an den Regierungssitzen befindlichen Prüfungskommissionen, bestehend aus einem höheren Medizinalbeamten und zwei Apothekern, abgelegt wird. Die Zulassung geschieht durch die Aufsichtsbehörde, in deren Bezirke die Lehrzeit beendet wird. Das Nichtbestehen der Prüfung hat die Verlängerung der Ausbildungszeit um drei bis sechs Monate zur Folge, nach dieser Frist muß die Prüfung vollständig wiederholt werden. Die Prüfungsgebühr beträgt 24 M. — Nach bestandener Vorprüfung folgt eine mindestens einjährige Gehilfenzeit in Apotheken des Deutschen Reiches und auf diese ein viersemestriges Studium an einer Universität des Deutschen Reiches oder an den Technischen Hochschulen zu Braunschweig, Darmstadt, Karlsruhe und Stuttgart.

Das Studium hat sich auf allgemeine und systematische Botanik, Experimentalphysik, anorganische, analytische, pharmazeutische und organische Chemie, auf Toxikologie, Pharmakognosie, Nahrungsmittelchemie u. ä. zu erstrecken. Insbesondere ist nachzuweisen, daß der Studierende während des Studiums bei Instituten der Universität mindestens je zwei Halbjahre an analytisch-chemischen und pharmazeutisch-chemischen Übungen, mindestens ein Halbjahr an Übungen in der mikroskopischen Untersuchung von Drogen und Pflanzenpulvern regelmäßig teilgenommen, auch sich mit den üblichen Sterilisationsverfahren vertraut gemacht hat; die Nachweise sind durch Bescheinigungen der zuständigen Universitätslehrer zu erbringen. Den Abschluß des Studiums bildet die pharmazeutische Prüfung.

Die pharmazeutische Prüfung kann vor jeder bei einer Universität oder einer Technischen Hochschule des Deutschen Reichs eingerichteten pharmazeutischen Prüfungskommission abgelegt werden. Die Prüfungskommissionen werden aus je einem Lehrer der Botanik, der Chemie, der Pharmazie und der Physik sowie einem oder zwei Apothekern gebildet. Über die jeweilige Zusammensetzung der Berliner Kommission ist Näheres aus dem 2. Bande des Berliner Adreßbuches ersichtlich. Die Meldung zur Prüfung im Sommerhalbjahre muß spätestens bis zum 1. März, die Meldung zur Prüfung im Winterhalbjahre spätestens bis zum 15. August unter Beifügung der erforderlichen Zeugnisse eingehen. Spätere Meldungen dürfen nur ausnahmsweise berücksichtigt werden. — Die Prüfung darf nur bei der Kommission fortgesetzt oder wiederholt werden, bei welcher sie begonnen ist. Die Festsetzung der Wiederholungsfrist geschieht durch den Vorsitzenden nach Rücksprache mit den zuständigen Examinatoren. Sie schwankt zwischen drei und sechs Monaten; spätestens müssen Wiederholungen innerhalb der beiden folgenden Prüfungshalbjahre stattfinden. Die Prüfungsgebühren betragen 140 M.

Nach vollständig bestandener pharmazeutischer Prüfung und in der Regel im Anschluß daran hat sich der Kandidat weitere zwei Jahre als Gehilfe in Apotheken, darunter mindestens ein Jahr in Apotheken des Deutschen Reichs, praktisch zu betätigen. Die Wahl der Apotheken steht dem Kandidaten frei. Nach Ablauf der Gehilfenzeit kann die Approbation als Apotheker bei der Zentralbehörde des Bundesstaates beantragt werden, wo die pharmazeutische Prüfung bestanden worden ist. Die Militärdienstzeit wird auf die Lehrlings-, Gehilfen- und Studienzeit nicht angerechnet. Das zweite Halbjahr können Apotheker nach erlangter Approbation als einjährig-freiwillige Militär-Apotheker ableisten.

Die Kosten des Hochschulstudiums werden von fachmännischer Seite bei sparsamer Lebenshaltung auf 3000 bis 4000 M geschätzt, wobei jedoch zu berücksichtigen ist, daß der Studierende durch Annahme einer Stelle in einer Apotheke während der Ferien Gelegenheit zu Erwerb hat.

Übergang in andere Berufe. Besondere Vergünstigungen genießen solche Apotheker, die den Ausweis als Nahrungsmittelchemiker erwerben wollen. Sofern sie nämlich die

APOTHEKER

pharmazeutische Prüfung mit dem Prädikat „sehr gut" bestanden haben, wird ihnen sowohl die Beibringung des Reifezeugnisses als auch die Vorprüfung für Nahrungsmittelchemiker erlassen; sie brauchen nur nachzuweisen, daß sie sechs Halbjahre Naturwissenschaften studiert haben. Sie haben Aussicht auf Anstellung in staatlichen Laboratorien, in Militärapotheken u. ä.

Promotion. Auf Grund des Primanerzeugnisses kann der Doktorgrad nur noch ausnahmsweise an einzelnen Universitäten erworben werden. Bedingung ist, daß die Dissertation eine hervorragende Leistung ist, und daß das zuständige Ministerium auf Grund eines Fakultätsbeschlusses Dispens erteilt. Zum Teil wird außerdem verlangt, daß die pharmazeutische Prüfung mindestens mit der Note „gut" bestanden ist.

Spezialbibliotheken

1. Bibliothek des Pharmakologischen Instituts, Dorotheenstr. 34a. Nur für die Assistenten des Instituts und die Studierenden bestimmt. 2. Bibliothek des Pharmazeutischen Instituts, Dahlem bei Steglitz, Königin-Luise-Straße. Geöffnet im Sommer 8-5, im Winter 9-5. Zunächst für Assistenten und Praktikanten des Instituts bestimmt, sonstige Interessenten bedürfen der Genehmigung des Direktors. Ausleihung von Büchern nur mit Genehmigung des Direktors.

Stipendien. An unbemittelte Studierende wird von dem Deutschen Apotheker-Verein alljährlich eine Anzahl Stipendien in Einzelhöhe bis zu 300 M verliehen.

Zulassung von Frauen. Frauen werden zum Apothekerberuf unter denselben Bedingungen zugelassen wie Männer.

ARCHIVARE

Bekanntmachung, betr. die akademische Vorbildung und die Prüfung der Archivaspiranten, v. 3. Mai 1906. — „Der Beruf des Archivars", in: Berliner Akademische Wochenschrift Nr. 15, 1907. — Der Archivar in der Sammlung: Mein künftiger Beruf, Leipzig, C. Bange.

Bei dem verhältnismäßig geringen Ersatzbedürfnis der Staatsarchivverwaltung empfiehlt es sich, vor Beginn eines auf die Vorbereitung für den Archivdienst gerichteten akademischen Studiums bei dem Generaldirektor der Staatsarchive wegen der jeweilig sich bietenden Aussichten anzufragen. — Die Zulassung zum Archivdienst hat den Besitz des Reifezeugnisses eines deutschen humanistischen Gymnasiums zur Voraussetzung. Die Studienzeit ist mindestens auf sechs Semester, wenn irgend möglich aber auf sieben oder acht Semester zu bemessen. Die Studien müssen sich auf Paläographie, Diplomatik und Chronologie sowie auf die Aneignung ausreichender Kenntnisse in der lateinischen. mittelhochdeutschen, mittelniederdeutschen und französischen Sprache erstrecken. Ferner ist die Kenntnis der Geschichte Deutschlands im Mittelalter und in der Reformationszeit, der Geschichte Brandenburgs, Preußens, der deutschen Territorialgeschichte in Übersicht und der mittelalterlichen Kunstgeschichte erforderlich. Dazu kommen von rechts- und staatswissenschaftlichen Vorlesungen: Einführung in die Rechtswissenschaft, System des römischen Privatrechts, deutsche Staats- und Rechtsgeschichte, deutsches und preußisches Staatsrecht, preußisches Verwaltungsrecht und dessen Geschichte, Deutsches Prozeßrecht einschließlich Gerichtsverfassung, Kirchenrecht, Nationalökonomie, Finanzwissenschaft. Endlich ist das genaue Verständnis der theoretischen und praktischen Archivkunde nicht zu entbehren. Unbedingt haben Aspiranten nachzuweisen, daß sie mit Erfolg mindestens zwei Semester einem Seminar für die historischen Hilfswissenschaften, 2 Semester einem historischen, ein Semester einem deutsch-philologischen Seminar angehört und wenigstens ein Semester an Übungen über Archivkunde teilgenommen haben. — Im Anschluß an die Lehrgänge der Berliner Universität, insbesondere an die Übungen des Seminars für historische Hilfswissenschaften, werden von dem Generaldirektor der Staatsarchive und den Beamten des Geheimen Staatsarchivs Vorlesungen über Archivkunde und praktische Übungen gehalten. Dies hat aber nicht den Zweck, das Studium in

Berlin für Archivaspiranten verbindlich zu machen; vielmehr steht ihnen die Wahl der Universität innerhalb des Reichsgebiets frei. — An das Studium schließt sich ein zweijähriger Volontärdienst an einem oder mehreren Staatsarchiven. Meldungen dazu, die an den Generaldirektor der Staatsarchive zu richten sind, können nicht vor Abschluß des Universitätsstudiums und nur nach dem Ersatzbedürfnis berücksichtigt werden. — Die Prüfung für Archivaspiranten ist in der Regel am Schlusse des ersten Volontärjahres abzulegen, und zwar in Berlin. Die Prüfungskommission besteht aus dem jeweiligen Generaldirektor der Staatsarchive, Archivbeamten und vier Professoren der Universität, vorzugsweise Vertretern der Geschichte, Rechtswissenschaft, historischen Hilfswissenschaften und deutschen Philologie. Näheres darüber ist dem 2. Bande des Berliner Adreßbuches zu entnehmen. Die Prüfung kann nach einem halben Jahre wiederholt werden. Die Gebühren betragen 50 M.

ASTRONOMEN

Ristenpart, Das Studium und der Beruf des Astronomen, in: Berliner Akademische Wochenschrift Nr. 24 v. 29. April 1907. — Allgemeine Zeitschriften (mit Angabe der Standnummer der Königlichen Bibliothek): Astronomische Nachrichten, Kiel, Oh 1806. — Mitteilungen der Vereinigung von Freunden der Astronomie und kosmischen Physik, Berlin, Oh 2010. — Vierteljahrsschrift der Astronomischen Gesellschaft, Leipzig, Oh 1993.

Das Studium der Astronomie zählt nicht zu den Brotstudien und sollte nur nach ernstester Selbstprüfung erwählt werden. Notwendige Vorbedingungen sind hervorragende Begabung in der Mathematik und spielende Sicherheit im Kopf- und Logarithmenrechnen. Es hat mindestens sechs Semester zu umfassen, ist aber in der Regel auf 9 bis 10 Semester auszudehnen. In den ersten vier Semestern deckt es sich mit dem mathematisch-naturwissenschaftlichen. Der Astronom muß also alle mathematischen Vorlesungen, auch die schwierigsten, hören, sich die ganze Physik, die theoretische einschließlich, aneignen und sich auch mit anorganischer Chemie vertraut machen; es empfiehlt sich von Praktika das kleine chemische und ein größeres physikalisches zu belegen. Von rein astronomischen Vorlesungen sollten während dieser vier Semester höchstens solche über sphärische Astronomie, mathematische Geographie und allgemeine Himmelskunde besucht werden; nicht nötig ist es, schon jetzt an praktischen Arbeiten auf Sternwarten teilzunehmen. Erst vom vierten oder fünften Semester ab mögen die eigentlichen astronomischen Vorlesungen in den Vordergrund treten, während noch die schwierigeren mathematischen nebenhergehen. Methode der kleinsten Quadrate, Potentialtheorie, Bahnbestimmung, spezielle und allgemeine Störungen, Mechanik des Himmels sind hier die Hauptgebiete des theoretischen, Theorie der Instrumente und Ortsbestimmung die des praktischen Teils; dazu kommen nun auch Übungen an den Instrumenten. Die rechnerische Erledigung der Messungen und auch die Durchführung praktischer Beispiele zu den theoretischen Vorlesungen geschieht in den Seminaren. Wünschenswert ist es auch, sich mit Kenntnissen in der praktischen Mechanik auszurüsten und während der Ferien in einer Werkstätte zu arbeiten, um in der Lage zu sein, kleine Ausbesserungen an Instrumenten selbst vorzunehmen und sich nach eigenen Ideen Modelle zu bauen. Den Abschluß des Studiums bildet die Promotion. Als Nebenfächer im mündlichen Examen kommen in erster Linie Mathematik und Physik in Betracht.

An Stellungen bieten sich dem Astronomen solche am Kgl. Astronomischen Recheninstitut in Berlin, ferner als Rechner an Sternwarten. Wer Geschick und Befähigung zum Beobachten hat, kann Assistent an Sternwarten werden. Die Assistenten rücken in Stellen von Observatoren auf, deren Gehalt dem der Oberlehrer gleichkommt. Am Astrophysikalischen Observatorium in Potsdam bestehen außerdem fünf Hauptobservatorenstellen, die den Direktorenstellen der anderen Sternwarten entsprechen. Neben diese Tätigkeit tritt bei manchen Astronomen noch die Lehrtätigkeit an Universitäten. Da das astronomische Studium zunächst dem mathematisch-naturwissenschaftlichen gleicht, ist der Übergang in verwandte Berufe selbst noch nach sechs Semestern ohne Zeitverlust zu ermöglichen. Von Stellungen kommen in Betracht die im höheren Schulamt, in staatlichen und städtischen statistischen Ämtern, in staatlichen und privaten Versicherungsanstalten, bei meteorologischen Instituten, bei der Normaleichungskommission, der Seewarte u. ä.

Besondere Einrichtungen. 1. Seminar zur Ausbildung von Studierenden im wissenschaftlichen Rechnen. (Näheres s. S. 76.) 2. Das Astronomische Recheninstitut. (Näheres s. S. 107.)

BAUFÜHRER

S. Ingenieure

BERG- UND HÜTTENINGENIEURE

s. unter Bergakademie, S. 128

BIBLIOTHEKARE

F. Milkau, Die Bibliotheken in: Kultur der Gegenwart, Leipzig, Teubner, T. 1, Abt. 1, 1906, S. 539—588. — A. Graesel, Handbuch der Bibliothekslehre, Leipzig 1902. — „Der Bibliothekar" (aus der Sammlung: Mein künftiger Beruf), Leipzig, C. Bange. — „Der Bibliothekar und sein Beruf", Leipzig, Quelle & Meyer, 1909. — Jahrbuch der Deutschen Bibliotheken, Leipzig 1910, Ao 4923). — Zentralblatt für Bibliothekswesen, Leipzig, Ao 48 *).*

Die Fähigkeit für die Anstellung im wissenschaftlichen Bibliotheksdienst wird durch zweijährigen Volontärdienst bei der Königlichen Bibliothek zu Berlin oder einer der Königlichen Universitätsbibliotheken und durch die bibliothekarische Fachprüfung erlangt. — Für die Zulassung zum

---

*) *Standnummern der Königlichen Bibliothek.*

Volontärdienst sind an wissenschaftlichen Nachweisen erforderlich: a) das Reifezeugnis eines deutschen humanistischen Gymnasiums; b) der Nachweis, daß der Bewerber die erste theologische Prüfung, die erste juristische Prüfung, die ärztliche Prüfung oder die Prüfung für das Lehramt an höhern Schulen mit gutem Erfolge bestanden oder an einer deutschen Universität den vorgeschriebenen Habilitationsleistungen genügt hat; c) der Nachweis, daß der Bewerber von einer deutschen Universität zum Doktor oder Lizentiaten promoviert worden ist. — Außerdem müssen dem Bewerber die Mittel für einen zweijährigen standesgemäßen Unterhalt gesichert sein. — Das Gesuch um Zulassung als Volontär ist an den Vorsteher der Bibliothek zu richten. Das zweite Volontärjahr kann an der Universitätsbibliothek zu Göttingen zugebracht werden, sofern damit ein Studium der Bibliothekshilfswissenschaften an der dortigen Universität verbunden werden soll. — Die bibliothekarische Fachprüfung ist bei der Prüfungskommission in Göttingen abzulegen; die jeweilige Zusammensetzung der Kommission ist aus dem Personalverzeichnis der Göttinger Universität ersichtlich. Das Gesuch um Zulassung ist an den Vorsitzenden zu richten. Die Prüfung ist mündlich und hauptsächlich darauf gerichtet, ob der Kandidat sich gründliche Kenntnisse der Bibliotheksverwaltungslehre, der bibliographischen Hilfsmittel und der allgemeinen Literaturgeschichte erworben hat und über eine ausreichende Kenntnis der englischen, französischen und italienischen Sprache und allgemeine Bekanntschaft mit der Geschichte des Schrift- und Buchwesens verfügt. Spezielle Kenntnisse auf dem Gebiet der Paläographie oder der Inkunabelnkunde sind erwünscht. — Eine Wiederholung der Prüfung darf frühestens nach einem halben Jahre stattfinden; inzwischen ist der Volontärdienst fortzusetzen. — Wer die Prüfung bestanden hat, wird weiter unentgeltlich beschäftigt und rückt dann zum Assistenten, später zum Hilfsbibliothekar und Bibliothekar auf.

Mittlerer Bibliotheksdienst. Durch Erlaß vom 10. August 1909 ist eine Diplomprüfung für solche Personen eingeführt worden, welche den Nachweis einer fachgemäßen Ausbildung

BIBLIOTHEKARE

für den mittleren Bibliotheksdienst an wissenschaftlichen Bibliotheken sowie für den Dienst an Volksbibliotheken und verwandten Instituten erbringen wollen. — Ein Recht auf Beschäftigung oder Anstellung in den staatlichen Bibliotheken wird durch die Ablegung der Prüfung nicht erworben. Bedingung für die Zulassung zur Prüfung ist der Nachweis der Reife für die Prima eines Gymnasiums oder Realgymnasiums oder einer Oberrealschule, an dessen Stelle bei Frauen ausnahmsweise auch das Zeugnis der Absolvierung einer zehnklassigen höheren Mädchenschule treten kann, wenn der Nachweis erbracht wird, daß sich die Bewerberin noch mindestens ein Jahr in den wichtigeren Schulfächern fortgebildet hat, z. B. durch den Besuch eines Lyzeums (Frauenschule), ferner der Nachweis einer mindestens dreijährigen Ausbildungszeit in den Fächern, auf die sich die Prüfung erstreckt. Diese Ausbildungszeit hat eine mindestens einjährige praktische Tätigkeit in vollem Dienst an einer wissenschaftlichen Bibliothek oder an einer unter fachmännischer Leitung stehenden Volksbibliothek zu umfassen. Über die Art der sonstigen Ausbildung sind bestimmte Anweisungen nicht gegeben; in Betracht kommen namentlich bibliothekarische Fachkurse, Vorlesungen und Kurse über die deutsche, englische und französische Sprache und Literatur sowie über deutsche Geschichte, ferner ein Aufenthalt in Frankreich oder England zu Sprach- und Literatur-Studien, Ablegung eines Lehrerinnen-Examens, eine buchhändlerische Ausbildung, Tätigkeit bei der Akademischen Auskunftsstelle der Universität Berlin usw. Bei Bewerbern, deren Schulbildung erheblich über das angegebene Mindestmaß hinausgeht, oder die in Berufsstellungen tätig gewesen sind, welche mit der bibliothekarischen Tätigkeit verwandt sind, kann ein Teil der darauf verwandten Zeit auf die Fachausbildung angerechnet werden.

Die Prüfung wird in Berlin jährlich mindestens einmal abgehalten. Die Prüfungskommission untersteht dem Generaldirektor der Königlichen Bibliothek. Der Prüfungstermin wird drei Monate vorher im Zentralblatt für Bibliothekswesen und in den Blättern für Volksbibliotheken und Lesehallen bekanntgemacht. Gesuche um Zulassung müssen nebst den erforderlichen Papieren mindestens vier Wochen vor dem angesetzten Termin dem Vorsitzenden der Prüfungskommission eingereicht sein. — Die Prüfung ist schriftlich und mündlich und hat sich darauf zu richten, ob die Bewerber die für den praktischen Dienstbetrieb erforderlichen Kenntnisse und Fertigkeiten und die nötige literarische Ausbildung besitzen. Wird die Prüfung für nicht bestanden erklärt, so kann sie frühestens nach Ablauf eines Jahres wiederholt werden. Die Prüfungsgebühren betragen 20 M.

CHEMIKER

s. S. 81 u. 308-310, 325.

DOLMETSCHER

Merkblatt, betreffend die Dolmetscherlaufbahn (erhältlich im Seminar für Orientalische Sprachen).

Der Dolmetschereleve muß neben einer guten allgemeinen Bildung ein ausgeprägtes Sprachtalent besitzen. Er muß besonders mit der englischen und französischen Sprache vertraut sein. Hierzu muß eine Befähigung für den praktischen Dienst kommen. Referendare, die Sprachstudien getrieben haben, sind für die Dolmetscherlaufbahn besonders geeignet. Vorbedingungen sind ferner eine kräftige Körperkonstitution und Erfüllung der Militärdienstpflicht. Der Eleve muß sich verpflichten, dem Reiche nach vollendeter Ausbildung mindestens 10 Jahre zu dienen, widrigenfalls er die auf seine Entsendung und Ausbildung verwendeten Kosten zurückerstatten muß. Einen Anspruch auf feste Anstellung im Reichsdienste hat der Eleve nicht. Bevorzugt werden solche Aspiranten, die die Diplomprüfung am Seminar für Orientalische Sprachen bestanden haben. Studierende können zu dem Zweck mit dem ersten Semester dort eintreten, sich im vierten Semester der Diplomprüfung in einer bestimmten Sprache unterziehen und im siebenten Semester die Referendarprüfung ablegen, oder der junge

DOLMETSCHER

Referendar läßt sich beurlauben und widmet sich dann dem Sprachstudium.

FORSTVERWALTUNGSBEAMTE

S. unter Königl. Forstakademie S. 130

GEISTLICHE

Anweisung für Studierende der Theologie auf der Friedrich-Wilhelms-Universität zu Berlin. — G. Kawerau, Lehrgebiet und Lehrbetrieb der evangelisch-theologischen Fakultät, in: Lexis, Die Universitäten im Deutschen Reich, 1904, S. 61 ff. — Bassermann, Wie studiert man evangelische Theologie?, Stuttgart 1905. — Nitze, Ausstellung und Vorbildung der Geistlichen der evangelischen Landeskirche, Berlin 1900. — Führer durch die evangelische Kirche und die gesamte Liebesarbeit in Berlin, bearb. v. Berliner Hauptverein für Innere Mission, Berlin 1908. — Allgemeine Zeitschriften (mit Angabe der Standnummern der Königl. Bibliothek): Theologischer Jahresbericht, Berlin, Bd 1221. — Theologisches Literaturblatt, Leipzig, Bd 1196. — Theologische Literaturzeitung, Leipzig, Bd 1130.

Zum *Studium* der Theologie ist das Reifezeugnis eines deutschen Gymnasiums erforderlich. Der ersten Prüfung hat ein Studium von mindestens 6 Semestern auf einer deutschen Universität voranzugehen, und zwar müssen diese 6 Semester nach Erlangung der Reife in der hebräischen Sprache liegen. Mindestens 3 davon sollen an einer preußischen Universität zugebracht sein. Ob Semester, die dem Studium an einer ausländischen Universität oder vor Ablegung des Hebraicums gewidmet waren, angerechnet werden, hängt von der Entscheidung des Evangelischen Oberkirchenrats ab. Fällt der einjährige Militärdienst in die Studienzeit, ist sie um 2 Semester zu verlängern; es empfiehlt sich jedoch, das Militärjahr entweder vor oder nach dem Studium abzuleisten.

Hebraicum. Studierende, deren Reifezeugnis nicht den Nachweis der Reife im Hebräischen enthält, haben sich der

Nachprüfung im Hebräischen vor der wissenschaftlichen Prüfungskommission zu unterziehen, in deren Bezirk entweder die Universität liegt, an welcher der zu Prüfende zur Zeit der Meldung studiert, oder das Gymnasium belegen ist, an welchem er das Zeugnis der Reife erlangt hat. Zur Meldung bei einer nicht zuständigen Kommission hat der Kandidat die Genehmigung des Ministers unter Darlegung der Gründe nachzusuchen. Ein außerhalb Preußens erworbenes Zeugnis über die Reife im Hebräischen ist nur dann gültig, wenn vor der Nachprüfung der Evangelische Oberkirchenrat die Erlaubnis erteilt hat, sie ausnahmsweise dort abzulegen. — Realgymnasiasten und Oberrealschülern wird auf Antrag gestattet, mit der erforderlichen Ergänzungsprüfung in den klassischen Sprachen die Prüfung im Hebräischen zu verbinden. Es empfiehlt sich, die hebräische Ergänzungsprüfung so bald wie möglich abzulegen, da nach bestandener Prüfung 6 Studiensemester liegen sollen.

Einen Überblick über die Einrichtung des Studiums gibt die Vorlesung über Enzyklopädie und Methodologie der theologischen Wissenschaft. Die Grundlage des Studiums bildet die Beschäftigung mit der Heiligen Schrift. Dazu leiten die exegetischen Vorlesungen an. Sie finden ihre Ergänzung in solchen über die Entstehung der Heiligen Schrift, über die Entwicklung des Lehrgehaltes, über die Geschichte Israels und neutestamentliche Geschichte. Nebenher geht die Beschäftigung mit der historischen Theologie, die sich mit Kirchengeschichte, Dogmengeschichte und Geschichte der Konfessionen befaßt, und die Beschäftigung mit der systematischen Theologie, die die Glaubens- und Sittenlehre behandelt. Den Schluß bildet das Studium der praktischen Theologie, d. h. die wissenschaftliche Behandlung des praktischen Kirchendienstes. Zur Vertiefung der allgemeinen Bildung empfehlen sich religionswissenschaftliche, sprachliche, historische und philosophische Studien. Gelegenheit zur selbständigen Arbeit bieten die Seminare und sonstigen Übungen, worüber Näheres auf S. 42-45. — Ausführliche Mitteilungen sind enthalten in der „Anweisung für Studierende der Theologie", die vom Dekanat erhältlich ist.

Dekanatsprüfungen zum Zwecke der Erlangung von Stundung des Honorars oder von Stipendien finden im Wintersemester in der zweiten Hälfte des Februar, im Sommersemester in der zweiten Hälfte des Juli statt. Die Prüfungen werden von zwei Professoren über Studienfächer des laufenden Semesters abgenommen. Näheres über die Termine und die dem Dekan einzureichenden Papiere wird durch Anschlag am Dekanatsbrett bekanntgemacht.

Die Meldung zur ersten theologischen Prüfung hat innerhalb der dem Abgang von der Universität folgenden drei Monate stattzufinden. Sie ist in der Regel dem Konsistorium einzureichen, dessen Bezirk der sich Meldende durch seinen Wohnsitz zugehört. Die Einreichung geschieht durch Vermittlung des Superintendenten. Unter Wohnsitz ist der Ort zu verstehen, der zum regelmäßigen Aufenthaltsort gewählt ist. — Zwischen der ersten und zweiten Prüfung muß eine Vorbereitungszeit von zwei Jahren liegen, die auf den Besuch eines sechswöchigen Kursus an einem Schullehrerseminar, die Erledigung eines einjährigen Lehrvikariats bei einem Geistlichen oder den einjährigen Besuch eines Predigerseminars und auf sonstige wissenschaftliche und praktische Arbeiten zu verwenden ist. Die Meldung zur zweiten Prüfung ist frühestens anderthalb Jahre, spätestens vier Jahre nach Ablegung der ersten Prüfung zulässig. Sie erfolgt durch Vermittlung des mit der Aufsicht des Kandidaten betrauten Superintendenten bei dem Konsistorium, wo die erste Prüfung bestanden ist, falls nicht seitdem die Überweisung in einen anderen Konsistorialbezirk stattgefunden hat, oder das zuständige Konsistorium der Meldung bei einem anderen Konsistorium zustimmt. Näheres in: Nitze, Anstellung und Vorbildung der Geistlichen der evangelischen Landeskirche, Berlin 1900. — Jeweilige Zusammensetzung der Prüfungskommission siehe Berliner Adreßbuch, II. Teil. Die mündlichen Prüfungen finden das ganze Jahr hindurch mit Ausnahme der Universitätsferien statt.

Lehramtsprüfung. Kandidaten des geistlichen Amtes und Geistliche einer der christlichen Kirchen, welche die zur Bekleidung eines geistlichen Amtes erforderlichen Prüfungen bestanden haben, erwerben ein Zeugnis für das Lehramt an höheren Schulen, wenn sie in einer mündlichen Prüfung die Befähigung für den Religionsunterricht auf der ersten Stufe, ferner durch eine schriftliche Klausurarbeit und mündliche Prüfung die Lehrbefähigung im Hebräischen und außerdem noch die Lehrbefähigung in einem dritten Fache nachweisen. Wird die dritte Lehrbefähigung ebenfalls für die erste Stufe nachgesucht, ist eine schriftliche Hausarbeit zu liefern.

Promotion. Die Fakultät erteilt zwei Grade, den eines Lizentiaten und den eines Doktors der Theologie. Letzterer setzt anerkannte kirchliche oder wissenschaftliche Verdienste und die Bekleidung einer höheren kirchlichen oder akademischen Stellung voraus und wird meist nur ehrenhalber verliehen. Zur Erlangung des Lizentiatengrades ist erforderlich der Nachweis eines mindestens dreijährigen Studiums nach Erlangung des Reifezeugnisses, die Vorlage einer Abhandlung und das Bestehen einer mündlichen Prüfung. — Zusammenstellungen der Promotionsordnungen sind durch den Buchhandel erhältlich und liegen in der Akademischen Auskunftsstelle zur Einsicht aus.

Besondere Einrichtungen

a) Seminare mit Spezialbibliotheken

1. Das Theologische Seminar, Dorotheenstr. 95-96, mit einer alttestamentlichen, einer neutestamentlichen und einer kirchenhistorischen Abteilung (s. S. 42—43).
2. Das Praktisch-Theologische Seminar (s. S. 43).

b) Spezialbibliotheken (ausser denen obiger Institute):

1. Fachbibliothek für Innere Mission, im Theol. Seminar.
2. Bibliothek der Christlich-Archäologischen Sammlung, Dorotheenstr. 5.
3. Bibliothek des Königl. Domkandidatenstifts, Oranienburger Straße 76a.

GEISTLICHE

4. Bibliothek des Johanneums, Artilleriestr. 15. — Benutzung nur für Mitglieder der Stiftung, ausnahmsweise mit Genehmigung des Ephorus auch für ehemalige Mitglieder.
5. Bibliothek der Guretzkyschen Stiftung, ebenda. — Zum Entleihen berechtigt Studierende der Theologie und mit Genehmigung des Kurators auch andere Studierende der Berliner Universität.
6. Bibliothek des Séminaire de Théologie, Friedrichstr. 129. — Die Erlaubnis zur Benutzung erteilt der Inspektor.
7. Kirchenbibliothek von St. Georgen, Kurze Str. 2. — Zugänglich nach Vereinbarung mit dem Vorsteher.
8. Bibliothek der St. Marienkirche, Marienkirche am Neuen Markt. — Benutzung wie unter 7.
9. Kirchenbibliothek von St. Nikolai, Nikolaikirche am Nikolaikirchplatz. — Benutzung wie unter 7.
10. Bibliothek des Konsistoriums der französischen Kirche, Friedrichstr. 129. — Mit Genehmigung des Konsistoriums auch weiteren Kreisen zugänglich.

c) Sammlungen

Christlich-Archäologische Sammlung, Dorotheenstr. 5.

d) Konvikte

1. Domkandidatenstift, Oranienburger Straße 76A.
2. Johanneum, Artilleriestr. 15.
3. Melanchthonhaus, Sebastianstr. 25.
4. Agnes Zeitlersches Kandidatenheim, Höchste Str. 41.
5. Ludwig Zeitlersches Studienhaus, Büschingstr. 1-2.

Näheres darüber S. 39.

e) Stipendien

1 Reisestipendium des Deutschen Archaeologischen Instituts. (Näheres s. S. 162.) Über sonstige Stipendien s. S. 32 ff.

GERMANISTEN

S. Oberlehrer

GEWERBEAUFSICHTSBEAMTE

Vorbildungs- und Prüfungsordnung für die Gewerbeaufsichtsbeamten, Berlin, Heymann, 1908.

Für den Gewerbeaufsichtsdienst sind erforderlich: das Reifezeugnis einer neunklassigen Lehranstalt, ein mindestens dreijähriges technisches Studium und ein anderthalbjähriges Studium der Rechts- und Staatswissenschaften auf deutschen Hochschulen sowie die Ablegung zweier Prüfungen. — Die erste dieser Prüfungen kann sein: a) die Prüfung als Bergreferendar oder b) die Diplomprüfung als Hütteningenieur oder Maschineningenieur an der Bergakademie oder einer preußischen technischen Hochschule oder c) die Vorprüfung als Nahrungsmittelchemiker oder d) die Diplomprüfung als Chemiker an einer preußischen technischen Hochschule oder e) die Habilitation für Chemie oder f) die Doktorpromotion an einer preußischen Universität mit Chemie als Hauptfach. — Wer eine dieser Prüfungen bestanden hat, kann sich zur Aufnahme als Gewerbereferendar bei dem Minister für Handel und Gewerbe melden. Zugleich wird jedoch verlangt: a) von den diplomierten Hütten- und Maschineningenieuren der Nachweis, daß sie wenigstens ein Jahr lang auf einem Hüttenwerk oder in einem verwandten Betrieb oder im Maschinenbau praktisch gearbeitet oder ein solches Werk zwei Jahre lang ganz oder teilweise geleitet haben; b) von den Nahrungsmittelchemikern, den Diplomchemikern und den Doktoren und Dozenten der Chemie der Nachweis, daß sie wenigstens zwei Jahre lang den Betrieb einer Fabrik ganz oder teilweise geleitet haben. Zum Zwecke der Ausbildung wird der Gewerbereferendar auf 18 Monate einer Gewerbeinspektion überwiesen; eine Besoldung findet nicht statt. Nach erfolgreicher Beendigung der Ausbildung, die durch eine größere Probearbeit darzutun ist, hat er wenigstens drei Semester an einer deutschen Hochschule Rechts- und Staatswissenschaften unter besonderer Berücksichtigung der Gewerbeverwaltung, Gewerbehygiene und Wohlfahrtspflege zu studieren. Wenn ein solches Studium schon vor Beginn der Ausbildung stattgefunden hat, kann es je nach der Dauer erlassen oder bis auf ein Semester abgekürzt werden. —

GEWERBEAUFSICHTSBEAMTE

Das Gesuch um Zulassung zur zweiten Prüfung ist spätestens nach Ablauf von 3½ Jahren seit der Annahme des Gewerbereferendars (wird der Militärdienst während dieser Zeit abgeleistet, kann die Frist um ein Jahr verlängert werden) bei dem Vorsitzenden des Prüfungsamtes für Gewerbeaufsichtsbeamte in Berlin einzureichen. Über die jeweilige Besetzung des Amtes ist Näheres aus dem 2. Bande des Berliner Adreßbuches ersichtlich. Die Prüfung ist schriftlich und mündlich. Die schriftliche hat je eine Aufgabe aus dem Gebiete des Gewerbeaufsichtsdienstes und aus dem der Volkswirtschafts- oder Verwaltungslehre zum Gegenstande; in der mündlichen sind die für den Gewerbeaufsichtsdienst erforderlichen Kenntnisse in den technischen Fächern, einschließlich Gewerbehygiene, im öffentlichen Recht und in der Volkswirtschaftslehre sowie im praktischen Gewerbeaufsichtsdienst nachzuweisen. — Die Prüfung darf einmal wiederholt werden. Die Prüfungsgebühr beträgt 30 M. — Wer die Prüfung bestanden hat, wird zum Gewerbeassessor ernannt. Gewerbeassessoren werden je nach den offenen Stellen als etatsmäßige Hilfsarbeiter beschäftigt und rücken später zu Gewerbeinspektoren auf.

HISTORIKER

S. Oberlehrer

HOCHSCHULLEHRER

Wer sich dem akademischen Lehramt widmen will, muß sich habilitieren. Zur Habilitation an einer Universität ist erforderlich, daß der Bewerber den Doktorgrad oder bei den theologischen Fakultäten den Lizentiatengrad erworben hat. Weiter wird von den medizinischen und zum Teil auch von den juristischen Fakultäten der Nachweis verlangt, daß die Staatsprüfungen abgelegt sind. Außerdem sollen in der Regel seit der Promotion oder seit Ablegung der Staatsprüfung zwei oder drei Jahre wissenschaftlicher Arbeit verflossen sein. Die Habilitationsleistungen bestehen in der Abfassung einer Habilitationsschrift, dem Bestehen eines Kolloquiums und dem Halten einer Probevorlesung. Näheres darüber ist in den Habilitationsordnungen der einzelnen Fakultäten enthalten. — Die Habilitationsvorschriften der Technischen und sonstigen staatlichen Hochschulen stellen im wesentlichen dieselben Forderungen. — Zu beachten ist, daß sich bei der akademischen Laufbahn nicht übersehen läßt, ob und wann das Aufrücken in eine Professur erfolgt, und daß es daher ratsam ist, außer der Promotion sich auch dem Staatsexamen zu unterziehen, wenn ein solches für die Studienrichtung vorhanden ist.

INGENIEURE

Lexis, Die Technischen Hochschulen im Deutschen Reich, Berlin 1904. — Damm, Die Technischen Hochschulen Preußens, Berlin 1909. — Programme der Technischen Hochschulen. — Diplomprüfungsordnungen der Abteilungen für Architektur, Bau-Ingenieurwesen, Maschinen-Ingenieurwesen, Schiff- und Schiffsmaschinen-Bau, Chemie und Hüttenkunde. — Promotionsordnung für die Erteilung der Würde eines Doktor-Ingenieurs durch die Technischen Hochschulen Preußens. — Vorschriften über die Ausbildung und Prüfung für den Staatsdienst im Baufache, nebst Anweisung für die praktische Ausbildung der Regierungsbauführer des Eisenbahnbaufaches und des Maschinenbaufaches, Berlin, Heymann, 1906. — Anweisung zur Ausbildung der Regierungsbauführer des Hochbaufaches, Berlin, Ernst & Sohn, 1906. — Vorschriften für die Laufbahn der höheren Marinebaubeamten des Schiffbaufaches und des Maschinenbaufaches, Berlin, Mittler & Sohn, 1909. — Freytag, Die Laufbahn des Ingenieurs, Hannover 1907. — Kammerer, Das Studium in der Abteilung für Maschinen-Ingenieurwesen an der Technischen Hochschule zu Berlin, in: Berliner Akademische Wochenschrift, Jg. 1906-07, S. 221. — Kalender der Technischen Hochschulen Deutschlands, Österreichs und der Schweiz, Leipzig, Barth.

Zeitschriften (mit Angabe der Standnummer der Königl. Bibliothek): Annalen für Gewerbe und Bauwesen, Berlin, Oo

INGENIEURE

867. — Dinglers Polytechnisches Journal, Berlin, Oo 575. — Technische Auskunft, Monatschrift des Internationalen Institutes für Technobibliographie, Berlin. — Wochenschrift des Architektenvereins zu Berlin, Berlin, Ny 2825-36.— Zentralblatt der Bauverwaltung, Berlin, Ny 2754. — Zeitschrift des Vereins Deutscher Ingenieure, Berlin, Oo 793. — Zeitschrift des Verbandes Deutscher Diplom-Ingenieure, Berlin.

Anforderungen und Verlauf des Studiums. Zum ordnungsmäßigen Studium ist der Besitz des Reifezeugnisses einer deutschen neunstufigen höheren Schule oder eines als gleichwertig anerkannten Zeugnisses erforderlich. Es kann sich auf Architektur, Bauingenieurwesen, Maschineningenieurwesen einschließlich Elektrotechnik, Schiff- und Schiffsmaschinenbau, Chemie und Hüttenkunde erstrecken und auf jedem dieser Gebiete nach acht Semestern durch eine Diplomprüfung abgeschlossen werden. Für die Einrichtung des Studiums sind die von den einzelnen Abteilungen der Technischen Hochschulen aufgestellten Studienpläne maßgebend, die in den Programmen der Hochschulen abgedruckt sind. Die Pläne sehen, insbesondere in den Abteilungen für Maschineningenieurwesen und für Schiff- und Schiffsmaschinenbau, den Beginn des Studiums zu Oktober vor, worüber Näheres auf S. 115 angegeben ist. — Die Diplomprüfung besteht in einer Vor- und einer Hauptprüfung. Zur Ablegung der Vorprüfung bedarf es des Nachweises eines zweijährigen Studiums an Technischen Hochschulen des Deutschen Reiches, zur Ablegung der Hauptprüfung des Nachweises der an einer Technischen Hochschule des Deutschen Reiches bestandenen Vorprüfung und eines mindestens vierjährigen Studiums an Technischen Hochschulen des Deutschen Reiches. Von dieser Studienzeit müssen mindestens drei Halbjahre in die Zeit nach dem Bestehen der Vorprüfung fallen. Inwieweit die an anderen Hochschulen des Deutschen Reiches verbrachten Studienhalbjahre und die daselbst bestandenen Prüfungen anzurechnen sind, bleibt der Entscheidung der zuständigen Abteilung überlassen. Soweit ausländische Hochschulen in Betracht kommen, entscheidet das vorgeordnete Ministerium.

Studierende des Maschineningenieurwesens, Schiffbauer und Hüttenleute haben außerdem eine praktische Tätigkeit mindestens von einem Jahre, Chemiker eine solche von drei Monaten nachzuweisen. Näheres darüber ist auf S. 115f. zu finden. Vor- und Hauptprüfung werden dort, wo der Studierende immatrikuliert ist, vor besonderen Prüfungsausschüssen unter dem Vorsitz des zuständigen Abteilungsvorstehers oder dessen Stellvertreters abgelegt. Über die Anforderungen dabei ist Näheres aus den Diplomprüfungsordnungen ersichtlich. Die Prüfungen ganz oder teilweise zu wiederholen, ist nur einmal zulässig. Die Gebühren betragen für die Vorprüfung 60 M., für die Hauptprüfung 120 M. Ausländer haben das Doppelte zu bezahlen. Bei einer Wiederholungsprüfung ist die Hälfte der Gebühr aufs neue zu entrichten. Nach bestandener Hauptprüfung erhält der Bewerber eine Urkunde über die Ernennung zum Diplomingenieur (Dipl.-Ing.). — Diplomingenieure werden zur Ausbildung und Ablegung der Staatsprüfung mit Anwartschaft auf Anstellung im Staatsdienste nach bestandener Staatsprüfung nur nach Bedarf der Staatsverwaltung zugelassen. Außerdem können aber Diplomingenieure lediglich zur Ausbildung, und um ihnen die Ablegung der Staatsprüfung zu ermöglichen, angenommen werden. Hierbei wird der von den Technischen Hochschulen in Braunschweig oder Darmstadt erteilte Grad eines Diplomingenieurs in gleicher Weise anerkannt wie der von einer preußischen Hochschule. Ausbildung und Staatsprüfung unterscheiden sich nach den Fachrichtungen des Hochbaues, des Wasser- und Straßenbaues, des Eisenbahnbaues und des Maschinenbaues. Die Diplomingenieure haben sich spätestens 6 Monate nach bestandener Prüfung beim Minister der öffentlichen Arbeiten zur staatlichen Ausbildung zu melden. Der Meldung ist unter anderem auch der amtlich beglaubigte Nachweis beizufügen, daß für die Dauer von vier Jahren die zum standesgemäßen Unterhalt erforderlichen Mittel gesichert sind. Wer zur Ausbildung zugelassen ist, hat sich innerhalb vier Wochen bei dem Chef der Provinzialbehörde zu melden, in deren Bezirk er sich ausbilden lassen will.

INGENIEURE

Nach der Vereidigung und Überweisung an einen staatlichen Baubeamten erhält der Diplomingenieur den Titel eines Königlichen Regierungsbauführers, den er bis zum Ausscheiden aus der staatlichen Ausbildung führen darf. Die Ausbildung der Regierungsbauführer des Hoch-, des Wasser- und Straßen- und des Eisenbahnbaufaches dauert mindestens drei Jahre, die der Regierungsbauführer des Maschinenbaufaches mindestens zwei Jahre und drei Monate. — Den Bauführern des Hochbaues kann während des ersten Jahres zum Teil auch die Beschäftigung bei einem Kommunalbaubeamten oder Privatarchitekten gestattet und, wenn sie unentgeltlich war, bis zu sechs Monaten angerechnet werden. Ferner kann Bauführern des Hochbaues oder des Wasser- und Straßenbaues, die vor dem Beginne des Studiums oder nachher bis zur Vorprüfung während der Sommerferien auf der Baustelle unentgeltlich tätig gewesen sind und sich hierbei mit den gebräuchlichsten Baukonstruktionen vertraut gemacht haben, diese Tätigkeit bis zu drei Monaten auf das erste Jahr angerechnet werden; unter denselben Voraussetzungen kann bei Bauführern des Eisenbahnbaues eine Anrechnung der Ferienbeschäftigung bis zu acht Wochen auf den zweiten Ausbildungsabschnitt (Leitung von Bauausführungen) erfolgen. Endlich können Wünsche der Bauführer auf Beschäftigung bei einem bestimmten Baubeamten oder einem Architekten oder Ingenieur für die Zeit oder wenigstens einen Teil der Zeit, in welcher sie bei der Ausführung von Bauten oder bei dem Entwerfen und der Ausführung von Maschinen und Maschinenanlagen beschäftigt sein müssen, Berücksichtigung finden. Insbesondere wird Bauführern des Hochbaues, denen der Besuch eines Meisterateliers für Architektur bei der Akademie der Künste in Berlin gestattet ist, diese Tätigkeit bis zu zwölf Monaten angerechnet, der Eintritt in das Meisteratelier darf aber erst nach sechsmonatiger Beschäftigung bei der Vorbereitung von Bauten und darauf folgender zwölfmonatiger Beschäftigung bei der Leitung von Bauten erfolgen. Die Zeit des einjährig-freiwilligen Dienstes wird auf die Ausbildungszeit nicht angerechnet, ebensowenig eine Beschäftigung, die zwar dem Bauführer vom Minister gestattet ist, die aber nicht unter die vorgeschriebene Ausbildung fällt. Eine Besoldung der Bauführer kann nur während der Beschäftigung bei Ausführung von Bauten oder bei dem Entwerfen und der Ausführung von Maschinen und Maschinenanlagen nach Maßgabe der vorhandenen Fonds stattfinden. Nach Beendigung der Ausbildung hat der Bauführer die Zulassung zur Staatsprüfung bei dem vorgesetzten Chef zu beantragen, und zwar soll dies spätestens binnen vier, bei Bauführern des Maschinenbaufaches spätestens binnen drei Jahren nach dem Dienstantritt geschehen; bei Ableistung der Militärpflicht während der Ausbildungszeit wird die Meldefrist um ein Jahr verlängert. Die Prüfung wird vor dem Technischen Oberprüfungsamte zu Berlin, Leipziger Str. 125, in der Zeit vom 1. Oktober bis zum 1. Juli abgelegt; die jeweilige Zusammensetzung des Amtes ist aus dem 2. Bande des Berliner Adreßbuches zu ersehen. Die Prüfung umfaßt eine häusliche Probearbeit, Klausurarbeiten und eine mündliche Prüfung. Die häusliche Arbeit ist im Hochbaufach binnen sechs Monaten, in den anderen Fachrichtungen binnen vier Monaten abzuliefern; diese Frist kann von dem Präsidenten des Oberprüfungsamtes aus erheblichen Gründen verlängert werden. Genügt die Arbeit, so hat sich der Bauführer binnen drei Monaten (sofern ihm nicht aus erheblichen Gründen die Frist verlängert ist) zur weiteren Prüfung zu melden. Andernfalls kann ihm auf einen binnen drei Monaten nach Verkündigung des Ausfalls zu stellenden Antrag eine neue Aufgabe erteilt werden. Die Klausur dauert drei, die mündliche Prüfung zwei Tage; über die Ansprüche dabei ist Näheres aus den Ausbildungsvorschriften ersichtlich. Ist die Prüfung nicht bestanden, so können die Klausurarbeiten und die mündliche Prüfung nur einmal, und nicht vor drei Monaten, wiederholt werden. Die Meldung zur Wiederholung muß spätestens ein Jahr nach Bekanntgabe des Resultates erfolgen. — Nach bestandener Prüfung werden die Anwärter für den Staatsdienst zu Regierungsbaumeistern ernannt. Die anderen Regierungsbauführer können ebenfalls zu Regierungsbaumeistern ernannt werden, haben aber nach ihrem Ausscheiden aus dem Staatsdienste den Titel „Regierungsbaumeister a. D." zu führen. Die nicht zu Regierungsbaumeistern ernannten Bauführer dürfen sich „staatlich geprüfte Baumeister" nennen. Die Regierungsbaumeister werden, soweit sich dazu Gelegenheit findet, gegen Entgelt beschäftigt; ein Anspruch auf dauernde entgeltliche Beschäftigung steht ihnen aber nicht zu. Zur Übernahme einer ihnen nicht vom Minister der öffentlichen Arbeiten angewiesenen Beschäftigung bedürfen sie eines Urlaubs. Die außeretatsmäßige Anstellung erfolgt zunächst auf Widerruf, kann aber nach Vollendung einer fünfjährigen Staatsdienstzeit in eine unwiderrufliche umgewandelt werden. Die etatsmäßige Anstellung hängt von dem Vorhandensein freier Stellen und von der Tüchtigkeit und der Führung ab. Regierungsbaumeister können in die Stellen von Regierungs- und Bauräten u. ä. aufrücken. Das Gehalt beträgt 3000 bis 7200 M neben dem Wohnungsgeld. — Diplomingenieure des Schiff- und Schiffsmaschinenfachs, die als Baueleven für die Laufbahn der höheren Marinebaubeamten angenommen und ausgebildet sind (worüber Näheres in den auf S. 291 genannten Vorschriften für die Laufbahn der höheren Marinebaubeamten enthalten ist), können, sei es mit Anwartschaft auf Anstellung im Marinedienste, sei es ohne Anwartschaft, zur Ausbildung und Ablegung der zweiten Hauptprüfung zugelassen werden. Sie müssen die Befähigung zum Leutnant zur See der Reserve haben. Als Anwärter für den Marinebaudienst werden aber nur solche Diplomingenieure angenommen, die für die Diplomhauptprüfung je nach ihrer Fachrichtung eine Aufgabe aus dem Gebiete des Kriegsschiffbaues oder des Kriegsschiffsmaschinenbaues gelöst haben. Anträge sind an den Staatssekretär des Reichsmarineamtes, Berlin, Leipziger Platz 13, zu richten. Im Falle der Zulassung erfolgt die Ernennung zum Marinebauführer des Schiffbaufaches oder des Maschinenbaufaches. Die praktische Ausbildung der Marinebauführer dauert 24 Monate. Nach Maßgabe der Etatsmittel und der Befähigung können ihnen fortlaufende Remunerationen bewilligt werden. Nähert sich die Ausbildung ihrem Ende, wird vom Staatssekretär über die Zulassung zur zweiten Hauptprüfung Bestimmung getroffen. Die Prüfung wird vor einer bei dem Reichsmarineamt in Berlin zusammentretenden Prüfungsbehörde abgelegt. Sie besteht in Anfertigung von Klausurarbeiten an drei Tagen, und zwar spätestens vierzehn Tage vor Beendigung der Ausbildung, Ausführung einer häuslichen Probearbeit und Ablegung eines mündlichen Examens. Die häusliche Arbeit ist binnen sechs Monaten abzuliefern. Eine Verlängerung der Frist kann außer dem Falle von Erkrankung nur ausnahmsweise bei triftigen Gründen vom Staatssekretär des Reichsmarineamts bewilligt werden. Fällt die Arbeit ungenügend aus, so ist sie zu vervollständigen, oder es wird eine neue Aufgabe gestellt. Eine Wiederholung der Prüfung ist nur einmal möglich; das Gesuch dazu muß spätestens ein Jahr nach Beendigung der mißlungenen Prüfung gestellt werden. Nach bestandener Prüfung werden die Marinebauführer, welche in den Dienst der Kaiserlichen Marine treten wollen, und welche Reserveoffiziere des Seeoffizierkorps sind, zu Marine-Schiffbaumeistern oder Marine-Maschinenbaumeistern ernannt. Sie werden zunächst über den Etat gegen Remuneration beschäftigt und, sobald es der Etat gestattet, etatsmäßig angestellt. Das Gehalt beträgt 3000 bis 7200 M neben Stellenzulagen und Wohnungsgeld. Marinebauführer, die nicht in den Dienst der Kaiserlichen Marine treten, haben das Recht, sich als „staatlich geprüfte Baumeister des Schiffbaufaches oder des Schiffsmaschinenbaufaches“ zu bezeichnen.

Promotion. Diplomingenieure, die im Besitze des Reifezeugnisses einer deutschen neunstufigen höheren Schule oder eines als gleichwertig anerkannten Zeugnisses sind, können zum Doktor-Ingenieur (Dr.-Ing.) promoviert werden. Näheres darüber siehe S. 116.

Besondere Einrichtungen

Institute und Sammlungen siehe S. 113.

Spezialbibliotheken

1. Bibliothek der Technischen Hochschule, Charlottenburg, Berliner Str. 171-172. — Für nicht unmittelbar

INGENIEURE

Berechtigte erteilt der Rektor die Erlaubnis zur Benutzung.

2. Bibliothek des Reichseisenbahnamtes, Linkstr. 44. — Das Publikum bedarf zur Benutzung der besonderen Genehmigung des Vorstehers des Zentralbureaus.
3. Bibliothek des Architektenvereins zu Berlin, Wilhelmstraße 92-93. — Nichtmitglieder bedürfen zur Entleihung der Bürgschaft eines Mitgliedes des Vereinsvorstandes oder des Bibliotheksausschusses.

Weitere Bibliotheken siehe S. 196f.

Stiftungen und Stipendien. Siehe das von der Technischen Hochschule herausgegebene Verzeichnis. — Zu erwähnen ist ferner, daß Bauführer des Hochbaues, des Wasser- und Straßenbaues, des Eisenbahnbaues und des Maschinenbaues, die im Laufe eines Jahres die Staatsprüfung am besten bestanden haben, zur Verleihung von Staatspreisen zu einer Studienreise empfohlen werden können. Ebenso können Studierende und Bauführer des Schiff- und Schiffsmaschinenbaues, die die erste oder zweite Hauptprüfung am besten bestanden haben, für die Verleihung von Reiseprämien vorgeschlagen werden.

JURISTEN

Ratschläge für die Einrichtung des Rechtsstudiums, hrsg. v. der Juristenfakultät der Friedrich-Wilhelms-Universität Berlin. — Tietze, Der Lehrbetrieb der juristischen Fakultät, in: Lexis, Die Universitäten im Deutschen Reich, 1904, S. 102 ff. — Daude-Wolff, Die Ordnung des Rechtsstudiums und der ersten juristischen Prüfung im Königreich Preußen, 3. Aufl., 1908. — Die Vorschriften über die Ausbildung der Juristen in Preußen, 4. Aufl., Berlin, Vahlen, 1908. — Posener, Der junge Jurist, 2. Aufl., 1909. — v. Amira, Wie studiert man Rechtswissenschaft? Ein Vortrag vor der Münchener Freistudentenschaft, 1909. — Bornhak, Nebenstudien der Juristen, in: Berliner Akademische Wochenschrift, Jg. 1, S. 109 f. — von Schwerin, Die Befähigung zum höheren Verwaltungsdienst, 1908. — Violets Berufswahlführer. Der Jurist, eine Übersicht über sämtliche auf Grund des juristischen Studiums ergreifbaren Berufe innerhalb und außerhalb des Staatsdienstes, 1907. — Hoeniger, Wegweiser durch das juristische Berlin, 3. Aufl., Berlin 1906. — Allgemeine Zeitschriften (mit Angabe der Standnummern der Königlichen Bibliothek): Deutsche Juristen-zeitung, Berlin, Fi 9817. — Juristisches Literaturblatt, Berlin, Fk 350. — Das Recht. Hannover u. Leipzig, Fi 9820. — Preußischer Terminkalender, Berlin (jährl.), Gr. 1763.

Dauer des Studiums. Das juristische Studium hat wenigstens 6 Semester zu umfassen; davon müssen mindestens 3 an einer reichsdeutschen Universität zugebracht sein. Die übrigen 3 können dem Studium an einer ausländischen Universität gewidmet werden. Jedoch steht die Entscheidung über die Anrechnung dem Vorsitzenden der zuständigen Prüfungskommission zu. Die Aussicht auf Anrechnung erhöht sich in dem Maße, wie die ausländischen Universitäten Gelegenheit bieten, die in den deutschen juristischen Studienplänen vorgesehenen Vorlesungen und Übungen zu hören. — Wird das militärische Dienstjahr in die Studienzeit verlegt, ist diese in der Regel um 2 Semester zu verlängern, da nach einem Ministerialerlaß vom 18. Januar 1897 die Zeit des Einjährig-Freiwilligen-Dienstes nur ganz ausnahmsweise auf die Studienzeit angerechnet werden kann.

Einrichtung des Studiums. Die Berliner Juristenfakultät gibt den Studierenden bei der Immatrikulation gedruckte Ratschläge in die Hand, wie das Studium am zweckmäßigsten einzurichten sei. Diese Vorschläge laufen in der Hauptsache darauf hinaus, daß der Student während der ersten Hälfte seiner Studienzeit vor allem die privatrechtlichen Disziplinen (Römisches Recht, Älteres Deutsches Recht, Bürgerliches Gesetzbuch) pflegen soll, während die zweite Hälfte am besten auf den weiteren Ausbau der erworbenen privatrechtlichen Kenntnisse und auf das Studium des öffentlichen Rechtes verwendet wird. Das Studium des materiellen Rechts hat dem Studium des Prozeßrechts, der Besuch der systematischen Vorlesungen der Teilnahme an den Übungen voranzugehen.

JURISTEN

Lateinische und griechische Kurse. Um den Abiturienten mit realistischer Vorbildung Gelegenheit zu geben, sich die mangelnde, für die Quellenlektüre aber notwendige Kenntnis der alten Sprachen nachträglich zu verschaffen, sind besondere Kurse eingerichtet, und zwar zwei einsemestrige Kurse zur sprachlichen Einführung in die Quellen des Römischen Rechts und ein einsemestriger Anfängerkursus im Griechischen. Der Besuch dieser Kurse wird nachdrücklich empfohlen. Diese Empfehlung gilt auch, was die lateinischen Kurse anlangt, für solche Gymnasialabiturienten, die im Lateinischen nicht mindestens das Prädikat „genügend" haben. Ratsam ist es, die Kurse innerhalb der drei ersten Semester zu hören, den griechischen Kursus vor dem zweiten Kursus zur Einführung in die Quellen. Oberrealschulabiturienten können an den Quellenkursen nur teilnehmen, wenn sie sich über lateinische Kenntnisse ausweisen, die etwa der Reife für die Prima eines Realgymnasiums entsprechen.

Eisenbahnwissenschaftliche Vorlesungen. Juristen, welche sich später dem Staatseisenbahndienste widmen wollen, wird dringend empfohlen, sich auch mit der Volkswirtschaftslehre, Finanzwissenschaft, sozialpolitischen Gesetzgebung und chemischen Technologie eingehend bekannt zu machen und womöglich an seminaristischen Übungen in diesen Wissensgebieten teilzunehmen. In Berlin ist Gelegenheit, besondere eisenbahnwissenschaftliche Vorlesungen zu hören, die vom Ministerium der öffentlichen Arbeiten veranstaltet und im Universitätsgebäude abgehalten werden. Sie erstrecken sich im Wintersemester auf Nationalökonomie der Eisenbahnen, Verwaltung der preußischen Staatsbahnen und chemische Technologie, im Sommersemester auf den Betrieb der Eisenbahnen, Preußisches Eisenbahnrecht und Gütertarifwesen der deutschen Eisenbahnen.

Staatswissenschaftliche Studien. Juristen, die sich dem höheren Verwaltungsdienst widmen wollen, haben zu beachten, daß bei der Annahme von Regierungsreferendaren solche Bewerber bevorzugt werden, die durch Vorlegung von Zeugnissen und Arbeiten den Nachweis führen, daß sie, und zwar nicht nur in den letzten Universitätssemestern, durch Beteiligung an Seminarien oder seminaristischen Übungen das Studium des Staats- und Verwaltungsrechts sowie der Volks- und Staatswirtschaftslehre erfolgreich betrieben haben.

Dekanatsprüfungen aus Fächern des laufenden Semesters sollen im Wintersemester nicht vor Ende Januar, im Sommersemester nicht vor Ende Juni gehalten werden. Bei einem sogenannten Doppelkolleg (insbesondere Bürgerliches Recht, allgemeiner Teil und Schuldverhältnisse) kann jedoch im Winter die Prüfung schon kurz vor Weihnachten stattfinden. Die Prüfung kann auch von einem außerordentlichen Professor abgenommen werden. Meldungen sind auf Formularen, die beim Dekan erhältlich sind, einzureichen.

Staatsprüfungen. Die erste Prüfung wird bei einem der Oberlandesgerichte in Berlin, Breslau, Celle, Hamm, Kassel, Kiel, Köln, Königsberg, Naumburg, Stettin abgelegt, und zwar ist die Prüfung abzulegen entweder: a) bei derjenigen Prüfungskommission, in deren Bezirke die Beschäftigung des Rechtskandidaten als Referendar in Aussicht genommen ist, oder nach Wahl des Rechtskandidaten b) bei derjenigen Prüfungskommission, in deren Bezirke die Universität belegen ist, an welcher der Rechtskandidat das letzte und mindestens ein früheres Studienhalbjahr zugebracht hat. Die Zulassung von Rechtskandidaten aus dem letzteren Gesichtspunkt erleidet eine Einschränkung, wenn eine Überlastung der Prüfungskommission oder eine Verzögerung ihres Geschäftsganges zu befürchten ist. — Reichsangehörige, die die preußische Staatsangehörigkeit nicht besitzen, werden nur ausnahmsweise aus besonderen Gründen zugelassen. — Die Beschäftigung als Referendar ist nach einer Verfügung vom 6. Februar 1899 in erster Linie in dem Oberlandesgerichtsbezirk in Aussicht genommen, welchem der Kandidat durch Abstammung angehört. Zum Vorbereitungsdienst in Preußen dürfen auch solche Rechtskandidaten preußischer Staatsangehörigkeit zugelassen werden, die während des letzten und mindestens eines früheren Semesters dem Rechtsstudium an der Universität Straßburg obgelegen und vor der Prüfungskommission in Straßburg die erste juristische Prüfung bestanden haben. Dasselbe gilt für die, welche während des letzten und mindestens eines früheren Semesters dem Rechtsstudium an der Universität Jena obgelegen und vor der Prüfungskommission bei dem Gemeinschaftlichen Thüringischen Oberlandesgericht in Jena die Prüfung bestanden haben. — Sitz der Kommission für den Kammergerichtsbezirk Berlin, Markgrafenstr. 10. Den Vorsitz führt ein Senatspräsident, die Mitglieder sind Kammergerichtsräte und Professoren der Universität. Geprüft wird während des ganzen Jahres mit Ausnahme der Gerichtsferien. Die Prüfungsgebühr beträgt 75 M.

Als zweite Prüfung ist, je nach dem der Referendar in die Justiz oder in die Verwaltung übergeht, die große Staatsprüfung für den Justizdienst oder die für höhere Verwaltungsbeamte abzulegen. Jeder dieser Prüfungen muß eine Vorbereitung von 4 Jahren vorhergehen. Die Vorbereitung für die zuerst genannte erfolgt beim Amts- und Landgericht, bei der Staats- und Rechtsanwaltschaft und beim Oberlandesgericht, die Vorbereitung für die andere zunächst ebenfalls bei den Gerichtsbehörden, dann nach Ernennung des Gerichtsreferendars zum Regierungsreferendar bei den Verwaltungsbehörden des Staates und der Selbstverwaltung. Beide Prüfungen werden in Berlin, jene vor der Justizprüfungskommission, Wilhelmstr. 65, diese vor der Prüfungskommission für höhere Verwaltungsbeamte, Unter den Linden 72-73, abgelegt. Die jeweilige Zusammensetzung der Kommissionen ist aus dem 2. Bande des Berliner Adreßbuches ersichtlich. Die Prüfungsgebühr beträgt 60 M.

Promotion. Zur Promotion an der Berliner Universität ist der Nachweis des akademischen Trienniums durch Vorlegung der Abgangszeugnisse von deutschen oder nach deutscher Art eingerichteten Universitäten erforderlich. Die Studienzeit, die vor Erlangung des Reifezeugnisses liegt, wird auf das Triennium nicht angerechnet. Verlangt wird ferner die Einreichung einer wissenschaftlichen Abhandlung, die schriftliche Interpretation je eines Textes aus dem römischen, deutschen und kanonischen Recht (jedoch dispensiert die Fakultät je nach dem Ergebnis der Abhandlung von der Interpretation eines oder mehrerer Texte), das Bestehen einer mündlichen Prüfung, eine öffentliche Disputation über die gedruckte Dissertation und die derselben angehängten Thesen. Die Dissertation muß gedruckt und vor dem Promotionsakt eingereicht werden. Die Gebühren betragen 355 M, wovon 170 bei der Meldung, 185 M vor dem Promotionsakt zu entrichten sind. Gesammelte Promotionsordnungen der verschiedenen Universitäten sind in mehreren Ausgaben im Buchhandel erschienen.

Berufswahl. Die meisten Studenten der Jurisprudenz haben die Absicht, nach der Absolvierung des Studiums in öffentliche Dienste zu treten. (Staats-, Gemeindedienst, Anwaltspraxis.) Neben diesen Berufsjuristen gibt es auch Studierende, welche die auf der Universität erworbenen Kenntnisse in privaten Diensten verwerten wollen als Bankbeamte, Versicherungsbeamte, Berater in kaufmännischen, industriellen oder landwirtschaftlichen Betrieben usw. Näheres über die verschiedenen Berufe ist enthalten in Violets Berufswahlführer, „Der Jurist", Stuttgart 1907, und Dreger, Die Berufswahl im Staatsdienste, 10. Aufl., Dresden 1910. Vergl. auch Krueger, Der Beruf des praktischen Volkswirts, Leipzig, Duncker & Humblot 1907.

Besondere Einrichtungen

a) Seminare

1. Juristisches Seminar, mit Abteilungen für Römisches, Kanonisches und Strafrecht, s. S. 45.
2. Seminar für Deutsches Recht s. S. 46. — Die Zulassung zu den Übungen geschieht bei beiden auf persönliche Meldung bei ihren Leitern.
3. Kriminalistisches Seminar (Charlottenburg, Kantstr. 30). — Zutritt nur gegen Einlaßkarte, die der Assistent ausgibt; vergl. S. 47.

4. Staatswissenschaftlich-Statistisches Seminar (Dorotheenstraße 95-96). Vgl. S. 94.

b) Fortbildungskurse

1. Vereinigung für staatswissenschaftliche Fortbildung (Behrenstr. 70). — Näheres siehe S. 182.
2. Fachschule des Vereins der Bankbeamten in Berlin (Geschäftsstelle: Französische Str. 57-58). — Vorlesungen und Unterrichtskurse über Bank- und Handelswesen, Volkswirtschaftslehre, Sprachen, von Oktober—Dezember und Januar—März.

   Banktechnisches Seminar (Charlottenburg, Goethestr. 69, Redaktion des „Plutus“). — Die Kurse bilden eine praktische Ergänzung zu den Universitätsvorlesungen über praktische Nationalökonomie, Bankpolitik, Handels- und Wechselrecht. Die Teilnehmer sollen ihre nationalökonomischen Studien beendet oder das erste juristische Examen bestanden haben. Honorar für jeden Quartalskursus 40 M.
4. Gewerbliche Vorträge der Handelshochschule. Näheres in ihrem Vorlesungsverzeichnis.

c) Spezialbibliotheken

Vgl. Berliner Bibliothekenführer, herausgegeben von Schwenke & Hortzschansky, Berlin 1906. — Hoeniger, Wegweiser durch das juristische Berlin, 3. Aufl., Berlin 1906.

1. Handbibliothek des Juristischen Seminars (Neues Aulagebäude). — Zur Benutzung berechtigt sind nur solche Studierende der Rechtswissenschaft, die in dem Benutzungssemester eine Seminarübung oder eine andere mit schriftlichen Arbeiten verbundene Übungsvorlesung belegt haben. Ausgenommen sind strafrechtliche und strafprozeßrechtliche Übungen. Eintrittskarte 5 M.
2. Bibliothek des Kriminalistischen Seminars (Charlottenburg, Kantstr. 30). — Zugänglich solchen, die sich mit strafrechtlicher Literatur befassen. Einlaßkarten gibt der Assistent aus. Geöffnet werktäglich 9—8 Uhr.

3. Bibliothek des Hauses der Abgeordneten (Prinz-Albrecht-Str. 5). — Zur Benutzung im Lesesaal zugelassen ist mit Erlaubnis des Direktors auch ein weiteres Publikum, namentlich die im Examen stehenden Referendare. Geöffnet während der Session bis 8 Uhr abends oder noch länger, Sonntags 10-1 Uhr, außerhalb der Session werktäglich 9-3.
4. Bibliothek des Herrenhauses (Leipziger Str. 34). — Zur Benutzung berechtigt sind auch Examinanden im Verwaltungsexamen und von Mitgliedern des Hauses empfohlene Personen. Geöffnet werktäglich 9-3.
5. Bibliothek des Kaiserlich Statistischen Amts (Lützowufer 8). — Benutzung von Werken, die in anderen Berliner Bibliotheken nicht erhältlich sind, nur ausnahmsweise mit Genehmigung des Präsidenten.
6. Bibliothek des Reichsjustizamts (Voßstr. 4). — Weiteren Kreisen nur zugänglich nach Genehmigung eines an den Staatssekretär des Reichsjustizamts zu richtenden schriftlichen Gesuches.
7. Bibliothek des Reichsmilitärgerichts (Charlottenburg, Witzlebenstr. 4-10). — Zur Benutzung ist die Genehmigung des Bibliotheksvorstandes erforderlich.
8. Bibliothek des Finanzministeriums (Hinter dem Gießhause 2). — Ausnahmsweise wird auch auf schriftlichen Antrag an den Minister den mit Prüfungsarbeiten beschäftigten Referendaren die Benutzung gestattet.
9. Bibliothek des Ministeriums der geistlichen usw. Angelegenheiten (Unter den Linden 4). — Benutzung solchen erlaubt, die dem Bibliothekar persönlich bekannt sind; anderen nur mit Genehmigung des Ministers.
10. Bibliothek des Ministeriums für Handel und Gewerbe (Leipziger Str. 2). — Die Benutzung kann auch fremden Personen durch das Ministerium gestattet werden.
11. Bibliothek des Ministeriums des Innern (Unter den Linden 72-73). — Benutzung wie unter 10.
12. Bibliothek des Justizministeriums (Wilhelmstr. 65). — Referendaren Benutzung gestattet. Geöffnet werktäglich 9½-2½.

JURISTEN

13. Bibliothek des Oberverwaltungsgerichts (Charlottenburg, Hardenbergstr. 31). — Einsicht der Werke an Ort und Stelle mit Erlaubnis des Zentralbureauvorstehers. Geöffnet werktäglich 9-3.

14. Bibliothek des Kammergerichts (Lindenstr. 14). — Benutzung des großen Lesesaals für Referendare und Rechtskandidaten 9-2, 15. Juli bis 15. September 9-12.

15. Bibliotheken des Landgerichts I (Grunerstraße) und des Landgerichts II (Hallesches Ufer 29-31). — Die Erlaubnis zur Benutzung für nicht unmittelbar Berechtigte erteilen die Präsidenten.

16. Bibliothek des Oberlandeskulturgerichts (Unterwasserstraße 5). — Wie unter 15.

17. Bibliothek der Handelskammer (Dorotheenstr. 7-8). — Im Lesesaal ist die Benutzung weiteren Kreisen gestattet. Geöffnet werktäglich 9-3.

18. Bibliothek des Magistrats (Rathaus). — Benutzung im Lesesaal ohne weiteres gestattet, zur Entleihung bedarf es der Erlaubnis des Bibliothekars. Geöffnet werktäglich 9-3.

19. Magistratsbücherei der Stadt Charlottenburg (Charlottenburg, Berliner Str. 72-73). — Zur Benutzung ist die Erlaubnis des Dezernenten erforderlich.

20. Bibliothek der Korporation der Kaufmannschaft (Wolfgangstr. 1). — Benutzung gegen Bürgschaftskarte eines Korporationsmitgliedes; bei wissenschaftlich Arbeitenden wird meist von einer Bürgschaftsleistung abgesehen. Geöffnet werktäglich 9-3, 6-10.

21. Bibliothek des Internationalen Instituts für Sozialbibliographie (Spichernstr. 17). — In Ausnahmefällen erteilt ein Vorstandsmitglied die Erlaubnis zur Benutzung.

22. Die Bibliothek der Internationalen Vereinigung für vergleichende Rechtswissenschaft und Volkswirtschaftslehre (Herrenhaus, Leipziger Str. 3). — Die Benutzung ist nur Mitgliedern gestattet..

JURISTEN

23. Die Bibliothek der Juristischen Gesellschaft. (In den Räumen des Landgerichts I, Grunerstraße.) — Benutzung wie unter 22.

KLASSISCHE PHILOLOGEN

S. Oberlehrer

KONSULN

König, Handbuch des deutschen Konsularwesens, Bd. 1, Berlin 1909, S. 92 ff.

Zu Berufskonsuln können nur Reichsangehörige ernannt werden. Sie müssen entweder das Referendarexamen bestanden haben, drei Jahre im inneren Dienste oder der Rechtsanwaltschaft und zwei Jahre im Konsulatsdienste tätig gewesen sein, oder sie müssen die besondere Prüfung für Berufskonsuln bestanden haben. Für Kandidaten der zweiten Kategorie ist eine besondere Art der Vorbildung nicht vorgeschrieben. Sie haben die Meldung zur Prüfung an das Auswärtige Amt zu richten und einen eigenhändig geschriebenen, deutsch und französisch oder englisch verfaßten Lebenslauf beizulegen. Die schriftliche Prüfung besteht aus zwei Arbeiten, einer wissenschaftlichen in deutscher, einer aus dem Gebiete des Konsularwesens in französischer oder englischer Sprache. Im mündlichen Examen werden Sprachen, Konsularwesen, Geschichte, Geographie und Statistik, Volkswirtschaftslehre und Handelswissenschaft, von juristischen Disziplinen Prozeß-, Zivil- und Strafrecht, Handels- und Wechselrecht, Staats- und Völkerrecht geprüft. — Nach der bestehenden Praxis werden für den Konsulatsdienst hauptsächlich solche Bewerber berücksichtigt, welche die für Richter oder höhere Verwaltungsbeamte vorgeschriebenen Prüfungen bestanden haben.

KÜNSTLER

S. unter Königl. Akademie der Künste S. 146ff.

LANDMESSER u. LANDWIRTE

S. unter Landw. Hochschule, S. 120.

MATHEMATIKER

S. Oberlehrer

MEDIZINER

S. Ärzte und Sanitätsoffiziere

NAHRUNGSMITTELCHEMIKER

Sammlung der Bestimmungen über die Prüfung der Nahrungsmittelchemiker für das Deutsche Reich. Berlin, Springer, 1898.

Wer den Ausweis für geprüfte Nahrungsmittelchemiker erwerben will, muß sechs Semester studieren und zwei Prüfungen, die Vor- und Hauptprüfung, ablegen. — Zur Vorprüfung sind erforderlich: a) das Reifezeugnis einer deutschen neunstufigen höheren Schule, an dessen Stelle ausnahmsweise auch ein außerdeutsches Zeugnis gleicher Art für ausreichend erachtet werden kann, b) der Nachweis eines naturwissenschaftlichen Studiums von sechs Halbjahren an deutschen Universitäten oder technischen Hochschulen, worauf aber ausnahmsweise das Studium an einer außerdeutschen Hochschule oder die einem anderen Studium gewidmete Zeit angerechnet werden kann, c) der Nachweis, daß der Studierende mindestens fünf Halbjahre in chemischen Laboratorien der unter b) bezeichneten Anstalten gearbeitet hat. — Die Vorprüfung kann nur bei der Prüfungskommission der Hochschule abgelegt werden, wo der Studierende eingeschrieben ist oder zuletzt eingeschrieben war. Der Kommission gehören ein oder zwei Lehrer der Chemie und je ein Lehrer der Botanik und Physik an. Die Prüfung kann schon in den letzten sechs Wochen des sechsten Semesters stattfinden; Gesuche, die später als vier Wochen vor dem Schluß eingehen, haben keinen Anspruch auf Berücksichtigung im laufenden Semester. Die Prüfung ist mündlich und umfaßt anorganische Chemie und Mineralogie, organische und analytische Chemie, Botanik, Physik.

Wer in Chemie oder Botanik die Lehrbefähigung für alle Klassen oder in Physik die für die mittleren Klassen erworben hat, wird darin nicht geprüft. Ist die Prüfung in Chemie und in einem zweiten Fache nicht bestanden, muß sie in allen Gegenständen wiederholt werden; andernfalls beschränkt sich die Wiederholung auf die nicht bestandenen Fächer. Im ersten Fall kann die Kommission gewechselt werden, im zweiten nicht. Die Prüfungsgebühren betragen 30 M, für Lehramtskandidaten mit Unterrichtsbefähigung in Chemie, Botanik oder Physik 20 M; die gleichen Sätze gelten, je nach dem die Prüfung ganz oder teilweise wiederholt wird. — Von der Vorprüfung sind befreit Apotheker, welche die pharmazeutische Vorprüfung mit dem Prädikat „sehr gut" bestanden haben (Näheres darüber siehe S. 276), Lehramtskandidaten, welche die Unterrichtsbefähigung in Chemie und Botanik für alle Klassen und in Physik für die mittleren Klassen erworben haben, sofern sie mindestens fünf Halbjahre in chemischen Laboratorien an Universitäten oder technischen Hochschulen gearbeitet haben, Diplomingenieure, die die Prüfung für Chemiker an einer technischen Hochschule abgelegt haben. — Zur Ablegung der Hauptprüfung bedarf es des Nachweises, daß der Prüfling vor oder nach der Vorprüfung an einer Universität oder technischen Hochschule mindestens ein Halbjahr an Mikroskopierübungen teilgenommen und nach bestandener Vorprüfung mindestens drei Halbjahre mit Erfolg an einer anerkannten Anstalt zur technischen Untersuchung von Nahrungs- und Genußmitteln tätig gewesen ist. Wer nach der Vorprüfung ein halbes Jahr an einer Universität oder Technischen Hochschule dem naturwissenschaftlichen Studium, verbunden mit praktischer Laboratoriumstätigkeit, gewidmet hat, bedarf nur für zwei Halbjahre des Nachweises über die praktische Tätigkeit Ein Verzeichnis der Anstalten, wo die praktische Tätigkeit zurückgelegt werden kann, ist abgedruckt im Ministerialblatt für Medizinal- und medizinische Unterrichtsangelegenheiten 1909, S. 357 ff. und S. 474. Die Prüfung kann vor jeder Prüfungskommssion abgelegt werden. Die jeweilige Zusammensetzung der Berliner Kommission ist aus dem 2. Bande des Berliner Adreßbuchs ersichtlich. Gesuche um Zulassung sind bei dem Vorsitzenden bis zum 1. April einzureichen. Wer die Vorbereitungszeit erst mit dem 1. September beendigt, kann ausnahmsweise noch im laufenden Prüfungsjahre zur Prüfung zugelassen werden, sofern die Meldung vor dem 1. Oktober erfolgt. Die Prüfung beginnt mit dem technischen Abschnitt; nur wer diesen bestanden hat, wird zu dem wissenschaftlichen Abschnitt zugelassen. Zwischen beiden soll ein Zeitraum von höchstens drei Wochen liegen. Ist die Prüfung in einem Teile des technischen Abschnitts nicht bestanden, so findet eine Wiederholungsprüfung statt. Die Frist, vor deren Ablauf sie nicht erfolgen darf, beträgt mindestens drei Monate und höchstens ein Jahr. Hat der Kandidat die Prüfung in einem Fache des wissenschaftlichen Abschnitts nicht bestanden, so kann er nach Ablauf von sechs Wochen zu einer Nachprüfung zugelassen werden; besteht er auch diese nicht, so hat er die Prüfung in dem ganzen Abschnitt zu wiederholen. Dasselbe gilt, wenn der Kandidat die Prüfung in mehr als einem Fache dieses Abschnitts nicht bestanden hat. Die Wiederholung ist vor Ablauf von sechs Monaten nicht zulässig. Die Prüfung darf nur bei der Kommission fortgesetzt und wiederholt werden, bei der sie begonnen ist. Ausnahmen können aus besonderen Gründen gestattet werden. Die Gebühren betragen 180 M, für die Nachprüfung und die Wiederholung einzelner Teile sind sie je nach dem verschieden.

NATIONALÖKONOMEN

Lexis, Lehrgebiet und Lehrbetrieb der Staatswissenschaften, in: Lexis, Die Universitäten im Deutschen Reich, Berlin 1904. — v. Mayr, Begriff und Gliederung der Staatswissenschaften zur Einführung in deren Studium, Tübingen 1906. — Anleitung zum Studium der Staatswissenschaften, herausgegeben von der Staatswirtschaftlichen Fakultät der Universität München. — Zur Vorbildung der volkswirtschaftlichen Be-

amten, in: Berliner Akademische Wochenschrift, Jg. 1906-07, S. 67 f. — Wirtschaftliche Lage und Aussichten der ausübenden Volkswirte, Merkblatt des Deutschen Volkswirtschaftlichen Verbandes, Berlin. — Krueger, Der Beruf des praktischen Volkswirts, seine Entstehung und seine Lage, Leipzig, Duncker & Humblot, 1907. — Großmann, Das Studium der chemischen Nationalökonomie, in: Berliner Akademische Wochenschrift, Jg. 1906-07, S. 35 f. —

Zeitschriften (mit Angabe der Standnummer der Königl. Bibliothek): Zeitschrift für die gesamte Staatswissenschaft, Tübingen, F 414. — Staats- und sozialwissenschaftliche Forschungen, Leipzig, F 814. — Jahrbücher für Nationalökonomie und Statistik, Jena, Fe 566. — Der deutsche Ökonomist, Berlin, Fe 645. — Soziale Praxis, Leipzig, Fe 358.

Anforderungen und Verlauf des Studiums. Das Studium der Nationalökonomie gehört zu denen, die mit der Promotion, nicht mit einem Staatsexamen abgeschlossen werden. Die Promotion erfolgt an den meisten deutschen Universitäten zum Doctor philosophiae, in Freiburg i. B., München, Münster, Straßburg, Tübingen und Würzburg zum Doctor der Staatswissenschaften; Würzburg verleiht daneben noch aus dem Gebiete der Rechts- und Staatswissenschaften den Titel eines Doctor juris et rerum politicarum. Das Studium muß wenigstens sechs Semester, in München in der Regel acht Semester umfassen. Semester, die an technischen, land- oder forstwirtschaftlichen Hochschulen oder an Handelshochschulen zugebracht sind, können zum Teil angerechnet werden, jedoch entscheidet darüber die zuständige Fakultät. Als Schulzeugnis ist das Reifezeugnis eines Gymnasiums oder Realgymnasiums erforderlich, ein Teil der Universitäten erkennt auch das Reifezeugnis einer Oberrealschule als ausreichend an. Die Promotion ohne Reifezeugnis ist nur an einzelnen Universitäten bei hervorragenden wissenschaftlichen Leistungen ausnahmsweise noch möglich. — Das Studium soll sich in erster Linie auf die spezifisch nationalökonomischen Fächer (theoretische und praktische Nationalökonomie, Finanzwissenschaft, Statistik u. ä.) erstrecken, weiter aber auf Rechtsgeschichte, Bürgerliches Recht, Handels-, Wechsel- und Seerecht, Versicherungsrecht, Zivilprozeßrecht, Staats- und Verwaltungsrecht, Soziale Gesetzgebung usw.; außerdem empfiehlt es sich, Vorlesungen über Geschichte, insbesondere Verfassungs- und Kulturgeschichte, zu hören und sich mit Technologie und Wirtschaftsgeographie bekannt zu machen. Zu beachten sind hierbei auch die Bestimmungen der verschiedenen Promotionsordnungen, deren einige unter anderm eine Prüfung in der Philosophie verlangen. An das Studium schließt sich zweckmäßig eine Beschäftigung mit den eigentlichen Handelswissenschaften, wie Buchführung, Warenkunde, und eine praktische Ausbildung von ein bis zwei Jahren in industriellen oder landwirtschaftlichen Interessenvertretungen und Unternehmen. Einen besonderen Zweig der Nationalökonomie bildet die chemische Nationalökonomie, über die Näheres in dem obengenannten Aufsatze von Großmann zu finden ist. — Als Stellungen kommen für Nationalökonomen in Betracht: a) solche im Staats- und Kommunaldienst, namentlich bei statistischen Ämtern, b) in halbamtlichen Organisationen wie Handels-, Landwirtschafts- oder Handwerkskammern, c) in Berufsgenossenschaften, d) in gewerblichen Vereinigungen aller Art, wie Kartellen und Syndikaten, Arbeitgeberverbänden, Innungen, Erwerbs- und Wirtschaftsgenossenschaften, e) in landwirtschaftlichen Vereinigungen, f) bei Fachzeitschriften und großen Tagesblättern als Redakteur oder Bearbeiter des Handelsteils. Um in leitende Stellungen zu gelangen, sind Organisationstalent, Lust zur Initiative, schriftstellerische und rednerische Gewandtheit erforderlich.

Besondere Einrichtungen

Staatswissenschaftlich-Statistisches Seminar (mit Spezialbibliothek), Dorotheenstr. 95-96. (Näheres darüber s. S. 94.)

Spezialbibliotheken (außer der vorigen):

1. Bibliothek der Kgl. Landwirtschaftlichen Hochschule, Invalidenstr. 42. — Nicht unmittelbar Berechtigte be-

dürfen zum Entleihen der Bürgschaft eines Dozenten der Hochschule oder einer ähnlichen Persönlichkeit.

2. Bibliothek des Kaiserlichen Statistischen Amtes, Lützowufer 8. — Benutzung nur ausnahmsweise mit Genehmigung des Präsidenten gestattet zur Einsicht von Werken, die in anderen Berliner Bibliotheken nicht erhältlich sind.
3. Bibliothek des Reichsschatzamtes, Wilhelmsplatz 1. — Benutzung durch Privatpersonen nur in den Diensträumen ausnahmsweise nach eingeholter Erlaubnis gestattet.
4. Bibliothek des Reichseisenbahnamtes, Linkstr. 44. — Weitere Kreise bedürfen zur Benutzung der Genehmigung des Vorstehers des Zentralbureaus.
5. Bücherei des Reichspostamts, Mauerstr. 69-75. — Zur Ausleihung an Privatpersonen ist die Genehmigung des Vorstandes erforderlich.
6. Bibliothek des Oberlandeskulturgerichts, Unterwasserstraße 5. — Für weitere Kreise ist zur Benutzung die Genehmigung des Präsidenten erforderlich.
7. Bibliothek des Kgl. Statistischen Landesamtes, Lindenstr. 28. — Nicht unmittelbar Berechtigten kann der Direktor nach persönlicher Vorstellung eine Zulassungskarte erteilen.
8. Bibliothek des Statistischen Amtes der Stadt Berlin, Poststr. 16. — Weiteren Kreisen ist die Benutzung nur an Ort und Stelle mit Genehmigung des Direktors oder Bibliothekars gestattet.
9. Bibliothek des Deutschen Vereins für Versicherungswissenschaft, Prager Str. 26. — Nichtmitgliedern kann die Benutzung zu wissenschaftlichen Zwecken ausnahmsweise vom Generalsekretär gestattet werden.
10. Bibliothek der Technischen Hochschule, Charlottenburg, Berliner-Str. 171-172. — Nicht unmittelbar Berechtigten erteilt der Rektor die Erlaubnis.

Weitere Bibliotheken siehe auf S. 304-307.

Fortbildungskurse der Vereinigung für staatswissenschaftliche Fortbildung zu Berlin (Näheres siehe S. 182). Ähnliche

NATIONALÖKONOMEN

Kurse werden von der Kölner Vereinigung für rechts- und staatswissenschaftliche Fortbildung (Köln, Judengasse 3-5), der Gesellschaft für wirtschaftliche Ausbildung in Frankfurt a. M. (Jordanstr. 19) und der Süddeutschen Gesellschaft für staatswissenschaftliche Fortbildung in Mannheim (Handelskammergebäude) veranstaltet. Weitere Kurse siehe S. 304.

NEUPHILOLOGEN

S. Oberlehrer

OBERLEHRER

Allgemeine Literatur: Prüfungsordnung für das Lehramt an höheren Schulen in Preußen vom 12. September 1898. — Ordnung der praktischen Ausbildung der Lehramtskandidaten vom 15. März 1908. — Ordnung betreffend die Verhältnisse der anstellungsfähigen Kandidaten vom 15. Mai 1905. — Schroeder, Die Ordnung des Studiums für das höhere Lehramt in Deutschland, Leipzig 1908. — Münch, Ratschläge auf den Weg zur höheren Lehramtsprüfung, in: Berliner Akademische Wochenschrift, Jahrg. 1, 1906/07, S. 42 ff u. 49 ff. — Beier, Die höheren Schulen in Preußen und ihre Lehrer, Halle a. S. 1909. — Kunzes Kalender für das höhere Schulwesen Preußens. — Statistisches Jahrbuch der höheren Schulen und heilpädagogischen Anstalten Deutschlands, Luxemburgs und der Schweiz, Leipzig.

Zeitschriften (mit Angabe der Standnummer der Königlichen Bibliothek): Monatsschrift für höhere Schulen, Berlin, Nc 6509. — Zentralblatt für die gesamte Unterrichtsverwaltung in Preußen, Berlin, Nc 5116. — Pädagogische Vakanzenzeitung, Berlin.

Vorbildung. Zum ordnungsmäßigen Studium ist der Besitz des Reifezeugnisses eines deutschen Gymnasiums oder Realgymnasiums oder einer preußischen oder als völlig gleichstehend anerkannten außerpreußischen deutschen Oberrealschule erforderlich. Für Frauen reicht auch der Nachweis aus, daß sie nach erfolgreichem Besuche einer anerkannten höheren Mädchenschule und eines anerkannten höheren Lehrerinnenseminars die volle Lehrbefähigung für mittlere und höhere Mädchenschulen erlangt haben, und daß sie danach wenigstens zwei Jahre an höheren Mädchenschulen voll beschäftigt waren. Haben sie die Unterrichtstätigkeit bereits vor dem 3. April 1909 begonnen, genügt es, daß sie mindestens fünf Jahre nach Erlangung der lehramtlichen Befähigung im Lehrberuf gestanden haben, und daß sie davon mindestens zwei Jahre an Schulen in Preußen oder in einem der Bundesstaaten, mit denen Preußen ein Abkommen wegen Anerkennung der Prüfungszeugnisse getroffen hat, voll beschäftigt gewesen sind. Zu beachten ist jedoch, daß von allen, welche eine Lehrbefähigung für den Religionsunterricht auf der ersten Stufe oder eine Lehrbefähigung im Französischen oder Englischen oder in der Geschichte erwerben wollen, der Nachweis von Kenntnissen im Griechischen oder Lateinischen oder auch in beiden Sprachen verlangt wird. Näheres darüber ist der Prüfungsordnung zu entnehmen.

Studiendauer. Dem Studium müssen nach Erlangung der erforderlichen Vorbildung mindestens sechs Semester an einer deutschen Universität gewidmet werden, in der Regel aber sind acht und mehr Semester nötig. Drei Semester davon müssen an einer preußischen Universität zugebracht werden. Bei der Bewerbung um die Lehrbefähigung in der Mathematik, der Physik und der Chemie wird das Studium an einer deutschen Technischen Hochschule dem Studium an einer deutschen Universität bis zu drei Halbjahren gleich gerechnet. Bei der Bewerbung um die Lehrbefähigung im Französischen, Englischen und Deutschen wird der Besuch der Königlichen Akademie in Posen, bei der Bewerbung um die Lehrbefähigung im Französischen und Englischen außerdem auch der Besuch der Akademie für Sozial- und Handelswissenschaften zu Frankfurt a. M. bis zu zwei Halbjahren angerechnet, ebenso kann in diesem Falle auch das Studium an einer ausländischen Hochschule mit französischer oder englischer

Vortragssprache oder der Aufenthalt in Ländern dieser Sprachgebiete zu wissenschaftlichen Zwecken mit Genehmigung des Ministers bis zu zwei Halbjahren berücksichtigt werden.

Studienfächer. Das Studium kann sich auf folgende Fächer erstrecken: 1. Christliche Religionslehre, 2. Philosophische Propädeutik, 3. Deutsch, 4. Lateinisch, 5. Griechisch, 6. Hebräisch, 7. Französisch, 8. Englisch, 9. Geschichte, 10. Erdkunde, 11. Reine Mathematik, 12. Angewandte Mathematik, 13. Physik, 14. Chemie nebst Mineralogie, 15. Botanik und Zoologie. Dazu kommen für die Prüfungskommissionen, bei denen Examinatoren dafür bestellt sind, 16. Polnisch, 17. Dänisch. — Wenigstens in einem dieser Fächer ist eine Lehrbefähigung für die erste Stufe (bis Oberprima einschließlich), in zwei weiteren eine solche für die zweite Stufe (bis Untersekunda einschließlich) zu erwerben. Über die dabei erforderliche Verbindung von Fächern und über die Ansprüche in jedem davon ist Näheres aus der Prüfungsordnung ersichtlich. — Außer der Fachbildung hat sich der Studierende auch eine allgemeine Bildung auf den Gebieten der Philosophie, Pädagogik, deutschen Literatur und, falls er einer der christlichen Kirchen angehört, der Religionslehre anzueignen. — Wegen des Studienganges vergleiche die Bemerkungen bei den einzelnen Fachrichtungen.

Ablegung der Prüfung. Die Meldung zur Prüfung ist an den Direktor der zuständigen Königlichen wissenschaftlichen Prüfungskommission zu richten. Zuständig für die Prüfung ist jede Kommission, in deren Prüfungsbezirk a) die Universität liegt, an welcher der Kandidat das letzte und mindestens noch ein früheres Halbjahr seiner Studienzeit zugebracht hat, oder b) die Verwendung des Kandidaten im öffentlichen Schuldienst in Aussicht genommen ist oder bereits stattfindet. Die jeweilige Zusammensetzung der preußischen Kommissionen ist aus dem Zentralblatt für die gesamte Unterrichtsverwaltung ersichtlich. Die Berliner Kommission befindet sich Linkstr. 42. Bestimmte Termine für die Meldung sind nicht angegeben. — Sowohl die allgemeine wie die Fachprüfung ist schriftlich und mündlich. Für beide erhält der Kandidat je eine Aufgabe, zu deren Bearbeitung eine Frist von sechzehn Wochen insgesamt gewährt wird. Auf ein mindestens acht Tage vor Ablauf der Frist eingereichtes begründetes Gesuch kann eine Verlängerung bis zu sechzehn Wochen bewilligt werden; eine weitere Verlängerung bedarf der Genehmigung des Ministers. Wünsche des Kandidaten bezüglich der Auswahl der Aufgaben sind tunlichst zu berücksichtigen. Prüfungsarbeiten aus dem Gebiete der klassischen Philologie sind in lateinischer, aus dem der neueren Sprachen in der betreffenden Sprache, alle übrigen aber in deutscher Sprache abzufassen. Auf den Antrag des Kandidaten kann eine von ihm verfaßte Druckschrift als Ersatz für eine der beiden Hausarbeiten angenommen werden. Der Prüfungsausschuß ist befugt, in allen Gegenständen der Fachprüfung von dem Kandidaten eine Klausurarbeit anfertigen zu lassen. Für die fremden Sprachen gilt die Anfertigung derartiger Arbeiten als Regel. Die mündliche Prüfung kann auf besonderen bei Abgabe der Hausarbeiten zu stellenden Antrag innerhalb eines Sommer- oder Winterhalbjahres in der Weise getrennt werden, daß zwischen Allgemeiner Prüfung und Fachprüfung höchstens drei Monate liegen. Für die Wiederholung oder Ergänzung der Prüfung ist die Kommission zuständig, bei der die erste Prüfung abgelegt wurde. Die Meldung dazu muß längstens zwei Jahre nach Ausstellung des Zeugnisses über die vorangegangene Prüfung erfolgen. Die Vervollständigung einer bereits zuerkannten Lehrbefähigung oder die Erwerbung neuer Lehrbefähigungen zu den früheren kann in einer Erweiterungsprüfung innerhalb sechs Jahren nach Bestehen der ersten Prüfung geschehen, sofern das Königliche Provinzial-Schulkollegium, in dessen Bezirk der Bewerber im Schuldienste bereits beschäftigt ist oder demnächst Verwendung finden soll, die Zulassung befürwortet. Zuständig für die Erweiterungsprüfung ist sowohl die Kommission, vor welcher der Kandidat seinerzeit die Prüfung bestanden hat, als auch die Kommission im Bezirke des befürwortenden Provinzial-Schulkollegiums.

— Die Prüfungsgebühren sind nach der Zulassung zur Prüfung zu zahlen. Sie betragen für die vollständige Prüfung 60 M, bei Trennung der mündlichen Prüfung außerdem 30 M, für eine Ergänzungs- oder Erweiterungsprüfung 30 M.

Abkommen zwischen Preußen und einigen anderen Bundesstaaten. Zwischen Preußen und dem Königreich Sachsen, den Großherzogtümern Baden und Schwerin, den Sächsischen Staaten, dem Herzogtum Braunschweig und Elsaß-Lothringen ist vereinbart worden, daß die von den Wissenschaftlichen Prüfungskommissionen zu Leipzig, Karlsruhe, Rostock, Jena, Braunschweig und Straßburg ausgestellten Prüfungszeugnisse in Preußen ebenso anerkannt werden wie das Zeugnis einer preußischen Kommission, und umgekehrt.

Seminar- und Probejahr. Wer die Prüfung vollständig bestanden hat, muß sich der praktischen Ausbildung während eines Seminarjahres und eines Probejahres unterziehen. Die Meldung ist vor Anfang des Sommer- oder Winterhalbjahres bei dem Provinzial-Schulkollegium der Provinz einzureichen (und zwar nur bei einem unter Vorlegung der Urschrift des Prüfungszeugnisses), wo die Ableistung des Seminarjahres gewünscht wird. Das Probejahr ist in der Regel in derselben Provinz wie das Seminarjahr zurückzulegen, hinsichtlich des Ortes können Wünsche ausgesprochen werden. Nach Zuerkennung der Anstellungsfähigkeit haben die Kandidaten die Wahl, ob sie sich in die Kandidatenliste eines Provinzial-Schulkollegiums eintragen lassen und damit in den öffentlichen höheren Schuldienst treten wollen, oder ob sie es vorziehen, sich außerhalb dieses Schuldienstes zu beschäftigen.

Dekanatsprüfungen zur Erlangung eines akademischen Benefiziums oder von Honorarstundung werden vor einem ordentlichen oder außerordentlichen Professor, den der Dekan bezeichnet, abgelegt, und zwar in einem der Gegenstände, welchen der Examinand vorzugsweise seine Studien gewidmet hat.

Besondere Einrichtungen

(siehe auch die Angaben bei den verschiedenen Fachrichtungen auf den Seiten 320-328).

Pädagogische Seminare. Die Anstalten, denen pädagogische Seminare angegliedert sind, sind aus dem Statistischen Jahrbuch der höheren Schulen ersichtlich.

Kurse. Über Turnkurse für Studierende und für Lehrer ist Näheres auf S. 173 und 330 zu finden.

Ruderkurse für Lehrer finden im Frühjahr beim Schülerbootshause am Kleinen Wannsee statt.

Stipendien. 1. Aus der Schönhauser Stiftung, oft ungenau „Bismarckstipendium" genannt, erhalten Kandidaten des höheren Lehramts nach Ablegung der Staatsprüfung höchstens für 6 Jahre Unterstützungen, die in der Regel 1000 M jährlich betragen. Ferner können Lehrern, welche die Staatsprüfung für das höhere Lehrfach abgelegt haben, Stipendien zum Studium im Auslande oder in Deutschland außerhalb ihrer Heimat bewilligt werden. Endlich dürfen Söhne von Lehrern höherer Schulen während der Studienzeit Unterstützungen bis zu dem angegebenen Betrage bekommen, wenn sie sich dem höheren Lehrfache widmen. Die Unterstützungen werden alljährlich am 1. Oktober verliehen. Meldungen sind in der Regel bis zum 1. Juli an den Stiftungssekretär in Schönhausen zu richten.

2. Charlottenstiftung für Philologie. Das Stipendium der Charlottenstiftung, bestehend in dem Genusse der Zinsen des Stiftungskapitals von 30 000 M auf die Dauer von vier Jahren, wird an reichsdeutsche Philologen, welche die Universitätsstudien vollendet und den philosophischen Doktorgrad erlangt oder die Prüfung für das höhere Schulamt bestanden haben, aber zur Zeit der Bewerbung noch ohne feste amtliche Anstellung sind, verliehen; Privatdozenten an Universitäten sind nicht ausgeschlossen. Zu lösen ist die von der Akademie der Wissenschaften gestellte Preisaufgabe, die in jedem vierten Jahre am Leibniztage (Anfang Juli) von ihr veröffentlicht wird. Die Arbeiten der Bewerber sind bis zum 1. März des folgenden Jahres

an die Akademie einzusenden, das Ergebnis wird am nächsten Leibniztage verkündet. Das Stipendium wird in vier Jahresraten gewährt, von denen die erste am Leibniztage des Verleihungsjahres, die drei übrigen an jedem ersten Juli der folgenden Jahre gezahlt werden.

VERSCHIEDENE FACHRICHTUNGEN

1. Klassische Philologie

Leo, Klassische Philologie, in: Lexis, Die Universitäten im Deutschen Reich, Berlin 1904, S. 172 ff. — Helm, Das Studium der klassischen Philologie und das Institut für Altertumskunde, in: Berliner Akademische Wochenschrift, Jg. 1. 1906/07, S. 171 ff. (vgl. auch S. 14 f. ebenda.) — Kroll, Das Studium der klassischen Philologie, Greifswald 1910. — Immisch, Wie studiert man klassische Philologie? Stuttgart 1909.

Zeitschriften (mit Angabe der Standnummer der Königlichen Bibliothek): Hermes, Zeitschrift f. klass. Philologie, Berlin, Va 8990. — Neue Jahrbücher f. d. klass. Altertum, Leipzig, Va 9412. — Rheinisches Museum f. Philologie, Frankfurt a. M., Va 8778. — Philologus, Zeitschrift f. d. klass. Altertum, Leipzig, Va 8900. — Berliner Philologische Wochenschrift, Leipzig, Va 9142. — Wochenschrift f. klass. Philologie, Berlin, Va 9185.

Studiengang. Studienpläne sind von den Fakultäten nicht aufgestellt worden. Richtlinien für die Gestaltung des Studiums sind in den obengenannten Werkchen enthalten. In Zweifelsfällen empfiehlt es sich, den Rat des zuständigen Fachdozenten einzuholen.

Besondere Einrichtungen

Seminare und Institute (mit Spezialbibliotheken).

1. Philologisches Seminar, im Universitätsgebäude, Aud. 66. (Näheres siehe S. 100.)
2. Institut für Altertumskunde, Dorotheenstr. 5. (Näheres S. 101.)

3. Archäologischer Apparat, im Universitätsgebäude, Zimmer. 31. (Näheres S. 98.)
4. Indogermanisches Seminar, im Universitätsgebäude, Aud. 60. (Näheres S. 96.)

Spezialbibliotheken (außer denen obiger Institute):

Bibliothek der Königlichen Museen, Altes Museum am Lustgarten. — Präsenzbibliothek; für fremde Benutzer zugänglich auf Meldung beim Bibliothekar.

Kurse. Ein archäologischer Kursus findet in Berlin zu Ostern statt (in Bonn und Trier zu Pfingsten). Näheres ist aus dem Zentralblatt ersichtlich.

Stipendien. 1. 4 Reisestipendien für klass. Archäologie werden von dem Kaiserlich Archäologischen Institut vergeben. (Näheres s. S. 162.) 2. Eduard-Gerhard-Stiftung bei der Akademie der Wissenschaften 2500 M. — 3. Über Reisestipendien des Ministeriums zur Einführung in die Geschichte der alten und neueren Kunst siehe Näheres im Zentralblatt für die Unterrichtsverwaltung 1908, S. 791.

2. Neuere Sprachen

Lehmann, Deutsche Philologie und Literaturgeschichte, in: Lexis, Die Universitäten im Deutschen Reich, Berlin 1904, S. 179 ff. — Brandl, Englische und romanische Philologie, ebenda, S. 185 ff. — Münch, Das akademische Privatstudium der Neuphilologen, Halle a. S. 1906. — Ratgeber für das Studium des Französischen und Englischen, herausgegeben von Dietze, Kröher u. a., Dresden 1910. — Busse, Wie studiert man neuere Sprachen? Stuttgart 1904. — Vietor, Studium der englischen Philologie, 4. Aufl. 1910. — Reusch, Studienaufenthalt in England, Marburg 1910. — Koschwitz, Anleitung zum Studium der französischen Philologie, Marburg 1907. — Roßmann-Brunnemann, Handbuch für einen Studienaufenthalt im französischen Sprachgebiet, Marburg 1907.

Zeitschriften (mit Angabe der Standnummer der Königlichen Bibliothek): Archiv f. d. Studium d. neueren Sprachen und Literaturen, Braunschweig, X 8312. — Literaturblatt f. germanische und romanische Philologie, Leipzig, X 8360. — Euphorion, Zeitschrift f. Literaturgeschichte, Leipzig und Wien, X 8395. — Zeitschrift f. deutsches Altertum und deutsche Literatur, Berlin, Yd 496. — Zeitschrift f. deutsche Philologie, Halle, Yd 606. – Jahresberichte f. neuere deutsche Literaturgeschichte, Berlin, Yc 4220. — Anglia, Zeitschrift f. englische Philologie, Halle, Z 9568. — Zeitschrift f. romanische Philologie, Halle, Xi 212. — Romania, Paris, Xi 206.

Studiengang. Studienpläne sind von den Fakultäten nicht aufgestellt worden. Für das Studium der englischen Sprache ist eine Übersicht beim englischen Seminar auf S. 103 gegeben; fürs Deutsche und Französische enthalten die obengenannten Führer nähere Angaben. In Zweifelsfällen wende man sich an die Dozenten.

Besondere Einrichtungen

Seminare (mit Spezialbibliotheken):

1. Germanisches Seminar, Dorotheenstr. 95-96. (Näheres darüber siehe S. 101.) — Daneben besteht zur Vorbereitung ein Proseminar. Angegliedert ans Seminar ist der Prähistorische Apparat, s. S. 102.
2. Seminar für Englische Philologie, Dorotheenstr. 5. (Näheres S. 103.) — Zur Vorbereitung dient ein Proseminar.
3. Seminar für Romanische Philologie. (Näheres S. 103.)
4. Indogermanisches Seminar, im Universitätsgebäude. (Näheres S. 96.)

Spezialbibliotheken (außer denen obiger Institute):

1. Literaturarchiv der Literaturarchiv-Gesellschaft, in den Räumen der Königlichen Bibliothek. — Nur Handschriften und Briefe zur Gelehrtengeschichte und deutschen Literatur. Benutzung weiteren Kreisen in einzelnen Fällen für größere wissenschaftliche Arbeiten gestattet.

2. Bibliothek deutscher Privat- und Manuskriptdrucke der Deutschen Gesellschaft für Literatur, ebenda. — Größtenteils dramatische Werke. Benutzung gegen Karte auf Empfehlung eines Mitgliedes.

Austausch von Lehramtskandidaten mit Amerika, England und Frankreich. (Näheres darüber siehe S. 221.)

Kurse. 1. In Berlin finden in den Osterferien Kurse im Englischen oder Französischen (jährlich abwechselnd) statt. — 2. In Göttingen wird Ende Juli und Anfang August ein englischer Kursus abgehalten. — 3. Die englischen und französischen Unterrichtsinstitute veranstalten von Juli bis Nov. Ferienkurse. — Über diese Kurse ist Näheres aus dem Zentralblatt für die Unterrichtsverwaltung ersichtlich und in der Akad. Auskunftsstelle zu erfragen.

Stipendien. Um Lehrern des Englischen und Französischen einen sechsmonatigen Aufenthalt in England oder Ländern französischer Zunge zu ermöglichen, vergibt das preußische Kultusministerium 18 Stipendien von je 1200 bis 1500 M. Näheres darüber in Beier, Die höheren Schulen in Preußen. — Über sonstige Stipendien vgl. „Die neueren Sprachen" Bd. 11, 1903. S. 65 f.

3. Geschichte und Geographie

Brandi, Lehrgebiet und Lehrbetrieb der Geschichte, in: Lexis, Die Universitäten im Deutschen Reich, Berlin 1904. — Bernheim, Das akademische Studium der Geschichtswissenschaft, 3. A., Greifswald 1909. — Heyck, Das erste Semester des Historikers, in: „Daheim" 1909, Nr. 25. — Wagner, Lehrgebiet und Lehrbetrieb der Geographie, in: Lexis, Die Universitäten im Deutschen Reich, Berlin 1904. — Berg, Wie studiert man Geographie? Leipzig, Roßberg, 1905.

Zeitschriften (mit Angabe der Standnummer der Königlichen Bibliothek): Jahresberichte der Geschichtswissenschaft Berlin, P 7395. — Historische Zeitschrift, München und Berlin, P 7348. — Geographischer Anzeiger, Gotha, Po 2192. — Globus, Braunschweig, Po 2236. — Geographisches Jahrbuch, Gotha, Po 2232. — Petermanns Mitteilungen, Gotha, Po 2184, — Geographische Zeitschrift, Leipzig, Po 2515.

OBERLEHRER

Studiengang. Ein Studienplan für Historiker ist in dem obengenannten Büchlein von Bernheim enthalten. Über die Einrichtung des geographischen Studiums pflegt zu Anfang des Semesters der Direktor des Geographischen Instituts einen einleitenden Vortrag zu halten. Im Falle des Zweifels tut der Studierende gut, mit den Fachprofessoren Rücksprache zu nehmen.

Besondere Einrichtungen

Seminare (mit Spezialbibliotheken):

1. Historisches Seminar, Schinkelplatz 6. (Näheres siehe S. 94.)
2. Seminar für Osteuropäische Geschichte und Landeskunde, Behrenstr. 70. (Näheres S. 95.)
   Seminar für Historische Geographie, Behrenstr. 70. (Näheres S. 96.)
4. Geographisches Institut, Georgenstr. 34. (Näheres S. 96.)
5. Institut und Museum für Meereskunde, Georgenstr. 34. (Näheres S. 90.)

Spezialbibliotheken (außer denen obiger Institute):

1. Bibliothek des Kgl. Hausarchivs, Charlottenburg, Spandauer Str. 1. — In der Regel nur den Archivbenutzern zugänglich.
2. Bibliothek des Großen Generalstabes, Ecke Moltke- und Herwarthstraße — Nichtmilitärs mit Genehmigung des Vorstandes zugänglich.
3. Bibliothek des Vereins für die Geschichte Berlins, im Deutschen Dom, Gendarmenmarkt. — Nichtmitglieder bedürfen zur Entleihung der Genehmigung des Vorstandes.
4. Bibliothek des Vereins Herold, Kleiststr. 4. — Im Lesezimmer allgemein zugänglich.
5. Bibliothek der Numismatischen Gesellschaft, Kurfürstendamm 17. — Nichtmitglieder bedürfen zur Benutzung der Genehmigung des Vorsitzenden.

6. Bibliothek des Magistrats, im Rathaus. — Benutzung im Lesesaale weiteren Kreisen ohne weiteres gestattet, zur Entleihung bedarf es der Erlaubnis des Bibliothekars.
7. Bibliothek des Vereins für Geschichte der Mark Brandenburg, im Provinzial-Ständehaus, Matthäikirchstr. 20-21. — Nichtmitgliedern nur ausnahmsweise mit Genehmigung des Bibliothekars zugänglich.
8. Bibliothek der Brandenburgia, im Märkischen Provinzialmuseum, Märkischer Platz.
9. Bibliothek der Gesellschaft für Erdkunde, Wilhelmstr. 23. — Nichtmitglieder werden nur mit besonderer Genehmigung des Vorstandes zugelassen.

4. Mathematik und Naturwissenschaften

Klein, Lehrgebiet und Lehrbetrieb der Mathematik, Physik, Astronomie, in: Lexis, Die Universitäten im Deutschen Reich, Berlin 1904, S. 243 ff. — Wallach, Chemie, ebenda, S. 267 ff. — Nernst, Physikalische Chemie, ebenda, S. 271 ff. — Frech, Mineralogie, Geologie, Paläontologie, ebenda, S. 274 ff. — Reinke, Botanik und Zoologie, ebenda, S. 280 ff. — Bruck, Wie studiert man Biologie? 1910. — Ratschläge u. Erläuterungen für die Studierenden der Mathematik und Physik an der Universität Göttingen, Leipzig, Teubner. (Auch andere deutsche Universitäten wie z. B. Breslau, Jena, Straßburg haben Studienpläne herausgegeben.) — Vorschläge f. d. wissenschaftliche Ausbildung d. Lehramtskandidaten der Mathematik u. Naturwissenschaften, in: Gutzmer, Die Tätigkeit der Unterrichtskommission der Gesellschaft Deutscher Naturforscher u. Ärzte, Leipzig 1907. — Loepper, Das Studium der Chemie, Wien 1903. — Duisberg, Der chemische Unterricht, 1906.

Zeitschriften (mit Angabe der Standnummer der Königlichen Bibliothek): Zeitschrift für Mathematik und Physik, Leipzig, O 1681. — Journal für die reine und angewandte Mathematik, Berlin, O 1659. — Bibliographie der deutschen naturwissenschaftlichen Literatur, Berlin, Ld 305. — Archiv für Naturgeschichte, Berlin, Lc 7231. — Annalen der Physik, Leipzig, Lc 6854. — Justus Liebigs Annalen der Chemie, Leipzig, Il 1439. — Hoppe-Seylers Zeitschrift für physio-

logische Chemie, Straßburg, Mr 977. — Neues Jahrbuch für Mineralogie, Geologie und Paläontologie, Stuttgart, Mf 1672. — Botanisches Zentralblatt, Jena, Lw 11 520. — Zoologischer Anzeiger, Leipzig, Lk 1366.

Studiengang. Für die Einrichtung des Studiums sei auf die obengenannten Studienpläne verwiesen. In den Fällen, wo dem Studierenden Zweifel bleiben, empfiehlt es sich, die Fachprofessoren um Rat zu bitten.

Besondere Einrichtungen

Seminare und Institute (mit Spezialbibliothen):

1. Mathematisches Seminar, im Universitätsgebäude. (Näheres darüber siehe S. 75.)
2. Seminar zur Ausbildung von Studierenden im wissenschaftlichen Rechnen, Lindenstr. 91. (Näheres S. 76.)
3. Physikalisches Institut, Reichtagsufer 7-8. (Näheres S. 77.)
4. Institut für Theoretische Physik, im Universitätsgebäude. (Näheres S. 78.)
5. Chemisches Institut, Hessische Str. 1-3. (Näheres S. 80.)
6. Physikalisch-Chemisches Institut, Bunsenstr. 1. (Näheres S. 79.)
7. Mineralogisch-Petrographisches Institut und Museum, Invalidenstr. 43. (Näheres S. 93.)
8. Geologisch-Paläontologisches Institut und Museum. Invalidenstr. 43. (Näheres S. 92.)
9. Botanischer Garten und Botanisches Museum, Dahlem bei Steglitz, Königin-Luise-Str. 6-8. (Näheres S. 104 u. 83.)
10. Botanisches Institut, Dorotheenstr. 5. (Näheres S. 85.)
11. Universitätsgarten, am Universitätsgebäude. (Näheres S. 85.)
12. Pflanzenphysiologisches Institut, Invalidenstr. 42. (Näheres S. 86.)
13. Zoologisches Institut, Invalidenstr. 43. (Näheres S. 87.)
14. Zoologisches Museum, Invalidenstr. 43. (Näheres S. 89.)

Spezialbibliotheken (außer denen obiger Institute):

1. Bibliothek des Astronomischen Recheninstituts, Lindenstraße 91. (Näheres S. 107.)
2. Bibliothek der Königlichen Sternwarte, Enckeplatz 3 A. Benutzung Fremden ausnahmsweise mit Erlaubnis des Direktors gestattet.
3. Bibliothek der Treptow-Sternwarte, Treptower Chaussee 33. — Für Benutzung zu wissenschaftlichen Zwecken nach Anmeldung bei der Direktion zugänglich.
4. Lehrerbibliothek der Friedrichs-Werderschen Oberrealschule, Niederwallstr. 12. (Reichhaltig in Mathematik.) — Benutzung Nichtmitgliedern des Lehrerkollegiums auf Ansuchen gestattet.
5. Bibliothek des Mathematischen Vereins der Universität Berlin, Dorotheenstr. 6. — Weitere Kreise können mit Erlaubnis des Vereins Bücher entleihen.
6. Bibliothek der Gesellschaft Naturforschender Freunde zu Berlin, Invalidenstr. 43, im Museum für Naturkunde. — Nichtmitglieder erhalten ausnahmsweise vom Vorsitzenden die Erlaubnis zur Benutzung.
7. Bibliothek der Physikalisch-Technischen Reichsanstalt, Charlottenburg, Marchstr. 25 a. — Außerhalb der Anstalt Stehenden Benutzung nur in Ausnahmefällen gestattet.
8. Bibliothek der Deutschen Physikalischen Gesellschaft, Reichstagsufer 7-8. — Fremden Benutzung nur in Ausnahmefällen gestattet.
9. Bibliothek des Technologischen Instituts, Bunsenstr. 1. — Für weitere Kreise nur in besonderen Fällen mit Erlaubnis des Direktors zugänglich.
10. Bibliothek der Polytechnischen Gesellschaft, Wilhelmstraße 92-93. — Nichtmitglieder zur Entleihung nur unter Bürgschaft eines Mitgliedes berechtigt.
11. Bibliothek der Deutschen Chemischen Gesellschaft, Sigismundstr. 4 II. — Nichtmitglieder bedürfen zur Benutzung der Genehmigung des Bibliothekars.

OBERLEHRER

12. Bibliothek des Botanischen Instituts der Landwirtschaftlichen Hochschule, Invalidenstr. 42. — Präsenzbibliothek.
13. Bibliothek des Deutschen Entomologischen Nationalmuseums, Thomasiusstr. 21 I. — Entomologen, die nicht Mitglieder der Deutschen Entomologischen Gesellschaft sind, haben zur Benutzung ein Gesuch an den Bibliothekar zu richten.
14. Bibliothek des Berliner Entomologischen Vereins, Groß-Lichterfelde-West, Ringstr. 54. — Weitere Kreise werden zur Benutzung innerhalb der Bibliothek mit Erlaubnis des Bibliothekars zugelassen.
15. Bibliothek des Deutschen Fischerei-Vereins, Dessauer Str. 14. — Jedem Interessenten zugänglich.

Kurse. Ein naturwissenschaftlicher Kursus für Lehrer findet in Berlin in den Herbstferien statt. — Ein gleicher Kursus wird in den Osterferien in Göttingen abgehalten. Näheres darüber ist aus dem Zentralblatt für die Unterrichtsverwaltung ersichtlich.

PATENTANWÄLTE

Das Gesetz betreffend die Patentanwälte, nebst der Prüfungsordnung für Patentanwälte, erläutert von A. Leander, Berlin 1900.

Die Eintragung in die Liste der Patentanwälte findet nur dann statt, wenn der Antragsteller neben technischer Befähigung die erforderlichen Rechtskenntnisse nachweist. Als technisch befähigt gilt der, welcher an einer inländischen Universität, Technischen Hochschule oder Bergakademie naturwissenschaftliche und technische Fächer studiert, eine staatliche oder akademische Fachprüfung bestanden, 1 Jahr in praktischer gewerblicher Tätigkeit gearbeitet und 2 Jahre eine praktische Tätigkeit auf dem Gebiete des gewerblichen Rechtsschutzes ausgeübt hat. Der Besuch ausländischer Hochschulen und die Ausübung der praktischen Tätigkeit im Auslande kann durch Beschluß der Prüfungskommission anerkannt werden; jedoch muß die Fachprüfung im Inlande abgelegt sein. Der Besitz der erforderlichen Rechtskenntnisse ist durch Ablegung einer Prüfung nachzuweisen; zugelassen wird nur, wer die technische Befähigung dargetan hat. Die Prüfung ist schriftlich und mündlich und besonders darauf gerichtet, ob der Bewerber die Fähigkeit zur praktischen Anwendung der auf dem Gebiete des gewerblichen Rechtsschutzes geltenden Vorschriften hat. Sie wird vor einer Kommission von Mitgliedern des Patentamts und Patentanwälten abgelegt; über die jeweilige Zusammensetzung ist Näheres aus dem 2. Bande des Berliner Adreßbuchs ersichtlich. Die Prüfung kann frühestens nach sechs Monaten einmal wiederholt werden. Die Gebühr beträgt 100 M.

Spezialbibliotheken

Bücherei des Kaiserlichen Patentamts, Gitschiner Str. 97—103. Dem Publikum nicht zugänglich an 14 Tagen im Juli oder August. Gedruckte Benutzungsordnung wird in der Auslege- und Lesehalle unentgeltlich verabfolgt. Ausleihung nur mit Erlaubnis des Kurators.

SANITÄTSOFFIZIERE

S. unter Kaiser-Wilhelms-Akademie, S. 139 ff.

TECHNIKER

S. Ingenieure

THEOLOGEN

S. Geistliche

TIERÄRZTE

Vorschriften über die Prüfung der Tierärzte (von der Tierärztlichen Hochschule in Berlin erhältlich). — Archiv für wissenschaftliche und praktische Tierheilkunde, Berlin, Ks 1583). — Berliner Tierärztliche Wochenschrift, Berlin, Ks 1595*).*

**) Standnummer der Königlichen Bibliothek.*

TIERÄRZTE

Über Vorbildung, Studium und Prüfungen ist Näheres auf S. 124 zu finden.

Spezialbibliotheken

Bibliothek der Kgl. Tierärztlichen Hochschule, Luisenstraße 56. — Zur Benutzung berechtigt sind die Professoren, Beamten, Studenten, Hospitanten und Staatskandidaten der Hochschule sowie preußische Tierärzte. Nichtberechtigte können vom Rektor Erlaubniskarten erhalten.

TURNLEHRER

Lottermoser, Der Turnlehrer, Aachen und Leipzig 1908.

Eine Prüfung für Turnlehrer hält die Kgl. Landesturnanstalt in Berlin Ende Februar oder Anfang März ab. Ein Vorbereitungskursus für Studierende, die ihr zweites Semester vollendet haben und über ausreichende Turnfertigkeit verfügen, findet von Ende Oktober bis Ende Februar statt. Studierenden, die sich daran beteiligen wollen, ist zu raten, bereits an dem Sommerkursus in Spielen und volkstümlichen Übungen teilzunehmen, der Anfang Mai beginnt. Das Examen ist ein theoretisches — schriftliches und mündliches — und ein praktisches. Das schriftliche besteht in Anfertigung einer Klausurarbeit über ein Thema aus dem Bereiche des Schulturnens und eventuell auch in Beantwortung einzelner Fragen aus dem Gesamtgebiete. Die mündliche Prüfung erstreckt sich auf die Geschichte des Turnwesens, auf Aufgabe und Methode des Unterrichtes, Beschreibung von Turnübungen, auf Bestimmung des Stoffes für die verschiedenen Klassenstufen, auf Turnliteratur und Turnsprache und die Beschreibung von Übungsgeräten. Eine Kenntnis des menschlichen Körpers wird vorausgesetzt; ebenso Vertrautheit mit der ersten Hilfe bei Unfällen. Bei der praktischen Prüfung kommt es auf körperliche Fertigkeit im Schulturnen und den Nachweis des Lehrtalentes an.

Spezialbibliotheken

Hauptbücherei der Berliner Turnerschaft, Prinzenstr. 70. — Nichtmitglieder können mit Genehmigung des Hauptbücherwarts zur Benutzung zugelassen werden. — Dasselbe gilt von der Bücherei der Turngemeinde in Berlin, Dorotheenstraße 13-14.

VERSICHERUNGSVERSTÄNDIGE

Prüfungsordnung für Versicherungsverständige des Seminars für Versicherungswissenschaft an der Universität Göttingen. — Prüfungsordnung der Akademie für Sozial- und Handelswissenschaften, Frankfurt a. M. — Manes, Das Studium der Versicherungswissenschaft, in: Berliner Akademische Wochenschrift, Jg. 1, Nr. 27, 1907. — Zeitschrift für die gesamte Versicherungswissenschaft, Berlin, Fe 9207/32).*

Vorbemerkung. Das Studium der Versicherungswissenschaft gehört nicht zu den eigentlichen Brotstudien, da das Bedürfnis nach Versicherungsverständigen nur begrenzt ist. Die Prüfung zur Erlangung des Diploms für Versicherungsverständige kann an der Universität Göttingen oder der Frankfurter Akademie für Sozial- und Handelswissenschaften abgelegt werden. In Göttingen zerfällt die Prüfung in eine solche für Bewerber der administrativen Klasse (für Juristen) und der mathematischen Klasse (für Mathematiker und Versicherungstechniker); an der Frankfurter Akademie kommt noch eine dritte, die kaufmännische Klasse (für Kaufleute, Bank- und Versicherungsbeamte) dazu. Zugelassen zur Prüfung wird in Göttingen nur, wer dem dortigen Seminar für Versicherungswissenschaft wenigstens ein Jahr als ordentliches Mitglied angehört hat und nachweist, daß er folgende Vorlesungen gehört hat: Versicherungsmathematik, Versicherungsökonomik und -statistik, Privatversicherungsrecht und Arbeiterversicherungsrecht, Theore-

*) *Standnummer der Königlichen Bibliothek.*

tische Nationalökonomie, Praktische Nationalökonomie, Handels-, Wechsel- und Seerecht. Die Prüfung umfaßt für beide Kategorien von Versicherungsverständigen: Versicherungsmathematik, Versicherungsökonomik und -statistik, theoretische und praktische Nationalökonomie. Dazu tritt für die Mathematiker noch eine besondere Prüfung in der Mathematik und für die Kandidaten der administrativen Klasse eine Prüfung im Privatversicherungsrecht und im Arbeiterversicherungsrecht. — Wer an der Frankfurter Akademie die Prüfung ablegen will, muß dort mindestens zwei Semester als Besucher oder Hospitant eingetragen gewesen sein und außer den obengenannten Vorlesungen solche über die Elemente der Handelstechnik (Buchhaltung, kaufmännisches Rechnen, Wechsellehre) in Frankfurt oder an einer anderen deutschen Hochschule gehört haben. Bei den Kandidaten für die kaufmännische Klasse gelten zwei Semester der erforderlichen vier Semester Hochschulbildung durch zwei Jahre praktische Tätigkeit nach der Vorbereitungszeit ersetzt. Die Prüfung ist mündlich und schriftlich und erstreckt sich in der administrativen und mathematischen Klasse auf dieselben Fächer wie in Göttingen; in der kaufmännischen kommen zu den Fächern der administrativen Klasse die Elemente der Handelstechnik hinzu, während Versicherungsrecht ausscheidet. Die Gebühren betragen in Göttingen für die Prüfung in der einzelnen Klasse 40, für die in beiden Klassen 48 M, in Frankfurt 60 M in der einzelnen Klasse, weitere 10 M für jedes fakultative Fach.

Spezialbibliotheken

Bibliothek des Deutschen Vereins für Versicherungswissenschaft, Prager Str. 26. — Benutzung in der Regel nur Mitgliedern des Vereins gestattet, ausnahmsweise auch anderen.

VETERINÄROFFIZIERE

S. unter Militär-Veterinär-Akademie, S. 144.

ZAHNÄRZTE

Prüfungsordnung für Zahnärzte für das Deutsche Reich vom 15. März 1909. — Dieck, Das zahnärztliche Institnt an der Universität Berlin und das Studium der Zahnheilkunde, in: Berliner Akademische Wochenschrift 1906/07, S. 205 ff. — Schröder, Das Studium der Zahnheilkunde, Halle a. S. 1910. — Kirchner, Über die Einrichtungen für das Studium der Zahnheilkunde an den deutschen Universitäten, Jena 1898. — Zehnter, Die Führung zahnärztlicher Titel, 2. Aufl., Berlin 1906. Vergl. auch den Studienplan der Universität Heidelberg. —

Allgemeine Zeitschriften (mit Angabe der Standnummer der Königlichen Bibliothek): Deutsche Zahnärztliche Wochenschrift, Berlin, K 1831-1. — Deutsche Monatsschrift für Zahnheilkunde, Leipzig, K 1811.

Vorbildung. Zum Studium der Zahnheilkunde ist das Reifezeugnis eines deutschen Gymnasiums oder Realgymnasiums oder einer deutschen Oberrealschule erforderlich; ein entsprechendes außerdeutsches Zeugnis darf nur ausnahmsweise mit Genehmigung des Reichskanzlers und der zuständigen Bundesstaats-Zentralbehörde als genügend erachtet werden. Oberrealschüler haben bei der Zulassung zur zahnärztlichen Vorprüfung nachzuweisen, daß sie in der lateinischen Sprache die Kenntnisse besitzen, die für die Versetzung in die Obersekunda eines deutschen Realgymnasiums gefordert werden. Sind diese Kenntnisse erworben an einer deutschen Oberrealschule mit wahlfreiem Lateinunterrichte, so genügt das Zeugnis des Anstaltsleiters über die erfolgreiche Teilnahme an diesem Unterricht; andernfalls ist der Nachweis durch ein auf Grund einer Prüfung ausgestelltes Zeugnis des Leiters eines deutschen Gymnasiums oder eines deutschen Realgymnasiums zu erbringen.

Dauer des Studiums. Das Studium der Zahnheilkunde dauert 7 Semester. Es zerfällt ebenso wie das Studium der Medizin in zwei Abschnitte. Der erste reicht bis zur zahnärztlichen Vorprüfung, die frühestens am Schlusse des dritten Semesters abgelegt werden darf. Die übrigen von den sieben Semestern, mindestens aber drei, sind dem zweiten Abschnitte vom Bestehen der Vorprüfung bis zur Ablegung der zahnärztlichen Prüfung zu widmen; darauf wird das Halbjahr, in dem die zahnärztliche Vorprüfung bestanden ist, nur angerechnet, wenn die Vorprüfung innerhalb der ersten drei Wochen nach dem vorgeschriebenen Semesteranfange vollständig bestanden ist. Die Studienzeit, die nach Erlangung des Reifezeugnisses einem dem zahnärztlichen verwandten Universitätsstudium oder gleichwertigen Hochschulstudium gewidmet oder an einer ausländischen Universität zurückgelegt ist, darf bloß aus .ahmsweise teilweise oder ganz mit Genehmigung des Reichskanzlers und der zuständigen Landeszentralbehörde angerechnet werden. Ebenso darf eine außerhalb des Deutschen Reiches bestandene Prüfung nur ausnahmsweise an Stelle der Vorprüfung als genügend erachtet werden. — Die Militärdienstzeit wird auf die vorgeschriebene Studienzeit nicht angerechnet.

Gang des Studiums. Im ersten Abschnitte bis zur Vorprüfung hat sich der Studierende mit den allgemeinen Disziplinen wie Physik, Chemie, Anatomie, Physiologie, Pharmakologie usw., ferner mit der Zahnersatzkunde vertraut zu machen. Jedenfalls hat er bei der Meldung zur Vorprüfung nachzuweisen, daß er mindestens ein Halbjahr an Präparierübungen, mindestens je drei Monate an einem mikroskopisch-anatomischen und an einem chemischen Praktikum, sowie mindestens zwei Halbjahre an einem Kursus in der Zahnersatzkunde regelmäßig teilgenommen hat. — Wer an einer Universität des Deutschen Reichs auf Grund einer Prüfung in den Naturwissenschaften die Doktorwürde erworben hat, wird in Physik und Chemie nur dann geprüft, wenn diese Fächer nicht Gegenstand der Promotionsprüfung gewesen sind. — Wer die ärztliche Vorprüfung bestanden hat, wird nur in der Zahnersatzkunde geprüft. — Im zweiten Abschnitte nach bestandener Vorprüfung muß sich der Studierende den klinischen Fächern zuwenden. Dazu gehören insbesondere Allgemeine Pathologie und pathologische Anatomie, Allgemeine Chirurgie und Chirurgie der Mundhöhle, Klinik der Zahn- und Mundkrankheiten, Pharmakologie, Hygiene nebst Bakteriologie, Klinik der Haut- und syphilitischen Krankheiten, Klinische Untersuchungsmethoden, daneben Kurse im Plombieren, Operieren und in der zahnärztlichen Technik. Nachzuweisen hat der Kandidat bei der Meldung zur Prüfung, daß er mindestens je zwei Halbjahre hindurch an einem Kursus der konservierenden Behandlung der Zähne Kranker und an einem Kursus in der Zahnersatzkunde regelmäßg teilgenommen sowie eine Poliklinik für Zahn- und Mundkrankheiten regelmäßig besucht hat, daß er außerdem je drei Monate die Klinik oder Poliklinik für Haut- und syphilitische Krankheiten regelmäßig besucht und an einem Kursus der klinischen Untersuchungsmethoden regelmäßig teilgenommen hat. — Über die Ablegung der Prüfungen vgl. die Prüfungsordnung für Zahnärzte für das deutsche Reich vom 15. März 1909. Die jeweilige Zusammensetzung der Prüfungskommission in Berlin ist aus dem Adreßbuch, Teil II, ersichtlich.

Approbation. Die Approbation als Zahnarzt für das Reichsgebiet wird dem erteilt, der die zahnärztliche Prüfung vollständig bestanden hat. Es empfiehlt sich jedoch, vor Aufnahme der Praxis durch Assistieren an zahnärztlichen Anstalten oder bei bewährten Zahnärzten das erforderliche praktische Können zu erwerben.

Promotion. Einen Doktorgrad in der Zahnheilkunde gibt es nicht. Wer trotzdem den Doktorgrad erwerben will, kann entweder den medizinischen oder den philosophischen in einem der naturwissenschaftlichen Fächer als Hauptfach nachsuchen. Im ersten Fall ist die Ablegung der ärztlichen Prüfungen nicht unbedingt erforderlich.

Besondere Einrichtungen

Zahnärztliche Fortbildungskurse

1. Veranstaltet von den Assistenten am Kgl. Zahnärztlichen Institut. Die Kurse finden regelmäßig etwa vom 3. März bis 20. April und vom 15. September bis Ende Oktober

statt; sie erstrecken sich auf Mundchirurgie, konservierende Zahnheilkunde und Zahnersatzkunde. Honorar 42-82 M.

2. Veranstaltet vom Komitee für zahnärztliche Fortbildungskurse. Es finden Ferien- und Semesterkurse statt; die Teilnahme an den letzteren ist auf Berliner Zahnärzte beschränkt und unentgeltlich.

SCHLAGWORTVERZEICHNIS

Universitäts-Buchdruckerei

von

Gustav Schade
(Otto Francke)

Berlin N. 24, Linienstr. 158

Drucklegung von : Dissertationen :

Verlag der

Berliner Akademischen Nachrichten

Georg Reimer, Verlag, Berlin W. 35

Geschichte
der
Königlichen Friedrich-Wilhelms-Universität
zu Berlin. 1810–1910.

Von

Max Lenz.

Inhalt: I. Band. Gründung und Ausbau.
II. Band. 1. Hälfte: Ministerium Altenstein.
II. Band. 2. Hälfte: Unter den Königen Friedrich Wilhelm IV. und Wilhelm I. (1840–71). Im Neuen Reich.
III. Band. Wissenschaftliche Anstalten, Spruchkollegium. Statistik.
IV. Band. Urkunden, Akten und Briefe.

Broschiert M. 40.–, in 5 Originalbänden M. 52.50.

Die beiden ersten Bände werden auch für sich abgegeben:
Broschiert für M. 30.–, gebunden für M. 37.50.

Daude, Dr. P., Universitätsrichter, und **Wolff**, Dr. M., Professor an der Universität Berlin, **Die Ordnung des Rechtsstudiums und der ersten juristischen Prüfung in den deutschen Bundesstaaten.**
M. 4.40, geb. M. 5.–

Dernburg, Dr. Heinrich, weil. Professor an der Universität Berlin, **Das bürgerliche Recht des Deutschen Reichs und Preußens.**
Erster Band. Die allgemeinen Lehren des bürgerlichen Rechts. Dritte Auflage. M. 12.—, geb. M. 14.—
Zweiter Band. Die Schuldverhältnisse.
Erste Abteilung. Allgemeine Lehren. Vierte Auflage, bearbeitet von Sen.-Präs. Prof. Dr. A. Engelmann.
M. 9.—, geb. M. 11.—
Zweite Abteilung. Einzelne Obligationen. Dritte Auflage.
M. 16.—, geb. M. 18.—
Dritter Band. Das Sachenrecht. Vierte Auflage.
M. 20.–, geb. M. 23.—
Vierter Band. Das Familienrecht. Vierte Auflage.
M. 12. –, geb. M. 14.–
Fünfter Band. Deutsches Erbrecht. Zweite Auflage.
M. 12.—, geb. M. 14.—
Sechster Band. Urheber-, Patent-, Zeichenrecht; Versicherungsrecht und Rechtsverfolgung. Herausgegeben und zu Ende geführt von Dr. Josef Kohler, Professor an der Universität Berlin. M. 14.—, geb. M. 16.—

Kohler, Dr. J., Professor der Rechte in Berlin, **Die Carolina und ihre Vorgängerinnen.** Text, Erläuterung, Geschichte.
I. Die peinliche Gerichtsordnung Kaiser Karls V. Constitutio criminalis Carolina. Kritisch herausgegeben von J. Kohler und Willy Scheel. M. 6.—, geb. M. 7.50
II. Die Bambergische Halsgerichtsordnung. Constitutio criminalis Bambergensis. Kritisch herausgegeben von J. Kohler und Willy Scheel. M. 10.–, geb. M. 11,50
III. Die niederdeutsche Bambergensis. Herausgegeben von J. Kohler und Willy Scheel. M. 3.80, geb. M. 5.—

Schmoller, Dr. Gust., Professor, **Zur Geschichte der deutschen Kleingewerbe im 19. Jahrhundert.** Statistische und nationalökonomische Untersuchungen. M. 6.—.

BUCHHANDLUNG DES WAISENHAUSES IN HALLE a. d. S.

Verlag der Weidmannschen Buchhandlung in Berlin.

Lessing.

Geschichte seines Lebens und seiner Schriften ::

von

Erich Schmidt.

Dritte durchgesehene Auflage. Zwei Bände.

Gr. 8. (VIII u. 734, VIII u. 668 S.) 1909.

Geh. 20 M. Geb. 23 M.

„Es ist ein Genuß, sich von der kräftigen plastischen Darstellung des Buches, das den vielverzweigten Stoff in meisterhafter Weise bewältigt, durch des Dichters Leben und Schaffen führen zu lassen." Literar. Zentralblatt.

„Eine der glänzendsten biographisch-kritischen Leistungen, die einem deutschen Dichter bis jetzt zugute gekommen sind." Deutsche Literaturzeitung.

Geschichte der deutschen Litteratur

von

Wilhelm Scherer.

Elfte Auflage. Mit dem Bilde des Verfassers.

Gr. 8. (XII u. 634 S.) 1908.

In Leinwand geb. 10 M. In Liebhaberband 12 M.

Durch die Tiefe der Auffassung und die lebendige Frische der Darstellung in gleicher Weise fesselnd, bietet Scherers Werk einen wahren Hausschatz edelster Belehrung und Unterhaltung und verdient darum, in jedem deutschen Hause neben unsern Klassikern eine Stätte zu finden.

„Vor all den zahlreichen populären Literaturgeschichten, die seit der Vilmarschen erschienen sind, hat und behält die Scherersche voraus, daß sie auf eignem Quellenstudium nach wissenschaftlicher Methode und auf kritischer Verwertung der einschlägigen Untersuchungen beruht." Westermanns Monatshefte.

Periodica.

Jahrbücher der Hamburgischen Staats-Krankenanstalten. Herausgegeben von den Ärzten dieser Anstalten. Die Bände enthalten Statistik und wissenschaftliche Abhandlungen. Preis der Bände nach Umfang verschieden.

Mitteilungen aus den Hamburgischen Staats-Krankenanstalten (der wissenschaftliche Teil vorstehend angezeigter Jahrbücher) in zwanglosen Heften zu verschiedenen Preisen.

Monatshefte für praktische Dermatologie. Herausgegeben von *P. G. Unna* und *P. Taenzer.* 12 Hefte bilden einen Band. 1910 Band 50 und 51. Preis des Bandes M. 20,—.

Beiträge zur Augenheilkunde. In Gemeinschaft mit den Prof. *E. Fuchs* (Wien), *O. Haab* (Zürich) und *A. Vossius* (Gießen) herausgegeben von Prof. *R. Deutschmann* (Hamburg). In zwanglosen Heften zu verschiedenen Preisen. Im Herbst 1910 Heft 75.

Zeitschrift für Schulgesundheitspflege. Redigiert von Dr. *Stephani.* Mit einer Beilage: „Der Schularzt.“ Monatlich ein Heft. 1910 der 23. Jahrgang. Preis des Jahrganges M. 12,—.

Mitteilungen zur Geschichte der Medizin und der Naturwissenschaften. Herausgegeben von der Deutschen Gesellschaft für Geschichte der Medizin und der Naturwissenschaften unter Redaktion von *Sigmund Günther* (München) und *Karl Sudhoff* (Leipzig). In zwanglosen Heften. Bis Herbst 1910 neun Bände. Preis der Bände nach Umfang verschieden.

Bericht des Medizinalrates über die medizinische Statistik des Hamburgischen Staates. Jährlich ein Band. Mit Abbildungen im Text und farbigen Tafeln. Preis des Jahrganges M. 7,—.

Dermatologische Studien. Herausgegeben von *P. G. Unna.* Erscheinen in zwanglosen Heften. Preise verschieden.

Soziale Medizin und Hygiene. Redigiert von Dr. *M. Fürst* und Dr. *K. Jaffé.* Monatlich ein Heft. Preis des Jahrganges M. 16,—. (Seit 1906, früher Monatsschrift für soziale Medizin.)

Zeitschrift für Krüppelfürsorge. Unter Mitwirkung von *Delitzsch*-Plauen, *Dietrich*-Berlin, *Münsterberg*-Berlin, *Schäfer*-Altona u. a. redigiert von *K. Biesalski.* In zwanglosen Heften; vier Hefte bilden einen Band; Preis des Bandes M. 16,—. Sommer 1910 begann 3. Band.

Zeitschrift für anorganische Chemie. Begründet von *Gerhard Krüss.* Unter Mitwirkung von zahlreichen Gelehrten des In- und Auslandes herausgegeben von *G. Tammann* und *Richard Lorenz.* — Im Herbst 1910 erscheint Band 68. In zwanglosen Heften, vier Hefte bilden einen Band; Preis des Bandes M. 12,—. — Generalregister zu Band 1—50 von Prof. Dr. *Rosenheim* und Privatdozent Dr. *J. Koppel.* Herbst 1908. M. 25,—.

JULIUS
SITTENFELD
HOFBUCHDRUCKER
SR · MAJESTÄT · DES
KAISERS · U · KÖNIGS
BERLIN · W8
09

A. W. SIJTHOFF's UITG.-MIJ. te LEIDEN.

Codices Graeci et Latini

photographice depicti
duce Bibliothecae Universitatis Leidensis Praefecto
SCATONE DE VRIES.
Autotypice edidit **A. W. SIJTHOFF**, Editor Leidensis.

Bis heute erschienen:

Tom. I Vetus **Testamentum Graece.** Codex Sarravianus. ƒ 96, frs. 200, Lstr. 8, Doll. 40 . . . . M. 160

Tom. II **Codex Bernensis 363.** ƒ 120, frs. 250, Lstr. 10, Doll. 48 . M. 200

Tom. III/IV. Pars prior. Pars altera. **Plato** Codex Oxoniensis. ƒ 240, frs. 500, Lstr. 20, Doll. 96 . . . . M. 400

Tom. V **Plautus** Codex Heidelbergensis 1613 Palatinus C. ƒ 135, frs. 281.50, Lstr. 11.5.0, Doll. 54 . . . . M. 225

Tom. VI **Homeris Ilias** Codex Venetus A, Marcianus 454. ƒ 186, frs. 387.50, Lstr. 15.10.0, Doll. 74,50 . . . . M. 310

Tom. VII **Tacitus** Codex Laurentianus Mediceus 68 I und 68 II. ƒ 180, frs. 375, Lstr. 15, Doll. 72 . . . . M. 300

Tom. VIII **Terentius** Codex Ambrosianus H. 75. ƒ 120, frs. 250, Lstr. 10, Doll. 48 . . . . . . M. 200

Tom. IX **Aristophanes** Codex Ravennas 137, 4, A. ƒ 135, frs. 281.50, Lstr. 11.5.0, Doll. 54 . . . . M. 225

Tom. X **Dioscoridis** Codex Anicie Julianae Med. Gr. 5. Pars I/II. ƒ 366, frs. 762.50, Lstr. 30.10.0, Doll. 146.50 . . . M. 610

Tom. XI **Livius** Codex Vindobonensis Lat. 15. ƒ 135, frs. 281.50, Lstr. 11.5.0, Doll. 54 . . . . M. 225

Tom. XII **Lucretius** Codex Vossianus Oblongus. ƒ 135, frs. 281.50, Lstr. 11.5.0, Doll. 54 . . . . M. 225

Tom. XIII **Isidori Etymologiae** Codex Toletanus nunc Matritensis 15, 8. ƒ 135, frs. 281.50, Lstr. 11.5.0, Doll. 54 . . . . M. 225

Tom. XIV **Tibulli Carmina, Sapphus Epistula Ovidiana** Codex Guelferbytanus 82, 6 Aug. ƒ 72, frs. 150, Lstr. 6, Doll. 28,80 M. 120

In Vorbereitung u. a.:

Anthologia Graecae Codex Heidelbergensis.
Codex Propertii (Wolfenbüttel).

Bis heute erschienen:

Supplementum I. **Hieronymi Chronicorum Codicis Floriacensis uncialis fragmenta** . . . . . M. 22

Supplementum II. **Les Miniatures du Psautier de Saint Louis.** Manuscrit de Leyde . . . . M. 16

Supplementum III. **Der III. Latein. Aesop in der Handschrift des Ademar,** Codex Vossianus . . . M. 33

Supplementum IV. **Taciti Germania et Dialogus de oratoribus,** Codex Leidensis Perizonianus . . M. 42

Supplementum V. **Alpertus Mettensis,** Codex Hannoveranus 712A M. 12

Supplementum VI. **Miniatures de l'Octateuque grec de Smyrne** M. 54

Supplementum VII. **Antike Bilder aus Römischen Handschriften** . . . . M. 24

Supplementum VIII. **Miniaturen der Lateinischen Galenos-Handschrift** M. 92

Privatdozent Eduard Spranger in Berlin:

Fichte, Schleiermacher, Steffens.

Über das Wesen der Universität.

Mit einer Einleitung herausgegeben.

Preis geh. 4,— M., in Leinenband 4,50 M.

(Band 120 der Philosophischen Bibliothek.)

Wie der Herausgeber in seiner Einleitung ausführt, entsteht mit der Berliner Neugründung erst der Typus der modernen Universität. Er ist gekennzeichnet durch zwei Stücke: einerseits durch die neue Idee der Wissenschaft, die aus den philosophischen Systemen der Fichte, Schelling, Schleiermacher, Steffens usw geboren wird, andrerseits durch die Eingliederung dieses Wissenschaftsbetriebes in die Formen des eben entstehenden modernen Staates.

Die vorliegenden drei Schriften beleuchten die Aufgabe von allen Seiten: Fichte mit seiner Neigung zu radikaler Konstruktion aus den Forderungen der Vernunft, Schleiermacher mit dem weitüberschauenden Blick und dem duldsamen Verständnis für historisch gewordene Formen. endlich Steffens erfüllt von der Begeisterung einer weihevollen mystischen Spekulation und getragen von dem poetischen Ideenglauben der religiös-andächtigen Romantik. —

Dr. Johannes Schubert in Berlin:

Wilhelm von Humboldts ausgewählte philosophische Schriften

Preis geh. 3,40 M., in Leinenband 4,— M.

(Band 123 der Philosophischen Bibliothek.)

Dieser Band, der im Jubiläumsjahr von Humboldts großer Schöpfung, der Berliner Universität, erscheint, will dazu beitragen, die Kenntnis seiner Geistesart in weitere Kreise zu tragen. Er zeigt Humboldt in zweckmäßig ausgewählten Schriften und Aufsätzen als Ästhetiker, Pädagogen, Geschichts-, Religions- und Sprachphilosophen. Eine ausführlicher gehaltene Einleitung gibt ein Gesamtbild seines Lebens und vielseitigen Schaffens als Gelehrter, Gesandter und liberaler preußischer Staatsmann; sie zeigt ihn in seinem Freundschaftsbund mit Schiller, in seiner schöpferischen Mitarbeit an den großen Zielen und Problemen des deutschen Idealismus. Es ist zu wünschen und zu hoffen, daß die täglich wachsende Teilnahme unserer Zeit an den Resultaten dieser glänzenden Epoche deutschen Geisteslebens auch einem W. v. Humboldt in reicherem Maße, als es bisher geschehen, zu gute kommen möge!

Bornhak, Prof. Dr. C., **Grundriß des Verwaltungsrechts in Preußen u. dem Deutschen Reich.** 2. Aufl. 1909. M. 4,—; el. geb. M. 4,80.

— **Grundriß des Deutschen Staatsrechts.** 2. Aufl. 1909. M. 5,—; el. geb. M. 5,80.

Hellwig, Prof. Dr. K., **Lehrb. d. Deutschen Civilprozeßrechts.** I. M. 10,—; geb. M. 12,—. II. M. 14,—; geb. M. 16,—. III. I. Abt. M. 8,60; geb. M. 10,60.

— **Anspruch u. Klagrecht.** 2. anast. Neudruck. 1910. M. 13,—; geb. M. 15,—.

— **Wesen u. subjekt. Begrenzung d. Rechtskraft.** 1901. M. 14,—; geb. M. 16,—.

— **Die Verträge auf Leistung an Dritte.** 1899. M. 12,—.

— **Klagrecht u. Klagmöglichkeit.** 1905. M. 2,—.

— **Die Stellung d. Arztes i. bürg. Rechtsleb.** 1905. M. 1,60.

Kipp, Prof. Dr. Th., **Geschichte d. Quellen d. Röm. Rechts.** 3. verm. u. verb. Aufl. M. 4,20; geb. M. 5,—.

— **Heinrich Dernburg.** 1908. M. 1,—.

— **Wer kann n. d. dtsch. bürg. Recht m. Vermächtnis bedacht werden.** 1901. M. 1,—.

Kohler, Prof. Dr. J., **Einführung in die Rechtswissenschaft.** 3. verb. u. stark verm. Aufl. M. 6,—; geb. M. 7,—.

Neubecker, Prof. Dr. F. K., **Zwang und Notstand. I.** 1910. M. 7,50.

— **Die Mitgift.** 1909. M. 5,60.

— **Vereine ohne Rechtsfähigkeit I.** 1908. M. 2,80.

— **Die Tuberkulose.** 1908. M. —,80.

— **Wesen d. Mitgiftversprechens.** 1909. M. —,60.

Seeberg, Prof. D. Dr. R., **Lehrb. d. Dogmengesch.** I. 2. Aufl. 1908. M. 12,40; geb. M. 13,60. II. 2. Aufl. 1910. M. 12,—; geb. M. 13,20.

— **Grundr. d. Dogmengesch.** 3. A. 1910. M. 3,25; geb. M. 3,80.

— **Die Kirche Deutschlands i. 19. Jahrh.** 3. Aufl. 1910. M. 7,20; geb. M. 8,20.

— **Grundwahrh. d. christl. Religion.** 5. Aufl. 1910. M. 3,—; geb. M. 3,80.

— **Aus Religion u. Geschichte I.** 1906. M. 6,50; geb. M. 7,50.

— **Zur system. Theologie. (Aus Rel. u. Gesch. II.)** 1909. M. 6,60; geb. M 7,60.

A. Deichertsche Verlagsbuchh. (Werner Scholl) **Leipzig.**

CORPUS JURIS CIVILIS.

Volumen primum. Editio stereotypa undecima. **Institutiones** recognovit **Paulus Krueger. Digesta** recognovit **Theodorus Mommsen.** Retractavit **Paulus Krueger.** 4°. 1908. Geh. 10 M.

Volumen secundum. Editio stereotypa octava. **Codex Justinianus** recognovit **Paulus Krueger.** 4°. 1906. Geh. 6 M.

Volumen tertium. Editio stereotypa tertia. **Novellae** recognovit **Rudolfus Schoell.** Opus **Schoellii** morte interceptum absolvit **Guilelmus Kroll.** 4°. 1904. Geh. 10 M.

COLLECTIO LIBRORUM JURIS ANTEIUSTINIANI in usum scholarum edd. **P. Krueger, Th. Mommsen, Guil. Studemund.**

Vol. I. **Gai Institutiones** ad **codicis** Veronensis Apographum Studemundianum novis curis auctum in usum scholarum ediderunt **P. Krueger** et **G. Studemund.** Editio quinta. Gr. 8°. (LXX u. 206 S.) 1905. Geh. 3 M.

Vol. II. **Ulpiani liber** singularis regularum, **Pauli libri** quinque sententiarum. **fragmenta minora** saeculorum p. Chr. n. II et III recensuit **P. Krueger.** Gr. 8°. (VIII u. 168 S.) 1878. Geh. 2 M. 40 Pf.

Vol. III. **Fragmenta Vaticana** Mosaicarum et Romanarum Legum Collatio recognovit **Theodorus Mommsen.** Consultatio veteris cuiusdam iurisconsulti. Codices Gregorianus et Hermogenianus. Alia Minora edidit **Paulus Krueger.** Gr. 8°. (VIII u. 323 S.) 1890. Geh. 4 M. 60 Pf.

IUSTINIANI INSTITUTIONES. Recensuit **Paulus Krueger.** Editio tertia. 8°. (VIII u. 175 S.) 1908. Geh. 1 M. 60 Pf.

Verlag der Weidmannschen Buchhandlung in Berlin.

Ausgewählte Urkunden

zur Erläuterung der

Verfassungsgeschichte Deutschlands im Mittelalter.

Zum Handgebrauch für Juristen und Historiker.

Herausgegeben von

Wilhelm Altmann und **Ernst Bernheim.**

Vierte verbesserte Auflage.

Gr. 8°. (XIV u. 463 S.) 1909. Geb. M. 7,40.

Das Buch soll eine handliche Zusammenstellung der für die allgemeine Verfassungsgeschichte Deutschlands im Mittelalter wichtigsten und bezeichnendsten Urkunden sein und bietet daher, bei der Spärlichkeit organischer Reichsgesetze dieser Zeit, namentlich auch typische Beispiele zur Charakterisierung und Erläuterung der verfassungsgeschichtlichen Institutionen. Der Stoff ist in systematisch geordnete Abschnitte gegliedert, innerhalb deren die einzelnen Urkunden chronologisch aneinandergereiht sind.

Helwingsche Verlagsbuchhandlung
in Hannover (Gegründet vor 1606)

Dickel. **Rechtsfälle.** Zum Gebrauche bei Vorlesungen und juristischen Übungen. **Heft 1:** Auszüge aus Prozeßakten („juristische Klinik"). Von Dr. Karl Dickel, a. o. Professor der Rechte an der Universität Berlin. Zweite Auflage. 1901. Geh. 4 M.; geb. 4,80 M.

— **Heft 2:** Gerichtsverfassung, Zivilprozeß, Zwangsvollstreckung in das unbewegliche Vermögen, Konkurs Zweite Auflage. 1909. Geh. 4 M.; geb. 4,80 M.

Gierke. **Der Begriff der Transportversicherung im deutschen Recht.** Von Dr. Julius Gierke, o. ö. Professor der Rechte an der Universität Königsberg. 1910. Geh. 1,20 M.

Girard. **Geschichte und System des römischen Rechtes** (Manuel élémentaire de droit romain). Von Paul Friedrich Girard, Professor a. d. Universität Paris. Übersetzt und mit Zusätzen versehen von Robert von Mayr, Professor. 1908 Geh. 17 M., geb. 18,80 M.

Kleinfeller. **Lehrbuch des deutschen Zivilprozeßrechts.** Für das akademische Studium Von Dr. Georg Kleinfeller, o. ö. Professor der Rechte an der Universität in Kiel. Zweite Auflage. 1910. Geh. 13 M geb. 14 M.

Leonhard. — **Anleitung für die juristischen Übungs- und Examensarbeiten.** Von Dr. Franz Leonhard, ord. Professor der Rechte an der Universität Marburg. Dritte Auflage. 1910 Kart 1.20 M.

Verschulden beim Vertragsschlusse. 1910. Geh. 1,60 M.

Litten. — **Zum dolus-Begriff in der actio de dolo.** Von Dr. Fritz Litten, ord. Professor der Rechte an der Universität Königsberg. 1910. Geh. 1 M.

Römisches Recht und Pandekten-Recht in Forschung und Unterricht. 1907. Geh. 2 M.

Manigk. **Gläubigerbefriedigung durch Nutzung.** Ein Institut der antiken Rechte. Von Dr. Alfred Manigk, o. Professor der Rechte an der Universität Königsberg 1910. Geh. 3 M.

Stölzel. — **Schulung für die zivilistische Praxis.** Von Adolf Stölzel.
Erster Teil. Achte Auflage. 1909. Geh. 8 M.; geb. 9 M.
Zweiter Teil. Vierte Auflage. 1906. Geh 10 M.; geb. 11 M.

Thiele. — **Lateinkursus für Juristen.** Ein Hilfsbuch zur sprachlichen Einführung in die Quellen des Römischen Rechts. Von Prof Dr. Georg Thiele, Privatdozent der klass. Philologie an der Universität Marburg. I Teil: Institutionen. 1910. Kart. 2,00 M.

Wolff. — **Die Zwangsvollstreckung in eine dem Schuldner nicht gehörige bewegliche Sache.** Von Dr. Martin Wolff, a o. Professor der Rechte an der Universität Berlin 1905. Geh. 0,60 M.

Das Deutsche Studententum von den ältesten Zeiten bis zur Gegenwart
von Dr. Friedrich Schulze • und Dr. Paul Ssymank •

Gr. 8° XIII. 487 S.

Preis Mk. 7.50, in prächtigem Ganzleinenband nach einem Entwurf des Professors Hugo Steiner-Prag Mk. 9.—.

Die Widmung des Werkes hat die Friedrich Wilhelms-Universität in Berlin zu ihrem Jubiläum angenommen.

Es gibt 40000 Schriften über Universitätswesen, und doch bisher keine leicht lesbare Übersicht über die Geschichte und den heutigen Stand des deutschen Studententums.

Jeder ehemalige Student singt: „O alte Burschenherrlichkeit". Eine zusammenfassende Darstellung aber der Burschenherrlichkeit alter und neuer Zeit fehlt ihm.

Dies ist um so verwunderlicher, als das deutsche Studentenleben ein wichtiger Teil des gesamten deutschen Kulturlebens ist. Kloster- und Domschulen, Vaganten, Scholaren, die Universitäten in Paris und Bologna, die deutsche Universität vor und nach der Reformation, Studentensitten, Studentensprache, Trinksitten, Duell, Korps, Burschenschaft, katholische Korporationen, Freistudenten, Frauenstudium, die studentische Kultur der Gegenwart — das sind nur einige wenige der Stichworte, die auf die starke Beeinflussung unseres ganzen Volkes seit Jahrhunderten schließen lassen. Eben darum ist das Buch von Schulze und Ssymank nicht etwa nur für aktive Studenten geeignet oder bestimmt. Nein — jeder „alte Herr", jeder Mann akademischer Bildung wird darin eine Fülle des Interessanten finden.

Das Buch liegt in jeder guten Buchhandlung zur Einsicht ohne Kaufzwang aus und wird auf Wunsch zur Ansicht versandt.

:: R. Voigtländer's Verlag in Leipzig ::

MUMM & ZAUM's
XX Jahrhundertfeder
in Grau
in Gold
die beste Feder für flotte und moderne Schrift
Viele Anerkennungen
aus akademischen Kreisen
Erhältlich in Papier-
handlungen

Verlag von KARL J. TRÜBNER in Straßburg und Berlin.

In Kürze erscheint:

Unterricht u. Demokratie i. Amerika

Die Quellen der öffentlichen Meinung, das College, die Universitäten, Studentenleben, sonstiges Unterrichtswesen in den Vereinigten Staaten. Von **Benjamin Jde Wheeler**, President der University of California, Inhaber der Roosevelt-Professur an der Universität Berlin W.-S. 1909/10. 8° ca. 19 Bogen. Geh. ca. M. 5,--, geb. ca. M. 6,

Ende November 1910 wird erscheinen:

Minerva. Jahrbuch der gelehrten Welt.

Begründet von Dr. K. Trübner. Zwanzigster Jahrgang 1910 1911. 16°. ca. 100 Bogen. In Halbpergament geb. ca. M. 17,

Dieses Jahrbuch stellt sich die Aufgabe, authentische Aufschlüsse zu geben über die Organisation und das wissenschaftliche Personal aller Universitäten der Welt, sowie aller technischen, tierärztlichen und landwirtschaftlichen Hochschulen, ferner über sonstige wissenschaftliche Institute: Bibliotheken, Archive, archäologische und naturwissenschaftliche Museen, Sternwarten, gelehrte Gesellschaften usw. Ein vollständiges Register über ca. 43000 Namen ermöglicht es, die Adresse und das Amt jedes einzelnen Gelehrten festzustellen.

Als Ergänzung zu dem „Jahrbuch" erscheint im November 1910:

Minerva. Handbuch der gelehrten Welt.

Erster Teil: Geschichte, Verfassung, Organisation, Bibliographie etc. der gelehrten Anstalten. Mit dem Bildnis von Prof. Dr. Eduard Suess, Präsident der Kaiserl. Akademie der Wissenschaften in Wien. 16°. ca. 35 Bog. In Halbpergament geb. ca. M. 8,—.

Das Handbuch wird nicht wie das Jahrbuch jährlich neu aufgelegt, sondern hat eine zeitlich nicht begrenzte Geltungsdauer, da es den nicht jährlicher Änderung unterworfenen Stoff, der bisher von Jahr zu Jahr in der Minerva mitgeführt wurde, zusammengefaßt, vollständig neu bearbeitet und ergänzt, aufnehmen soll.

Der zweite Teil des „Handbuches" wird die Geschichte, Bestände und Bibliographie der Bibliotheken, Archive, Museen etc. enthalten und voraussichtlich im Herbst 1911 erscheinen.

www.ingramcontent.com/pod-product-compliance
Lightning Source LLC
Chambersburg PA
CBHW032310280326
41932CB00009B/764

* 9 7 8 3 9 5 7 0 0 7 1 6 2 *